住房和城乡建设部"十四五"规划教材
"十二五"普通高等教育本科国家级规划教材
高等学校土木工程专业指导委员会规划推荐教材

（经典精品系列教材）

桥梁工程

（第四版）

房贞政 主　编
陈宝春　上官萍　陈永健　副主编
范立础 主　审

中国建筑工业出版社

图书在版编目（CIP）数据

桥梁工程 / 房贞政主编；陈宝春，上官萍，陈永健副主编. — 4 版. — 北京：中国建筑工业出版社，2024.2

住房和城乡建设部"十四五"规划教材 "十二五"普通高等教育本科国家级规划教材 高等学校土木工程专业指导委员会规划推荐教材 经典精品系列教材

ISBN 978-7-112-29501-2

Ⅰ.①桥… Ⅱ.①房…②陈…③上…④陈… Ⅲ.①桥梁工程-高等学校-教材 Ⅳ.①U44

中国国家版本馆 CIP 数据核字（2023）第 251518 号

本版教材修订的主要特点有：1. 体现近年来桥梁技术的新发展；2. 采用国家行业相关的新规范；3. 优化章节编排，符合课程教学新要求及未来发展趋势。

本教材共分为 7 章，主要内容包括：总论，桥面系与支座，简支梁桥，预应力混凝土连续梁桥与连续刚构桥，拱桥，斜拉桥与悬索桥，桥墩与桥台。

本教材主要适用于土木工程、交通工程等专业的少学时"桥梁工程"课程学习。

为支持教学，本书作者制作了多媒体教学课件，选用此教材的教师可通过以下方式获取：1. 邮箱：jckj@cabp.com.cn；2. 电话：（010）58337285；3. 建工书院：http://edu.cabplink.com。

责任编辑：赵　莉　王　跃　吉万旺

责任校对：李美娜

住房和城乡建设部"十四五"规划教材
"十二五"普通高等教育本科国家级规划教材
高等学校土木工程专业指导委员会规划推荐教材
（经典精品系列教材）

桥梁工程
（第四版）

房贞政　主　编
陈宝春　上官萍　陈永健　副主编
范立础　主　审

*

中国建筑工业出版社出版、发行（北京海淀三里河路9号）
各地新华书店、建筑书店经销
北京鸿文瀚海文化传媒有限公司制版
北京同文印刷有限责任公司印刷

*

开本：787毫米×1092毫米　1/16　印张：28¾　字数：632千字
2025年2月第四版　2025年2月第一次印刷
定价：88.00元（赠教师课件，含数字资源）
ISBN 978-7-112-29501-2
（42251）

版权所有　翻印必究
如有内容及印装质量问题，请联系本社读者服务中心退换
电话：（010）58337283　QQ：2885381756
（地址：北京海淀三里河路9号中国建筑工业出版社604室　邮政编码：100037）

出版说明

党和国家高度重视教材建设。2016年，中办国办印发了《关于加强和改进新形势下大中小学教材建设的意见》，提出要健全国家教材制度。2019年12月，教育部牵头制定了《普通高等学校教材管理办法》和《职业院校教材管理办法》，旨在全面加强党的领导，切实提高教材建设的科学化水平，打造精品教材。住房和城乡建设部历来重视土建类学科专业教材建设，从"九五"开始组织部级规划教材立项工作，经过近30年的不断建设，规划教材提升了住房和城乡建设行业教材质量和认可度，出版了一系列精品教材，有效促进了行业部门引导专业教育，推动了行业高质量发展。

为进一步加强高等教育、职业教育住房和城乡建设领域学科专业教材建设工作，提高住房和城乡建设行业人才培养质量，2020年12月，住房和城乡建设部办公厅印发《关于申报高等教育职业教育住房和城乡建设领域学科专业"十四五"规划教材的通知》（建办人函〔2020〕656号），开展了住房和城乡建设部"十四五"规划教材选题的申报工作。经过专家评审和部人事司审核，512项选题列入住房和城乡建设领域学科专业"十四五"规划教材（简称规划教材）。2021年9月，住房和城乡建设部印发了《高等教育职业教育住房和城乡建设领域学科专业"十四五"规划教材选题的通知》（建人函〔2021〕36号）（简称《通知》）。为做好"十四五"规划教材的编写、审核、出版等工作，《通知》要求：（1）规划教材的编著者应依据《住房和城乡建设领域学科专业"十四五"规划教材申请书》（简称《申请书》）中的立项目标、申报依据、工作安排及进度，按时编写出高质量的教材；（2）规划教材编著者所在单位应履行《申请书》中的学校保证计划实施的主要条件，支持编著者按计划完成书稿编写工作；（3）高等学校土建类专业课程教材与教学资源专家委员会、全国住房和城乡建设职业教育教学指导委员会、住房和城乡建设部中等职业教育专业指导委员会应做好规划教材的指导、协调和审稿等工作，保证编写质量；（4）规划教材出版单位应积极配合，做好编辑、出版、发行等工作；（5）规划教材封面和书脊应标注"住房和城乡建设部'十四五'规划教材"字样和统一标识；（6）规划教材应在"十四五"期间完成出版，逾期不能完成的，不再作为《住房和城乡建设领域学科专业"十四五"规划教材》。

住房和城乡建设领域学科专业"十四五"规划教材的特点：一是重点以修订教育部、住房和城乡建设部"十二五""十三五"规划教材为主；二是严格按照专业标准规范要求编写，体现新发展理念；三是系列教材具有明显特点，满足不同层次和类型的学校专业教学要求；四是配备了数字资源，适应现代化教学的要求。规划教材的出版凝聚了作者、主审及编辑的心血，得到了有关院校、出版单位的大力支持，教材建设管理过程有严格保障。希望广大院校及各专业师生在选用、使用过程中,对规划教材的编写、出版质量进行反馈,以促进规划教材建设质量不断提高。

住房和城乡建设部"十四五"规划教材办公室

2021 年 11 月

修订说明

为规范我国土木工程专业教学，指导各学校土木工程专业人才培养，高等学校土木工程学科专业指导委员会组织我国土木工程专业教育领域的优秀专家编写了《高等学校土木工程专业指导委员会规划推荐教材》。本系列教材自2002年起陆续出版，共40余册，数十余年来多次修订，在土木工程专业教学中起到了积极的指导作用。

本系列教材从宽口径、大土木的概念出发，根据教育部有关高等教育土木工程专业课程设置的教学要求编写，经过多年的建设和发展，逐步形成了自己的特色。本系列教材曾被教育部评为面向21世纪课程教材，其中大多数曾被评为普通高等教育"十一五"国家级规划教材和普通高等教育土建学科专业"十五""十一五""十二五""十三五"规划教材，并有11种入选教育部普通高等教育精品教材。2012年，本系列教材全部入选第一批"十二五"普通高等教育本科国家级规划教材。

2011年，高等学校土木工程学科专业指导委员会根据国家教育行政主管部门的要求以及我国土木工程专业教学现状，编制了《高等学校土木工程本科指导性专业规范》。在此基础上，高等学校土木工程学科专业指导委员会及时规划出版了高等学校土木工程本科指导性专业规范配套教材。为区分两套教材，特在原系列教材丛书名《高等学校土木工程专业指导委员会规划推荐教材》后加上经典精品系列教材。2021年，本套教材整体被评为《住房和城乡建设部"十四五"规划教材》。2023年7月，为适应土木工程专业人才培养需求不断更新的要求，由教育部高等学校土木工程专业教学指导分委员会修订的专业规范正式出版，并更名为《高等学校土木工程本科专业指南》（以下简称《专业指南》）。请各位主编及有关单位根据《高等教育 职业教育住房和城乡建设领域学科专业"十四五"规划教材选题的通知》和《专业指南》要求，高度重视土建类学科专业教材建设工作，做好规划教材的编写、出版和使用，为提高土建类高等教育教学质量和人才培养质量做出贡献。

高等学校土木工程学科专业指导委员会
中国建筑工业出版社

第四版前言

本教材自 2004 年首次出版以来,已先后进行两次修订,共发行三版。本次教材修订的主要依据是近年来桥梁技术的发展,以及国家行业相关的新规范,从而更好地满足当前教学需求及适应未来发展趋势。

新修订的《桥梁工程》第四版,根据新规范的内容和桥梁工程设计的要求,重新梳理教学内容和教学思路,对教材内容及章节做了较大调整与修改。在基本保持原教材学时的情况下,将章节数从第三版的 5 章增加为 7 章,主要包括:总论,桥面系与支座,简支梁桥,预应力混凝土连续梁桥与连续刚构桥,拱桥,斜拉桥与悬索桥,桥墩与桥台。

在此,我们衷心地感谢使用本教材的师生和工程技术人员。同时也希望广大读者能继续提出宝贵意见,以便今后不断完善。

编者
2024 年 9 月

第三版前言

《桥梁工程》第二版（2010年出版），至今已使用近8年，被评为"十二五"普通高等教育本科国家级规划教材和住房城乡建设部土建类学科专业"十三五"规划教材。这期间中华人民共和国交通运输部发行了新的相关行业规范，主要包括《公路工程技术标准》JTG B01—2014、《公路桥涵设计通用规范》JTG D60—2015、《城市桥梁设计规范》CJJ 11—2011及《公路钢筋混凝土及预应力混凝土桥涵设计规范》JTG 3362—2018等。与此同时，近10年我国的桥梁建设更是日新月异、发展迅速。第二版教材需要根据新规范以及本科教学的需求进行更新修订。

新修订的《桥梁工程》第三版，教材内容章节安排不变，教学学时不变。修订的主要内容包括依照现行规范的规定对全书相关内容进行更新；增加了国内外桥梁最新的发展概况；同时各章增加了主要学习内容和复习思考题，以便学生深入学习；参考文献中增加最新的设计和施工管理等现行的规范及相关规程与文献。参与本次教材修订的主要有房贞政、陈宝春、上官萍、陈永健等教师。希望广大使用本教材的师生继续提出宝贵的意见。

编者

2018年9月

第二版前言

本教材作为少学时的《桥梁工程》自 2004 年第一版发行以来，被许多高校采用，被列为普通高等教育土建学科专业"十五"规划教材和高校土木工程专业指导委员会规划推荐教材。近年来，我国的桥梁建设突飞猛进、日新月异，同时我国更新了某些桥梁工程的设计与施工规范。为体现我国桥梁建设的最新成果与发展趋势，并适应新规范的要求，特修编本教材。

本教材的第二版为延续原有教学的计划与安排，仍保持原有的章节结构。教材在桥梁技术、跨径纪录等方面体现最新的成果与发展趋势，各章中内容稍有调整。第 3 章的拱桥上部结构部分对传统的石拱、双曲拱、桁架拱等进行了调整，对近 20 年来应用较多的混凝土箱拱、钢管混凝土拱和钢拱增加了介绍的分量。第二版全书的编写均按新规范的要求，有关的算例亦按新规范重新编写。

教材的编写要反映工程建设的科学进步，同时教材又需要在教学过程中不断地完善，因此，我们衷心地感谢使用本教材的师生，并诚恳地希望能向我们提出宝贵的意见，使本教材日臻完善。

编者
2010 年 8 月

第一版前言

本《桥梁工程》教材是根据建设部高等学校土木工程专业教学指导委员会 2001 年审定的编写大纲编写的。本教材主要适用于土木工程专业少学时的桥梁工程课程。本书共有五章。

第一章总论主要介绍国内外桥梁建筑的发展概况、桥梁的组成与分类、桥梁的规划设计原则、桥梁的设计荷载以及桥面布置与构造。

第二章介绍简支板、梁桥上部结构的构造特点和设计计算方法。主要介绍简支板、梁桥上部结构的设计与构造、桥面板的设计与计算，重点介绍简支梁桥主梁内力的计算方法、荷载横向分布计算的原理和各种常用的横向分布的计算方法。另外简单介绍简支钢板梁和钢桁梁的构造特点和一般的设计计算方法。

第三章介绍拱桥的组成与分类、常见拱桥的构造特点、拱桥受力特点、主拱的设计计算要点、单跨悬链线无铰板拱的设计以及拱桥的施工。

第四章介绍桥梁支座、墩台、基础的作用与功能，常用支座、墩台、基础的构造形式，以及部分常用支座、墩台、基础计算的主要内容。

第五章简要阐述预应力混凝土连续梁桥、连续刚构桥、斜拉桥与悬索桥的结构体系、主要构造、计算要点与施工方法。

本书的第一章由房贞政编写，第二章由上官萍编写，第三章与第五章由陈宝春编写，第四章由郑振编写。全书由房贞政教授主编，同济大学中国工程院院士范立础教授主审。

限于水平，本教材中的不妥之处，请批评指正。

编者
2003 年 3 月

目 录

第1章 总论   1

1.1 国内外桥梁发展概况   1
1.1.1 我国桥梁建筑的成就   1
1.1.2 国外桥梁建设简述和发展趋向   6

1.2 桥梁的组成与分类   8
1.2.1 桥梁的组成   8
1.2.2 桥梁的分类   12

1.3 桥梁所受的作用   18
1.3.1 桥梁作用分类   18
1.3.2 作用计算   19
1.3.3 作用组合   28

1.4 桥梁的规划与设计   35
1.4.1 桥梁的规划设计   35
1.4.2 桥梁纵、横断面设计和平面布置   49

1.5 桥梁工程信息化建造   55
1.6 桥梁发展展望   57
复习思考题与习题   59

第2章 桥面系与支座   61

2.1 桥面组成与构造   61
2.1.1 桥面铺装   61
2.1.2 桥面排水系统   64
2.1.3 人行道   66
2.1.4 栏杆与护栏   69

2.2 桥面板   71
2.2.1 桥面板类型   71
2.2.2 车轮压力在板上的分布   73

	2.2.3	桥面板的有效分布宽度	74
	2.2.4	桥面板的内力计算	77
	2.2.5	桥面板的配筋	88
2.3	伸缩缝		88
	2.3.1	伸缩缝的作用	88
	2.3.2	伸缩缝的类型与构造	91
	2.3.3	伸缩缝的选择与安装	97
2.4	支座		100
	2.4.1	支座的作用与类型	100
	2.4.2	常用橡胶支座	101
	2.4.3	支座布置	105
	2.4.4	支座的选型与施工	110
2.5	附属设施		113
复习思考题与习题			113

第3章 简支梁桥　　115

3.1	混凝土简支梁结构与构造		115
	3.1.1	主要类型	115
	3.1.2	简支板	116
	3.1.3	简支T形梁	122
	3.1.4	斜板桥的受力特点和构造简介	133
3.2	荷载横向分布计算		137
	3.2.1	计算原理	137
	3.2.2	刚性横梁法	141
	3.2.3	铰接板法	147
	3.2.4	其他方法	150
	3.2.5	各种方法的基本假定与应用对象	157
	3.2.6	荷载横向分布系数沿桥跨方向的变化	158
3.3	主梁内力与变形计算		159
	3.3.1	永久作用效应计算	160
	3.3.2	可变作用效应计算	163
	3.3.3	主梁内力组合和包络图	168
	3.3.4	挠度和预拱度计算	169
3.4	简支钢板梁和钢桁梁桥		171
	3.4.1	钢桥概述	171

  3.4.2 钢板梁桥 179

  3.4.3 简支钢桁梁桥 186

复习思考题与习题 193

第4章 预应力混凝土连续梁桥与连续刚构桥 195

4.1 概述 195

  4.1.1 多跨梁式桥的恒载比较 195

  4.1.2 连续梁边中跨比对恒载弯矩的影响 197

  4.1.3 不同材料的连续梁桥与连续刚构桥 197

  4.1.4 连续梁桥、连续刚构桥施工方法简介 199

  4.1.5 预应力混凝土连续梁、连续刚构桥发展概况 200

4.2 主要结构与构造 200

  4.2.1 立面布置 201

  4.2.2 横截面布置 202

  4.2.3 预应力筋布置 208

  4.2.4 连续刚构的结构特点 211

4.3 悬臂法及其相应的结构 212

  4.3.1 施工方法 213

  4.3.2 结构特点 216

4.4 逐孔法及其相应的结构 222

  4.4.1 施工方法 222

  4.4.2 结构特点 225

4.5 其他施工法及其相应的结构 228

  4.5.1 转体法 228

  4.5.2 支架整体现浇 229

  4.5.3 少支架预制拼装 230

  4.5.4 顶推施工法 231

4.6 预应力混凝土连续箱梁计算要点 234

  4.6.1 恒载活载内力计算 234

  4.6.2 次内力 236

  4.6.3 箱形截面的受力特点 246

复习思考题与习题 250

第5章 拱桥 252

5.1 概述 252

	5.1.1　拱桥发展概况	252
	5.1.2　基本组成	254
	5.1.3　拱桥受力特点	256
5.2	**结构与构造**	**262**
	5.2.1　主拱截面类型与构造	262
	5.2.2　矢跨比与拱轴线	268
	5.2.3　主拱横向结构构造	273
	5.2.4　主拱立面布置	276
5.3	**设计计算要点**	**285**
	5.3.1　弹性中心	286
	5.3.2　弹性压缩	287
	5.3.3　附加内力计算	288
	5.3.4　结构验算要点	293
5.4	**施工方法**	**296**
	5.4.1　支架法	296
	5.4.2　美兰法	298
	5.4.3　悬臂法	299
	5.4.4　转体法	301
复习思考题与习题		**305**

第 6 章　斜拉桥与悬索桥　　　　　　　　　　　307

6.1	**斜拉桥**	**307**
	6.1.1　概述	307
	6.1.2　斜拉桥结构与构造	313
	6.1.3　斜拉桥计算理论简介	335
	6.1.4　斜拉桥施工方法简介	342
	6.1.5　斜拉桥桥例	345
	6.1.6　部分斜拉桥	346
6.2	**悬索桥**	**346**
	6.2.1　概述	346
	6.2.2　悬索桥结构与构造	352
	6.2.3　悬索桥计算理论简介	368
	6.2.4　悬索桥施工方法简介	377
	6.2.5　悬索桥桥例	381
复习思考题与习题		**381**

第 7 章　桥墩与桥台　　　　　　　　　　　　383

- 7.1　概述　　　　　　　　　　　　　　　　383
- 7.2　桥墩类型与构造　　　　　　　　　　　385
  - 7.2.1　桥墩分类　　　　　　　　　　　385
  - 7.2.2　柱式墩　　　　　　　　　　　　386
  - 7.2.3　墙式墩　　　　　　　　　　　　392
  - 7.2.4　空心墩　　　　　　　　　　　　396
  - 7.2.5　拱桥桥墩　　　　　　　　　　　398
  - 7.2.6　其他类型桥墩　　　　　　　　　403
- 7.3　桥台类型与构造　　　　　　　　　　　406
  - 7.3.1　桥台分类　　　　　　　　　　　406
  - 7.3.2　全挡土桥台　　　　　　　　　　410
  - 7.3.3　埋置式桥台　　　　　　　　　　415
  - 7.3.4　拱桥桥台　　　　　　　　　　　418
- 7.4　墩台计算要点　　　　　　　　　　　　421
  - 7.4.1　柱式墩计算要点　　　　　　　　421
  - 7.4.2　重力式桥台计算要点　　　　　　433
- 复习思考题与习题　　　　　　　　　　　　438

参考文献　　　　　　　　　　　　　　　　440

第1章

总　　论

　　桥梁建筑是跨越江河、山涧，供人、车行的人工构造物。桥梁建筑的发展与人类的文明进步密切相关，应当说它源自远古自然，一棵树或天然洞穴就是最早的桥梁。大约公元前4000年，人类开始定居，过着部落生活，开始更多地考虑永久性的桥梁。早期的桥梁均利用天然材料，简易而跨越能力极弱，且不耐久。此后，砖的发明开始了人工材料应用的历史，而铁的发明一方面为开采石头扩大其应用提供了可能，同时铁用于桥梁带来了桥梁技术的极大进步。19世纪混凝土的发明、钢的应用，使桥梁技术产生了革命性的飞跃，从此进入了预应力混凝土桥与钢桥并驾齐驱的新时代。

　　新材料的应用是桥梁技术前进的巨大动力之一，而计算理论的发展、计算机应用得到普及后计算方法的发展是桥梁技术进步的另一个重要因素。从远古的经验积累，到后来的材料力学、结构力学、弹塑性力学等计算理论，容许应力法、极限状态法以及全概率设计的设计理论，也不断地推动着桥梁技术的进步。施工技术的进步和不断创新更使得当今的桥梁结构日新月异。可以说：目前桥梁建筑已经进入辉煌的时代。

1.1　国内外桥梁发展概况

1.1.1　我国桥梁建筑的成就

　　中国是四大文明古国之一，桥梁技术的发展在世界桥梁史中占有重要的地位。在公元纪元初期，梁、拱、吊这三大桥梁体系已在我国形成。据史料记载，在距今约3000年的周文王时代，我国就已经在宽阔的渭河上架过大型浮桥。由于浮桥的架设具有简便快速的特点，它常被用于军事活动。汉唐以后，浮桥的运用日趋普遍。现代桥梁中广为修建的多孔桩式桥梁，在我国春秋战国时期（公元前332年）就已普遍在黄河流域和其他地区采用，不同的只是古桥多以木桩为墩桩，上置木梁、石梁。

　　近代的大跨径吊桥和斜拉桥也是由古代的藤、竹吊桥发展而来的，在各国有关桥梁的史书上，大都认为我国是最早建造吊桥的国家之一。据记载，最迟在唐朝中期，我国就从藤索、竹索发展到用铁链建造吊桥，西方在16世纪才开始建造铁链吊桥，比我国晚了近千年。

保留至今的古代吊桥有四川泸定县的大渡河铁索桥（1706年）、都江堰市的安澜竹索桥（1803年）等。泸定桥跨长约100m，宽约2.8m，由13条锚固于两岸的铁链组成。安澜桥是世界上最著名的竹索桥，全长340余米，分8孔，最大跨径约61m，全桥由用细竹篾编成粗5寸的24根竹索组成，其中桥面索和扶栏索各半。

在秦汉时期我国已广泛修建石梁桥。现存的福建泉州万安桥（也称洛阳桥），建于1053~1059年，是一座具有很高技术成就的石梁桥。此桥长达800m，共47孔，位于"波涛汹涌，水深不可址"的海口江面上。它以磐石遍铺桥位江底，是近代筏形基础的开端，首次采用的浮运架梁方法至今仍在桥梁施工中得到应用。近千年前就能在这种艰难复杂的水文条件下建成如此长的桥，实为中外桥梁史上的一个奇迹。此外，该桥采用养殖海生牡蛎的方法胶固桥基，使之成为整体，在当时缺乏固结材料的条件下是一独具匠心的创造。

另一座令人惊奇、保存至今的石梁桥是1240年建造的福建漳州虎渡桥。此桥总长约335m，某些石梁长达23.7m，沿宽度用三根石梁组成，每根宽1.7m，高1.9m，质量达200t，在缺乏现代大型吊装设备的时代，如此重的石梁如何安装至今还是一个难解之谜。

图1-1 河北赵县赵州桥（公元605年）

举世闻名的河北省赵县的赵州桥（又称安济桥），是我国古代石拱桥的杰出代表（图1-1）。该桥在隋大业初年（公元605年左右）为李春所建，是一座空腹式的圆弧形石拱桥，净跨37.02m，宽9m，拱矢高7.23m。在拱圈两肩各设有两个跨度不等的腹拱，这样既能减轻自重，节省材料，又便于排洪，增加美观。

除赵州桥外，我国还有其他著名的石拱桥，如北京永定河上的卢沟桥、颐和园内的玉带桥和十七孔桥、苏州的枫桥等。

在我国古代桥梁建筑中，著名的还有广东潮安县横跨韩江的湘子桥（又名广济桥、济川桥）。此桥始建于宋乾道年间（公元1169~1173年），全桥长517.95m，共20个墩台19孔，上部结构有石拱、木梁、石梁等多种形式，西岸长137m，东岸长283m，而中间段以浮桥相连，长97m。桥定时启闭，以通行大船和排筏，是著名的开合浮桥。这座世界上最早的开合式桥，论石桥之长、石墩之大、桥型之多以及施工条件之难、工程历时之久，都是古代建桥史上所罕见的。

中华人民共和国成立后，1957年第一座长江大桥——武汉长江大桥建成，结束了我国万里长江无桥的状况，从此，"一桥飞架南北，天堑变通途"。大桥的正桥为三联3×128m的连续钢桁梁。该桥为双层桥，下层铁路，上层公路，公路桥面宽18m，两侧各设2.25m人行道，包括引桥在内全桥总长1670.4m。该桥的大型钢梁的制造和架设、深水管桩基础的施工等，为发展我国现代桥梁技术奠定了重要的基础。

1969年我国又建成了举世瞩目的南京长江大桥（图1-2），这是我国自行设计、制作、施工，并使用国产高强钢材的现代化大型桥梁。正桥除北岸第一孔为128m简支钢桁梁外，其余为9孔3联，每联为3×160m的连续钢桁梁。上层为公路桥面，下层为双线铁路。包括引桥在内，铁路桥部分全长6772m，公路桥部分为4589m。桥址处水深流急，河床地质极为复杂，大桥桥墩基础的施工非常困难。南京长江大桥的建成，显示出我国的建桥事业已达到了世界先进水平，也是我国现代桥梁史又一个重要标志。

我国还创造和推广了不少新颖的拱桥结构，如在20世纪60年代后期以"化整为零，集零为整"技术建造的双曲拱桥，它具有用料省、造价低、施工简便和外形美观的优点，同时由于其上部结构自重小，还适合于在软土地基上建造，对加快我国公路桥梁的建设速度，曾起到了很大作用。

目前，我国已建成跨径不小于100m的混凝土拱桥有300余座，其中世界上3座跨径超过400m的混凝土拱桥均在其中。1997年万县长江大桥建成，跨径420m，为当时的世界纪录。2016年建成沪昆高铁北盘江大桥，跨径达445m，目前是世界范围跨度最大的同类型铁路拱桥（图1-3）。在建的广西天峨龙滩特大桥，跨径为600m，建成之后将成为各类拱桥的世界跨径纪录。

图1-2　南京长江大桥（1969年）

图1-3　沪昆高铁北盘江大桥

钢管混凝土作为组合结构，将其用于拱桥中，具有受力和施工的优势（详见第5.2.1节介绍）。1990年以来，钢管混凝土拱桥在我国发展迅猛，现已建成的有400多座。2020年建成的广西平南三桥跨径575m，为最大跨径的钢管混凝土拱桥。而国外，钢管混凝土拱桥的总数不超过20座，最大跨径仅为235m。我国的钢管混凝土拱桥技术，无论是结构设计、计算理论，还是施工与养护，均有不少创新与优势。

20世纪，钢筋混凝土与预应力混凝土的梁式桥在我国也获得了很大的发展。对于中小跨径的梁桥，已广泛采用装配式的钢筋混凝土及预应力混凝土板式或T形梁桥的定型设计，它不但经济适用，并且施工方便，加快了建桥速度。1976年建成的洛阳黄河公路大桥，为跨径50m的预应力混凝土简支梁桥，全长达3.4km。

除简支梁桥以外，近三十年来我国还修建了许多现代化的大跨径预应力混凝土T形刚架桥、悬臂梁桥、连续梁桥和连续刚构桥。已建成的黄石长江公路大桥，全桥总长约2580.08m，其中主桥长1060m，为（162.5＋3×245＋162.5）m五跨预应力混凝土连续刚构桥。

我国于1975年开始建造斜拉桥。从最早的四川省云阳汤溪河桥到20世纪90年代的上海市的南浦大桥、杨浦大桥，我国的斜拉桥技术在短短的几十年时间内达到了世界先进水平。如今，我国已建跨径400m以上的斜拉桥40余座，斜拉桥已成为我国大跨径桥梁的主要桥型。其中：混凝土梁的斜拉桥跨径已达500m（湖北荆沙桥），组合梁的斜拉桥跨径达到605m（福建青洲闽江大桥）。2008年5月建成的苏通大桥（图1-4），主跨达1088m，桥塔高度达300.4m，主梁为钢箱梁，是世界上首座跨径超千米的斜拉桥。2020年建成通车的沪苏通长江大桥，主跨达1092m，是世界上首座跨径超千米的公铁两用斜拉桥。

图1-4　苏通大桥

悬索桥虽然起源于中国，但受经济和技术条件的限制，我国的现代悬索桥起步较晚。20世纪90年代以前，我国建造了一些简易的悬索桥。之后，我国现代悬索桥在高起点上起步。第一座称得上现代大跨径悬索桥的是1995年建成的广东汕头海湾大桥，主跨452m，采用预应力混凝土箱形加劲梁，其跨径为此类悬索桥世界第一。

此后，采用钢箱加劲的湖北西陵长江大桥（主跨900m，1996年）和广东虎门大桥（主跨888m，1997年）的建成，标志着我国已具备修建现代大跨径悬索桥的能力。

随后，1997年建成的香港青马大桥，主跨达1377m。1999年建成的江阴长江大桥，主跨达1385m。2005年通车的江苏润扬长江大桥，南汊桥为主跨1490m的钢箱梁悬索桥。2012年通车的湖南矮寨大桥（图1-5）为双层公路、观光通道两用桥梁，上层高速，下层观光，主跨达1176m。2019年建成通车的湖北省杨泗港大桥，主跨达1700m，成为我国已建跨径最大的桥梁，当年列于世界桥梁跨径的第2位。2020年建成通车的江苏省五峰山大桥是我国首座公铁两用悬索桥，主跨1092m。除单跨外，我国近年来还修建了多座大跨径的多塔多跨悬索桥，如马鞍山长江大桥、泰州长江大桥等。

图1-5　湖南矮寨大桥

随着交通事业的发展，我国修建了一些大规模的越江跨海的桥梁工程。例如已建成的上海东海大桥（31km）、浙江杭州湾跨海大桥（36km）、上海长江口越江工程（25.5km）等等。平潭海峡公铁两用大桥（图1-6）位于世界三大风暴海域之一的平潭海峡（风大、浪高、流急、岩硬）。该桥于2013年开工建设，2020年建成通车，是我国目前施工难度最大的桥梁。该桥上层为双向六车道高速公路，下层为双线高速铁路。全桥总长16.323km。这座世界最长的跨海峡公铁两用大桥，跨越的不只是海峡，更将前往一个共同的未来，具有重要的历史使命。

图1-6　平潭海峡公铁两用大桥

在桥梁基础工程方面，我国也取得了很大进步。例如苏通大桥的桩基采用131根直径2.8m或2.5m的钻孔灌注桩，水深20～25m以上，桩长114～120m，基础深度为世界之最。再如，南京长江三桥的南塔深水基础，最深处在常水位之下近50m，水上浮动的施工平台由定位船、两条导向船和钢套箱固定而成。

此外，我国还负责或参与海外大量的桥梁建设，尤其是"一带一路"沿线国家或地区，推动了世界交通基础设施建设和社会经济的发展。

1.1.2 国外桥梁建设简述和发展趋向

在国外，欧洲的石拱桥可以说是世界古桥史上最光辉的篇章。早在罗马时代，石拱建筑就得到了完美的应用。1855年起，法国建造了第一批应用水泥砂浆砌筑的石拱桥。

大约在1870年，德国建造了第一批采用硅酸盐水泥作为胶结材料的混凝土拱桥。20世纪初，法国建成的戴拉卡混凝土箱形拱桥跨径达139.80m。钢筋混凝土桥的崛起，要追溯到1873年法国的约瑟夫莫尼尔首创建成的一座拱式人行桥。由于有石拱桥的技术和建筑艺术为基础，加之钢筋混凝土突出的受压性能，所以钢筋混凝土拱桥的兴起，一开始就十分引人注目。从19世纪末到20世纪50年代间，钢筋混凝土拱桥无论在跨越能力、结构体系和主拱圈的截面形式上均有很大的发展。法国弗来西奈教授设计，1930年建成的三孔186m拱桥和1940年瑞典建造的跨径264m的桑多桥，均达到了很高的技术水平。后者作为此种拱桥的跨度纪录，一直保持到1964年澳大利亚悉尼港柏拉马塔河桥（主跨305m）的问世。鉴于修建钢筋混凝土拱桥时支架、模板的复杂性，加之耗费大量劳力，故在以后10多年中，国外较少采用。直至1979年，在南斯拉夫（今克罗地亚）用悬臂施工方法建成了跨径达390m的克尔克（KRK-Ⅱ）桥（图1-7），成为新的世界纪录。

图1-7 南斯拉夫克尔克桥

国外在发展钢筋混凝土拱桥的同时，也修建了一批钢筋混凝土梁式桥，但限于材料本身所固有的力学特性，梁式桥的跨径远比拱桥小。1928年法国著名工程师弗莱西奈经过20年研究使预应力混凝土技术得到实际应用后，新颖的预应力混凝土桥梁首先在法国和德国以异乎寻常的速度发展起来。德国最早用全悬臂法建造预应力混凝土桥梁，特别是在1952年成功地建成了莱茵河上的沃伦姆斯桥，跨度为（101.65＋114.20＋104.20）m，为具有跨中剪力铰的多跨刚架桥，这种方法就传播到全世界。10年后莱茵河上另一座本道尔夫桥的问世，将预应力混凝土桥的跨径推进到208m，悬臂施工技术也日臻完善。日本于1976年建成了当时世界上跨度最大的连续刚架桥——浜名大桥，主跨径为（55＋140＋

240+140+55）m。

斜拉桥是"二战"以来在世界桥梁建筑中发展最快的一种桥型，它是一种结构合理、跨越能力大且外形美观的先进桥型。1956 年德国工程师 Dischinger 在瑞典成功地建造了主跨 182.6m 的 Stroemsund 斜拉桥，1962 年委内瑞拉建成了宏伟的马拉卡波湖大桥［主跨跨径为（160+5×235+160）m，总长达 9km］，此后现代大跨度斜拉桥得到了蓬勃的发展。目前国外跨径最大的斜拉桥是俄罗斯的俄罗斯岛大桥（图 1-8），总长度为 3.1km，主跨径达 1104m。

悬索桥是能够充分发挥钢材优越性能的一种桥型。美国在 19 世纪 50 年代从法国引进了近代吊桥技术后，于 19 世纪 70 年代就发明了"空中架线法"编纺桥缆。1937 年建成的旧金山金门大桥，主跨径 1280.2m，曾保持了 27 年桥梁最大跨径的世界纪录（图 1-9）。桥跨布置为（342.9+1280.2+342.9）m=1966m，桥面宽 27.43m。旧金山金门大桥的建成代表了现代大跨桥梁的建设成就，并成为一段时期内的桥梁模板。这种以钢桁架梁作为加劲梁的悬索桥通常被称为美式悬索桥，以此建成了不少大跨悬索桥。但是，塔科马大桥的倒塌事故说明了在风振影响下，悬索桥需要考虑动力学问题。因此，1966 年英国率先设计建造了以流线形钢箱梁作为加劲梁的塞文桥，是第一座用流线形钢箱加劲的悬索桥，跨径 988m，以此作为英式悬索桥的代表。此后，大跨径悬索桥加劲梁的设计产生了两种不同的设计理念。第一种是采用刚度足够大的桁架加劲梁；第二种是采用闭口的流线形箱梁，通过减小风的作用来保证桥的稳定性。1998 年丹麦的大贝尔特桥（东桥）［The Great Belt Link (East Bridge)］建成通车，主跨为 1624m，名列当时世界第一，是目前英式悬索桥中跨径最大的一座。

图 1-8　俄罗斯岛大桥

图 1-9　金门大桥总体布置（1937 年）

英国 1981 年建成的恒伯尔桥，主跨径 1410m，是当时世界跨径最大的悬索桥。1998 年完工的日本明石海峡大桥，全长 3910m，主跨径 1991m，桥跨布置为（960+1991+960）m，桥宽 35.5m，是目前世界上跨径最大的桥梁。1997 年，香港青马大桥建成，跨径 1377m；

2005年通车的江苏润扬长江大桥，跨径1490m；2009年建成通车的浙江舟山西堠门大桥主跨达1650m，成为当时我国已建跨径最大的桥梁（世界悬索桥跨径第二名）。

20世纪以来，国内外桥梁建设中最突出的成就应当是预应力混凝土技术的广泛应用。当今世界上70%以上的现代化桥梁都采用预应力混凝土技术。与此同时，计算机在土建领域得到了广泛的应用，给结构和力学理论注入了新的生命力。目前，不仅在结构线性、非线性的空间分析，稳定分析，动力分析，风和地震响应分析方面都有了深入的发展，而且随着其他工业的发展，科学实验手段更趋先进，特别是对结构防灾和科学实验方法的发展，使人类已经能够建造更大跨径的桥梁。此外，物联网、大数据和人工智能等信息技术不断飞速发展，并在各专业领域得到广泛应用，也大大推进了桥梁设计、建造与运维技术的进步。

1.2 桥梁的组成与分类

1.2.1 桥梁的组成

1. 组成

梁式桥是最常见的一种桥梁形式。图1-10以梁式桥为例，介绍了桥梁的基本组成、一些重要的参数和部分名词术语。

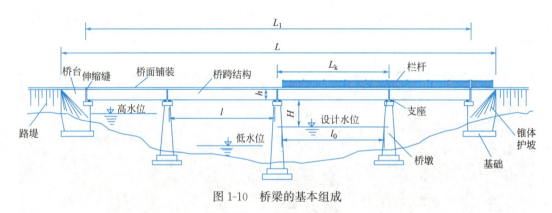

图1-10 桥梁的基本组成

桥梁结构可分为上部结构、下部结构和支座。

上部结构以承重结构为主，还包括连接构造和桥面系。

下部结构包括桥墩、桥台和基础。下部结构有时仅指桥墩和桥台，而将基础单独列出。桥梁上、下部结构之间常采用支座连接。

除此之外，桥梁还有一些附属构造，如导流堤和防撞墩等。

表1-1给出了桥梁的组成部分及其作用。

桥梁的组成部分及其作用　　　　　　　　　　　　　表 1-1

桥梁的组成部分			各组成部分的作用
上部结构	桥面系	桥面结构以及桥面铺装、防水、护栏等附属设施	形成服务于交通需要的桥面,将交通荷载传给承重结构
	承重结构	主梁(或拱、或索)	支承桥面系,架立在支座或直接支承于墩台上,将荷载传给支座和下部结构
	连接构造	纵向的及横向的	位于承重结构之间,以承受水平荷载为主
支座		固定支座、活动支座(或全约束支座,或鞍座)	支承上部结构,将荷载传给墩、台,并满足上部结构的变形需要和位移控制需要
下部结构	桥墩、桥台	桥台(位于岸边或连接路堤) 桥墩(位于桥跨中间)	支承上部结构,将上部结构荷载传至基础(桥台兼起挡墙作用)
	基础	浅基础或深基础(桩、沉井或沉箱)	将桥墩或桥台传来的荷载传递和分布到地基(土壤或基岩)中去

（1）上部结构

桥梁上部结构（或称桥跨结构、桥孔结构），是指在线路遇到障碍（如河流、山谷、其他线路）而中断时，跨越障碍的主要承载结构和其他使承载结构发挥通行功能的构造物。按上部结构中承重结构的类型，可将桥梁分为梁桥、拱桥、斜拉桥、悬索桥等。这些桥梁的主体结构、受力特点和计算要点，将分别在第 3～6 章进行介绍。上部结构中的桥面系将在第 2 章介绍。

（2）桥墩与桥台

桥墩、桥台及其基础统称下部结构，主要作用是承受上部结构传来的荷载，并将荷载及其自重传给地基。桥墩位居于桥梁的中间部位，支承相邻的两孔桥跨结构。桥台位居于全桥的两端，前端支承桥跨结构，后端与路基衔接，抵挡台后路基填土，并把桥跨结构与路基连接起来。桥墩与桥台将在第 7 章进行介绍。

（3）基础

基础是使桥上全部荷载传至地基的结构。基础工程经常需要在水下施工，施工难度较大、较为复杂。基础属于"基础工程"课程的内容，本书不进行专门介绍。

（4）支座

在桥跨结构与桥墩、桥台的支承处所设置的传力装置，称为支座，既要传递很大的荷载，又要满足桥跨结构所产生的变位要求，还要根据设计要求起到限位作用。支座的类型与构造、设计与计算将在第 2 章进行介绍。

（5）桥梁与道路的连接

路堤与桥台衔接处，一般需要在桥台两侧设置石砌的锥形护坡或挡墙，以保证路堤边坡的稳定，这部分也在"基础工程"课程中进行介绍。

2. 桥梁纵断面

主桥，指多孔桥梁的主要跨段。它在设计时根据洪水设计流量、通航（或跨线道路通行）要求或结构构造等确定。

引桥，指桥梁中连接主桥和路堤的部分。

桥梁纵坡，指桥梁纵断面上的坡度。

主桥、引桥和纵坡是反映桥梁纵断面总体设计的重要内容。

净跨径，用 l_0 表示。梁桥的净跨径是指设计洪水位上相邻两个桥墩（或桥台）之间的净距；拱桥的净跨径是指每孔拱跨的两个拱脚截面最低点之间的水平距离；其他不设支座的桥梁为上、下部结构相交处内缘间的水平距离。

单孔跨径：同标准跨径，用 L_k 表示。对于梁（板）桥、斜拉桥和悬索桥，单孔跨径是指相邻两桥墩中心线之间的距离，或墩中心线至桥台台背前缘之间的距离；对于拱桥和拱式涵洞（拱涵），则是指净跨径。

计算跨径，以 l 表示。设支座的桥梁，指支承桥跨结构相邻墩或台上的支座中心线之间的距离；对于不设支座的桥梁（如拱桥、刚构桥、箱涵等）为上、下部结构相交面中心点的水平距离。

净跨径、单孔跨径和计算跨径反映的都是单孔结构的跨越长度。一般而言，同类型桥梁的设计、施工难度与复杂程度，随桥梁跨径的增大而增大。

桥梁全长，简称桥长，以 L 表示。对于有桥台的桥梁，是指桥梁两端桥台的侧墙或八字墙后端点之间的距离。对于无桥台的桥梁，是指桥面行车道的全长。

多孔跨径总长，以 L_1 表示。对于梁式桥、板式桥涵，是指多孔标准跨径的总长；对于拱式桥涵，是指两桥台内起拱线间的距离；对于其他形式桥梁，是指桥面行车道的长度。

桥梁全长、多孔跨径总长是反映一座桥梁工程规模的一个重要指标。在一条线路总长中，桥梁和涵洞长度所占比值，既反映了桥涵在整条线路建设中的重要程度，也反映了整条线路的建设难度和费用高低。

桥下净空，指为满足桥下通航（或行车、行人）的需要和保证桥梁安全而对上部结构底缘以下规定的空间限界。

桥下净空高度，以 H 表示，指设计洪水位或计算通航水位或桥下道路路面最高位至桥跨结构最下缘之间的距离。

桥梁建筑高度，以 h 表示，指上部结构底缘至桥面顶面的竖直距离。

桥下净空、桥下净空高度和桥梁建筑高度这三个指标都与桥下的通行有关，桥下净空高度是桥下净空的主要内容。桥梁建筑高度不得大于其容许建筑高度，否则就不能保证桥下的通航要求或其他交通的通行要求。

低水位，指枯水季节河流中的最低水位。

高水位，指洪峰季节河流中的最高水位。

设计水位，指与设计流量相对应的水位。

通航水位，指通航的河流能保持船舶（队）正常航行时的最高和最低水位。

设计水位、通航水位是跨河桥梁纵断面设计中要考虑的重要参数。低水位则对确定桥墩、桥台及其基础的各种设计高程和施工方法具有重要的意义。纵断面设计中，要保证安全排洪，还要考虑到冲刷等建桥时对所跨越河流的水文特性的影响，这些与高水位密切相关，而高水位需要根据桥梁设计洪水频率来确定。这方面的内容，详见《桥涵水文》教材和其他相关专著、手册和规范。

3. 桥梁横断面

桥梁净空或桥面净空，指桥梁行车道、人行道上方应保持的空间限界。其中，（桥梁）净宽，以 B_0 表示，指行车道和人行道的有效使用宽度。行车道净宽与车道数、行车速度有关。

桥梁宽度或桥梁全宽，以 B 表示，指桥梁结构横桥向的宽度。

行车道或车行道，指桥上供汽车行驶的部分。

非机动车道，指桥上供非机动车行驶的部分。

人行道，指专供行人通行的部分。一般用路缘石或护栏及其他类似设施将其与行车道隔离。

桥梁横坡，指为了排水而在桥面铺装横桥向所设置的坡度。

公路与城市桥梁的桥面系，包括桥面铺装、排水防水系统、人行道（或安全带）、路缘石、栏杆、护栏、照明灯具和伸缩缝等。在桥梁养护中，桥面系是指这些组成行车功能的结构。在一般情况下，桥面系不仅包括构成桥面功能的构造部分，也包含桥面板等桥面支承结构。

桥道系是指桥梁行车平面的支承结构。对于梁桥，可以利用主梁作为桥面支承结构（桥道系）。对于拱桥和悬索桥，主拱和主缆均为竖向平面内的曲线结构，无法满足行车需要，应专门设置桥道系，悬挂或支承于主结构之上。对于斜拉桥，可利用主梁作为桥道系，与斜拉索和桥塔共同构成总体受力结构。

桥面系直接与车辆、行人和环境接触，是桥梁的易损部分，需进行合理设计、认真施工、精心养护，以保证车辆和行人的安全、通行顺畅，并发挥对主结构的保护作用。

图 1-11 为公路（T形）梁桥横截面一般布置示意图，相关构造的介绍详见第 3 章。桥面布置是桥梁总体设计的内容，应根据道路等级、桥梁宽度和行车要求等条件来确定。

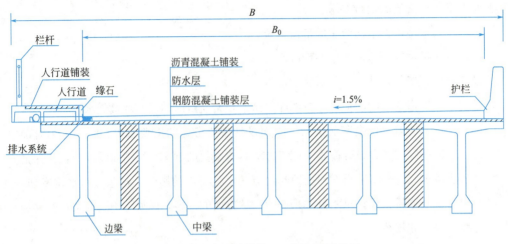

图 1-11 公路梁桥横截面一般布置示意图

4. 桥梁平面

桥梁根据道路平面线形和支承情况，可分为正交桥、斜交桥和曲线桥，如图 1-12 所示。

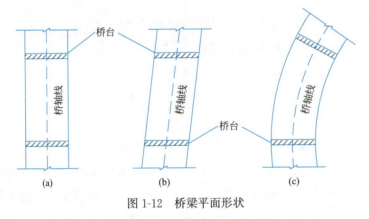

图 1-12 桥梁平面形状
(a) 正交桥；(b) 斜交桥；(c) 曲线桥

正交桥，也称为正桥或直桥：桥轴线与桥台、桥墩或两者呈直角相交的直线形桥梁。一般情况下，如果不指明是斜桥或曲线桥的桥梁，均默认为正桥。

斜交桥或斜桥：桥轴线与桥台、桥墩或两者不呈直角相交的直线形桥梁。

曲线桥或弯桥：桥轴线在平面上呈曲线的桥。

绝大部分桥梁为正交桥，但在高等级公路中，为服从道路线形的要求，斜交桥和曲线桥采用得较多。斜桥与弯桥的受力有其特殊之处，将在第 3.1.4 节中介绍。

1.2.2 桥梁的分类

桥梁的分类方式多种多样。不同的分类方式所反映的桥梁特征也不同。对于桥梁工程师来说，最常用的分类是按结构类型和材料类型分类。本书的编排，以结构分类为主、材料分类为辅。其他的分类，仅在这里给予简要介绍。

1. 按结构类型分类

桥梁是一种跨空受力结构。按结构类型分类时，主要依据上部结构的受力特点。拉、压和弯曲是跨空结构的三种基本受力方式。桥梁上部结构按此可归结为梁式、拱式、悬吊式三种基本体系，以及它们之间的各种组合，相应的桥梁类型主要有梁桥、刚构桥、拱桥、斜拉桥和悬索桥。这里分别对它们进行简述。

（1）梁桥

梁桥是古老且最常用的桥型之一。梁在竖向荷载作用下，结构受弯、剪作用，无水平反力，如图 1-13 所示。梁桥的截面主要以 T 形、工字形或箱形为主；当跨径较小时，可采用板式截面。对于跨径较大的钢桥，可采用桁式，整体结构仍然受弯、剪作用，但各杆件则以受拉、压为主。

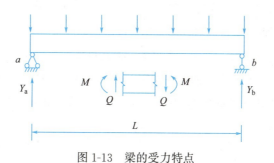

图 1-13　梁的受力特点

当梁桥跨径较小时，结构材料主要采用钢筋混凝土、预应力混凝土或钢-混凝土组合。当跨径较大时，可采用钢结构。当梁桥跨径较小时，纵桥向受力体系可采用简支梁，而跨径较大时，可采用连续梁。前者将在本书的第 3 章进行介绍，后者在第 4 章进行介绍。

（2）刚构桥

刚构桥上部结构的梁（板）和下部结构的柱（墙）之间采用刚性连接，如图 1-14 所示。若下部结构是垂直的（图 1-14a），竖直荷载作用下，上部结构的受力特点与梁桥相近，下部结构的弯矩要大于梁桥的墩台结构。单跨的整体式桥台桥梁（整体桥），将主梁与桥台及桩基础连成一体，可视为图 1-14（a）所示的单跨刚构桥。

结构中有斜撑连接上、下部结构的刚构桥，如图 1-14（b）所示，称为斜腿刚构桥。竖直荷载作用下，斜腿刚构桥的主支承处有水平推力，使斜腿与中间的主梁产生压力，而弯矩和剪力则小于同跨径的简支梁。实际上，斜腿与中间的主梁部分可以看成一个三折线拱，其受力特点与刚架拱（图 5-2）相近，本书中不单独介绍。刚构桥的上部结构以钢筋混凝土、预应力混凝土结构为主。

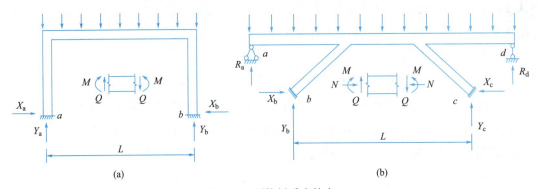

图 1-14 刚构桥受力特点
(a) 刚构桥；(b) 斜腿刚构桥

(3) 拱桥

拱桥的主要承重结构是拱或称主拱。在竖向荷载作用下，拱内的弯矩、剪力比同跨径的简支梁小，但有水平反力，称之为水平推力，水平推力使拱受压力作用，如图 1-15 所示，详见第 5.1.3 节介绍。因此，拱桥的跨越能力比梁桥强，主拱除采用钢、钢-混凝土组合材料外，还可采用抗拉强度弱的砖、石、混凝土等材料。但是拱桥的下部与基础受力较大，且需要有较好的地质条件，以承受水平推力的不利作用。由于拱桥的主拱在合龙之前不能发挥拱的作用，因此其施工常需要其他辅助设施或构造，难度较大。本书的第 5 章将对拱桥进行介绍。

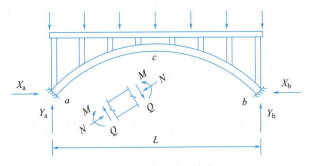

图 1-15 拱的受力特点

(4) 斜拉桥

斜拉桥是一种组合结构，通常由索塔、斜拉索、加劲梁等主要部分组成（图 1-16）。斜拉索以受拉为主，索塔以受压为主，加劲梁受压、弯为主。斜拉索向上的拉力分力，为加劲梁提供弹性支撑，减小加劲梁的弯矩，从而使斜拉桥具有较大的跨越能力。

斜拉桥属于索支承桥梁，其跨越能力仅次于悬索桥，刚度小于梁桥和拱桥，但大于悬索桥。由于斜拉桥是一种自锚体系，不需造价昂贵的锚碇，在一定的跨径范围内，其经济性优于悬索桥。另外，斜拉桥可采用悬臂施工，施工难度小于拱桥。本书第 6 章将介绍斜拉桥。

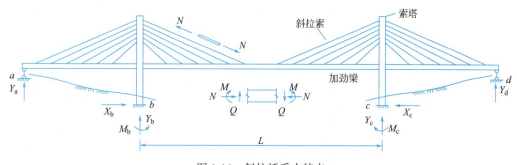

图 1-16 斜拉桥受力特点

(5) 悬索桥

悬索桥，又称吊桥，以悬索为主要承重结构。现代悬索桥（图 1-17），通常由主缆、加劲梁、索塔、锚碇等部分组成。主缆以受拉为主，广泛采用高强钢缆；锚碇承受主缆产生的水平反力（拉力），有隧道锚和重力式锚，较多采用混凝土结构；加劲梁可视为通过吊索悬吊于主缆下的弹性连续梁，以受弯为主，较多采用钢结构；索塔为主缆提供竖向支撑，以受压为主，常用混凝土结构或钢结构。

悬索桥在所有桥型中跨越能力最强，但其结构相对较柔，刚度小、变形大、动力振动问题突出。在施工方面，主缆可以通过细小的钢丝或钢丝束集合而成，无需大型的吊装设备；当主缆架设完成后，加劲梁可直接悬吊在主缆下方，因此虽然跨径往往很大，但施工风险和难度并不是很大。本书第 6 章将介绍悬索桥。

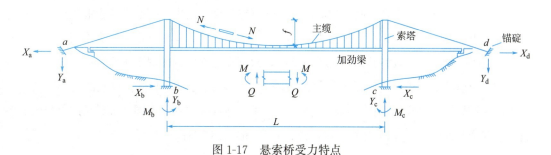

图 1-17 悬索桥受力特点

(6) 其他组合桥梁

上述几种基本桥型之间还可以进行组合，形成新的桥型。如拱与梁的组合成为系杆拱桥（图 1-18a，在第 5 章拱桥中介绍）、连续梁与刚构的组合成为连续刚构桥（图 1-18b，在第 4 章与连续梁桥一起介绍）。

2. 按材料分类

桥梁按上部结构的主要建造材料分类，可划分为木桥、石桥、混凝土桥、钢桥和组合桥等。这种划分是指其主要建造材料或主要结构所用的材料。实际上，一座桥一般是由不

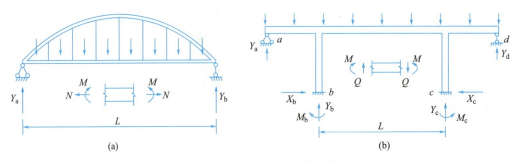

图 1-18 组合桥梁形式的受力特点
(a) 系杆拱桥;(b) 连续刚构桥

同的材料建成的,例如一座钢梁桥,其主梁是钢材制成,但其墩台可能用的是混凝土材料。

材料科学与技术的发展及其在桥梁中的应用,推动着桥梁技术的进步。随着桥梁建筑材料从木、石、藤等天然材料,到铁、钢、钢筋混凝土和预应力混凝土材料的发展,桥型不断丰富,跨径也不断得到突破。

在现代桥梁中,钢和混凝土是两种最主要的建筑材料。在石材丰富的发展中国家,因为劳动力和原材料价格比较便宜,石材在桥梁中仍有应用,尤其是在桥梁墩台中。此外,木材、铝材、不锈钢等也被用于现代桥梁的建造。近十年来,碳纤维等新材料在桥梁维修加固中的应用也越来越多。

混凝土桥含钢筋混凝土桥和预应力混凝土桥。近年来,高性能混凝土在桥梁中的应用越来越多,超高性能混凝土在桥梁中的应用也处于研究与推广之中。不配筋的素混凝土,在桥梁中主要用于墩台和基础,在上部结构中,除可用于拱桥外,其他桥型中极少采用。由于混凝土的抗拉能力弱,一般将其归到圬工桥梁中,而不在通常所说的混凝土桥梁中。

这里所说的组合桥指主要受力构件的截面上由两种或两种以上材料组成的桥梁,与前面所说的不同结构之间的组合(如斜拉桥、系杆拱、连续刚构等)不同。最常见的材料组合是钢与混凝土的组合,如钢-混凝土组合梁、钢管混凝土拱和柱。

3. 按用途分类

桥梁按用途分类,可分为公路桥、城市桥、铁路桥、公铁两用桥、人行桥,以及管道桥、水路桥、机场跑道桥等。

公路桥与城市桥均以通行汽车为主,与专供铁路列车行驶的铁路桥相比,活载相对较轻,桥的宽度相对较大(其中,城市桥的宽度更宽)。公铁两用桥是指能同时通行汽车和铁路列车的桥梁,一般规模较大。它可做成双层桥面桥,如我国武汉长江大桥、南京长江大桥等;也可做成同一平面的,如澳大利亚的 Sydney Harbour(悉尼海港)桥。人行桥是指专供行人通行的桥梁,具有活载较小、桥面较窄,结构造型较灵活,对美学要求较高,总造价不高等特点,因此常采用一些造型独特的新颖结构。

我国的桥梁按其用途与所属管理部门分类,主要分为公路桥、城市(市政)桥、铁路桥和其他专用桥。公路桥归交通、公路系统管理,城市桥归市政建设系统管理,铁路桥归铁道系统管理,其他专用桥则是根据其用途和业主不同,分属矿山、林业、港口等部门管理。不同用途桥梁的设计、施工、管理等规范和标准也不同,主要有公路、市政与铁路三大体系。

本书以公路桥梁为主,兼顾城市桥梁和铁路桥梁。

4. 按单孔跨径或多孔跨径总长分类

公路桥涵按单孔跨径 L_k 或多孔跨径总长 L,可分为特大桥、大桥、中桥和小桥,现行行业标准《公路桥涵设计通用规范》JTG D60(以下简称《公桥通规》)的分类见表1-2。单孔跨径 L_k 反映的是技术复杂程度,多孔跨径总长 L 反映的是工程建设规模。在确定桥涵分类时,符合其中一个指标即可归类。存在差异时,可采取"就高不就低"原则。在计算桥梁长度时,曲线桥宜按弧长计算,斜交桥宜按斜长计算。

桥梁分类　　　　　　　　表1-2

桥涵分类	多孔桥梁总长 L(m)	单孔跨径 L_k(m)
特大桥	$L>1000$	$L_k>150$
大桥	$100\leqslant L\leqslant 1000$	$40\leqslant L_k\leqslant 150$
中桥	$30<L<100$	$20\leqslant L_k<40$
小桥	$8\leqslant L\leqslant 30$	$5\leqslant L_k<20$
涵洞	—	$L_k<5$

5. 其他分类

按跨越障碍分类,桥梁可分为跨河桥、跨谷桥、跨线桥(立交桥)、高架桥等。跨河桥最常见,本书也将以跨河桥为主要介绍对象,一般情况下也不特别指明。跨谷桥是指跨越谷地的桥梁。对于较窄的河谷,可以采用单跨大拱或斜腿刚构跨越;对于较开阔的谷地,可采用多跨高墩梁式桥,此时的跨谷桥也是高架桥。当然,高架桥还常常用于城市多层道路之中。跨越其他线路(公路、铁路、城市道路)的桥梁称为跨线桥,当桥梁所在的线路还要与其他线路互通时,就形成立交桥。

按平面线型,桥梁可分为直桥、弯桥(曲线桥)和斜桥,见图1-12。当桥梁的纵坡较大时,可称之为坡桥。立交桥的匝道桥常采用坡桥、弯桥,在与主桥相接处其平面形状还呈现出异形。弯、坡、斜桥与一般的小(或平)纵坡的直桥相比,受力与结构均较为复杂。

此外,对于桥面高程较低的桥梁,为了通航要求,可将一部分修成可开启的结构,称之为开启桥或活动桥,而一般意义上的桥梁可相对地称为固定桥。为军事目的而修建的桥梁称为军用桥,而一般的桥为民用桥。军用桥为了修建快速,常用船或浮箱浮在水面,代替桥墩，上面架设贝雷梁成为浮桥或舟桥，一般属于临时性桥梁。当然，浮桥在古代也有用作永久性的民用桥的。施工或特殊情况时，也常修建临时性桥梁，短期内的任务完成后就被拆除。相对于临时性桥，一般的桥梁则为永久性桥（虽然也有设计使用年限）。

1.3 桥梁所受的作用

1.3.1 桥梁作用分类

根据桥梁的功能，桥梁结构除了承受本身自重和各种附加恒载作用外，在设计使用年限内应满足规定的正常交通荷载通行的需要，如汽车、火车、平板挂车、非机动车和人群等交通荷载。桥梁结构处于自然环境之中，还要承受各种自然因素的影响，如风力、温度变化、水流冲击、地震作用等。桥梁上部结构的作用示意见图 1-19。桥梁下部结构所受的作用示意见图 7-2。

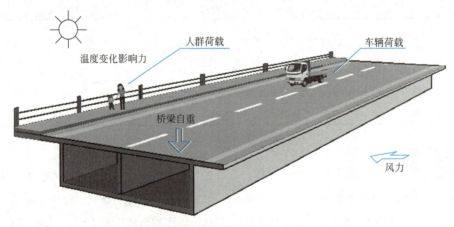

图 1-19　桥梁上部结构所受作用（荷载）示意图

作用是指施加在结构上的集中力或分布力（直接作用）和引起结构外加变形或约束变形的原因（间接作用）。引起结构反应的原因可以按作用的性质分为截然不同的两类：一类是施加于结构上的外力，如车辆、人群、结构自重等，它们是直接施加于结构上的，可用"荷载"这一术语来概括；另一类不是以外力形式施加于结构，它们产生的效应与结构本身的特性和所处的环境等有关，如地震、基础变位、混凝土收缩和徐变、温度变化等，它们是间接作用于结构上的，如果将此也称"荷载"，容易引起人们的误解。因此，将所有引起结构反应的原因统称为"作用"，而"荷载"仅限于表达施加于结构上的直接作用。

《公桥通规》中将桥梁作用分为四大类，即永久作用、可变作用、偶然作用和地震作用，见表 1-3。

桥梁所受作用的分类 表 1-3

编号	作用分类	作用名称
1	永久作用	结构重力（包括结构附加重力）
2		预加力
3		土的重力
4		土侧压力
5		混凝土收缩及徐变作用
6		水的浮力
7		基础变位作用
8	可变作用	汽车荷载
9		汽车冲击力
10		汽车离心力
11		汽车引起的土侧压力
12		汽车制动力
13		人群荷载
14		疲劳荷载
15		风荷载
16		流水压力
17		冰压力
18		波浪力
19		温度（均匀温度和梯度温度）作用
20		支座摩阻力
21	偶然作用	船舶的撞击作用
22		漂流物的撞击作用
23		汽车撞击作用
24	地震作用	地震作用

1.3.2 作用计算

1. 永久作用

永久作用是在设计基准期内始终存在且其量值变化与平均值相比可以忽略不计的作用，或其变化是单调的并趋于某个限值的作用。永久作用主要包括七个部分：结构自重（包括桥面铺装及附属设备的重力）、土的重力、土侧压力、基础变位作用、水的浮力、结构的预加力、混凝土收缩和徐变作用。永久作用也叫恒载。

2. 可变作用

可变作用是指在设计基准期内量值随时间变化且其变化值与平均值相比不可忽略不计的作用。按其对桥涵结构的影响程度，又分为基本可变作用（又称活载，Live Load）和其他可变作用。以下简要介绍桥梁设计中常用的可变作用。有关可变作用的详细计算方法，可查阅《公桥通规》相应的条文。

(1) 公路桥梁汽车荷载

《公桥通规》将公路桥梁汽车荷载分为公路-Ⅰ级和公路-Ⅱ级两个等级。高速公路、一级公路、二级公路上的桥梁，汽车荷载等级应采用公路-Ⅰ级；三级公路和四级公路上的桥梁，汽车荷载等级采用公路-Ⅱ级。二级公路作为集散公路且交通量小，重型车辆少时，其桥涵的设计可采用公路-Ⅱ级汽车荷载。对于交通组成中重载交通比重较大的公路桥涵，宜采用与该公路交通组成相适应的汽车荷载模式进行结构整体和局部验算。

汽车荷载由车道荷载和车辆荷载组成。

车道荷载由均布荷载和集中荷载组成。桥梁结构的整体计算采用车道荷载；桥梁结构的局部加载、涵洞、桥台和挡土墙土压力等的计算采用车辆荷载。车道荷载与车辆荷载的作用不得叠加。

车道荷载的计算图式如图 1-20 所示。

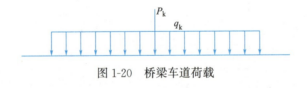

图 1-20　桥梁车道荷载

公路-Ⅰ级车道荷载的均布荷载标准值为 $q_k = 10.5 \text{kN/m}$。集中荷载标准值 P_k 按表 1-4 采用。计算剪力效应时，上述集中荷载的标准值 P_k 应乘以 1.2 的系数。公路-Ⅱ级车道荷载的均布荷载标准值 q_k 和集中荷载标准值 P_k 为公路-Ⅰ级车道荷载的 0.75 倍。

集中荷载 P_k 取值　　　　　　　　表 1-4

计算跨径 L_0(m)	$L_0 \leqslant 5$	$5 < L_0 < 50$	$L_0 \geqslant 50$
P_k(kN)	270	$2(L_0 + 130)$	360

注：计算跨径 L_0，设支座的为相邻两支座中心间的水平距离；不设支座的为上、下部结构相交面中心间的水平距离。

桥梁设计时，应根据设计车道数布置车道荷载。车道荷载的均布荷载标准值应满布于使结构产生最不利效应的同号影响线上，集中荷载标准值只作用于相应影响线中一个影响线峰值处。

车道荷载的横向分布系数应按图 1-21 所示，根据设计车道数布置车辆荷载进行计算。横向分布系数的计算，见第 3.2 节。

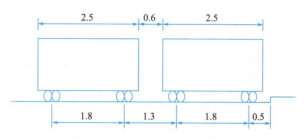

图 1-21　公路桥梁车辆荷载横向布置图（单位：m）

公路桥梁设计车道数应符合表 1-5 的规定。横桥向布置多车道汽车荷载时，应考虑多车道汽车荷载的折减；布置一条车道汽车荷载时，应考虑汽车荷载的提高。横向车道布载系数应符合表 1-6 的规定。多车道布载的荷载效应不得小于两条车道布载的荷载效应。

公路桥梁设计车道数　　　　　　　　　　　　　　　　　表 1-5

桥面行车道宽度 W(m)		桥涵设计车道数（条）
单向行驶桥梁	双向行驶桥梁	
W<7.0		1
7.0≤W<10.5	6.0≤W<14.0	2
10.5≤W<14.0		3
14.0≤W<17.5	14.0≤W<21.0	4
17.5≤W<21.0		5
21.0≤W<24.5	21.0≤W<28.0	6
24.5≤W<28.0		7
28.0≤W<31.5	28.0≤W<35.0	8

横向车道布载系数　　　　　　　　　　　　　　　　　　表 1-6

横向布置设计车道数	1	2	3	4	5	6	7	8
横向车道布载系数	1.20	1.00	0.78	0.67	0.60	0.55	0.52	0.50

大跨径桥梁上的汽车荷载应考虑纵向折减。当桥梁计算跨径 L 大于 150m 时，应按表 1-7 规定的纵向折减系数进行折减。当为多跨连续结构时，整个结构均应按最大的计算跨径考虑汽车荷载效应的纵向折减。

纵向折减系数　　　　　　　　　　　　表 1-7

计算跨径 L(m)	纵向折减系数
150<L<400	0.97
400≤L<600	0.96
600≤L<800	0.95
800≤L<1000	0.94
L≥1000	0.93

公路桥梁车辆荷载的立面、平面尺寸如图 1-22 所示，其主要技术指标规定如表 1-8 所示。公路-Ⅰ级和公路-Ⅱ级汽车荷载采用相同的车辆荷载标准值。

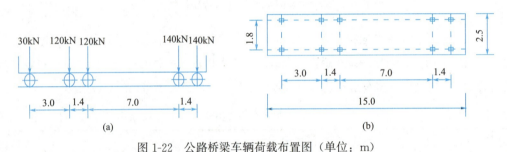

图 1-22　公路桥梁车辆荷载布置图（单位：m）

(a) 立面；(b) 平面

公路桥梁车辆荷载主要技术指标　　　　　　　　表 1-8

项目	单位	技术指标	项目	单位	技术指标
车辆重力标准值	kN	550	轮距	m	1.8
前轴重力标准值	kN	30	前轮着地宽度及长度	m	0.3×0.2
中轴重力标准值	kN	2×120	中、后轮着地宽度及长度	m	0.6×0.2
后轴重力标准值	kN	2×140	车辆外形尺寸（长×宽）	m	15×2.5
轴距	m	3+1.4+7+1.4			

以上介绍的是现行公路桥梁设计规范中规定的汽车荷载。在此之前的《公路桥涵设计通用规范》JTJ 021—89 中规定的汽车荷载为车队荷载。车队荷载又分为计算荷载与验算荷载，即汽车-超 20 级、汽车-20 级；汽车-10 级；挂车-120，挂车-100，履带-50。具体规定本书不再详细介绍。

(2) 汽车荷载冲击力

车辆以较高速度驶过桥梁时，由于桥面的不平整、车轮不圆以及发动机抖动等原因，会引起车辆和桥梁结构振动，也即动力效应。这种动力效应通常称为汽车荷载冲击作用。在此情况下，汽车荷载（动荷载）对桥梁结构所引起的应力和变形，要比同样大小的静荷载引起的大，在桥梁设计时常用汽车荷载的冲击力来考虑其作用。

《公桥通规》规定钢桥、钢筋混凝土桥及预应力混凝土桥、圬工拱桥等上部构造，钢支座、板式橡胶支座、盆式橡胶支座和钢筋混凝土柱式墩台，应计入汽车冲击作用。填料厚度（包括路面厚度）不小于0.5m的拱桥和重力式墩台不计冲击作用。

冲击影响一般采用静力学的方法，即将车辆荷载作用的动力影响用车辆的重力乘以冲击系数 μ 来表达。公路桥梁汽车荷载的冲击系数应根据桥梁结构的基频 f 来取值，见表1-9。汽车荷载的局部加载及在T形梁或箱梁悬臂板上的冲击系数采用0.3。

冲击系数 表 1-9

结构基频	冲击系数 μ
$f<1.5\mathrm{Hz}$	0.05
$1.5\mathrm{Hz}{\leqslant}f{\leqslant}14\mathrm{Hz}$	$0.1767\ln f-0.0157$
$f>14\mathrm{Hz}$	0.45

注：f 为结构基频。

研究表明，冲击作用由车体振动、桥跨结构变形和振动引起，即由车-桥耦合振动引起。当车辆的振动频率与桥跨结构的自振频率一致时，即形成共振，其振幅（即挠度）比一般的振动大许多。振幅的大小与桥梁结构的阻尼大小及共振时间的长短有关。桥梁的阻尼主要与材料和连接方式有关，且随桥梁跨径的增大而减小。

车辆引起桥梁的振动，还会影响行车与行人的舒适性，目前我国公路桥梁规范还没有这方面的考虑。

(3) 汽车荷载离心力

离心力是一种伴随着车辆在弯道行驶时所产生的惯性力，以横桥向水平力的形式作用于桥梁结构，是弯桥横向受力与抗扭设计计算的主要考虑因素。《公桥通规》规定：曲线桥应计算汽车荷载引起的离心力。离心力为车辆荷载（不计冲击力）乘以离心力系数 C，离心力系数按下式计算：

$$C=v^2/127R \tag{1-1}$$

式中 v——设计车速（km/h），应按照桥梁所在路线的设计车速采用；

R——曲线半径（m）。

在计算多车道桥梁的离心力时，车辆荷载标准值应乘以表1-6规定的横向车道布载系数。离心力的着力点在桥面以上1.2m；为计算简便也可移至桥面上，不计由此引起的作用效应。

(4) 汽车荷载引起的土侧压力

《公桥通规》规定：汽车荷载在桥台或挡土墙后填土的破坏棱体上引起的土侧压力，可按下式换算成等代均布土层厚度 h(m) 计算：

$$h = \frac{\sum G}{Bl_0 \gamma} \tag{1-2}$$

式中 γ——土的重力密度（kN/m³）；

$\sum G$——布置在 $B \times l_0$ 面积内的车轮的总重力（kN）；

l_0——桥台或挡土墙后填土的破坏棱体长度（m）；

B——桥台横向全宽或挡土墙的计算长度（m）。

（5）汽车荷载制动力

制动力是汽车在桥上刹车时为克服其惯性力而在车轮与路面之间发生的滑动摩擦力（摩擦系数可达0.5以上）。

《公桥通规》规定：一个设计车道上，汽车荷载产生的制动力标准值为车道荷载标准值在加载长度上计算的汽车荷载总重的10%，公路-Ⅰ级汽车荷载的制动力标准值不得小于165kN；公路-Ⅱ级汽车荷载的制动力标准值不得小于90kN。同向行驶双车道的汽车荷载制动力标准值应为一个设计车道制动力标准值的2.0倍；同向行驶三车道为一个设计车道的2.34倍；同向行驶四车道为一个设计车道的2.68倍。制动力的方向为汽车行车方向，其着力点在桥面以上1.2m。

（6）城市桥梁汽车荷载

现行行业标准《城市桥梁设计规范》CJJ 11（简称《城桥规范》）将城市桥梁汽车荷载分为城-A级和城-B级两个等级。主干路应采用城-A级，支路应采用城-B级；快速路、次干路上如重型车辆行驶频繁时，设计汽车荷载应选用城-A级荷载，否则用城-B级；小城市中的支路上如重型车辆较少时，设计汽车荷载采用城-B级车道荷载的效应乘以0.8的折减系数，车辆荷载的效应可乘以0.7的折减系数；小型车专用道路，设计汽车荷载可采用城-B级车道荷载的效应乘以0.6的折减系数，车辆荷载的效应可乘以0.5的折减系数。

《城桥规范》规定的汽车荷载同样由车道荷载和车辆荷载组成。

对于车道荷载，城-A级与《公桥通规》规定的公路-Ⅰ级相同，城-B级与公路-Ⅱ级相同。

对于车辆荷载，城-A级的标准载重汽车为五轴式货车，总重700kN，前后轴距为18.0m，行车限界横向宽度为3.0m（图1-23）。

城-B级车辆荷载的立面、平面布置及标准值采用《公桥通规》车辆荷载规定值（图1-22）。

同时，《城桥规范》还规定：车道荷载横向分布系数、多车道折减的横向折减系数、大跨径桥梁的纵向折减系数、汽车荷载的冲击力、离心力、制动力及车辆荷载在桥台或挡土墙后填土的破坏棱体上引起的土侧压力等，均按《公桥通规》的规定计算。

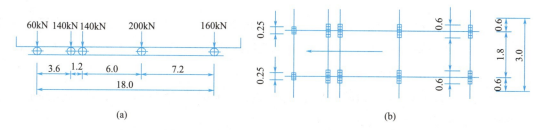

图 1-23 城-A 级标准载重汽车（单位：m）

(a) 立面；(b) 平面

此外，《城桥规范》还对非机动车道和专用非机动车道荷载进行了专门规定。

(7) 人群荷载

《公桥通规》规定：公路桥梁设置人行道时，人群荷载标准值按下列规定计算：

1) 当桥梁计算跨径小于或等于 50m 时，人群荷载标准值为 $3.0kN/m^2$；当桥梁计算跨径等于或大于 150m 时，人群荷载标准值为 $2.5kN/m^2$；当桥梁计算跨径在 50～150m 时，可由线性内插得到人群荷载标准值。跨径不等的连续结构，采用最大计算跨径的人群荷载标准值。

2) 非机动车、行人密集的公路桥梁，人群荷载标准值为上述标准值的 1.15 倍。

3) 专用人行桥梁，人群荷载标准值为 $3.5kN/m^2$。

人群荷载对于一般的公路桥梁和城市桥梁而言不是主要荷载，通常与车辆荷载组合进行计算。但对于人行道的局部构件、栏杆和专用人行桥来说，却起控制作用。

《城桥规范》规定：

1) 人行道板的人行荷载应按 5kPa 的均布荷载或 1.5kN 的竖向集中力作用在一块构件上，分别计算，并取其不利者。

2) 梁、桁、拱及其他大跨结构的人群荷载 w，可按照下式计算，且 w 值在任何情况下不得小于 2.4kPa。

当加载长度 $l<20m$ 时：

$$w = 4.5 \times \frac{20-w_p}{20} \tag{1-3}$$

当加载长度 $l \geq 20m$ 时：

$$w = \left(4.5 - 2 \times \frac{l-20}{80}\right)\left(\frac{20-w_p}{20}\right) \tag{1-4}$$

式中 w——单位面积上的人群荷载（kPa）；

l——加载长度（m）；

w_p——单边人行道宽度（m）；在专用非机动车桥上为 1/2 桥宽，大于 4m 时仍按

4m 计。

3) 检修道上设计人群荷载应按 2kPa 的均布荷载或 1.2kN 的竖向集中荷载，作用在短跨小构件上，可分别计算，取其不利者。计算与检修道相连构件，当计入车辆荷载或人群荷载时，可不计检修道上的人群荷载。

4) 专用人行桥和人行通道的人群荷载应按现行行业标准《城市人行天桥与人行地道技术规范》CJJ 69 的有关规定执行。

(8) 疲劳荷载

《公桥通规》规定，疲劳荷载的计算模型应符合下列规定：

1) 疲劳荷载计算模型Ⅰ采用等效的车道荷载，集中荷载为 $0.7P_k$，均布荷载为 $0.3q_k$。P_k 和 q_k 按车道荷载的相关规定取值；应考虑多车道的影响，横向车道布载系数按表 1-6 规定取值。

2) 疲劳荷载计算模型Ⅱ采用双车模型，两辆模型车轴距与轴重相同，其单车的轴重与轴距布置见图 1-24。计算加载时，两模型车的中心距不得小于 40m。

3) 疲劳荷载计算模型Ⅲ采用单车模型，模型车轴载及分布规定见图 1-25。

4) 当构件和连接不满足疲劳荷载计算模型Ⅰ验算要求时，应按模型Ⅱ验算。桥面系构件的疲劳验算应采用疲劳荷载计算模型Ⅲ。

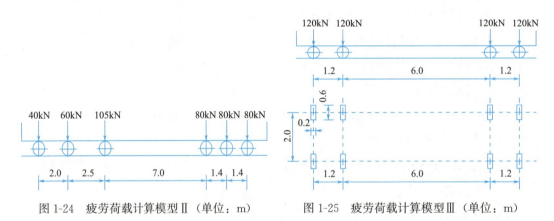

图 1-24　疲劳荷载计算模型Ⅱ（单位：m）　　图 1-25　疲劳荷载计算模型Ⅲ（单位：m）

(9) 其他作用力

1) 风荷载标准值应按现行行业标准《公路桥梁抗风设计规范》JTG/T 3360—01 的规定计算。

桥梁的风振动力计算包括抖振分析、涡振分析、颤振分析及动力稳定性分析，可以通过模型风洞试验和理论计算来获得桥梁的抗风特性。节段模型直接测量、依据气动导数进行三维颤振分析和气弹模型风洞试验是确定结构抗风性能的三个主要途径。

2) 温度作用常分为均匀温度作用和竖向温度梯度两种，详见第 3.6 节的介绍。

3) 支座摩阻力,可按式(1-5)计算：

$$F = \mu W \tag{1-5}$$

式中　W——作用于活动支座上由上部结构重力产生的效应；

　　　μ——支座的摩擦系数,宜采用实测数据,无实测数据时可按《公桥通规》中表 4.3.13 取用。

支座摩阻力与汽车制动力一样作用于纵桥向上,通常两者取大者进行计算。

4) 流水压力、冰压力的规定和计算,详见《公桥通规》。《城桥规范》规定这些作用力按《公桥通规》的有关规定执行。它们主要从横桥向作用于桥墩上,其中流水压力也是动力作用,采用静力作用的方法进行计算。

位于外海、海湾、海峡的桥梁结构,下部结构设计必要时考虑波浪力的作用影响,宜开展专题研究来确定波浪力的大小。

3. 偶然作用

偶然作用,是指在设计基准期内不一定出现,而一旦出现其量值会很大,且持续时间很短的作用,包括船舶的撞击作用、漂流物的撞击作用和汽车的撞击作用。

1) 通航水域中的桥梁墩台,设计时应考虑船舶的撞击作用,其撞击作用设计值宜按专题研究确定。当缺乏实际调查资料时,可参照《公桥通规》的规定计算。

2) 有漂流物的水域中的桥梁墩台,设计时应考虑漂流物的撞击作用,其横桥向撞击力设计值可按《公桥通规》的规定计算,漂流物的撞击作用点假定在计算通航水位线上桥墩宽度的中点。

3) 桥梁结构必要时可考虑汽车的撞击作用。汽车撞击力设计值在车辆行驶方向应取 1000kN,在车辆行驶垂直方向应取 500kN,两个方向的撞击力不同时考虑,撞击力应作用于行车道以上 1.2m 处,直接分布于撞击涉及的构件上。对于设有防撞设施的结构构件,可视防撞设施的防撞能力,对汽车撞击力设计值进行折减,但折减后的汽车撞击力设计值不应低于上述规定值的 1/6。

4. 地震作用

地震作用是一种特殊的偶然作用,因此,将其单列为一种类型。地震是一种自然现象,它对地面构造物的破坏性具有突发性和严重性。我国是一个多地震国家,地震活动频繁,震级强,地震活动主要分布在西南、西北、华南和台湾海峡等地区。

地震时地面运动对桥梁结构产生动态效应的分析方法主要有静力法和动力法。静力法将地震荷载用等效静力代替进行结构的计算,计算方法简单,但忽略了地面动力特性和结构动力特性,比较粗糙。动力法有反应谱理论、动态时程分析法和功率谱法。目前,我国的建筑物、公路桥梁和铁路桥梁的抗震设计采用的是反应谱理论。随着电子计算机技术的发展,近 20 年来动态时程分析法发展很快。动态时程法是采用数值积分求解运动方程的方法,对地震作用下的结构物，从初始状态逐步积分直至地震终止，求出结构在整个过程的位移、速度、加速度等地震反应。显然，动态时程法较反应谱理论更能反映地震作用下结构物的实际情况，因此有些国家已开始采用这一方法作为设计方法。

地震动峰值加速度为 $0.05g$、$0.10g$、$0.15g$、$0.20g$、$0.30g$、$0.40g$ 地区的公路桥梁，应进行抗震设计。地震动峰值加速度大于 $0.40g$ 地区的公路桥梁，应进行专门的抗震研究和设计。地震动峰值加速度小于 $0.05g$ 地区的公路桥梁，除有特殊要求外，可只进行抗震措施设计。做到地震小区划的地区，应按主管部门审批后的地震动参数进行抗震设计。公路桥梁的地震作用的计算和结构设计，应符合现行行业标准《公路桥梁抗震设计规范》JTG/T 2231—01（简称《桥梁抗震规范》）的规定，城市桥梁应符合现行行业标准《城市桥梁抗震设计规范》CJJ 166 的规定。

1.3.3 作用组合

1. 作用组合的原则

以上简述了各种可能出现的荷载和作用，显然这些作用并非都同时作用于桥梁上的。根据各种作用重要性的不同和同时出现的可能性，《公桥通规》规定，公路桥涵结构设计应考虑结构上可能同时出现的作用，按照承载能力极限状态和正常使用极限状态进行作用组合，均应按下列原则取其最不利组合进行设计。

1）只有在结构上可能同时出现的作用，才进行组合。当结构或构件需做不同受力方向验算时，则应以不同方向的最不利的作用进行组合。

2）当可变作用的出现对结构或结构构件产生有利影响时，该作用不应参与组合，《公桥通规》给出的可变作用不同时组合的情况，见表1-10。实际不可能同时出现的作用或同时参与组合概率很小的作用，可不考虑其组合。制动力与支座摩阻力不同时组合，这是考虑到任何纵向力，不能大于支座摩阻力，因此，制动力与支座摩阻力不同时存在。流水压力不与汽车制动力、波浪力、冰压力同时组合，这是考虑同时出现的可能性极小。

可变作用不同时组合表 表 1-10

作用名称	不与该作用同时参与组合的作用
汽车制动力	流水压力、冰压力、波浪力、支座摩阻力
流水压力	汽车制动力、冰压力、波浪力
波浪力	汽车制动力、流水压力、冰压力
冰压力	汽车制动力、流水压力、波浪力
支座摩阻力	汽车制动力

3）施工阶段的作用组合，应按照计算需要及结构所处条件而定，结构上的施工人员和施工机具设备均应作为可变作用加以考虑。组合式桥梁，当把底梁作为施工支撑时，作用效

应宜分两个阶段组合，底梁受荷为第一阶段，组合梁受荷为第二阶段。

4）多个偶然作用不同时参与组合。

5）地震作用不与偶然作用同时参与。

2. 设计计算方法

在介绍设计中作用组合的应用之前，先对公路桥梁的设计计算方法作简要的介绍。

桥梁结构在结构尺寸基本拟定后，应进行设计计算，作用对结构所产生的效应（简称作用效应）要适当小于结构本身的抵抗能力，才能保证结构的安全适用。同时，结构的抵抗能力也不能太过富余，以达到经济的目的。

桥梁结构设计计算的理论和方法主要有：容许应力法、破损阶段设计法、多系数极限状态设计法和基于可靠性理论的概率极限状态法。有关这几个方法的介绍，详见《结构设计原理》教材。

我国公路桥梁的设计方法，目前采用的是多系数极限状态法，具体为以概率理论为基础、按分项系数表达的极限状态设计法，按两类极限状态设计：

1）承载能力极限状态：对应于结构或结构构件达到最大承载能力或出现不适于继续承载的变形或变位的状态；

2）正常使用极限状态：对应于结构或结构构件达到正常使用或耐久性能的某项限值的状态。

3. 作用值、设计状况与桥梁安全等级

（1）作用值

在下面介绍的作用组合时，将用到荷载（作用）的标准值、设计值、代表值、频遇值、准永久值等，这里先进行介绍。

作用的标准值：作用的主要代表值，可根据对观测数据的统计、作用的自然界限或工程经验确定。

作用的代表值：极限状态设计所采用的作用值。可以是作用的标准值或可变作用的伴随值。

作用的设计值：作用的代表值与分项系数的乘积。

可变作用的伴随值：在作用组合中，伴随着主导作用的可变作用值。可以是组合值、频遇值或准永久值。

可变作用的组合值：使组合后作用效应的超越概率与该作用单独出现时其标准值作用效应的超越概率趋于一致的作用值；或组合后使结构具有规定可靠指标的作用值。可通过组合值系数对作用标准值的折减来表示。

可变作用的频遇值：在设计基准期内被超越的总时间占设计基准期的比率较小的作用值；或被超越的频率限制在规定频率内的作用值。可通过频遇值系数对作用标准值的折减来表示。

可变作用的准永久值：在设计基准期内被超越的总时间占设计基准期的比率较大的作

用值。可通过准永久值系数对作用标准值的折减来表示。

这里所说的设计基准期是为确定可变作用的取值而选用的时间参数,公路桥梁常用的时间参数是 100 年,它与设计年限不同。

本课程基本不涉及桥梁结构承载能力的计算,对于材料的标准值、设计值和分项系数等,不进行详细介绍,有关内容参见《结构设计原理》教材和相关规范。

(2) 四种状况

《公桥通规》规定,公路桥涵应根据不同种类的作用及其对桥涵的影响、桥涵所处的环境条件,考虑以下四种设计状况,进行极限状态设计:

持久状况:它所对应的是桥梁使用阶段,它所持续的时间很长,要对结构所有预定功能进行设计,因此应进行承载能力极限状态和正常使用极限状态设计。

短暂状况:它所对应的是桥梁的施工和维修阶段。相对于使用阶段,它所持续的时间不长,结构体系、所受的作用也可能与使用阶段不同。这个阶段要进行承载能力极限状态设计,根据需要可进行正常使用极限状态设计。

偶然状况应作承载能力极限状态设计。

地震状况应作承载能力极限状态设计。

偶然状况和地震状况所对应的都是出现概率极小、持续时间极短的情况,一般只进行承载能力极限状态计算。地震作用是一种特殊的偶然作用,在过去的规范中也将其归在偶然状况中。然而,地震作用能够统计并有统计资料,可以确定其标准值,而其他偶然作用无法用概率的方法确定其标准值,因此两者的设计表达式不同,所以《公桥通规》中将地震状况从偶然状况中剥离出来,单独设置。

(3) 三个安全等级

根据桥梁结构破坏所产生的后果严重程度,将桥涵分为三个安全等级,给出相应的结构重要性系数,见表 1-11。表中所列的特大、大、中桥按单孔跨径决定,见表 1-2。对于多跨不等跨桥梁,以其中最大跨径为准。

公路桥涵结构设计安全等级与结构重要性系数   表 1-11

设计安全等级	破坏后果	适用对象	结构重要性系数 γ_0
一级	很严重	(1) 各等级公路上的特大桥、大桥、中桥; (2) 高速公路、一级公路、二级公路、国防公路及城市附近交通繁忙公路上的小桥	1.1
二级	严重	(1) 三、四级公路上的小桥; (2) 高速公路、一级公路、二级公路、国防公路及城市附近交通繁忙公路上的涵洞	1.0
三级	不严重	三、四级公路上的涵洞	0.9

4. 承载能力极限状态设计的作用组合

承载能力极限状态是指桥涵结构或构件达到最大承载能力或不适于继续承载的变形的状态。公路桥涵结构按承载能力极限状态设计时，对持久设计状况和短暂设计状况应采用作用的基本组合，对偶然设计状况应采用作用的偶然组合，对地震设计状况应采用作用的地震组合。

（1）基本组合

基本组合：承载能力极限状态设计时，永久作用设计值与可变作用设计值的组合。这种组合用于结构的常规设计，是所有公路桥梁都应该考虑的。

1) 作用基本组合的效应设计值，按式（1-6）计算。

$$S_{ud} = \gamma_0 S(\sum_{i=1}^{m} \gamma_{G_i} G_{ik}, \ \gamma_{L_1} \gamma_{Q_1} Q_{1k}, \ \psi_c \sum_{j=2}^{n} \gamma_{L_j} \gamma_{Q_j} Q_{jk}) \tag{1-6a}$$

或

$$S_{ud} = \gamma_0 S(\sum_{i=1}^{m} G_{id}, \ Q_{1d}, \ \sum_{j=2}^{n} Q_{jd}) \tag{1-6b}$$

式中 S_{ud} ——承载能力极限状态下作用基本组合的效应设计值；

$S(\ )$ ——作用组合的效应函数；

γ_0 ——结构重要性系数，按表 1-11 规定的结构设计安全等级采用，按持久状况和短暂状况承载能力极限状态设计时，公路桥涵结构设计安全等级应不低于表 1-11 的规定，对应于设计安全等级一级、二级和三级分别取 1.1、1.0 和 0.9；

γ_{G_i} ——第 i 个永久作用的分项系数，应按表 1-12 的规定采用；

G_{ik}, G_{id} ——第 i 个永久作用的标准值和设计值；

γ_{Q_1} ——汽车荷载（含汽车冲击力、离心力）的分项系数；采用车道荷载计算时取 $\gamma_{Q_1} = 1.4$，采用车辆荷载计算时，取 $\gamma_{Q_1} = 1.8$；当某个可变作用在组合中其效应值超过汽车荷载效应时，则该作用取代汽车荷载，其分项系数取 $\gamma_{Q_1} = 1.4$；对专为承受某一作用而设置的结构或装置，设计时该作用的分项系数取 $\gamma_{Q_1} = 1.4$；计算人行道板和人行道栏杆的局部荷载，其分项系数也取 $\gamma_{Q_1} = 1.4$；

Q_{1k}, Q_{1d} ——汽车荷载（含汽车冲击力、离心力）的标准值和设计值；

γ_{Q_j} ——在作用组合中除汽车荷载（含汽车冲击力、离心力）、风荷载外的其他第 j 个可变作用的分项系数，取 $\gamma_{Q_j} = 1.4$，但风荷载的分项系数取 $\gamma_{Q_j} = 1.1$；

Q_{jk}, Q_{jd} ——在作用组合中除汽车荷载（含汽车冲击力、离心力）外的其他第 j 个可变作用的标准值和设计值；

ψ_c ——在作用组合中除汽车荷载（含汽车冲击力、离心力）外的其他可变作用的组合值系数，取 $\psi_c = 0.75$；

$\psi_c Q_{jk}$ ——在作用组合中除汽车荷载（含汽车冲击力、离心力）外的第 j 个可变作用的组合值；

γ_{L_j}——第 j 个可变作用的结构设计使用年限荷载调整系数；公路桥涵结构的设计使用年限按现行行业标准《公路工程技术标准》JTG B01 取值时，可变作用的设计使用年限荷载调整系数取 $\gamma_{L_j}=1.0$；否则，γ_{L_j} 取值应按专题研究确定。

2）当作用与作用效应可按线性关系考虑时，作用基本组合的效应设计值 S 可通过作用效应代数相加计算。

3）设计弯桥时，当离心力与制动力同时参与组合时，制动力标准值或设计值按70%取用。

永久作用的分项系数　　　　　　　　　表 1-12

序号	作用类别		永久作用分项系数	
			对结构的承载能力不利时	对结构的承载能力有利时
1	混凝土和圬工结构重力（包括结构附加重力）		1.2	1.0
	钢结构重力（包括结构附加重力）		1.1 或 1.2	
2	预加力		1.2	1.0
3	土的重力		1.2	1.0
4	混凝土的收缩及徐变作用		1.0	1.0
5	土侧压力		1.4	1.0
6	水的浮力		1.0	1.0
7	基础变位作用	混凝土和圬工结构	0.5	0.5
		钢结构	1.0	1.0

注：本表序号1中，当钢桥采用钢桥面板时，永久作用分项系数取1.1；当采用混凝土桥面板时，取1.2。

(2) 偶然组合

偶然组合：承载能力极限状态设计时，永久作用标准值与可变作用某种代表值、一种偶然作用设计值相组合；与偶然作用同时出现的可变作用，可根据观测资料和工程经验取用频遇值或准永久值。

1）作用偶然组合的效应设计值，可按式（1-7）计算。

$$S_{ad}=S\left(\sum_{i=1}^{m}G_{ik},\ A_{d},\ (\psi_{f1}\ \text{或}\ \psi_{q1})Q_{1k},\ \sum_{j=2}^{n}\psi_{qj}Q_{jk}\right) \quad (1-7)$$

式中　S_{ad}——承载能力极限状态下作用偶然组合的效应设计值；

A_d——偶然作用的设计值；

ψ_{f1}——汽车荷载（含汽车冲击力、离心力）的频遇值系数，取 $\psi_{f1}=0.7$；当某个可变作用在组合中其效应值超过汽车荷载效应时，则该作用取代汽车荷载，人群荷载 $\psi_f=1.0$，风荷载 $\psi_f=0.75$，温度梯度作用 $\psi_f=0.8$，其

他作用 $\psi_f=1.0$；

$\psi_{f1}Q_{1k}$——汽车荷载的频遇值；

ψ_{f1}，ψ_{qj}——第 1 个和第 j 个可变作用的准永久值系数，汽车荷载（含汽车冲击力、离心力）$\psi_q=0.4$，人群荷载 $\psi_q=0.4$，风荷载 $\psi_q=0.75$，温度梯度作用 $\psi_q=0.8$，其他作用 $\psi_q=1.0$；

$\psi_{f1}Q_{1k}$，$\psi_{qj}Q_{1k}$——第 1 个和第 j 个可变作用的准永久值。

2）当作用与作用效应可按线性关系考虑时，作用偶然组合的效应设计值 S_{ad} 可通过作用效应代数相加计算。

（3）地震组合

地震组合的效应设计值应按现行行业标准《公路桥梁抗震设计规范》JTG/T 2231—01 的有关规定计算。

5. 正常使用极限状态设计的作用组合

正常使用极限状态是指桥涵结构或构件达到正常使用耐久性能的某项规定限值的状态。公路桥梁按正常使用极限状态设计时，应根据不同的设计要求，采用作用的频遇组合或准永久组合。

（1）频遇组合

频遇组合：正常使用极限状态设计时，永久作用标准值与主导可变作用频遇值、伴随可变作用准永久值的组合。主导可变作用通常为汽车荷载。

1）作用频遇组合的效应设计值可按式（1-8）计算。

$$S_{fd}=S(\sum_{i=1}^{m}G_{ik},\ \psi_{f1}Q_{1k},\ \sum_{j=2}^{n}\psi_{qj}Q_{jk}) \tag{1-8}$$

式中 S_{fd}——作用频遇组合的效应设计值；

ψ_{f1}——汽车荷载（不计汽车冲击力）频遇值系数，取 $\psi_{f1}=0.7$。

2）当作用与作用效应可按线性关系考虑时，作用频遇组合的效应设计值 S_{fd} 可通过线性代数相加计算。

（2）准永久组合

准永久组合：正常使用极限状态设计时，永久作用标准值与可变作用准永久值相组合。

1）作用准永久组合的效应设计值可按式（1-9）计算。

$$S_{qd}=S(\sum_{i=1}^{m}G_{ik},\ \sum_{j=1}^{n}\psi_{qj}Q_{jk}) \tag{1-9}$$

式中 S_{qd}——作用准永久组合的效应设计值；

ψ_{qj}——汽车荷载（不计汽车冲击力）准永久值系数，取 $\psi_{qj}=0.4$。

2）当作用与作用效应可按线性关系考虑时，作用准永久组合的效应设计值 S_{qd} 可通过作用效应代数相加计算。

公路桥涵结构设计计算中的作用效应组合的规定详见《公桥通规》，"结构设计原理"课程中也会有详细介绍。

6. 算例

【例 1-1】 某二级公路上标准跨径为 30m、计算跨径为 28.90m 的装配式预应力混凝土简支梁桥，横桥向由 5 片主梁组成。已知 1 号边主梁的内力值最大，只考虑结构重力、汽车荷载和人群荷载时的计算结果汇总在表 1-13 中，请进行作用效应基本组合、频遇组合和准永久组合。

内力计算结果　　　　　　　　　　　　　　　　　　表 1-13

荷载类别	弯矩（kN·m）		剪力（kN）	
	梁端	跨中	梁端	跨中
结构重力	0.0	3798.12	525.69	0.0
汽车荷载	0.0	2073.65	257.54	139.66
不计冲击力的汽车荷载	0.0	1639.25	203.59	110.40
人群荷载	0.0	186.04	31.07	6.43

【解】

1）作用效应基本组合，用于极限承载力计算，采用式（1-6a）进行组合：

$$S_{ud}=\gamma_0 S\left(\sum_{i=1}^{m}\gamma_{G_i}G_{ik},\ \gamma_{L1}\gamma_{Q_1}Q_{1k},\ \psi_c\sum_{j=2}^{n}\gamma_{Lj}\gamma_{Q_j}Q_{jk}\right)$$

其中，γ_0 的取值先查表 1-2，可知该桥为中桥，再查表 1-11，取结构重要性系数 $\gamma_0=1.1$。γ_{G_i} 为第 i 个永久作用的分项系数，本例中只有结构的自重，按表 1-12 的规定，取为 1.2；γ_{Q_1} 为汽车荷载（含汽车冲击力、离心力）的分项系数，这里是针对主梁的计算，采用车道荷载，取 $\gamma_{Q_1}=1.4$；本例中的人群荷载，是汽车荷载（含汽车冲击力、离心力）外的其他可变作用，其组合值系数 $\psi_c=0.75$。

对于弯矩和剪力，分别将表 1-13 中的永久作用设计值 G_{ik} 代入，则得：

跨中弯矩：

$$M_c=\gamma_0(1.2M_{cg}+1.4M_{cq}+0.75\times1.4\times M_r)$$
$$=1.1\times(1.2\times3798.12+1.4\times2073.65+0.75\times1.4\times186.04)$$
$$=8421.82\text{kN}\cdot\text{m}$$

梁端剪力：

$$Q_0=\gamma_0(1.2Q_{0g}+1.4Q_{0q}+0.75\times1.4\times Q_{r0})$$
$$=1.1\times(1.2\times525.69+1.4\times257.54+0.75\times1.4\times31.07)$$
$$=1126.41\text{kN}$$

2）作用频遇组合，用于正常使用极限状态设计，采用式（1-8）进行组合：

$$S_{fd}=S(\sum_{i=1}^{m}G_{ik},\ \psi_{f1}Q_{1k},\ \sum_{j=2}^{n}\psi_{qj}Q_{jk})$$

其中，整个组合效应没有重要性系数，自重不乘以分项放大系数，汽车荷载（不计汽车冲击力）频遇值系数，取 $\psi_{f1}=0.7$；人群荷载 $\psi_f=1.0$。将表 1-13 中的跨中弯矩和梁端剪力代入，可得：

跨中弯矩：
$$M_c = M_{cg} + 0.7 M_{cq} + 0.4 M_r$$
$$= 3798.12 + 0.7 \times 1639.25 + 0.4 \times 186.04$$
$$= 5020.01 \text{kN} \cdot \text{m}$$

梁端剪力：
$$Q_0 = Q_{0g} + 0.7 Q_{0q} + 0.4 Q_r$$
$$= 525.69 + 0.7 \times 203.59 + 0.4 \times 31.07$$
$$= 680.63 \text{kN}$$

3) 作用准永久组合也是用于正常使用极限状态设计，主要是控制结构长期荷载作用下的挠度等，按式（1-9）进行组合：

$$S_{qd}=S(\sum_{i=1}^{m}G_{ik},\ \sum_{j=1}^{n}\psi_{qj}Q_{jk})$$

其中，汽车荷载（不计汽车冲击力），其准永久值系数 $\psi_{qj}=0.4$。将表 1-13 中的跨中弯矩和梁端剪力代入，可得：

跨中弯矩：
$$M_c = M_{cg} + 0.4 M_{cq} + 0.4 M_r$$
$$= 3798.12 + 0.4 \times 1639.25 + 0.4 \times 186.04$$
$$= 4528.24 \text{kN} \cdot \text{m}$$

梁端剪力：
$$Q_0 = Q_{0g} + 0.4 Q_{0q} + 0.4 Q_r$$
$$= 525.69 + 0.4 \times 203.59 + 0.4 \times 31.07$$
$$= 619.55 \text{kN}$$

1.4 桥梁的规划与设计

1.4.1 桥梁的规划设计

1. 桥梁设计程序

线路中的桥梁设计一般随着道路的设计程序而进行。作为独立大桥或特大桥的设计，它通常需经过前期研究和设计两个大阶段。

前期研究一般是在规划的基础上，开展预可行性研究（Preliminary Feasibility Study，简称预可）和工程可行性研究（Feasibility Study，简称工可）。预可与工可的研究内容与目的基本一致，只是研究深度不同。前期研究的重点在于建桥的必要性、可行性，并确定建桥的地点、规模、标准、投资控制等一些宏观问题和重大问题。预可着重研究建设上的必要性和经济上的合理性。在预可研究的基础上，撰写项目建议书，根据工程规模和管辖权限上报相应政府部门，批准后工程立项。

工可是在工程立项后，在预可行性研究的基础上，着重研究工程上和投资上的可行性。工可上报相应主管部门批准后，形成设计任务书。根据设计任务书进行桥梁工程的设计工作。

一座桥梁的设计所涉及的因素很多，特别是对于工程比较复杂的大、中桥梁的设计，为了从错综复杂的客观情况中，能得出合理的设计，就需要进行各种不同设计方案的分析比较，从中选定最优方案，并编制成推荐上报的初步设计，这是设计的第一阶段。

初步设计中除了着重解决桥梁总体规划问题（如桥位选定、分孔、桥型、纵横断面布置等）以外，尚需初步拟定桥梁结构的主要尺寸、估算工程数量，提供主要材料的用量和全桥造价的概算指标。然后报请投资者审批。初步设计的概算应作为控制建设项目投资和以后编制施工预算的依据。

桥梁设计的第二阶段是编制施工图（技术复杂结构再分为技术设计和施工图设计二阶段），它是根据批准的初步设计中所核定的修建原则、桥梁各部分构件进行详细的设计计算，绘制施工详图，编制施工组织设计和施工预算。

目前，我国对独立公路大桥的勘测设计工作一般均采用上述两阶段的设计程序。但对于技术简单的中、小桥，也可采用一阶段设计，即以扩大的初步设计来包含两阶段设计的主要内容，对于复杂的大桥，则在初步设计与施工图设计中还有技术设计阶段。

我国公路桥梁各设计阶段与建设程序的关系见图1-26。

2. 桥梁设计基本原则

《公桥通规》规定公路桥梁的设计应遵循"安全、耐久、适用、环保、经济和美观"的原则。

桥梁是道路的重要组成部分，特别是大、中桥梁对当地的政治、经济、国防等都具有重要意义。除了跨越河流与道路等障碍需要外，在线路中，当道路所处的土方路段的基础为厚软基时，桥梁方案可与道路方案作比较；对于城市道路，由于土地资源稀缺，建设桥梁可以节约土地，因此桥梁方案也可与道路方案比较。

桥梁的桥型、跨径、孔数，应根据公路功能和技术等级，考虑因地制宜、就地取材、便于施工和养护等因素进行总体设计，在设计使用年限内应满足规定的交通荷载通行需要。

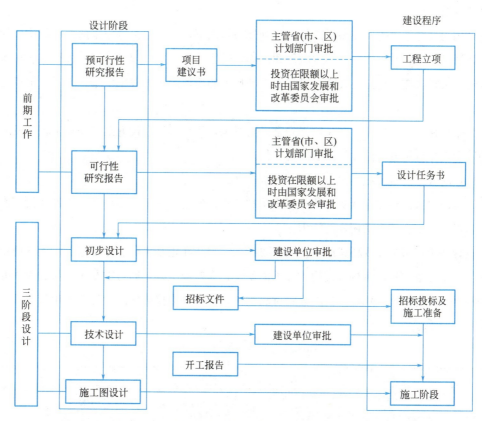

图 1-26　我国公路桥梁设计阶段与建设程序关系图

(1) 安全

安全是桥梁结构设计的第一要求。设计要保证桥梁在设计荷载作用下具有足够的安全性。桥梁应具有足够的抵抗各种作用的能力以及偶然作用（如漂流物撞击、船撞甚至恐怖袭击）以及地震作用的能力，故必须对桥梁进行抗风、抗震、抗撞等减灾防灾设计，保证桥梁的抗灾能力。

对于跨河桥，应根据桥梁所在道路的交通功能、等级、通行能力，结合河势演变、河流水文、河床地质、通航要求、环境影响等进行综合设计，并设置完善的防护设施，以安全宣泄设计洪水。特大桥、大桥的桥位应选择河道顺直稳定、河床地质良好、河槽能通过大部分设计流量的河段，不宜从断层、岩溶、滑坡、泥石流等不良地质地带通过。

桥梁结构及其各部分构件，在制造、运输、安装和使用过程中应具有足够的强度、刚度、稳定性和耐久性。桥梁结构的强度应使全部构件及其连接构造的材料抗力和承载能力具有足够的安全储备。

对于刚度的要求，应使桥梁在荷载作用下的变形不超过规定的容许值。过大的变形会使结构的连接松弛，而且会导致高速行车困难，引起桥梁剧烈的振动，使行人不适，甚至危及桥梁结构的安全。

结构的稳定性，是要使桥梁结构在各种外力作用下，具有能保持原来的形状和位置的能力，如桥跨结构和墩台的整体不致倾倒和滑移，受压构件不致引起纵向屈曲失稳等。在地震区修建桥梁时，在结构上还要满足抵御地震破坏力的要求。刚度较小桥梁还要考虑抗风安全问题。

为了加强桥梁的安全管理，增强安全风险意识，优化工程建设方案，提高工程建设和运营的安全性，桥梁设计阶段须开展风险评估。

（2）耐久

结构的耐久性指在设计确定的环境作用和养护、使用条件下，结构及其构件在设计使用年限内保持其安全性和适用性的能力。

设计使用年限是体现桥梁耐久性的重要指标，它指在正常设计、正常施工、正常使用和正常养护条件下，桥涵结构或结构构件不需要进行大修或更换，即可按其预定目的使用的年限。根据《公桥通规》规定，我国公路桥涵主体结构和可更换部件的设计使用年限应不低于表 1-14 的年限。

公路桥涵设计使用年限（年）　　　　　　　　　　　　　　表 1-14

公路等级	主体结构			可更换部件	
	特大桥大桥	中桥	小桥涵洞	斜拉索、吊索、系杆等	栏杆、伸缩装置、支座等
高速公路一级公路	100	100	50	20	15
二级公路三级公路	100	50	30		
四级公路	100	50	30		

桥梁应按照设计使用年限和环境条件进行耐久性设计。耐久性设计前，要对桥位进行现场勘察，掌握所在地的气候、地质、水文、环境等条件，并查找相关资料；然后，分析预测各种条件下所建桥梁结构的退化趋势；最后，提出保证耐久性的措施，并在设计文件中体现。

（3）适用

适用指桥梁要能够满足建设目的，即能发挥其建设所要求的功能。所以，桥梁设计原则中的适用性，亦即桥梁具有设计的功能性。

桥上的行车道和人行道宽度应保证车辆和人群的安全畅通，不仅要满足建成时的交通需求，还应满足将来交通量增长的需要。桥型、跨径大小和桥下净空应满足泄洪、安全通航或通车等要求，并便于检查和维修。

靠近村镇、城市、铁路及水利设施的桥梁，应结合各有关方面的要求适当考虑综合利用，位于农村的桥梁应适当考虑农田排灌的需要。对于城市桥梁，要考虑可能过桥的管线的需要，可敷设电信电缆、热力管、给水管、电压不高于 10kV 的配电电缆和压力不超过 0.4MPa 的燃气管，但必须采取有效的安全防护措施。同时，不得在桥上敷设污水管、压力 0.4MPa 的燃气管和其他可燃、有毒或腐蚀性的液、气体管。

桥梁结构在通过设计荷载时不出现过大的变形和过宽的裂缝，桥的两端方便车辆的进入和疏散，不致产生交通堵塞现象。桥梁结构设计应考虑桥面铺装进行综合设计。桥面铺装应有完善的桥面防水、排水系统。桥梁结构设计要考虑检查和维护时便于到达，并设有必要的设施和通道。

（4）环保

桥梁的设计必须注重环境保护和可持续发展，从桥梁建设起的全寿命时间内，最大化地降低对各种资源的使用、对环境的不利影响，最大限度地减少废弃物的产生。

在桥梁设计的初始勘探环节，必须结合地理地貌科学测绘，准确全面、有效地掌握桥位处地形、地貌、地质特点，以便在桥位选择、桥跨布置、规模大小、桥梁造型、基础方案、墩身外形、上部结构、施工方法、交通预测等桥梁设计工作中考虑。

尽量采用绿色环保、可回收利用的建设材料，减少资源消耗，减少碳排放，避免污染问题的发生。桥梁结构尽可能地采用装配式结构，机械化和工厂化施工，减小对当地环境的影响。桥梁设计中可提出桥梁建设和使用过程中必须采取的环境监测保护体系。

（5）经济

经济性目前主要指桥梁的修建能以合适的费用达到建设的目的。桥梁设计应体现经济上的合理性。在设计中必须进行详细周密的技术经济比较，使桥梁的总造价和材料、能源等的消耗最小。

桥梁建设的费用由直接费用和间接费用组成，直接费用有结构的材料费、机具设备使用费、人工费等，间接费用有建设单位管理费、拆迁补偿费等。在经济性中，还应考虑时间的因素，如采用能满足快速施工要求的设计，使建造工期缩短，也能降低工程造价，而且提早通车也会带来经济效益。

应注意的是，要全面而精确地计及所有的经济因素往往是困难的，在技术经济比较中，应充分考虑桥梁在使用期间的营运条件以及养护和维修等方面的问题，考虑全寿命周期内的综合经济性。这一方面的内容见下一小节介绍。

（6）美观

桥梁作为一种公共建筑，在其生命周期内对周围的环境景观、人们的生活有着较大的影响，其美观越来越受到重视。在安全、耐久、适用、环保和经济的前提下，应尽可能使桥梁具有优美的外形，与周围自然环境和景观相协调。特大桥和上跨高速公路、一级公路的跨线桥，应结合自然环境、桥梁结构特点，进行景观设计。城市桥梁和风景区的桥梁，更应考虑建筑艺术上的要求。

就桥梁本身而言，合理的结构布局和轮廓是美观的主要因素，桥梁各部分结构在空间中应具有和谐的比例，注意细部构造的美学处理，不应把美观片面地理解为豪华的细部装饰，尤其是对以交通功能为主的公路、铁路桥梁。

3. 桥梁的安全性、适用性设计

由1.3节可知，我国公路桥梁的设计方法是以概率理论为基础、按分项系数表达的极限状态设计法，按承载能力极限状态和正常使用极限状态进行设计，以保证结构的安全和适用。

(1) 安全性

承载能力极限状态，是指桥涵结构或其构件达到最大承载能力或出现不适于继续承载的变形或变位的状态，是结构安全性对应的极限状态。当结构或构件出现下列状态之一时，应认为超过了承载能力极限状态：

1) 结构构件或连接因超过材料强度而破坏，或因过度变形而不适于继续承载；
2) 结构转变为机动体系；
3) 结构或结构构件丧失稳定；
4) 地基丧失承载力而破坏；
5) 结构或结构构件的疲劳破坏；
6) 整个结构或其一部分构件失去平衡；
7) 结构因局部破坏而发生连续倒塌。

超过结构承载能力极限状态将导致结构破坏、人身伤亡和经济损失，因此任何结构和构件均应避免出现这种状态。

(2) 适用性

适用性除了桥梁的宽度（主要是行车道宽度）、线形、纵坡等满足桥梁的交通需求外，在使用过程中要处于正常的状态，在设计上要进行正常使用极限状态设计。正常使用极限状态是指桥梁结构或其构件达到正常使用或耐久性的某项限值的状态，是结构适用性和耐久性对应的极限状态。当结构或构件出现下列状态之一时，应认为超过了正常使用极限状态：

1) 影响正常使用或外观的变形；
2) 影响正常使用或耐久性的局部损坏；
3) 影响正常使用的振动；
4) 影响正常使用的其他特定状态。

各种结构或构件都有不同程度的结构正常使用极限状态要求。当结构超过正常使用极限状态时，虽然已不能满足适用性和耐久性功能要求，但结构并没有破坏，不会导致人身伤亡，因此，从重要性来讲其重要性程度不如承载力。但是从结构设计的角度，正常使用极限状态也是必须满足的项目。对于混凝土桥梁，现行行业标准《公路钢筋混凝土及预应力混凝土桥涵设计规范》JTG 3362（简称《混凝土桥规》）的正常使用极限状态验算内容主要包括：

1）变形。桥梁结构承载受力以后都会发生变形，过大的变形会影响结构的使用功能，并引起使用者的心理压力，要求对受弯构件的变形或挠度进行验算，对拉压、剪等内力引起的变形不作规定。

2）裂缝控制。混凝土是脆性材料，抗拉强度低，其开裂是难以避免的，这是由材料本身所决定的特性。肉眼可见的明显裂缝，标志着抗力的消耗程度，会引起使用者的不安，并影响结构的耐久性。根据构件的受力状态和使用功能，两类裂缝控制要求为：

① 裂缝宽度：B 类预应力混凝土构件和钢筋混凝土构件，应验算受力裂缝宽度。

② 抗裂性能：全预应力混凝土构件和 A 类预应力混凝土构件，应验算混凝土拉应力（主拉应力）。

混凝土桥梁的正常使用极限状态验算，要求在一定作用的条件下，所产生的效应不超过某一规定的限值，采用"$S \leqslant C$"来表达，式中 S 为作用组合的效应（应力、裂缝宽度）设计值；C 为验算规定的限值。

4. 桥梁耐久性、全寿命周期与可持续发展

(1) 桥梁耐久性设计

在桥梁设计基本原则中，耐久性强调了时间因素。现有的桥梁设计，普遍要求进行耐久性设计。对于钢筋混凝土和预应力混凝土桥梁，《混凝土桥规》规定了各类环境下应采用的混凝土强度等级，如表 1-15 所示。表 1-15 中的环境类别划分，如表 1-16 所示。

公路桥涵混凝土强度等级最低要求 表 1-15

构件类别	梁、板、塔、拱圈、涵洞上部		墩台身、涵洞下部		承台、基础	
设计使用年限（年）	100	50、30	100	50、30	100	50、30
Ⅰ类-一般环境	C35	C30	C30	C25	C25	C25
Ⅱ类-冻融环境	C40	C35	C35	C30	C30	C25
Ⅲ类-近海或海洋氯化物环境	C40	C35	C35	C30	C30	C25
Ⅳ类-除冰盐等其他氯化物环境	C40	C35	C35	C30	C30	C25
Ⅴ类-盐结晶环境	C40	C35	C35	C30	C30	C25
Ⅵ类-化学腐蚀环境	C40	C35	C35	C30	C30	C25
Ⅶ类-磨蚀环境	C40	C35	C35	C30	C30	C25

公路桥涵混凝土结构及构件所处环境类别划分 表1-16

环境类别	条件
Ⅰ类—一般环境	仅受混凝土碳化影响的环境
Ⅱ类-冻融环境	受反复冻融影响的环境
Ⅲ类-近海或海洋氯化物环境	受海洋环境下氯盐影响的环境
Ⅳ类-除冰盐等其他氯化物环境	受除冰盐等氯盐影响的环境
Ⅴ类-盐结晶环境	受混凝土孔隙中硫酸盐结晶膨胀影响的环境
Ⅵ类-化学腐蚀环境	受酸碱性较强的化学物质侵蚀的环境
Ⅶ类-磨蚀环境	受风、水流或水中夹杂物的摩擦、切削、冲击等作用的环境

混凝土结构中，普通钢筋和预应力钢筋的混凝土保护层厚度应满足下列要求：

1) 普通钢筋保护层厚度取钢筋外缘至混凝土表面的距离，不应小于钢筋公称直径；当钢筋为束筋时，保护层厚度不应小于束筋的等代直径。

2) 先张法构件中预应力钢筋的保护层厚度取钢筋外缘至混凝土表面的距离，不应小于钢筋公称直径；后张法构件中预应力钢筋的保护层厚度取预应力管道外缘至混凝土表面的距离，不应小于其管道直径的1/2。

3) 最外侧钢筋的混凝土保护层厚度应不小于表1-17的规定值。

混凝土保护层最小厚度 C_{min} (mm) 表1-17

构件类别	梁、板、塔、拱圈、涵洞上部		墩台身、涵洞下部		承台、基础	
设计使用年限（年）	100	50、30	100	50、30	100	50、30
Ⅰ类—一般环境	20	20	25	20	40	40
Ⅱ类-冻融环境	30	25	35	30	45	40
Ⅲ类-近海或海洋氯化物环境	35	30	45	40	65	60
Ⅳ类-除冰盐等其他氯化物环境	30	25	35	30	45	40
Ⅴ类-盐结晶环境	30	25	40	35	45	40
Ⅵ类-化学腐蚀环境	35	30	40	35	60	55
Ⅶ类-磨蚀环境	35	30	45	40	65	60

除混凝土的强度等级、保护层厚度外，公路桥梁混凝土结构及构件还应采取以下的耐久性技术措施：

1) 预应力混凝土结构中的预应力体系根据具体情况采用相应的多重防护措施。

2) 有抗渗要求的混凝土结构，混凝土的抗渗等级符合有关标准的要求。

3) 严寒和寒冷地区的潮湿环境中，混凝土应满足抗冻要求，混凝土抗冻等级符合有关标准的要求。

4) 桥涵结构形式、结构构造有利于排水、通风，避免水气凝聚和有害物质积聚。

（2）桥梁全寿命设计

1）桥梁全寿命的阶段划分

桥梁生命周期可分为规划建设期和使用与回收期两大阶段。规划建设期又可分为规划、设计与施工三个阶段，使用与回收期又可分为使用养护期和拆除回收期两个阶段，因此桥梁生命周期又可细分为五个阶段。这五个阶段从所占用时间上来说，在国外一般规划阶段约占2%～3%，设计阶段约占2%～3%，施工阶段约占4%～6%，使用阶段所占时间最长，约占88%～92%。

虽然规划与设计阶段从时间上来说，占桥梁整个生命周期中的时间并不长，然而，这个阶段的工作对于桥梁全寿命的影响而言，是最重要的一个阶段。因此，从桥梁的规划、可行性研究开始，一直到桥梁的施工图设计，都应该引入全寿命的理念。施工阶段主要是根据规划设计的内容进行实施，施工的质量也对整个使用阶段的服务水平与维修成本有着根本性的影响。使用阶段主要是根据桥梁的实际状况进行管理与养护维修，它在整个寿命期中所占时间最长，合理的使用和养护，特别是预防性养护，对于保证桥梁的服务水平、延长有效的使用寿命和减少全寿命的费用，也是至关重要的。养护是公路桥涵安全性和耐久性的重要保障，公路桥涵设计应考虑养护的需要，按照可到达、可检查、可维修和可更换的要求进行设计。

就我国来说，改革开放四十余年来，桥梁生命周期中的规划建设期（规划、设计与施工）的时间越来越短，这一方面固然有技术的进步，如设计中计算机的大量应用使计算与绘图时间大大缩短，如施工装备与技术的不断提高使工期大大缩短，等等；另一方面也与我国处于大规模的建设时期，建设单位由于非技术原因要求缩短规划建设期有关。应该强调指出的是，由于规划建设时间的不足，导致规划设计中存在着结构选型、结构构造上的先天缺陷，由于施工工期要求太短，导致赶工造成施工质量的问题，是当前我国一些桥梁在投入使用后时间极短就出现严重问题甚至事故的一个重要原因。一些桥梁还存在着边设计边施工的做法，更容易给桥梁的质量埋下隐患。因此，从桥梁全寿命的观点出发，给规划建设期以合理的时间保证，是当前我国桥梁建设面临的最大问题。

2）基于全寿命的规划与设计

在桥梁的规划、预可和工可阶段，主要是在经济合理性和实施可行性方面来考虑桥梁全寿命的问题。在本阶段，要研究外业调查工作中涉及全寿命设计的自然环境条件和详细内容，如环境条件对钢材锈蚀和混凝土的腐蚀影响就是外业调查的一个重要内容。再如，对于地质条件较差的地区，在选择桥型时，要考虑超静定结构桥梁由于基础变形产生的内力与变形对结构的受力和耐久性的影响。

本阶段根据桥梁建设的目的和条件提出桥梁的设计使用年限。确定设计使用年限后，初拟桥梁方案，基于全寿命周期成本，对全寿命设计的经济与环境进行分析，在此基础上进行基于全寿命设计的工程方案比较。必要时还应就结构可能的工程方案开展结构耐久性专题研究。

在桥梁设计阶段（含初步设计、施工图设计和必要时的技术设计），应对可能和确定的工程方案有针对性地开展自然环境条件的不同深度的调查，提出设计各阶段应开展的耐久性研究并根据研究结果制定技术要求，明确结构的设计使用年限，进行全寿命工程概算和工程预算的编制，在初步设计阶段进行桥梁方案的比较。在施工图设计阶段，根据结构中各构件的重要性和可更换性，确定各构件的设计年限。对于可更换构件进行更换施工方案的设计。提出桥梁使用期间的管理与养护要求、实施大纲或手册。

大跨与大型桥梁设计应该考虑养护维修的需要，设置必要的检测与检修通道。对于中下承式结构，如斜拉桥和悬索桥的高大桥塔、中下承式的拱肋等，要为检修人员检查维修提供通道。对于采用钢梁或钢-混凝土组合梁作为桥面系的桥梁，要考虑到钢梁的检查与防腐维修的方便，一般应设计专用的检查车。

在桥梁设计中引入全寿命设计理念后，需将桥梁结构中各构件分为主要构件和次要构件；可修复构件和不可修复构件；可更换构件和不可更换构件。

主要构件指桥梁结构构件，当主要构件低于设计标准时需进行修复、补强或更换，否则将影响桥梁的安全性。次要构件为桥梁非结构构件，当次要构件或附属结构低于标准时，虽然可能不影响结构的整体安全，但也将影响桥梁的服务水平或行车、行人的安全，要易于更换或维修。常见的次要构件有引道路堤及其护栏护坡、桥面排水设施、缘石及人行道、栏杆与防撞栏、防震挡块、伸缩缝等。

对于不可修复的主要构件如桥梁桩基础、悬索桥主缆、拱桥主拱肋等，构件的设计年限要等于或大于结构的设计年限，采用较大的安全系数，以确保设计寿命期间该构件不需更换或修复。对于中下承式拱中的关键易损构件，如吊杆、系杆，由于其造价在工程总造价中所占比重不大，因此设计时也可采用较高的安全系数，并采取良好的防水、防腐蚀措施，还要便于检查和更换。

桥面板、桥面铺装、伸缩缝和支座是桥梁的易损构件，设计时要充分考虑其耐久性和维修更换方便。桥面板要有足够的厚度。伸缩缝要采用适于变形且易于更换的类型。

3) 全寿命成本

桥梁全寿命成本包括从规划、设计、施工到营运和最后拆除整个生命周期中所需的一切费用，与目前桥梁建设中仅考虑新建成本相比，它还要考虑营运期的养护费用和拆除回收期的费用。

营运期间的养护费用包含定期养护费用和不定期养护费用。定期养护费用包括管理人员费用、桥梁清扫、附属设施维修、委托检查检测费用、支座与伸缩缝及桥面铺装等更换费用、钢构件定期涂装费用等确定性成本和不确定性成本。

不定期养护费用主要指由水灾、地震等天灾和车辆撞击、火灾等人为因素造成的损坏引起的特殊检查和维修与加固的费用，或由于用途改变而需重建的成本，这些费用由于无法事先预计，一般只能以总费用的一定百分率的方式予以预估。拆除回收期的费用除考虑拆除成本外，一般还要加上施工期间交通改道和交通维护的成本。进行桥梁全寿命费用分析时，还应将桥梁生命周期内不同年份的资金流量折算为同一年份的资金，即要考虑折现率。

(3) 桥梁工程的可持续发展

可持续发展涉及人类社会的方方面面。对于桥梁工程，可用图1-27所示的理论框架来解释可持续或可持续发展的理念：一个可持续原则——不能索取任何大于自然再生能力的物质资料，两个可持续目标——保持长期协调增长的目标和不至于损害后代发展的目标，三个可持续指标——生态可持续性、经济可持续性和社会可持续性指标，四个可持续要求——概念设计中的创新、施工过程中的新技术实现、结构运营中的提高耐久性和使用寿命中的灾变控制，以及五个可持续阶段——项目规划、结构设计、工程施工、运营管理和整体移除。

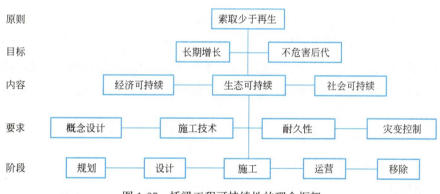

图1-27　桥梁工程可持续性的理念框架

随着国际交往的不断增多和经济社会发展的内力要求，在我国的桥梁工程等领域，可持续与创新理念已引起了关注，然而由于大规模建设时间紧、任务重、人才缺乏，大量的技术人员的时间与精力主要在于完成现有的任务，对可持续与创新的研究与实践还没有深入的展开，还没有专门以此为主题的研发机构，远不能满足我国的桥梁建设与使用管理的要求，也落后于发达国家的水平。

我国目前仍处于现代化建设的重要时期。在今后相当长的时间内，基础设施建设任务还很艰巨，仍然有大量的新建桥梁。随着有限的交通空间的建设和先易后难的规律，今后的桥梁建设自然条件将更加复杂与困难，工程造价将急剧上升，资源、能源耗费与对环境的影响可能更大。因此，应该开展新材料、新结构、新技术研发的创新活动，强调节能、环保与低碳等可持续发展的理念，全面推进桥梁工程科学技术的进步，促进基础设施建设和社会经济建设的健康、协调和可持续发展。例如，对于混凝土桥梁，采用更高性能的混凝土，以减少材料的用量；开发应用再生混凝土；采用以受压为主的混凝土拱结构，避免一般混凝土结构带裂缝工作所带来的耐久性问题；采用整体桥，取消易损需更换的伸缩缝和支座，减少维修与更换等等。

与此同时，随着越来越多桥梁的投入使用，并伴随着桥龄的增长，在气候、环境等自然因素的作用以及一些不可预测的自然破坏力作用下，不少桥梁的老化和功能退化已呈现加速的趋势；且随着社会对交通运输能力的要求的不断提高，荷载等级、交通流量、行车速度等也必然提高，再加上我国超载车辆的问题长期没有得到解决，如何保证桥梁的安全、耐久、全寿命服务品质等这些可持续发展问题，都是摆在我们面前的重要问题。

根据可持续发展的理念，桥梁设计不仅要考虑刚建成时的结构性能，还要考虑全寿命中的耐久性；不仅要考虑初期建设成本，还要考虑全寿命中加上维修养护的成本；不仅要考虑工程成本，还要考虑环境成本、碳排放、能耗等社会成本；不仅要考虑建设的成本，还要考虑拆除、再利用、废弃物处理的成本；不仅要考虑满足当前的需要，还要考虑对将来的影响。从结构耐久性，向结构全寿命周期、多寿命周期展望。以目前的公路桥梁为例，现有的规范要求的一般桥梁的设计寿命是100年，对于一座山区中跨径几十米的桥梁，一般的混凝土梁桥可能是经济的，而一座石拱桥可能是不经济的。但以现有的古桥来看，有的石拱桥寿命长达上千年。若按200多年来看，它已是一般混凝土梁桥的两个生命周期，拆除后一些石块还可再利用。综合起来，从可持续发展的理念来看，石拱桥可能是更好的选择。

5. 桥梁结构设计的基本内容

结构设计是桥梁设计的重要内容，它主要包括以下五个方面的内容。

（1）结构设计

结构设计包含结构方案的选择确定和具体构造的设计。根据建设条件和使用功能的要求，遵循安全、耐久、适用、环保、经济、美观的原则，结合施工和管养，确定结构体系，选择结构形式。结构方案的选择与设计，在整个设计中起引导性作用。对于大跨径或大规模的桥梁，它从最早的概念性设计、预可、工可就开始构思、讨论，不断深入，直到施工图设计之前的基本定型。

在初设阶段，应确定主要承重构件的基本构造与连接形式。在施工图阶段，则要确定所有结构与构件的具体构造。桥梁结构受力复杂，设计计算常通过假定来实现，为保证结构的安全，在大量工程经验的基础上，规范、指南、手册提出许多构造和连接方式的要求，应予以遵循或参照执行。

为满足结构体系中构件之间的连接、按计算简图及基本假定所确定的状态承载受力，应采取必要的基本连接、构造措施，作为结构受力的有效保证。

(2) 材料选择

前述结构方案选定时，包含了桥梁结构的主要材料，也即所选的桥是混凝土桥、钢桥或是钢-混凝土组合桥。当结构方案选定后，可根据结构方案和环境特点，选择合适的材料种类与强度等级，如混凝土桥中的混凝土强度等级、钢筋品种，并确定相应的设计参数。结构方案与材料选择，要处理好工程应用的成熟度与技术创新的关系，既要稳妥可行，也不能因循守旧。

(3) 作用分析

作用分析指桥梁结构在各种作用及其组合下的结构反应。根据结构的使用功能，按《公桥通规》或《城桥规范》的规定，确定结构上的作用或荷载，建立计算图式，设定基本假定，按计算假定求解结构的作用效应。

作用分析时一般假定结构处于弹性阶段，按材料力学和结构力学的方法求解。过去以手算为主，目前以有限元计算机程序分析为主。然而，还是要掌握结构受力的基本力学原理，能对计算结果规律进行判断。

(4) 极限状态验算

目前我国公路桥梁和城市桥梁按承载能力极限状态和正常使用极限状态进行设计。具体桥梁根据其结构，按现行行业标准《公路圬工桥涵设计规范》JTG D61、《混凝土桥规》、《公路钢结构桥梁设计规范》JTG 64 等规范的规定进行验算。

(5) 耐久性设计

以使用年限和环境作用作为耐久性设计的控制标准，通过材料、构造、附加防护措施、施工和管养要求进行全面的耐久性设计。具体桥梁根据其结构，按其相应规范进行设计。混凝土桥梁的耐久性设计还符合现行行业标准《公路工程混凝土结构耐久性设计规范》JTG/T 3310 的规定，其耐久性设计还可参照文献等指南进行。

6. 桥梁设计调查

桥梁设计中需要进行的调查工作，一般包括桥梁本身、桥位及所在地区的自然条件和社会条件等。具体来说有以下几方面：

(1) 调查桥梁的使用任务。对于独立大桥，要调查所建设的桥梁将来桥上的交通种类和行车、行人的往来密度，借以根据相关规定确定桥梁的荷载等级和行车道、人行道宽度等。有关桥面宽度的设计见第 1.2 节介绍。对于道路中非独立的大桥，桥梁的荷载等级和车道宽度等，根据道路等级规定确定。

调查桥上是否需要通过各类管线（如电力、通信线和水管等）。如需要，应设置专门的构造、装置。要调查相应的重量等作用力、需要的空间等，供设计考虑。

(2) 调查所跨越的障碍的情况。

对于跨河桥梁，要调查和测量河流的水文情况，为确定桥梁的桥面标高、跨径和基础埋置深度提供依据。其内容包括：

1）河道性质：了解河道是静水河还是流水河，有无潮水，河床及两岸的冲刷和淤积，以及河道的自然变迁和人工规划的情况；

2）测量桥位处河床断面；

3）调查了解洪水位的多年历史资料，通过分析推算设计洪水位；

4）测量河床比降，调查河槽各部分的形态标高和粗糙率等，计算流速、流量等有关的资料，通过计算确定设计水位下的平均流速和流量，结合河道性质确定桥梁所需要的最小总跨径，选择通航孔的位置和墩台基础形式及埋置深度；

5）向航运部门了解、协调并确定设计通航水位和通航净空，根据通航要求与设计洪水位，确定桥梁的分孔跨径与桥跨底缘设计标高。

对于跨线桥，则需要调查被跨越道路交通要求、线路等级、宽度、净空要求、规划路网等情况。

(3) 桥位处的地形、地质、地貌、水文、气象等自然条件。桥位（Bridge Site）是为建桥所选择的位置。调查的内容包括：

1）测量桥位附近的地形，绘制地形图供设计和施工应用。

2）调查和收集有关气象资料，包括气温、雨量、风速（或台风影响）等情况。

3）探测桥位的地质情况，包括土壤或岩层的分层标高、物理力学性能、地下水等，并将钻探所得资料绘制地质剖面图。对于所遇到的地质不良现象，如滑坡、断层、溶洞、裂隙等，应详加注明。为使地质资料更接近实际，可根据初步拟定的桥梁分孔方案将钻孔布置在墩台附近。

(4) 调查桥梁所在地区的社会、经济、技术条件。

1）调查当地建筑材料（砂、石料等）的来源，水泥、钢材等大宗建筑材料的供应情况以及水陆交通的运输情况。

2）调查可能参与的施工、监理、科研单位的技术水平、装备、能力等情况，以及施工现场的动力设备和电力供应情况。

3）调查新建桥位上、下游有无老桥，其桥型布置和使用情况等，为桥型选择与总体布置提供参考。

4）调查当地的风土人情、建筑风格、文化传统、旅游景点等，为桥梁的建筑设计提供参考。

5）调查桥位附近天然气、高压线以及国防光缆等情况。《公桥通规》规定，天然气输送管道离开特大、大、中桥的安全距离不应小于100m，离开小桥的安全距离不应小于50m。高压线跨河塔架的轴线与桥梁的最小间距，不得小于一倍塔高。高压线与公路桥涵的交叉应符合现行行业标准《公路路线设计规范》JTG D20 的规定。

1.4.2 桥梁纵、横断面设计和平面布置

1. 纵断面设计

桥梁纵断面设计包括确定桥梁的总跨径、桥梁的分孔、桥道的标高、桥上和桥头引道的纵坡以及基础的埋置深度等。

(1) 桥梁总跨径的确定

对于一般跨河桥梁，总跨径可参照水文计算来确定。由于桥梁墩台和桥头路堤压缩了河床，使桥下过水断面减小，流速加大，引起河床冲刷。因此桥梁总跨径必须保证桥下有足够的排洪面积，使河床不产生过大的冲刷。但为了使总跨径不致过大而增加桥梁的总长度，同时又要允许有一定的冲刷，因此桥梁的总跨径不能机械地根据计算和规定冲刷系数来确定，而必须按具体情况分别对待。如当桥梁墩台基础埋置较浅时，桥梁的总跨径应大一些，可接近于洪水泛滥宽度，以避免河床过多的冲刷而引起桥梁破坏；对于深基础，允许较大冲刷，可适当压缩桥下排洪面积，以减小桥梁总跨径。山区河流一般河床流速本来已经很大，则应尽可能少压缩或不压缩河床，因为当桥头路堤和锥体护坡伸入河床时，就难以承受河水高流速的冲刷。平原宽滩河流虽然可允许较大的压缩，但必须注意壅水对河滩路堤以及附近农田和建筑物可能产生的危害。

(2) 桥梁的分孔

对于一座较长的桥梁，应当分成几孔，各孔的跨径应当多大，这不仅影响到使用效果、施工难易等，并且在很大程度上关系到桥梁的总造价。跨径越大、孔数越少，上部结构的造价就越高，墩台的造价就会降低；反之，则上部结构的造价降低，而墩台造价将提高。这与桥墩的高度以及基础工程的难易程度有密切关系。最经济的分孔方式就是使上、下部结构的总造价趋于最低。

对于通航河流，在分孔时首先应考虑桥下通航的要求。桥梁的通航孔应布置在航行最方便的河域。对于变迁性河流，鉴于航道位置可能发生变化，就需要多设几个通航孔。

在山区的深谷上，在水深流急的江河上或在水库上建桥时，为了减少中间桥墩，应加大跨径。条件允许时，可采用特大跨径单孔跨越。在布置桥孔时，有时为了避开不利的地质段（如岩石破碎带、裂隙、溶洞等），也要将桥基位置移开或适当加大跨径。

在有些结构体系中，为了结构受力合理和用料经济，分跨布置时要考虑合理的跨径比例。

跨径的选择还与施工能力有关，有时选用较大跨径虽然在经济上是合理的，但限于当时的施工技术能力和设备条件，也不得不将跨径减小。对于大桥施工，基础工程往往对工期起控制作用，在此情况下，从缩短工期出发，就应减少基础数量而修建较大跨径的桥梁。

总之，对于大、中桥梁的分孔是一个相当复杂的问题，必须根据使用任务、桥位处的地

形和环境、河床地质、水文等具体情况，通过技术经济等方面的分析比较，才能做出比较完美的设计方案。

（3）桥上纵断面线形与标高

对于线路中的非独立大桥，在桥梁与道路衔接时，需注意桥面标高指的是桥梁中轴线上的标高，而道路标高指的是路肩的标高。桥面标高确定后，就可根据两端桥头的地形和线路要求来设计桥梁的纵断面线形。小桥通常做成平坡桥。大、中桥梁为了利于桥面排水和降低引道路堤高度，往往设置从中间向两端倾斜的双向纵坡。

公路桥梁，桥上纵坡不宜大于 4%；桥头引道纵坡不宜大于 5%。对位于市镇混合交通繁忙处的桥梁，桥上纵坡和桥头引道纵坡均不得大于 3%。城市桥梁，桥面最小纵坡不宜小于 0.3%。桥面最大纵坡、坡长与竖曲线应符合现行行业标准《城市道路工程设计规范》CJJ 37 的规定。桥梁纵断面设计时，应考虑到长期荷载作用下的构件挠度和墩台沉降的影响。

桥梁按桥面与桥跨结构相对位置可分为上承式、下承式和中承式。一般来说，梁桥为上承式；斜拉桥、悬索桥为下承式；钢桁梁桥上、中、下承式都有，但中承式较少；拱桥则上、中、下承式都很常见。对于钢桁梁和拱桥，影响其桥面位置设计的一个重要因素是桥面及其接线道路的标高。当接线道路较高时，桥梁可采用上承式；反之，当接线道路标高较低，通航、排洪等所要求的桥梁标高也不高而跨径较大导致桁梁建筑高度较大或拱的矢高较高时，则可采用中承式或下承式。

（4）桥下净空

桥下净空中最重要的指标是桥下净高，据此加上建筑高度可以得出桥面的高程。在平原区建桥时，桥面标高的抬高往往伴随着桥头引道路堤土方量的显著增加。在修建城市桥梁时，桥高使两端引道的延伸会影响市容，或者需要设置立体交叉或高架桥，这将导致造价提高。因此必须根据设计洪水位、桥下通航（或通车）净空等需要，结合桥型、跨径等一起考虑，以确定合理的桥面标高。

对于跨河桥，桥下净空还应能满足河流功能的要求，根据排洪、流冰、漂流物、冰塞以及河床冲淤等情况确定。在不通航河流上，为了保证桥下流水净空，桥下净高不应小于表 1-18 的规定。

非通航河流桥下净高 表 1-18

桥梁的部位		高出计算水位（m）	高出最高流冰面（m）
梁底	洪水期无大漂流物	0.50	0.75
	洪水期有大漂流物	1.50	—
	有泥石流	1.00	—
支承垫石顶面		0.25	0.50
拱脚		0.25	0.25

无铰拱的拱脚可被设计洪水位淹没,但不宜超过拱圈高度的 2/3,且拱顶底面至计算水位底净高不得小于 1.0m。在不通航和无流筏的水库区域内,梁底面或拱顶底面离开水面的高度不应小于计算浪高的 0.75 倍加上 0.25m。当河流中有形成流水阻塞的危险或有漂浮物通过时,桥下净空应按当地具体情况确定。对于有淤积趋势的河床,桥下净空应适当加高。

对于跨河桥,当有通航或流放木筏时,桥下净空应符合通航标准及流放木筏的要求。对于多孔桥梁,可根据河道、航道的实际情况,结合桥型选择,设置通航孔,以满足安全通航的要求。在此情况下,桥跨结构下缘的标高,应高出自设计通航水位算起的通航净空高度。所谓通航净空,就是在桥孔中垂直于流水方向所规定的空间界限,任何结构构件或航运设施均不得伸入其内。我国对于通航净空的规定见图 1-28 和表 1-19。

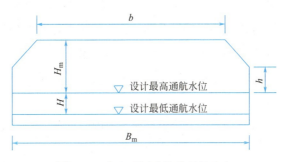

图 1-28 水上过河建筑物通航净空

天然和渠化河流水上过河建筑物通航净空尺度 (m) 表 1-19

航道等级	代表船舶、船队	净高 H_m	单向通航孔			双向通航孔		
			净宽 B_m	上底宽 b	侧高 h	净宽 B_m	上底宽 b	侧高 h
Ⅰ	(1) 4 排 4 列	24.0	200	150	7.0	400	350	7.0
	(2) 3 排 3 列	18.0	160	120	7.0	320	280	7.0
	(3) 2 排 2 列		110	82	8.0	220	192	8.0
Ⅱ	(1) 3 排 3 列	18.0	145	108	6.0	290	253	6.0
	(2) 2 排 2 列		105	78	8.0	210	183	8.0
	(3) 2 排 1 列	10.0	75	56	6.0	150	131	6.0
Ⅲ	(1) 3 排 2 列☆	18.0	100	75	6.0	200	175	6.0
		10.0						
	(2) 2 排 2 列	10.0	75	56	6.0	150	131	6.0
	(3) 2 排 1 列		55	41	6.0	110	96	6.0
Ⅳ	(1) 3 排 2 列	8.0	75	61	4.0	150	136	4.0
	(2) 2 排 2 列		60	49	4.0	120	109	4.0
	(3) 2 排 1 列		45	36	5.0	90	81	5.0
	(4) 货船							

续表

航道等级	代表船舶、船队	净高 H_m	单向通航孔			双向通航孔		
			净宽 B_m	上底宽 b	侧高 h	净宽 B_m	上底宽 b	侧高 h
Ⅴ	(1) 2排2列	8.0	55	44	4.5	110	99	4.5
	(2) 2排1列	8.0 或 5.0▲	40	32	5.5 或 3.5▲	80	72	5.5 或 3.5▲
	(3) 货船							
Ⅵ	(1) 1拖5	4.5	25	18	3.4	40	33	3.4
	(2) 货船	6.0			4.0			4.0
Ⅶ	(1) 1拖5	3.5	20	15	2.8	32	27	2.8
	(2) 货船	4.5						

注：1. 角注☆的尺度仅适用于长江；2. 角注▲的尺度仅适用于通航拖带船队的河流。

对于跨线桥，桥下净空应符合被跨越公路、铁路、其他道路等建筑限界的规定，保证被跨越道路的通行安全。同时，应设置通行限高的警示标志。

公路与铁路立体交叉的跨线桥桥下净空为：当公路从铁路桥下穿行时，净空以及路肩或人行道的净高与公路和公路立体交叉的规定相同；行车道部分的净高一般为5m；当铁路从公路桥下穿行时，跨线桥桥下净空应符合铁路净空界限的要求，详见铁路有关规范的规定。

（5）纵断面设计

桥梁纵断面的设计是桥梁总体设计最主要的内容，往往是设计文件的第一张图纸，或者桥位平面图之后的第一张图纸。图1-10实际上也是一张梁式桥的纵桥向一般布置图。第1.2.1节中桥梁纵断面总体设计、跨径、规模、桥下净空和水位五组名词术语，也都与桥梁纵断面的设计密切相关。

桥梁纵断面的设计，除上述介绍的总跨径、分孔、桥面标高与线形、桥下通航、净空等基本要素外，还要综合考虑许多其他因素，并在设计过程中，伴随着可行性研究和初设、技设、施工图设计的进行，不断调整、完善。

桥梁纵断面的设计，与桥梁结构形式选择密切相关。本书第4~6章的各种桥梁结构，就是以纵桥向桥跨结构受力特征来分类的。多跨梁式桥的恒载弯矩，从图4-1可以看出，与主梁结构形式（简支梁、悬臂梁、连续梁或连续刚构）密切相关。同是三跨连续梁，由图4-2可知，在均布荷载作用下，不同的边、中跨布置，梁所承受的弯矩也相差极大。至于拱、悬索和斜拉，由第4~6章可知，其主受力结构的拱和索以受压、拉为主，弯矩较之同跨径的梁小许多甚至几乎可以不计，而桥面系的纵桥向跨径大大减小，因此跨越能力得以增大。

在各种桥型中，除第2章简支梁没有给出具体的纵断面布置图外，其他各章都有。

第4章的连续梁与连续刚构桥中，除图4-1的对称布置外，图4-24还给出了中间孔不等跨连续刚构布置示意图。此外还给出多座具体桥梁的立面布置图，如图4-3的广东容奇大桥立面布置图，图4-16的广东虎门珠江辅航道桥的立面布置图，图4-17的南昆线清水大桥和

图 4-37 (a) 的厦门高集海峡（公路）大桥立面图的总体布置图。

拱桥的立面布置图，在第 5 章中，有图 5-30 的铁路北盘江大桥立面布置图；在第 7 章中，有图 7-54 和图 7-55 的日本富士川桥和克罗地亚 Krka 一号桥总体布置。

第 6 章斜拉桥中，图 6-1、图 6-8 和图 6-12 分别给出三跨、双跨和多跨斜拉桥的纵桥向结构示意图，图 6-2 给出单跨地锚式斜拉桥纵桥向示意图。图 6-26 (a) 和图 6-26 (b) 为两座组合梁斜拉桥的立面图。另外，图 6-10、图 6-11 和图 6-14，还给出了纵桥向斜拉索、塔梁连接方式和索塔结构形式。

第 6 章的悬索桥中，图 6-50～图 6-53 分别给出了单跨、三跨、多塔多跨（地锚式）悬索桥以及自锚式悬索桥的纵桥向结构形式。

2. 横断面设计

桥梁横断面设计中，桥梁净空（桥面净空）应符合现行行业标准《公路工程技术标准》JTG B01 中的公路建筑限界规定，见图 1-29。

双向通行的高速公路、一级公路的桥梁，横断面上可采用整体式（图 1-29a）和分离式（图 1-29b）；对于一般的桥梁，以修建上、下行两座独立桥梁为宜；对于特大跨径的悬索桥、斜拉桥等，则多采用整体式以节约投资。二、三、四级公路一般采用整体式（图 1-29c）。

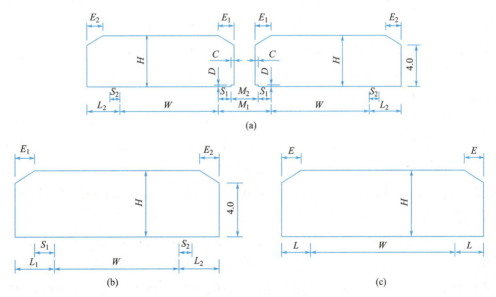

图 1-29 各级公路建筑界限（单位：m）
(a) 高速公路、一级公路（整体式）；(b) 高速公路、一级公路（分离式）；(c) 二、三、四级公路（整体式）

桥面宽度、桥跨结构横截面的布置是桥梁横断面设计的主要内容。桥面宽度由桥面净宽加上其他宽度组成。桥面净宽主要取决于行车和行人的交通需要，即行车道宽度 W 和人行道（或检修道）宽度。其他宽度，如左侧、右侧路肩宽度 L_1、L_2，左侧、右侧路缘带宽度

S_1、S_2,侧向宽度 L,中间带、中央分隔带宽度 M_1、M_2 以及系数 C 等,见现行行业标准《公路工程技术标准》JTG B01 的相关规定。

行车道宽度 W 主要取决于车道数和每个车道的宽度。车道宽度与设计速度有关。各级公路的设计速度见表1-20,车道宽度见表1-21。

各级公路设计速度 表 1-20

公路等级	高速公路			一级公路			二级公路		三级公路		四级公路
设计速度 (km/h)	120	100	80	100	80	60	80	60	40	30	20

公路车道宽度 表 1-21

设计速度 (km/h)	120	100	80	60	40	30	20
车道宽度 (m)	3.75	3.75	3.75	3.50	3.50	3.25	3.00(单车道为3.50m)

注:高速公路上的八车道桥梁,当设置左侧路肩时,内侧车道宽度可采用 3.5m。

确定桥面净宽时,应首先考虑与桥梁相连的道路路基宽度,保持桥面净宽与路基同宽。多车道公路上的特大桥为整体式上部结构时,其中央分隔带宽度应根据所采用的护栏形式确定。桥上人行道和自行车道的设置,应根据实际需要而定。人行道的宽度宜为 1m,如大于 1m 时按 0.5m 的倍数增加。一条自行车道的宽度为 1m,当单独设置自行车道时,一般不应少于两条自行车道的宽度。不设人行道和自行车道的桥梁,可根据具体情况,设置栏杆和安全带。与路基同宽的小桥和涵洞可仅设缘石或栏杆。

桥面净高也是桥梁横断面设计的内容。它主要是图 1-29 中的净空高度 H 和各种建筑限界顶角宽度 E、E_1、E_2,具体规定见现行行业标准《公路工程技术标准》JTG B01。桥梁结构、桥上设置的各种管线等设施、各种安全设施及标志,均不得侵入桥梁净空限界。桥梁净空中的其他指标,如路缘石高度 D,检修道和人行道高度 d 等,也应服从现行行业标准《公路工程技术标准》JTG B01 的规定,以保证行人的安全。

当桥面宽度根据交通要求确定后,就可以进行桥跨结构的横截面布置。它是桥梁设计的重要内容,图 1-11 就给出了公路(T形)梁桥横截面一般布置示意图。之后,第 2~6 章的各种桥梁结构中,都有相应的内容。以下给出一些有关的图号及其内容,具体横截面的布置可见相关的文字介绍。

第 3 章简支梁桥中,图 3-1 为梁桥常用的横截面形式,图 3-4 给出装配式实心板横桥向的构造。在第 3.1.3 节对装配式 T 形梁的主梁片数与间距布置进行了详细的讨论之后,图 3-18 给出了跨径为 20m 的 T 形梁桥横桥向的一般构造图,图 3-20 给出了公路预应力混凝土 T 形梁(简支梁)横桥向的构造图。

第 4 章连续梁和连续刚构桥中，图 4-37（b）给出了厦门高集海峡（公路）大桥（预应力混凝土连续箱梁桥）的横断面布置，图 4-7 给出了跨径 30m 公路后张法预应力混凝土小箱梁的横截面布置。

第 5 章拱桥中，图 5-24 给出了板拱与箱拱横桥向构造，图 5-29 则给出上承式肋拱的横向结构示意。

第 6 章斜拉桥中，图 6-9 和图 6-15 分别给出斜拉索和索塔的横桥向布置，图 6-21 给出钢主梁横截面布置，图 6-23 和图 6-24 分别为适用于双索面和单索面的混凝土主梁截面实例，图 6-25 则为组合梁截面示意。

第 6 章悬索桥中，图 6-53 给出了悬索桥桥面横截面布置，图 6-56 为索塔纵桥向结构形式，图 6-71 和图 6-73 分别给出桁架式和钢箱加劲梁横截面布置桥例。

1.5　桥梁工程信息化建造

21 世纪以来，新一轮科技革命和产业变革正在孕育，工业化与信息化、智能化正深度融合，以信息化、智能化为特征的数字化时代的到来推动了桥梁工程技术的发展与创新。数字化是指由特定的检测与感知技术、数据传输与通信网络、信息平台与安全系统构成，具有多元智能性。数字化通过汇集包括物联网、地理信息系统、建筑信息模型、信息物理系统、数字孪生、大数据驱动等在内的多种技术手段对桥梁工程进行全生命周期、全要素的信息感知。桥梁数字化建造不仅是一种工程技术，更是一种新的工作方式，它涉及桥梁工程的各个方面，包括设计、施工、监测和维护等环节，可以在整个桥梁工程的生命周期中起到重要作用。

桥梁工程数字化建造的基本流程包括：数据采集、数据处理、协同设计、可视化和虚拟仿真、自动化施工和智能监测等环节。其中，建筑信息模型（Building Information Modeling）简称 BIM，是目前桥梁工程数字化建造最常用的技术手段，它是一种应用于工程设计、建造、管理的数据化工具，它通过收集建筑工程项目全过程的数据信息建立和完善模型，以数字化的方式表达工程项目实施实体与功能特性。近年来，国内外的许多重大项目已开展了相关工作。BIM 技术应用与发展迅速，借助包含建筑工程信息的三维模型，大大提高了建筑工程的信息集成化程度，从而为建筑工程项目的相关利益方提供一个工程信息交换和共享的平台。在项目建设的不同阶段，各参与方可以通过对 BIM 的建立、更新、修改获取所需要的信息和数据及其生成的参数对项目进行决策与咨询、设计与优化、管理与施工、运营与维护，实现项目管理的协同作业，从而推动桥梁设施运维管理水平的提升，取得卓越成效。

桥梁工程 BIM 技术的应用通常以 BIM 应用为载体实现项目管理信息化，提升项目实施效率、提高工程质量、缩短建设工期、降低建造成本。按不同的阶段划分，主要应用点如下：

（1）规划阶段

目前，规划阶段应用主要是基于 BIM 的可视化特点进行快速展示，如道路地形分析、道路选线方案比选、虚拟仿真漫游，对规划设计师的设计想法基于 BIM 的可视化特点进行快速直接的表示，设计师可以向其他人更清晰地表达设计意图。

（2）设计阶段

设计阶段主要是基于 BIM 软件的价值点，如桥梁结构（桩基、承台、墩柱等）参数化建模、族库（模板）、二维图纸设计复核（差错漏项）、基于模型工程量统计、正向设计、与有限元软件结合、辅助二维出图等，但考虑二维出图多基于 BIM 软件本身自动生成，且目前 BIM 设计多数是基于二维的翻模，因此二维出图仅是价值点的探索，对设计本身应用有待深入研究；工程量统计本身对应于精细化建模，模型精度若达不到相应的要求，工程量统计结果仅可作为参考。参数化建模与族库搭建有利于设计 BIM 成果的积累；与有限元软件结合将会避免重复建模，提高分析效率，也是设计阶段未来探索的重点。

（3）施工阶段

本阶段应用点主要包括：复杂节点可视化交底、4D 虚拟施工、进度管理、信息管理、移动端管理、施工监控、安全质量管理、成本管理、人机料管理、二维码管理、施工动画模拟、施工方案模拟、施工场地规划布设、施工监控、物联网技术等，目前施工阶段应用重点在于可视化交底、4D 虚拟施工、进度管理，部分桥梁应用重点在于设计。施工阶段仅依靠 BIM 软件，无法满足现场管理需求，必须结合现场施工经验和现场实际情况才能发挥出 BIM 在路桥中的价值。因此，研发或采用合适的 BIM 管理平台系统，实现数据收集和信息集成管理，是未来 BIM 在施工阶段应用的重要方向。

（4）运维阶段

随着近年来信息学科和数字技术的飞速发展，信息化、精细化管理的理念被广泛接受。此外，路桥行业长期以来粗犷式的管理方式也急需转变，因此 BIM 被引进路桥行业。目前，路桥行业 BIM 的运用主要还是集中于规划、设计、施工阶段，或者更多的是基于某一个阶段的单一运用，对于运维阶段的应用还有待进一步提高。近年来，人们越来越关注桥梁运维期的管理与养护工作，一些重大桥梁工程项目也对运维管理系统进行了试探性的开发与应用，且取得了不少进展。许多大型桥梁和特殊结构桥梁都建立了实时监测系统，桥梁实时监测系统是借助先进的智能传感设备与信息化新技术（物联网、云计算等），与传统的土木学科相结合，来实现对桥梁结构的实时监测及预警。这也是桥梁工程数字化和信息化的一个应用领域与发展方向。桥梁实时监测系统的建设与应用，对保障桥梁运行安全意义重大，也对桥梁的常规检测与运维管养起到指导作用，同时也对提高桥梁信息化管养水平和保障城市公共安全起到积极作用。

桥梁工程数字化建造的发展特征除了信息化，大跨径、轻型化、智能化亦是未来桥梁的发展趋势。智能桥梁建造是指利用先进的数字化技术，使桥梁工程的设计、施工、监测和维护等各个环节达到智能化和自动化，实现桥梁工程建造的智能化和可持续发展。不同于传统的建造方式，广义的智能建造基于人工智能控制系统、大数据中心、智能机械装备、物联网，能实现智能设计、智能制造、智能施工和智能运维的全生命周期的建造过程。广义的智能建造在项目伊始，智能系统便进行生产规划、计算建造流水节拍、调配资源、监控调控建造过程，直至项目结束，是一种集设计、制造、施工建造于一体的新的项目建造体系和思维方式。

狭义的智能建造指的是利用智能装备、智能施工机械或自动化生产设备进行制造与施工，包括但不限于以下几个方面：一是3D打印技术。3D打印技术可以用于桥梁工程的建造，通过数字化建造技术，可以将桥梁工程的设计转化为三维模型，并通过3D打印技术将桥梁构件制造出来，以提高建造的效率和准确性。二是机器人技术。机器人技术可以用于桥梁工程的自动化施工，通过机器人的应用，可以实现桥梁构件的自动化制造和施工，以提高施工效率和减少人员风险。三是传感器技术。传感器技术可以用于桥梁工程的智能监测，通过传感器对桥梁工程的使用情况和安全状态进行实时监测和预警，以保证桥梁工程的安全运行。四是人工智能技术。人工智能技术可以用于桥梁工程的设计、施工和监测等环节，通过对大量数据的分析和处理，提高桥梁工程的效率和准确性，实现桥梁工程的智能化和自动化。

桥梁数字化建造可以大幅提高桥梁工程的建造效率和质量，同时减少人员风险和资源浪费；智能桥梁建造则可以进一步实现桥梁工程的自动化和智能化，从而延长桥梁的使用寿命，并提高安全性和可持续性。然而，数字化建造和智能桥梁建造也面临着一些挑战，如技术难度高、成本较高和安全风险等问题。为了更好地推进数字化建造和智能桥梁建造的发展，未来应注重技术研发、人才培养和标准制定等方面的工作，不断推动数字化建造和智能桥梁建造的发展，实现桥梁工程的高效、安全、可持续建造和使用。

1.6 桥梁发展展望

早期的桥梁均利用天然材料，简易而跨越能力弱。此后，砖的发明开始了人工材料应用的历史，而铁的发现一方面为开采石头、扩大其应用提供了可能，另一方面铁直接用于桥梁也推动了桥梁技术的进步。19世纪混凝土的发明、钢的应用，使桥梁技术产生了革命性的飞跃，之后进入了混凝土桥与钢桥并驾齐驱的时代。新材料的应用是桥梁技术前进的巨大动力之一，而计算理论与计算方法的发展是桥梁技术进步的另一个重要因素。从远古的经验积累，到后来的理论力学、材料力学、结构力学、弹塑性力学等计算理论，容许应力法、极限状态法以及全概率法等设计方法，从人工计算到计算尺、计算器和计算机的计算工具的进步，从手算、图表应用到有限元等数值分析及其计算软件的计算方法发展，这些都不断地推动着桥梁技术的进步。施工技术的进步和不断的创新更使得当今的桥梁结构日新月异。可以说桥梁建筑从古到今得到了极大的发展，现在已经进入技术全面进步的时代。

桥梁技术的进步与各个领域新的理论与技术成果不断地被应用其中是分不开的。除上述的材料、计算理论与方法、施工技术外，桥梁施工装备能力与智能水平的提升，施工控制和管理的理论与方法，数字与通信技术的发展也是桥梁技术进步的重要因素。因而，桥梁技术进步反映着一国一地的综合能力和科技水平的提高。另一方面，随着人类交往的日益增进，人类文明成果更快更广泛地得以传播，加速了桥梁技术进步的进程。因此，桥梁技术是伴随着人类文明的发展而不断进步的，它反过来也不断促进着工程技术的进步，在一定程度上成为人类文明的表征，代表着一个时期和一个地区的文化与科学技术的水平，还经常成为一城一地的象征，如美国旧金山的金门大桥、英国伦敦的塔桥、澳大利亚悉尼的钢拱桥、上海的南浦、杨浦和卢浦大桥。

桥梁与政治、军事、宗教有着密切的联系。有趣的是，历史上中西方的宗教大都把建桥看成积善行德之事，许多牧师和僧人都积极参与了桥梁的建设，有些还成为杰出的桥梁技术人员，为桥梁建设与技术进步作出了积极的贡献。由于桥梁的重要性，"桥梁"二字除指物质的桥梁外，早已有了更深刻的内涵。

进入 21 世纪，桥梁工程还将继续向更大的跨径探索发展，以适应修建跨越海峡桥梁的需要。已完成初步设计的连接意大利本土与西西里岛的 Messina Strait（墨西拿海峡）桥，为跨径 3300m 的悬索桥，可惜迟迟没有开工。另外有几大洲之间或两国之间的跨海工程在议论之中，如联系美洲与亚洲，总长 75km 的白令海峡；联系欧洲与非洲，总长 15km 的直布罗陀海峡；联系德国与丹麦，总长 25km 的费曼带海峡等。还有许多本国之内的海峡，如中国的琼州海峡工程（约 29.5km）、渤海海峡工程（约 75km）、台湾海峡工程（约 120km）等。这些工程若采用桥梁方案，要求桥梁有很大的跨越能力，比如 3000~5000m，深水基础深度可能在 100m 以上。为此，需要探索的有关课题和关键技术有：超大跨径桥梁的新型建筑材料和合理的结构形式，抗风、抗震、抗海浪的技术措施；结合海洋工程的经验，探索 100m 以上深水基础的形式与施工方法；探索结构材料防腐的措施与方法；探索智能化结构的设计理论；等等。

对于新建桥梁，新材料、新结构的研发与应用将持续推进，智能建造技术的应用将越来越多。设计时采用更为完善的设计理论，以 BIM 体现设计结果，更加注重与环境的协调与美观，注重节能、低碳与环境保护，考虑全寿命的安全、服务质量和经济，将耐久性提到重要的地位，考虑易损构件的养护、维修与更换。在施工方面，应用现代通信与信息技术进行施工组织与现场管控，更多地采用预制化、工厂化制作，施工机械化、智能化水平不断提高，加强施工过程的安全与质量控制，对大型与复杂桥梁进行施工过程的监控并为生命期的健康监测打下基础。

对于已建的桥梁，采用先进的桥梁信息化管理系统，定期与不定期地对桥梁进行检查，对大型或特殊桥梁进行实时健康监测，发现问题及时解决，做好管理与养护工作，以保证服务质量和有效服务期。发展安全监测技术，提高桥梁安全风险预警、防控能力，实现桥梁结构和交通运输的安全可控。加强对已建桥梁的检测、评定、维修、加固与改造，加强对桥梁建筑文化遗产的保护。

复习思考题与习题

1-1 桥梁结构类型是如何发展的？以某一桥型为例，介绍其发展脉络。
1-2 目前国内外有哪些代表性的大跨径桥梁？
1-3 桥梁由哪些部分组成，各部分的功能是什么？列举几座你见过的桥梁的组成部分。
1-4 熟悉桥梁的主要名词术语。除了课本介绍的外，你还知道哪些桥梁专业术语？
1-5 桥梁按上部结构可以分为哪几类？介绍你见过的不同类型的桥梁。
1-6 桥梁按上部结构的主要材料可以分为哪几类？材料与结构类型之间有什么关系？桥梁技术的发展与材料的发展有什么关系？
1-7 桥梁受到的作用主要有哪些？
1-8 什么是基本可变作用和其他可变作用？
1-9 桥梁作用组合的原则是什么？哪些作用不进行组合？为什么？
1-10 简述公路桥梁设计的两种极限状态、三个安全等级、四种设计状况。
1-11 何为基本组合？什么时候要用基本组合？什么时候要用频遇组合？
1-12 某三级公路上标准跨径为 13m、计算跨径为 12.6m 的装配式预应力混凝土简支空心板桥，横桥向由 20 片空心板组成。按两行和四行车布置，考虑最不利的荷载横向分布系数，将结构重力、汽车荷载和人群荷载的最不利内力计算结果汇总在表 1-22 中，请进行作用效应基本组合、频遇组合和准永久组合。

内力计算结果 表 1-22

荷载类别	弯矩（kN·m）		剪力（kN）	
	梁端	跨中	梁端	跨中
结构重力	0.0	222.66	70.69	0.0
汽车荷载	0.0	172.69	257.54	142.51
不计冲击力的汽车荷载	0.0	131.32	203.59	108.38
人群荷载	0.0	13.40	31.07	3.19

1-13 桥梁设计的主要阶段和各阶段的主要内容是什么？

1-14　为什么要进行桥梁设计资料调查？主要的调查内容是什么？
1-15　桥梁纵断面布置要考虑哪些因素？
1-16　何谓桥梁全寿命设计？它的主要内涵是什么？
1-17　桥梁设计的原则是什么？
1-18　谈谈你对桥梁美学的想法，介绍几座你见到的美学效果好的桥梁，并分析其原因。
1-19　简述桥梁工程的发展方向。谈谈你对哪些方向有兴趣？为什么？

第2章

桥面系与支座

在结构设计中，桥面系是桥面构造系的简称，是桥梁作为道路组成部分为通行提供服务的部分，包含桥面铺装、桥面板、纵梁、横梁、人行道等。它属于上部结构，直接承受车辆、人群等荷载，并将其传递至主要承重构件。本章首先介绍桥面系的组成与构造，接着介绍桥面板的类型与设计计算方法；然后是伸缩缝和支座，它们是桥梁中主要的产品，也是易损和常需要维修更换的构件，其中支座是联系桥梁上部结构与下部结构重要的传力装置，不属于桥面系；最后介绍桥梁附属设施。

2.1 桥面组成与构造

2.1.1 桥面铺装

1. 概述

桥面铺装是桥面中最上层的部分，又称桥面保护层，是车轮直接作用的部分，它的主要功能是保护桥梁主体结构，承受车轮的直接磨损，防止主梁遭受雨水的侵蚀，并对车轮的集中荷载起一定的分布作用。桥面铺装应具有足够的强度、良好的整体性以及抗冲击与耐疲劳性能，不开裂且耐磨损，同时还应具有防水性和对温度变化的适应性。

我国公路桥梁采用的桥面铺装，主要有水泥混凝土铺装层和沥青混凝土铺装层。水泥混凝土和沥青混凝土桥面铺装应分别符合现行行业标准《公路水泥混凝土路面设计规范》JTG D40 和《公路沥青路面设计规范》JTG D50 的有关规定。沥青混凝土桥面铺装采用的材料主要是热拌热铺的沥青混凝土；水泥混凝土桥面铺装主要采用防水混凝土和纤维混凝土。

《公桥通规》规定桥面铺装的结构形式宜与所在位置的公路路面相协调。高速公路和一级、二级公路上桥梁的沥青混凝土铺装层厚度不宜小于70mm；二级以下公路桥梁的沥青混凝土铺装层厚度不宜小于50mm。水泥混凝土桥面铺装面层（不含整平层和垫层）的厚度不宜小于80mm，混凝土强度等级不应低于C40。水泥混凝土桥面铺装层内应设置钢筋网。钢筋直径不应小于8mm，间距不宜大于100mm。

桥面铺装应有完善的桥面防水、排水系统。桥面铺装与桥梁结构之间应设置防水层，因为沥青混凝土和水泥混凝土都是不能完全防水的，所以应通过设置防水层避免或减少钢筋的锈蚀，保证桥梁结构的质量。

防水层的形式和方法应根据当地的条件、雨量情况和桥梁具体结构形式等确定。防水层的设置应保证层间结合牢固。常见的防水层材料有无机刚性防水材料和有机柔性防水材料两大类。对于刚度较大的混凝土梁桥，防水层可采用水泥基无机刚性防水材料，但是在伸缩缝等变形较大的地方，应该采用延展性好的有机柔性防水材料。有机柔性防水材料有防水卷材、片材料、涂料等，有的含有毒性材料，选用时应特别注意施工人员的保护与环境保护问题。

桥面板的结构主要有混凝土结构和钢结构两种，桥面铺装的材料与结构和桥面板结构有关。

2. 混凝土桥面板桥面铺装

混凝土桥和钢-混凝土组合桥的桥面板为混凝土结构。它的桥面铺装的主要类型有水泥混凝土和沥青混凝土等，见图2-1。除特大桥外，桥面铺装的结构形式宜与所在道路的面层结构保持一致。高速公路、一级公路上的特大桥、大桥的桥面铺装宜采用沥青混凝土。

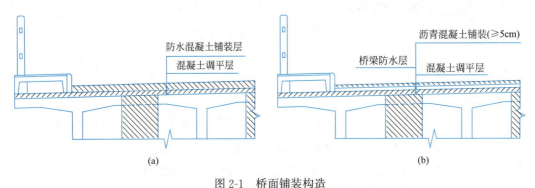

图 2-1 桥面铺装构造

(a) 防水混凝土铺装；(b) 沥青混凝土铺装

沥青混凝土铺装宜由黏层、防水层、保护层及沥青面层组成。根据铺装层的厚度它可分为单层式、双层式和三层式。一般来说，单层式为50mm中粒式沥青混凝土。双层式中，上面层为30mm（40mm）细粒式或中粒式沥青混凝土，下面层为40mm（50mm、60mm或70mm）中粒式沥青混凝土。三层式中，上面层为30mm（40mm）细粒式或中粒式沥青混凝土，中面层为40mm（50mm）中粒式沥青混凝土，下面层为50mm（60mm或70mm）粗粒式沥青混凝土。

沥青混凝土铺装的重量较轻，在铺筑后只需几小时就能通车运营，维修养护也较方便，但其造价较高，日久易出现车辙。沥青铺装的质量与施工工艺和水平直接相关。铺装前的桥面应平整、粗糙、干燥、整洁，不得有尘土、杂物或油污。施工宜采用轮胎压路机复压、轻型钢筒式压路机终压。

水泥混凝土铺装耐磨性好，适合重载交通，但维修不方便。铺装层（不含整平层和垫层）的厚度不宜小于80mm，混凝土强度等级不应低于C40，铺设时应避免二次成型。铺装层内应配置钢筋网。钢筋直径不应小于8mm，间距不宜大于100mm。

3. 钢桥面板桥面铺装

钢桥面板一般应用于大跨钢梁桥、钢梁斜拉桥或悬索桥中。根据现行行业标准《公路钢桥面铺装设计与施工技术规范》JTG/T 3364-02 规定，钢桥面铺装设计应综合考虑桥梁结构特点、交通荷载、环境气候、施工条件、恒载限制等因素。为减轻自重和适应钢结构的变形，铺装结构层包括磨耗层和保护层，宜采用浇筑式沥青混合料、环氧沥青混合料或改性沥青混合料。磨耗层应平整密实，具有抗滑耐磨、抗裂耐久、抗高温变形等性能；保护层应具有抗渗水、随从变形、抗高温变形等性能。常用的体系有"上层SMA（改性沥青混合料）＋下层浇筑式沥青混合料""双层环氧沥青混合料""上层SMA＋下层环氧沥青混合料""上层环氧沥青混合料＋下层浇筑式沥青混合料""双层改性沥青混合料"等铺装体系。近年来，我国开展了钢桥面沥青混凝土铺装技术的研究与实践，取得了较大的进步，早期病害如高温车辙、横向推移、开裂等得到了有效的控制。

若以普通水泥混凝土为铺装材料，因抗拉强度低，在车轮反复荷载作用下，极易出现开裂。如果采用较厚的钢筋混凝土结构，又使结构的自重增加太大。随着混凝土材料科学的研究与工程应用的进展，刚性铺装层（采用混凝土作为应力过渡层、最上采用较薄的沥青罩面）在钢桥中得到不断应用。这种应力过渡层中所采用的混凝土有纤维混凝土、轻集料混凝土、高性能混凝土等，混凝土内可不配筋，也可配钢筋或钢丝网。刚性铺装层与钢桥面板之间可以通过剪力键与钢桥面板紧密结合、共同受力，且由于有一定的刚度和强度，能对车轮的集中荷载起一定的分布作用，其温度稳定性也好，与最上层的沥青的结合性能也高。它不仅能解决全柔性铺装层其自身存在的病害，还能有效缓解钢桥面板和钢主梁（特别是U肋加劲梁）的疲劳开裂问题。

然而，这种结构主要应用于中小桥，对于大跨度桥梁，仍可能因材料抗拉能力太弱而出现开裂，或因需要的厚度太大而增加自重太多，从而引起主结构材料用量的急剧上升，造成经济性的下降。

超高性能混凝土（UHPC）的出现，为钢桥面板的技术进步提供了新的机遇。一般情况下，掺有纤维的UHPC，抗压强度不低于120MPa，直拉强度不小于5MPa或6MPa，且具有裂后延性。采用UHPC作为钢桥桥面的应力过渡层，形成钢-UHPC组合桥面板，除具有与前述的混凝土刚性铺装层的作用外，因其较高的抗拉能力和裂后延性，可采用较薄的厚度（40~60mm），加上沥青罩面后的总厚度，与全沥青铺装层相近，自重保持相近。因此，可应用于大跨径桥梁中。

UHPC桥面板在我国最早的应用是2011年的广东肇庆马房大桥的桥面加固维修，其第

11跨采用了50mm厚UHPC层。此后，UHPC桥面板在我国的应用不断增多，如2015年的天津市塘沽海河大桥、2016年的湖南枫溪自锚式悬索桥和山西太原的摄乐大桥、2020年的福建福州洪塘大桥等。

2.1.2 桥面排水系统

桥面积水不利于行车的安全，给行人带来不便，还会损害结构。时而湿润时而干晒的交替作用是造成钢筋混凝土结构锈蚀的主要原因。湿润后的水分如果接着因严寒而结冰，则更有害，因为渗入混凝土细微裂纹和大孔隙内的水分，在结冰时会导致混凝土发生冻胀破坏。而且，水分侵袭钢筋也会使它锈蚀。因此，应将桥面上的雨水迅速引导并排出桥外，且在桥面铺装内设置防水层。

为了雨水的迅速排除，根据交通量要求，桥面上一般应设置纵横坡，以防止或减少雨水对铺装层的渗透，从而保护行车道板，延长桥梁使用寿命。

桥面上设置纵坡，首先有利于排水。其次，在平原区还可以在满足桥下通航净空要求的前提下，降低墩台标高，减少桥头引道土方量，从而节省工程费用。桥面的纵坡，一般都做成双向，在桥中心设置竖曲线。对于一些考虑为平坡的桥，也可以设置0.3%～0.55%坡度，以便于排水。

横坡一般采用1.5%～2.0%。在雨量丰富地区，宜采用2%或以上较大的横坡。行车道的桥面普遍采用人字形或抛物线形横坡，人行道则用直线形。横坡可直接通过墩台顶部实现，从而使桥梁上部构造呈双向倾斜，此时，铺装层在整个桥宽上做成等厚的。横坡也可直接在行车道板上设置。先铺设一层厚度变化的混凝土三角形垫层，形成双向倾斜，再铺设等厚的混凝土铺装层，横坡还可通过变化支座垫石的高度来形成或通过行车道板做成倾斜面来实现。

除纵横坡外，一般桥梁要有排水设施将雨水迅速排出桥外。排水设施的设置应根据桥的面积、构造和当地的降雨情况计算确定。

通常当桥面纵坡大于2%而桥长小于50m时，雨水可流至桥头从引道排出，桥上就不必设专门的泄水孔道。为防止雨水冲刷引道路基，应在桥头引道的两侧设置流水槽。纵坡大于2%且桥长大于50m时，宜在桥上每隔12～15m设置一个泄水管。如桥面纵坡小于2%，普通公路桥梁宜每隔6～8m设置一个泄水管；高速公路和一级公路，一般桥梁采用直径为150mm的排水管，间距宜在4～5m。对于雨水充沛地区，排水管的布置应适当加密。

泄水管的过水面积通常是每平方米桥面上不少于2～3cm²。泄水管可以沿行车道两侧左右对称排列，也可交错排列，离缘石的距离为20～50cm。泄水管也可布置在人行道下面（图2-2），为此需要在人行道块件（或缘石部分）上留出横向泄水孔，并在其周边设置相应的聚水槽，起到聚水、导流和拦截作用。为防止大块垃圾进入堵塞泄水道，在进水的入口处设置金属栏门。混凝土梁式桥上的常用泄水管道有金属泄水管、钢筋混凝土泄水管、塑料泄水管。

金属泄水管：适用于具有防水层的铺装结构，常见的是铸铁管（图2-3）。泄水管的内径一般为100～150mm，管子下端应伸出行车道板底面以下至少150～200mm，以防渗湿主梁梁肋表面。安装泄水管时，与防水层的接合处要做得特别仔细，防水层的边缘要紧夹在管子顶缘与泄水漏斗之间，以便防水层的渗水能通过漏斗上的过水孔流入管内。这种铸铁泄水管，使用效果好，但结构复杂。根据具体情况，可以简化改进，例如采用钢管和钢板的焊接构造等。

钢筋混凝土泄水管：它适用于不设防水层而采用防水混凝土的铺装构造上（图2-4）。在制作时，可将金属栅板直接作为钢筋混凝土管的端模板，并在栅板上焊上短钢筋锚固于混凝土中。这种预制的泄水管构造比较简单，可节省钢材。

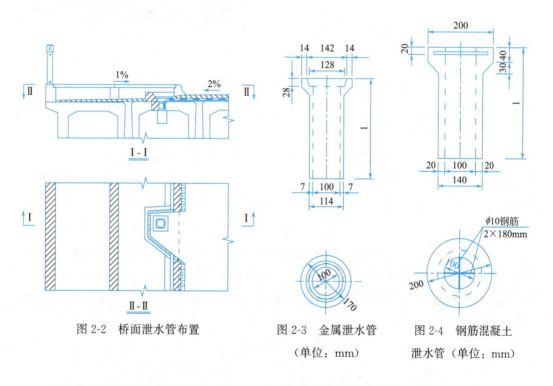

图 2-2 桥面泄水管布置　　图 2-3 金属泄水管（单位：mm）　　图 2-4 钢筋混凝土泄水管（单位：mm）

塑料泄水管的直径范围为150～1200mm，常见的有 PVC（聚氯乙烯）管，PVC-U（硬聚氯乙烯）管，PE（聚乙烯）管，FRPP（增强聚丙烯）管，RPM（玻璃纤维增强塑料）管等。这些管材表面硬度和抗拉强度优，同时管道摩阻系数小，水流顺畅，不易堵塞，养护工作量少，同时施工方法简单，操作方便。

横向泄水孔道（图2-5）：对于一些跨径不大，不设人行道的小桥，有时为了简化构造和节省材料，可以直接在行车道两侧的安全带或缘石上预留横向孔道并用铁管或其他排水管将水排出桥外。管口要伸出构件 30～50mm 以便滴水。这种做法虽简便，但因孔道坡度平缓，易于淤塞。

城市桥梁或桥下有通行车辆、行人的桥梁，为保持桥下的整洁和避免排水对桥下交通的影响，常采用封闭式排水系统，将桥面雨水排入城市排水系统或桥梁的排水系统，如图 2-6 所示。

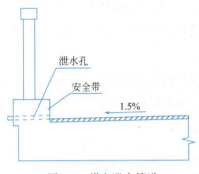

图 2-5　横向泄水管道

图 2-6　桥梁排水系统

小跨径桥，纵向排水管中的水在箱梁和主梁腹板内侧通往桥台，并用管道引向地面。在活动支座处，竖向管道的连接应使桥梁的纵向活动不受影响。在长桥中，纵向排水管可通向一个设在台帽的大漏斗中排水。

排水管道原则上不允许现浇在混凝土内，因为在冬天水管的堵塞可能冻裂混凝土，而应采用在混凝土中预留孔道或埋入直径较大的套管，然后再设置排水管道，一旦有损可以及时更换。当管道通过行车道悬臂板而截面高度较小时，管道可做成扁平形状。在设置排水管时应考虑排水管在桥面上的位置和数量，排水管的设置不合理往往是桥面破损的主要原因。

当采用透水沥青混凝土铺装时，排水管的顶面应低于透水层的底面，以发挥排水系统的作用；集水口要有强大的集水功能，特别是对于有纵坡的长桥，应避免雨水沿纵坡向台后汇流；在伸缩缝前要有集水装置，以免伸缩缝的缝隙成为桥面雨水的出口，侵蚀伸缩缝并影响支座和桥梁结构的耐久性。

2.1.3　人行道

城市桥梁一般均设有人行道供行人行走，有时还设有供自行车等行驶的非机动车道。一般的公路上根据需要并与前后线路布置协调，也可设人行道，偶尔也设非机动车道。但高速公路上的桥梁不设置人行道和非机动车道，可设置检修通道。

当设计速度不小于 50km/h 的城市主干路或次干路，或临空高度大于 3.0m 小于 6.0m 或水深大于 2.0m 小于 5.0m，或跨越道路、桥梁等人工构筑物，或桥面常有积冰积雪时，路缘石高度不得小于 40cm，且人行道宽度不得小于 2m。其他有机动车行驶的城市桥梁，可采用路缘石与人行道、检修道分隔，路缘石高度可取 25～35cm。路缘石的设置是为了起到视线诱导、排水和警示作用。设计中没有考虑它防止汽车撞击作用，但它能对失控车辆起到一定的防护作用，从而降低事故严重程度，保护行人和车辆安全，减少事故损失。但研究表明路缘石高度不是越高越好。太高时，不利于在行车道上的行人在发现危险时迅速地跨到人行道上。同时，行人存在跌落的危险。所以，路缘石高度不小于 40cm 时，宜进行防行人跌落设计。

对于公路桥梁，一个非机动车道的宽度应为 1.0m；当单独设置非机动车道时，不宜小于两个非机动车道的宽度。人行道的宽度宜为 1.0m，大于 1.0m 时，宜按 0.5m 的级差增加。

在跨径较小的现浇板梁桥中，可现浇悬臂板作为人行道板（图 2-7a）；在装配式板桥中，可专设人行道梁，采用加高墩台盖梁的方法来抬高人行道板梁（图 2-7b），但这会使墩台盖梁构造变复杂，且人行道梁与行车道梁之间难以形成较强的联结，两者变形不协调，使用的过程中容易形成纵向裂缝；在跨径较大的装配式板桥中，专设人行道板梁就不经济，此时通常预制一些人行道块件搁置于板上，形成人行道（图 2-7c）。

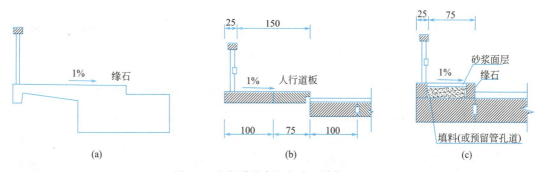

图 2-7 人行道的布置方式（单位：cm）
（a）现浇悬臂板；（b）预制人行道板梁；（c）预制人行道块件

在装配式肋梁桥上，人行道通常都是先做成预制块件后进行安装的。预制块件可为整体式或预制块件式；安装方式可为悬臂式或搁置式。

图 2-8 为一整体搁置预制人行道的构造形式，截面呈肋板式。人行道与行车道板之间仅需简单联结，人行道板下可过管线。图 2-9 是一种分块悬臂式人行道的构造形式。有效宽度为 0.75m。人行道由人行道板、人行道梁、支撑梁及路缘石组成。人行道梁搁在行车道的主梁上，一端悬臂挑出，另一端则通过预埋的钢板与主梁预留的锚固钢筋焊接得以固定。人行道梁分 A、B 两种。A 式较宽，其悬出端留有方孔以安装栏杆柱；B 式较窄，布置在 A 之间。支撑梁靠主梁纵边布置，用以固定人行道梁。人行道板则铺装在人行道梁上。这种构造的预制块件小而轻，但施工较麻烦。在起重条件好的地方，可考虑采用整体分段预制的人行道。但相比较而言由于悬臂式人行道悬挑长度较大，当重型车辆冲上人行道时，易发生车辆坠落的重大交通事故。

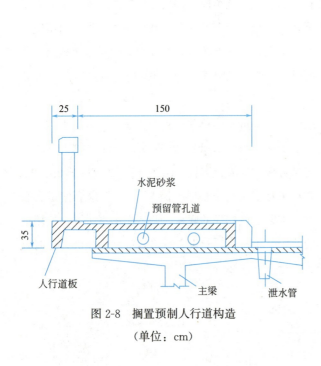

图 2-8 搁置预制人行道构造
（单位：cm）

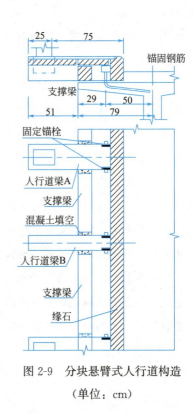

图 2-9 分块悬臂式人行道构造
（单位：cm）

人行道板顶面一般铺设 20mm 厚的水泥砂浆或沥青砂作为面层，城市桥梁人行道还会采用火烧板等饰面砖作为铺装面层。人行道板顶面须做成内倾排水横坡，坡度在 1‰～1.5‰。

在桥面伸缩缝处，人行道（包括栏杆）也必须断开。

在不设人行道的桥上，两边应设宽度不小于 0.25m、高为 0.25～0.35m 的护轮安全带（路缘石）。安全带可以做成预制块件或与桥面铺装层一起现浇。预制的安全带有矩形截面和肋板式截面两种（图 2-10）。以矩形截面最为常用。现浇的宜每隔 2.5～3m 以及在墩台处做一断缝，以免参与主梁受力而损坏。

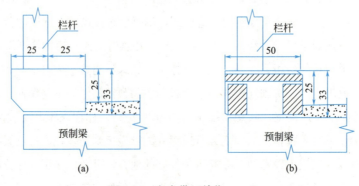

图 2-10 安全带（单位：cm）
（a）矩形截面；（b）肋板式截面

2.1.4 栏杆与护栏

栏杆是用来保障行人安全、防止坠落的一种必备的安全设施，使用上要求坚固耐用。人行道或安全带临空侧的栏杆高度（人行道表面至栏杆扶手顶面的距离）不应小于110cm，非机动车道临空侧栏杆高度不应小于140cm。栏杆竖直构件间的最大净间距不得大于110cm。

栏杆的形式变化多样，主要分为四大类，即栅栏式、栏板式、棂格式和混合式，如图2-11所示。

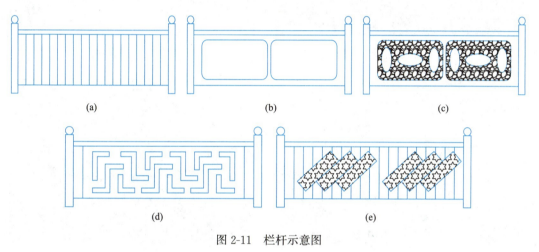

图 2-11 栏杆示意图
(a) 栅栏式；(b) 栏板式；(c) 棂格式1；(d) 棂格式2；(e) 混合式

公路与城市道路的栏杆常用钢筋混凝土、钢、铸铁或钢-混凝土组合材料制作。从形式上可分为节间式与连续式。节间由立柱、扶手及横挡（或栏杆板）组成，扶手支承于立柱上。连续式具有连续的扶手，一般由扶手、栏杆板（柱）及底座组成。节间式栏杆便于预制安装，能配合灯柱布置，但对于不等跨分孔的桥梁，有时不便划分。连续式栏杆有规则的栏杆板，简洁、明快，布置灵活，但一般自重比较大。

栏杆虽然是桥梁的附属设施，但也是与行人最接近的部分，除了使用功能外，对桥梁景观也有重要的影响。栏杆设计要与周围环境相协调，与桥梁主体结构相适应，方便施工与养护。图2-12～图2-14给出了钢筋混凝土栏杆、钢栏杆和钢-混凝土组合栏杆的实例照片。有些城市或景区桥梁，也有采用石栏杆，如图2-15所示，以获得较好的景观效果。

安全护栏，简称护栏，起诱导驾驶员视线、防止运行中失控车辆驶出公路（桥梁）外或进入对向车道或人行道的作用；能增加驾驶员和乘客的安全感；减轻交通事故时车辆、乘客和构造物的损害程度；能控制行人随意横穿公路，保障行人安全。对于高速公路、汽车专用一级公路上的特大、大、中桥梁，必须根据其防撞等级在人行道与车行道之间设置桥梁护栏。一般公路的路基边缘及其他各级公路的高路堤、桥头、极限最小半径平曲线、陡坡、依山傍水等路段的路基边缘也应设置。

图 2-12 钢筋混凝土栏杆

图 2-13 钢栏杆

图 2-14 钢-混凝土组合栏杆

图 2-15 石栏杆

桥梁护栏与桥面板应进行可靠连接。护栏可分为钢筋混凝土墙式护栏、梁柱式刚性护栏、金属梁柱半刚性护栏和组合式护栏。根据护栏形式，可采用直接埋入、地脚螺栓或预埋钢筋的连接方式。

常用的护栏大样如图 2-16～图 2-18 所示。护栏根据防撞能力的不同一般划分为 B、A、

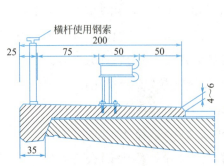

图 2-16 金属桥梁护栏
（单位：cm）

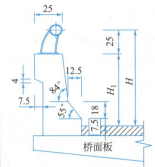

图 2-17 组合式桥梁护栏
（单位：cm）

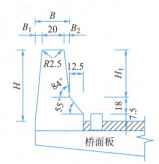

图 2-18 混凝土墙式桥梁护栏
（单位：cm）

SB、SA、SS 五级，常用中央分隔带桥梁护栏按防撞等级可分为 Am、SBm、SAm 三级。护栏等级选择应考虑下列因素：（1）桥梁护栏的防撞性；（2）受碰撞后的护栏变形程度；（3）环境和景观要求；（4）护栏的全寿命周期成本。

2.2 桥面板

2.2.1 桥面板类型

桥面板是桥面构造中承受车辆、行人荷载并将其传到主结构的板。它可以是架设在受力结构之上的独立的结构，如早期钢梁桥上的钢筋混凝土桥面板；也可以由受力结构的一个组成部分来充当，如钢筋混凝土和预应力混凝土 T 形梁桥的上翼缘板或箱梁桥的顶板，在构造上它与主梁的梁肋和横隔梁（或称横隔板）整体相连，既能将车辆活载传给主梁，又能构成主梁截面的组成部分，并保证主梁的整体作用。

除大跨度钢斜拉桥或钢悬索桥采用钢桥面板外，其他桥梁的桥面板基本上采用钢筋混凝土结构。对于跨度较大的桥面板也可施加预应力，做成预应力混凝土板。

当不考虑主梁的横向结构时，桥面板一般可视为以横向受力为主的单向板。它又可分为四种，如图 2-19 所示。简支板是指桥面板与主结构分离，直接搁置于主梁上，这种构造主要在早期的钢梁中应用，现已较少见；连续板是最常见的，大部分 T 形梁、箱梁桥的主梁内侧桥面板横桥向为连续结构时均可视为连续板；自由悬臂板是指主梁上翼缘板外挑部分；铰接悬臂板是预制梁之间悬臂板用铰接方式相连的板（如 T 形梁的上翼缘板之间用一定间距的钢板相连），也较少用。

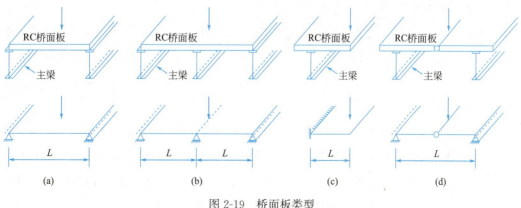

图 2-19 桥面板类型
(a) 简支板；(b) 连续板；(c) 自由悬臂板；(d) 铰接悬臂板

实际的桥梁结构，一般主梁之间有横隔梁或横隔板相连，如图 2-20 所示。因此，桥面板实际上都是周边支承的板。

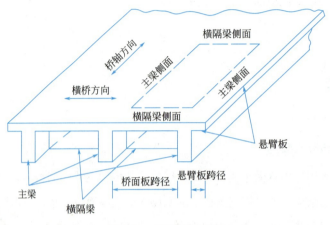

图 2-20 桥面板示意图

从承受荷载的特点来看，当板中央作用一竖向荷载 P 时，此荷载会向相互垂直的两对支承边传递。当支承跨径 l_a 和 l_b 不相同时，由于板沿 l_a 和 l_b 跨径的相对刚度不同，将使向两个方向所传递的荷载也不相等。粗略地将板简化成一个十字梁，如图 2-21 所示，在荷载 P 作用下，可得 $P_a = \dfrac{l_b^3}{l_a^3 + l_b^3} P$、$P_b = \dfrac{l_a^3}{l_a^3 + l_b^3} P$，当十字梁的长梁与短梁之比（$l_a/l_b$）等于 2 时，根据挠度相等原理，求得短边梁承担的荷载 $P_b = 8P/9$，长边梁承担的荷载 $P_a = P/9$。

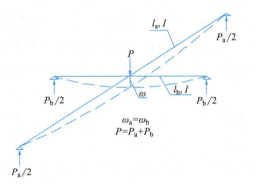

图 2-21 荷载的双向传递

对于板来说，短边所承担的荷载比例比十字梁的还要大。根据弹性薄板理论的研究，对于四边简支的板，当板的长边与短边之比（l_a/l_b）接近 2 时，荷载值的绝大部分将沿板的短跨方向传递，沿长跨方向传递的荷载将不足 6%。l_a/l_b 之值越大，向 l_a 跨度方向传递的荷载就越少。

根据板的上述受力特性，并考虑到钢筋混凝土结构计算本身所固有的近似性，通常把 $l_a/l_b \geq 2$ 的周边支承板视作仅由短跨承受荷载的单向受力板（即单向板）来设计，而在长跨方向只适当配置一些分布钢筋。对 $l_a/l_b < 2$ 的板，才真正按周边支承板（或称双向板）来设计，在此情况下需按两个方向的内力分别配置相互垂直的受力钢筋。

目前梁桥设计的趋势是横隔板稀疏布置，因此主梁的间距往往比横隔板的间距小得多，桥面板属单向板的居多。有时也会遇到桥面板两个支承跨径之比小于 2 的情况，须按双向板进行设计。一般来说，双向桥面板的用钢量较大，构造也较复杂，宜尽量少用。

对于 T 形梁的悬臂板，当 $l_a/l_b \geqslant 2$ 时，还可细分为两种情形。其一是当翼缘板的端边为自由边（图 2-19c）时，实际是三边支承的板，鉴于类似于前面所分析的原因，可以作为沿短跨一端嵌固，而另一端自由的悬臂板来分析。另一种是相邻翼缘板在端部互相做成铰接接缝的构造（图 2-19d），在此情况下桥面板应按一端嵌固一端铰接的铰接悬臂板进行计算。

综上所述，在实践中可能遇到的桥面板受力图式为：双向板、单向连续板、简支板、悬臂板、铰接悬臂板等几种。下面将分别阐明它们的计算方法。

2.2.2　车轮压力在板上的分布

由《公桥通规》可知，桥面板作为局部结构，其计算时的活载应采用车辆荷载。车辆荷载由车轮压力作用在桥面上。桥面板上的铺装层会对轮压起扩散分布作用。由于板的计算跨径相对于轮压的分布宽度相差不是很大，故计算时应较精确地将轮压作为分布荷载来处理，而不宜采用集中力，这样做可避免较大的计算误差，节约桥面板的材料用量。

富有弹性的充气车轮与桥面的接触面实际上接近于椭圆，而且荷载又要通过铺装层扩散分布，因此车轮压力在桥面板上的实际分布形状是复杂的。为了计算方便，通常近似地把车轮与桥面的接触面看作是 $a_1 \times b_1$ 的矩形，此处 a_1 是车轮沿行车方向的着地长度，b_1 为车轮的宽度，如图 2-22 所示。a_1 和 b_1 值可从《公桥通规》中查得。至于荷载在铺装层内的扩散程度，根据试验研究，对于混凝土或沥青铺装层，可以偏安全地假定呈 45°角扩散。

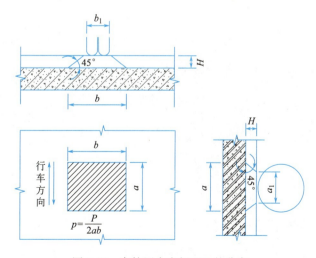

图 2-22　车轮压力在板面上的分布

《混凝土桥规》中规定，作用于钢筋混凝土承重板上的矩形压力面的边长为：

$$\left.\begin{array}{l}\text{沿纵向 } a = a_1 + 2H \\ \text{沿横向 } b = b_1 + 2H\end{array}\right\} \tag{2-1}$$

式中　H——铺装层的厚度。

据此，当车辆荷载的后轮作用于桥面板上时，其局部分布的荷载强度为：

$$p = \frac{P}{2ab} \tag{2-2}$$

式中　P——车辆荷载后轴的轴重力。

2.2.3　桥面板的有效分布宽度

众所周知，板在局部分布荷载 p 的作用下，不仅直接承压部分（例如宽度为 a）的板带参加工作，与其相邻的部分板带也会分担一部分荷载，共同参与工作。因此，在桥面板的计算中，需要确定板的有效工作宽度，或称荷载的有效分布宽度。下面分单向板和悬臂板来阐明板的有效工作宽度的概念和计算方法。

1. 单向板

图 2-23 所示为一块跨径 l、宽度较大的梁式桥面板，板中央作用着局部分布荷载，其分布面积为 $a \times b$。显然，板除了沿计算跨径 x 方向产生挠曲变形 ω_x 外，在 y 方向也发生挠曲变形 ω_y。这说明荷载作用下不仅宽度为 a 的板条受力，其邻近的板也参与工作，共同承受车轮荷载所产生的弯矩。图 2-23（a）中示出了沿 y 方向板条所分担弯矩 m_x 的分布图形，在荷载中心处板条负担的弯矩最大，达到 m_{xmax}，离荷载越远的板条所承受的弯矩就越小。

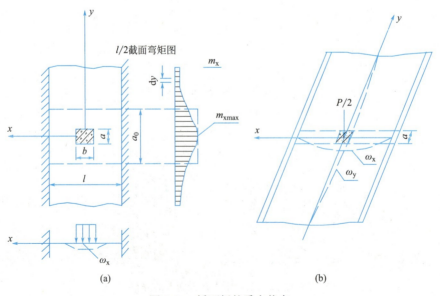

图 2-23　桥面板的受力状态
（a）y 方向弯矩分布；（b）x 方向弯矩分布

现设想以 $a_0 \times m_{x\max}$ 的矩形来替代实际的曲线分布图形，也即：

$$a_0 \times m_{x\max} = \int m_x \mathrm{d}y = M \tag{2-3}$$

则得弯矩图形的换算宽度为：

$$a_0 = \frac{M}{m_{x\max}} \tag{2-4}$$

式中　M——车轮荷载产生的跨中总弯矩；

　　　$m_{x\max}$——荷载中心处的最大单宽弯矩值，可按弹性薄板理论求得。

上式的 a_0 就定义为板的有效工作宽度，以此板宽来承受车轮荷载产生的总弯矩，既满足了弯矩最大值的要求，也方便计算。

考虑到实际上 a/l 之值不会很小，而且桥面板属于弹性固结支承，通过理论分析，《混凝土桥规》对梁式单向板的荷载有效分布宽度，给出了简化计算的规定：

（1）车轮位于板的中央地带时

对于单独一个车轮荷载（图 2-24a）：

$$a_0 = a + \frac{l}{3} = a_1 + 2H + \frac{l}{3}, \text{ 且 } \geq \frac{2}{3}l \tag{2-5}$$

对于几个靠近的相同荷载，如按上式计算所得各相邻荷载的有效分布宽度发生重叠时，应按相邻靠近的几个荷载一起计算其有效分布宽度（图 2-24b）：

$$a_0 = a + d + \frac{l}{3} = a_1 + 2H + d + \frac{l}{3}, \text{ 且 } \geq \frac{2}{3}l + d \tag{2-6}$$

式中，d 为最外两个荷载的中心距离。如果只有相邻两个荷载一起计算时，d 往往就是加重车后轮的轴距。

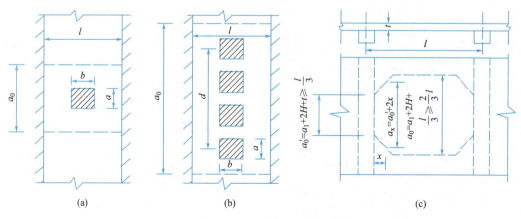

图 2-24　荷载有效分布宽度

(a) 车轮位于板的中央；(b) 车轮位于板的支承处；(c) 车轮位于靠近板的支承附近时

(2) 车轮位于板的支承处时

$$a_0' = a + t = a_1 + 2H + t, \quad 且 \geqslant \frac{l}{3} \quad (2\text{-}7)$$

式中 t——板的厚度。

(3) 车轮位于靠近板的支承附近时

按式（2-7）计算，但不大于车轮在板的跨径中部的分布宽度。

$$a_x = a_0' + 2x \quad (2\text{-}8)$$

式中 x——车轮离支承边缘的距离。

也就是说，荷载从支点处向跨中移动时，相应的有效分布宽度可按 45°线过渡。上述计算的所有分布宽度，均不得大于板的全宽。对于彼此不相连的预制板，车轮在板内分布宽度不得大于预制板宽度。根据以上规定，在任意荷载位置时，单向板的有效分布宽度图形如图 2-24（c）所示。

2. 悬臂板

悬臂板在荷载作用下，除了直接承受荷载的板条（宽度为 a）外，相邻板条也发生挠曲变形（见图 2-25b 中的 ω_y）而分担部分弯矩。悬臂根部沿 y 方向各板条的弯矩分布如图 2-25（a）中的 m_x 所示。根据弹性薄板的理论分析，当板端作用集中力 P 时，在荷载中心处的根部每单位宽度最大弯矩为 $m_{xmax} \approx -0.465P$，此时荷载所引起的总弯矩为 $M_0 = -Pl_0$。因此，按最大负弯矩值换算的有效工作宽度为：

$$a_0 = \frac{M_0}{m_{xmax}} = \frac{-Pl_0}{-0.465P} = 2.15l_0 \quad (2\text{-}9)$$

由此可见，悬臂板的有效工作宽度接近于两倍悬臂长度，也就是说，荷载可近似地按 45°角向悬臂板支承处分布（图 2-25a）。

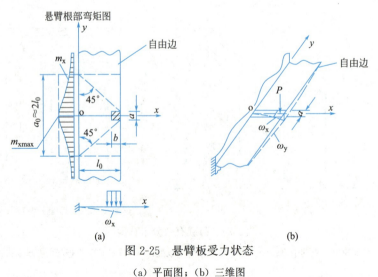

图 2-25 悬臂板受力状态

(a) 平面图；(b) 三维图

对于自由悬臂板，恒载的跨径与活载的跨径是不一样的，活载要考虑车轮距板边的距离。《混凝土桥规》对 c 值不大于 2.5m 时，悬臂板的活载有效分布宽度规定（图 2-26）为：

$$a_0 = a + 2c = a_1 + 2H + 2c \tag{2-10}$$

式中　c——平行于悬臂板跨径的车辆着地尺寸的外缘，通过 45°分布线的外边线至腹板外边缘的距离。

对于分布荷载位于板边的最不利情况，c 就等于悬臂板的跨径 l_0，于是：

$$a_0 = a + 2l_0 \tag{2-11}$$

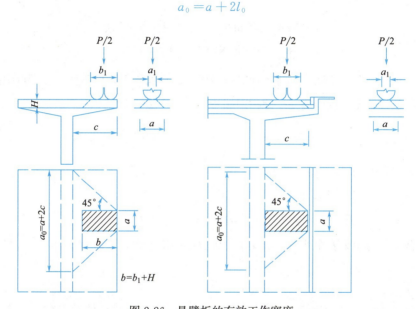

图 2-26　悬臂板的有效工作宽度

2.2.4　桥面板的内力计算

对于实体的矩形截面桥面板，一般由弯矩控制设计。设计时，习惯上以每米宽的板条进行计算。对于简支板，只要借助板的有效工作宽度就不难得到作用在每米宽板条上的荷载和其引起的弯矩。以下主要介绍连续板和悬臂板。对于双向板，除可按弹性理论进行分析外，在工程实践中常用简化的计算方法或现成的图表来计算。

1. 连续板

工程中常见的桥面板实质上是一个支承在一系列弹性支承上的多跨连续板，且板与梁肋系整体相连。由此可见，各根主梁的不均匀弹性下沉和梁肋本身的扭转刚度必然会影响桥面板的内力，如果主梁的抗扭刚度极大，板的工作就接近固端梁（图 2-27a）；反之，如果主梁的抗扭刚度极小，板在梁肋支承处为接近自由转动的铰支承，则板的受力就如多跨连续梁体系（图 2-27b）。实际上行车道板和主梁梁肋的支承条件，既不是固结，也不是铰支，而是弹性固结（图 2-27c）。所以桥面板的实际受力情况是相当复杂的。通常采用简便的近似方法计算。对于弯矩，先算出一个跨度相同的简支板在恒载和活载作用下的跨中弯矩 M_0，再乘以偏安全的经验系数加以修正，以求得支点处和跨中截面的设计弯矩。弯矩修正系数可视板厚 t 与梁肋高度 h 的比值来选用。

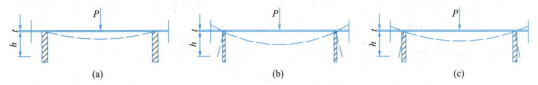

图 2-27　主梁扭转对行车道板受力的影响
(a) 固结；(b) 铰支承；(c) 弹性固结

由于支承点并非完全固结，弯矩计算跨径取净跨径加板厚，但不大于支承点中距。与梁肋整体连接的板，支点截面偏安全地按固端考虑，其弯矩为：

$$M = -\frac{1}{12}ql^2 = -\frac{2}{3} \times \frac{1}{8}ql^2 = -0.67M_0 \approx -0.7M_0 \tag{2-12}$$

式中　q——板单位长度上的均布荷载；

l——板的计算跨径；

M_0——按简支板计算而得的荷载组合内力。

跨中截面的弯矩偏安全地按板的支承为弹性半固结考虑，其值为：

$$M = +\frac{1}{16}ql^2 = +\frac{1}{2} \times \frac{1}{8}ql^2 = +0.5M_0 \tag{2-13}$$

当板厚与梁肋的高度比值 t/h 不小于 1/4 时，支承构件对板的约束减小，跨中弯矩取 $+0.7M_0$。

所以，《混凝土桥规》规定：当 $t/h < 1/4$ 时，桥面板的弯矩按式（2-14）计算：

$$\left. \begin{array}{l} 跨中弯矩：M_c = +0.5M_0 \\ 支点弯矩：M_s = -0.7M_0 \end{array} \right\} \tag{2-14}$$

当 $t/h \geq 1/4$ 时，按式（2-15）计算：

$$\left. \begin{array}{l} 跨中弯矩：M_c = +0.7M_0 \\ 支点弯矩：M_s = -0.7M_0 \end{array} \right\} \tag{2-15}$$

比较式（2-14）和式（2-15）可以看出，二者在支点处的弯矩计算方法相同，均偏安全地按固端梁计算，所不同的是跨中弯矩。当 $t/h < 1/4$ 时，主梁抗扭能力较大，板的受力更接近于固端梁，跨中正弯矩较小；而当 $t/h \geq 1/4$ 时，主梁抗扭能力较小，板的受力更接近于连续梁，跨中正弯矩大些。

在上面二式中，汽车荷载在 1m 宽简支板条中所产生的跨中弯矩 M_{0p}（图 2-28a），可用式（2-16）计算：

$$M_{0p} = (1+\mu)\frac{P}{8a_0}\left(l - \frac{b}{2}\right) \quad (2\text{-}16)$$

式中 P——加重车后轴的轴重力；

l——板的计算跨径，取两肋间的净距加板厚，但不大于两肋中心之间的距离，当梁肋不宽时可取梁肋中距；当主梁的梁肋宽度较大时（如箱梁等）可取梁肋间的净距加板厚，即 $l=l_0+t$，但不大于 $l=l_0+B$，此处 l_0 为板的净跨径，t 为板厚，B 为梁肋宽度（图 2-28）；

μ——冲击系数，对于桥面板，《公桥通规》规定为 0.3。

如果板的跨径较大，可能还有第二个车轮进入跨径内时，可将荷载布置成使跨中弯矩为最大。每米板宽的跨中恒载弯矩可由下式计算：

$$M_{0g} = \frac{1}{8}gl^2 \quad (2\text{-}17)$$

式中 g——1m 宽板条每延米的恒载重力。

当需要计算单向板的支点剪力时，可不考虑板和主梁的弹性固结作用，此时荷载必须尽量靠近梁肋边缘布置。考虑了相应的有效工作宽度后，每米板宽承受的分布荷载如图 2-28（b）所示。对于跨径内只有一个车轮荷载的情况，汽车引起的支点剪力 Q_{sp} 的计算公式为：

$$Q_{sp} = (1+\mu)(A_1 y_1 + A_2 y_2) \quad (2\text{-}18)$$

其中矩形部分荷载的合力为：

$$A_1 = p \cdot b = \frac{P}{2a_0 b} \cdot b = \frac{P}{2a_0} \quad (2\text{-}19)$$

三角形部分荷载的合力为：

$$\begin{aligned}A_2 &= \frac{1}{2}(p' - p) \cdot \frac{1}{2}(a_0 - a_0') \\ &= \frac{P}{8a_0 a_0' b} \cdot (a_0 - a_0')^2\end{aligned} \quad (2\text{-}20)$$

式中 p、p'——分别对应于有效工作宽度 a_0 和 a_0' 处的荷载强度；

y_1、y_2——分别对应于荷载合力 A_1 和 A_2 的支点剪力影响线竖标值。

如跨径内不止一个车轮进入时，尚应计及其他车轮的影响。

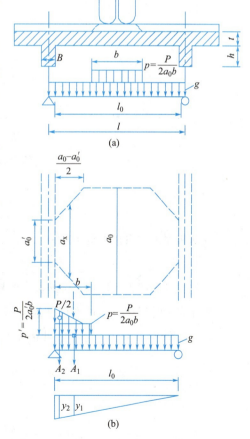

图 2-28 单向板的内力计算图式
（a）求跨中弯矩；（b）求支点剪力

恒载引起的支点剪力 Q_{sg} 的计算公式为：

$$Q_{sg}=\frac{gl_0}{2} \quad (2-21)$$

式中　l_0——板的净跨径。

由此，就可进行1m宽板条作用效应的设计内力组合计算。

2. 悬臂板

对于铰接悬臂板，计算悬臂根部活载弯矩 M_{sp} 时，最不利的加载位置是把车轮荷载对中布置在铰接处。因此，每米宽板条的活载弯矩为（图2-29a）：

$$M_{sp}=-(1+\mu)\frac{P}{4a_0}\left(l_0-\frac{b}{4}\right) \quad (2-22)$$

式中　l_0——铰接悬臂板的净跨径；

　　　a_0——板的有效工作宽度。

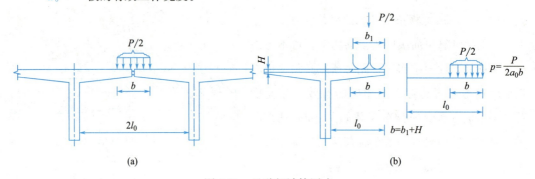

图 2-29　悬臂板计算图式
(a) 铰接悬臂板；(b) 自由悬臂板

每米板宽的恒载弯矩为：

$$M_{sg}=-\frac{1}{2}gl_0^2 \quad (2-23)$$

每米板宽的支点最大负弯矩为：

$$M_s=M_{sp}+M_{sg} \quad (2-24)$$

悬臂根部的剪力可以偏安全地按一般悬臂板的图式来计算，不再赘述。

对于自由悬臂板，在计算根部最大弯矩时，应将车轮荷载靠板的边缘布置，此时 $b=b_1+H$，如图 2-29（b）所示。在此情况下，活载弯矩为：

$$\left.\begin{array}{l}M_{sp}=-(1+\mu)\cdot\frac{1}{2}pl_0^2=-(1+\mu)\frac{P}{4a_0b}\cdot l_0^2 \quad (b\geqslant l_0 \text{ 时})\\ \text{或}\\ M_{sp}=-(1+\mu)\cdot pb\left(l_0-\frac{b}{2}\right)=-(1+\mu)\frac{P}{2a_0}\left(l_0-\frac{b}{2}\right) \quad (b<l_0 \text{ 时})\end{array}\right\}$$

$$(2-25)$$

恒载弯矩为：

$$M_{sg} = -\frac{1}{2}gl_0^2 \tag{2-26}$$

3. 算例

【例 2-1】计算图 2-30 所示 T 形梁翼板（主梁间采用现浇混凝土连接）所构成多跨连续单向板的设计内力。车辆荷载为公路-Ⅰ级，桥面铺装为 80mm 厚沥青混凝土面层（重度为 23kN/m³）和平均厚 90mm 的 C40 防水混凝土面层（重度为 24kN/m³）。T 形梁高 2.0m，其翼板钢筋混凝土的重度为 25kN/m³。

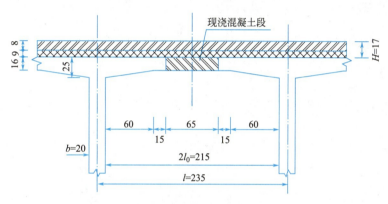

图 2-30　现浇连接行车道板（单位：cm）

【解】

对于梁肋间的行车道板，在桥面现浇部分完成后，应按支承在一系列弹性支承上的多跨连续单向板进行计算。由于 $t/h=16/(200-16)=1/11.5<1/4$，即主梁抗扭能力较大，取跨中弯矩：$M_c=\pm 0.5M_0$；支点弯矩：$M_s=-0.7M_0$。对于剪力，可不考虑板和主梁的弹性固结作用，认为简支板的支点剪力即为连续板的支点剪力。

1. 恒载内力（以纵向 1m 的板条进行计算）

(1) 主梁架设完毕时

桥面板看成 0.75m 长的悬臂单向板，其根部一期永久作用效应为：

弯矩：

$$M_{gI} = -\frac{1}{2} \times \left[0.16 \times 0.75 + \frac{1}{2} \times 0.6 \times (0.25-0.16)\right] \times \frac{1}{0.75} \times 1.0 \times 25 \times 0.75^2$$
$$= -1.378 \text{kN} \cdot \text{m}$$

剪力：

$$Q_{gI} = \left[0.16 \times 0.75 + \frac{1}{2} \times 0.6 \times (0.25-0.16)\right] \times 1.0 \times 25 = 3.675 \text{kN}$$

(2) 成桥后

梁肋间板的计算跨径：考虑到本例为窄肋 T 形梁，计算跨中弯矩时取 $l=2.35\mathrm{m}$，计算支点剪力时取 $2l_0=2.15\mathrm{m}$。另外，考虑到本例中多跨连续板的内力计算所采用的近似计算方法，偏安全计，计算中将现浇部分的桥面板恒载由 $l=2.35\mathrm{m}$ 的简支板承担（图 2-31）。

沥青混凝土面层 g_{11}：$0.08\times 1.0\times 23=1.84\mathrm{kN/m}$

C40 防水混凝土面层 g_{12}：$0.09\times 1.0\times 24=2.16\mathrm{kN/m}$

现浇部分桥面板 g_2：$0.16\times 1.0\times 25=4.00\mathrm{kN/m}$

计算得到简支板二期恒载作用下跨中弯矩和支点剪力为：

跨中（弯矩）：

$$M_{g\mathrm{II}}=\frac{1}{2}\times(0.588+0.425)\times 0.65\times 4.0+\frac{1}{8}\times(1.84+2.16)\times 2.35^2=4.078\mathrm{kN\cdot m}$$

支点（剪力）：

$$Q_{g\mathrm{II}}=\frac{1}{2}\times 4.0\times 0.65+\frac{1}{2}\times(1.84+2.16)\times 2.15=5.600\mathrm{kN}$$

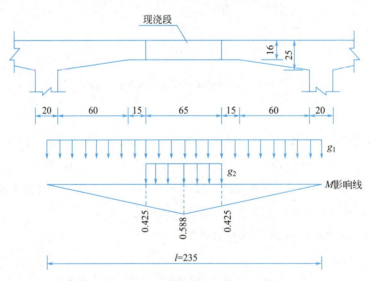

图 2-31 简支板二期恒载作用计算图（单位：cm）

(3) 恒载作用总效应

支点：

$$M_{sg}=M_{g\mathrm{I}}+(-0.7M_{g\mathrm{II}})=-1.378-0.7\times 4.078=-4.233\mathrm{kN\cdot m}$$

$$Q_{sg}=Q_{g\mathrm{I}}+Q_{g\mathrm{II}}=3.675+5.600=9.275\mathrm{kN}$$

跨中弯矩：

$$M_{sg}=0.5\times M_{g\mathrm{II}}=0.5\times 4.078=2.039\mathrm{kN\cdot m}$$

2. 活载内力

根据《公桥通规》，采用车辆荷载主要技术指标标准值。将加重车后轮作用于单向板跨中及支点附近等最不利荷载位置，后轴作用力为 $P=2\times140\text{kN}$，后两轴轴距 1.4m，车轮平行单向板方向最小间距 1.3m；汽车后轮的着地长度 $a_1=0.20\text{m}$，宽度 $b_1=0.60\text{m}$。

(1) 车轮垂直板跨径方向的荷载分布宽度计算

跨径中部：
$$a_0=a_1+2H+l/3=0.2+2\times0.17+2.35/3=1.323\text{m}$$

由于须满足：
$$a_0\geqslant 2l/3=2\times2.35/3=1.567\text{m}，\text{故取 }a_0=1.567\text{m}$$

此时由于后轴的两轮间距为 $1.4\text{m}<a_0=1.567\text{m}$，则后两轮有效分布宽度按照发生重叠的情况重新计算。则：
$$a_0=a_1+2H+d+l/3=0.2+2\times0.17+1.4+2.35/3=2.723\text{m}$$

由于须满足：
$$a_0\geqslant 2l/3+d=2\times2.35/3+1.4=2.967\text{m}，\text{故取 }a_0=2.967\text{m}$$

折合成一个后轮荷载的有效分布宽度为：
$$a_0=2.967/2=1.484\text{m}$$

板的支承处：

该处仅需对其结构的抗剪进行验算，因此计算跨径改用 2.15m。
$$a'_0=a_1+2H+t=0.2+2\times0.17+0.16=0.7\text{m}$$

由于须满足：
$$a'_0\geqslant l_0/3=2.15/3=0.717\text{m}，\text{故取 }a'_0=0.717\text{m}$$

板的支承附近（距支承处距离为 x）：
$$a_x=a'_0+2x=0.717+2x$$

(2) 车轮平行板跨径方向的荷载分布宽度计算
$$b=b_1+2H=0.60+2\times0.17=0.94\text{m}$$

(3) 简支板跨中弯矩
$$M_{0p}=(1+\mu)\frac{P}{8a_0}\left(l-\frac{b}{2}\right)=1.3\times\frac{140}{8\times1.484}\times\left(2.35-\frac{0.94}{2}\right)=28.821\text{kN}\cdot\text{m}$$

计算简图见图 2-32。

(4) 简支板支点剪力
$$Q_{sp}=(1+\mu)(A_1y_1+A_2y_2+A_3y_3+A_4y_4) \tag{a}$$

式中：
$$A_1=\frac{P}{2a_0}=\frac{140}{2\times1.484}=47.170\text{kN}$$

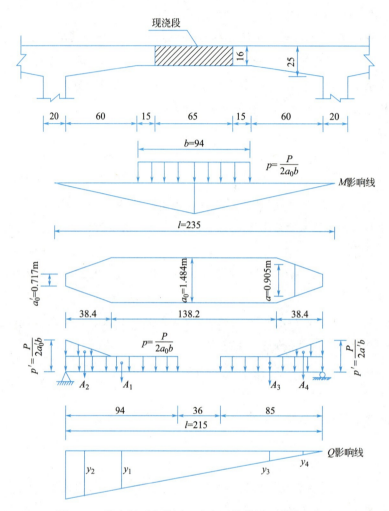

图 2-32 简支板可变作用（汽车）计算图（单位：cm）

$$A_2 = \frac{P}{8a_0 a'_0 b} \times (a_0 - a'_0)^2 = \frac{140 \times (1.484 - 0.717)^2}{8 \times 1.484 \times 0.717 \times 0.94} = 10.293 \text{kN}$$

$$A_3 = p \times 0.85 = \frac{P}{2a_0 b} \times 0.85 = \frac{140}{2 \times 1.484 \times 0.94} \times 0.85 = 42.654 \text{kN}$$

$$A_4 = A_2 = 10.293 \text{kN}$$

$$y_1 = \frac{2.15 - 0.94/2}{2.15} = 0.781; \quad y_2 = \frac{2.15 - 0.384/3}{2.15} = 0.940$$

$$y_3 = \frac{0.85/2}{2.15} = 0.198; \quad y_4 = \frac{0.384/3}{2.15} = 0.060$$

以上代入式（a），得：

$$Q_{sp} = 1.3 \times (47.170 \times 0.781 + 10.293 \times 0.940 + 42.654 \times 0.198 + 10.293 \times 0.060)$$
$$= 72.252 \text{kN}$$

由此可得连续单向板活载作用效应：

支点弯矩：
$$M_{sp} = -0.7 \times M_{0p} = -0.7 \times 28.821 = -20.175 \text{kN·m}$$

支点剪力：
$$Q_{sp} = 72.252 \text{kN}$$

跨中弯矩：
$$M_{cp} = 0.5 M_{0p} = 0.5 \times 28.821 = 14.411 \text{kN·m}$$

3. 内力组合

(1) 承载能力极限状态内力组合计算

基本组合：

支点：
$$M_{ud} = 1.2 M_{sg} + 1.8 M_{sp} = 1.2 \times (-4.233) + 1.8 \times (-20.175) = -41.395 \text{kN·m}$$
$$Q_{ud} = 1.2 Q_{sg} + 1.8 Q_{sp} = 1.2 \times 9.275 + 1.8 \times 72.252 = 141.184 \text{kN}$$

跨中：
$$M_{ud} = 1.2 \times 2.039 + 1.8 \times 14.411 = 28.387 \text{kN·m}$$

(2) 正常使用极限状态内力组合计算

频遇组合：

支点：
$$M_{fd} = M_{sg} + 0.7 M_{sp}/1.3 = (-4.233) + 0.7 \times (-20.175)/1.3 = -15.096 \text{kN·m}$$
$$Q_{fd} = Q_{sg} + 0.7 Q_{sp}/1.3 = 9.275 + 0.7 \times 72.252/1.3 = 48.180 \text{kN}$$

跨中：
$$M_{fd} = 2.039 + 0.7 \times 14.411/1.3 = 9.799 \text{kN·m}$$

准永久组合：

支点：
$$M_{qd} = M_{sg} + 0.4 M_{sp}/1.3 = (-4.233) + 0.4 \times (-20.175)/1.3 = -10.441 \text{kN·m}$$
$$Q_{qd} = Q_{sg} + 0.4 Q_{sp}/1.3 = 9.275 + 0.4 \times 72.252/1.3 = 31.506 \text{kN}$$

跨中：
$$M_{qd} = 2.039 + 0.4 \times 14.411/1.3 = 6.473 \text{kN·m}$$

【例2-2】 计算图2-33所示T形梁翼板所构成的铰接悬臂板的设计内力。荷载为公路-Ⅰ级。桥面铺装为20mm厚的沥青混凝土面层（重度为23kN/m³）和平均厚90mm的C25混凝土面层（重度为24kN/m³）。T形梁翼板钢筋混凝土的重度为25kN/m³。

【解】

(1) 恒载内力（以纵向1m的板条进行计算）

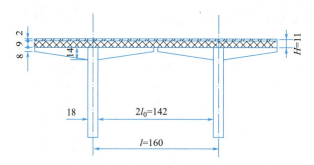

图 2-33 铰接悬臂行车道板（单位：cm）

1) 每延米板上的恒载 g

沥青混凝土面层 g_1：$0.02\times1.0\times23=0.46\text{kN/m}$

C25 混凝土垫层 g_2：$0.09\times1.0\times24=2.16\text{kN/m}$

T 形梁翼板自重 g_3：$\dfrac{0.08+0.14}{2}\times1.0\times25=2.75\text{kN/m}$

合计：$g=\sum g_i=5.37\text{kN/m}$

2) 每米宽板条的恒载内力

弯矩：
$$M_{sg}=-\dfrac{1}{2}gl_0^2=-\dfrac{1}{2}\times5.37\times0.71^2=-1.35\text{kN}\cdot\text{m}$$

剪力：
$$Q_{sg}=g\cdot l_0=5.37\times0.71=3.81\text{kN}$$

(2) 活载内力

根据《公桥通规》，采用车辆荷载主要技术指标标准值。将加重车后轮作用于铰缝轴线上作为最不利荷载布置，后轴作用力为 $P=2\times140\text{kN}$，此时两边的悬臂板各承受一半的车轮荷载，轮压分布宽度如图 2-34 所示。汽车后轮的着地长度 $a_1=0.20\text{m}$，宽度 $b_1=0.60\text{m}$，则板上荷载压力面的边长为：

$$a=a_1+2H=0.20+2\times0.11=0.42\text{m}$$
$$b=b_1+2H=0.60+2\times0.11=0.82\text{m}$$

荷载作用于悬臂根部的有效分布宽度：
$$a_0=a+d+2l_0=0.42+1.4+2\times0.71=3.24\text{m}$$

由于这是汽车荷载局部加载在 T 形梁的翼板上，因此冲击系数为：$\mu=0.3$。

作用于每米宽板条上的弯矩，由式 (2-22) 求得：

$$M_{sp}=-(1+\mu)\dfrac{P}{4a_0}\left(l_0-\dfrac{b}{4}\right)=-1.3\times\dfrac{2\times140}{4\times3.24}\times\left(0.71-\dfrac{0.82}{4}\right)=-14.18\text{kN}\cdot\text{m}$$

作用于每米宽板条上的剪力为：

$$Q_{sp} = (1+\mu)\frac{P}{4a_0} = 1.3 \times \frac{2 \times 140}{4 \times 3.24} = 28.09 \text{kN}$$

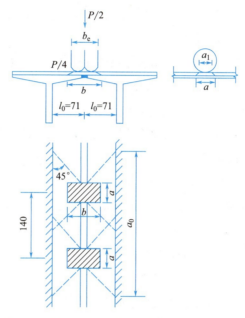

图 2-34 标准车辆荷载的计算图式（单位：cm）

(3) 内力组合

1) 承载能力极限状态内力组合计算

基本组合：

$$M_{ud} = 1.2M_{sg} + 1.8M_{sp} = 1.2 \times (-1.35) + 1.8 \times (-14.18) = -27.14 \text{kN} \cdot \text{m}$$

$$Q_{ud} = 1.2Q_{sg} + 1.8Q_{sp} = 1.2 \times 3.81 + 1.8 \times 28.09 = 55.13 \text{kN}$$

故桥面板的设计内力为：

$$M_{ud} = -27.14 \text{kN} \cdot \text{m}$$

$$Q_{ud} = 55.13 \text{kN}$$

2) 正常使用极限状态内力组合计算

频遇组合：

$$M_{fd} = M_{sg} + 0.7M_{sp}/1.3 = (-1.35) + 0.7 \times (-14.18)/1.3 = -8.99 \text{kN} \cdot \text{m}$$

$$Q_{fd} = Q_{sg} + 0.7Q_{sp}/1.3 = 3.81 + 0.7 \times 28.09/1.3 = 18.94 \text{kN}$$

准永久组合：

$$M_{qd} = M_{sg} + 0.4M_{sp}/1.3 = (-1.35) + 0.4 \times (-14.18)/1.3 = -5.71 \text{kN} \cdot \text{m}$$

$$Q_{qd} = Q_{sg} + 0.4Q_{sp}/1.3 = 3.81 + 0.4 \times 28.09/1.3 = 12.45 \text{kN}$$

以上正常使用组合中均不计冲击效应，故除以 1.3。

2.2.5 桥面板的配筋

计算得出桥面板的设计控制内力后，就可按钢筋混凝土或预应力混凝土结构设计原理的方法来设计板内的钢筋并进行相应的验算。

在进行截面强度验算时，对于与梁肋整体连接且具有承托的悬臂板（图 2-35），《混凝土桥规》规定桥面板的计算高度可按式（2-27）计算：

$$h_e = h'_f + s \cdot \tan\alpha \tag{2-27}$$

式中 h_e——自承托起点至肋中心线之间板的任一验算截面的计算高度；

h'_f——不计承托时板的厚度；

s——自承托起点至肋中心线之间的任一验算截面的水平距离；

α——承托下缘与悬臂板底面夹角，当 $\tan\alpha$ 大于 1/3 时，取 1/3。

此外，桥面板的配筋还应满足构造要求。行车道板内主钢筋直径不应小于 10mm，人行道板内的主钢筋直径不应小于 8mm。在简支板跨中和连续板支点处，板内主钢筋间距不应大于 200mm，其最小净距和层距应使振捣器可以顺利插入。

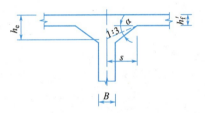

图 2-35 承托处板的计算高度

行车道板内主钢筋可在沿板高中心纵轴线的 1/6～1/4 计算跨径处按 30°～45°弯起。通过支点的不弯起的主钢筋，每米板宽内不应少于三根，并不应少于主钢筋截面面积的 1/4。

行车道板内应设置垂直于主钢筋的钢筋。分布钢筋设在主钢筋的内侧，其直径不应小于 8mm，间距不应大于 200mm，截面面积不宜小于板的截面面积的 0.1%。在主钢筋的弯折处，应布置分布钢筋。人行道板内分布钢筋直径不应小于 6mm，其间距不应大于 200mm。

布置四周支承双向板钢筋时，可将板沿纵向及横向各划分为 3 部分。靠边部分的宽度均为板的短边宽度的 1/4。中间部分的钢筋应按计算数量设置，靠边部分的钢筋按中间部分的半数设置，钢筋间距不应大于 250mm，且不应大于板厚的 2 倍。

2.3 伸缩缝

2.3.1 伸缩缝的作用

为了保证桥跨结构在气温变化、活载作用、混凝土收缩与徐变等影响下按静力图式自由地变形，需要在相邻跨梁端之间、在梁端与桥台背墙之间设置可供伸缩的空间，称之为伸缩间隙或缝隙。

细长结构在截面均匀变化温度作用下，沿杆长方向产生胀缩变形，以 Δl 表示，可按式 (2-28) 计算：

$$\Delta l = \alpha_c l_t \Delta t = \alpha_c l_t (t - t_0) \tag{2-28}$$

式中　Δl——杆件（因温度变化引起的）胀缩变形；

α_c——材料线膨胀系数；

l_t——温度计算长度（温度变形覆盖区域的梁体长度）；

Δt——有效温度变化值；

t——构件截面有效温度；

t_0——构件截面基准温度。

图 2-36 给出的两根简支梁，从竖向受力来说，都是静定结构。但对于温度变形来说，图 2-36（a）仍为静定结构，而图 2-36（b）为超静定结构。

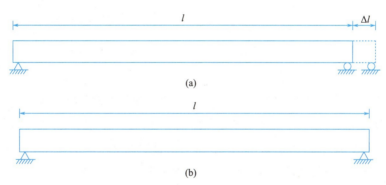

图 2-36　简支梁的温度伸缩变形与内力计算示意图
(a) 简支梁；(b) 简支梁（双固定支座）

当梁受到有效温度变化值 Δt 作用时，对于图 2-36（a）的简支梁，梁产生了 Δl 的变形，但由于变形没有受到约束，梁体内没有产生附加内力。而对于图 2-36（b）的双固定支座简支梁，根据材料力学，因温度变形受到约束，会在梁体内产生附加纵向力；当梁为等截面梁时，可按式（2-29）计算。温度附加内力除以截面面积，就得温度附加应力。

$$\Delta N = \frac{\Delta l}{l} EA \tag{2-29}$$

式中　ΔN——温度附加内力；

E——梁体材料的弹性模量；

A——梁体的截面面积。

【例 2-3】某单跨钢筋混凝土桥，材料线膨胀系数 α_c 为 10^{-5}，主梁为 $l=20\mathrm{m}$ 的简支梁，位于我国南方的温热地区。设结构的安装温度为 15℃，结构的有效最低与最高温度分别为

−3℃和+34℃。

【解】 由式（2-28）可得，温度升高引起的梁体总伸长量为：

$$\Delta l_t^+ = 10^{-5} \times (34-15) \times 20 \times 10^3 = 3.80 \text{mm}$$

温度降低引起的梁体总缩短量为：

$$\Delta l_t^- = 10^{-5} \times [15-(-3)] \times 20 \times 10^3 = 3.60 \text{mm}$$

如果梁体为双固定支座简支梁（图 2-36b），假定单根梁体的面积 A 为 $390.2 \times 10^3 \text{mm}^2$，材料的弹性模量 E 为 $3.25 \times 10^4 \text{MPa}$，忽略支座对梁体温度变形长度与固结长度的影响，仍以 $l=20\text{m}$ 计算。

由式（2-29）可得，温度升高时梁体内产生的轴向压力为：

$$\Delta N^+ = \frac{3.80}{20 \times 10^3} \times 3.25 \times 10^4 \times 390.2 \times 10^3 = 2.41 \times 10^3 \text{kN}$$

梁体内产生的压应力为：

$$\Delta \sigma^+ = \frac{\Delta N^+}{A} = 2.41 \times 10^3 \big/ 390.2 \times 10^{-3} = 6.18 \text{MPa}$$

同理可得，温度下降时梁体内产生的轴向拉力 $\Delta N^- = 2.28 \times 10^3 \text{kN}$，拉应力 $\Delta \sigma^- = 5.86 \text{MPa}$。

从例题 2-3 的计算可知，梁体受约束，温度引起的变形不能自由伸缩时，在梁体内产生的内力与应力很大。对于抗拉强度低的混凝土结构，温度收缩产生的拉应力，容易导致混凝土开裂。如例题 2-3，拉应力达 5.86MPa，远大于普通混凝土的抗拉强度，主梁将因此开裂。同时，这个拉力也将在桥台中产生很大的弯矩，导致圬工桥台的开裂。所以，为了不约束温度变化等引起的桥梁结构的纵向伸缩变形，以避免由此在梁体中产生温度附加内力，桥梁可以设置伸缩间隙，以适应温度变形的需要。

对于设置了伸缩间隙的现代公路桥梁，为使车辆能够平稳、安全地通过，并防止污水、杂物进入这个间隙，就要在桥面的相应位置设置伸缩缝。

伸缩缝应满足以下三个主要的使用要求：（1）能保证结构温度变化所引起的伸缩变形；（2）车辆驶过时应平顺、不打滑、无突跳和过大的噪声与振动；（3）具有安全排水防水的伸缩缝构造，除了能防止雨水侵蚀、垃圾泥土的阻塞，还可以避免桥面以下支座损坏及保证其他结构功能的正常发挥。同时，伸缩缝还要求具有较强的承受车辆荷载的能力，不易损坏，有较好的耐久性；施工安装、养护维修与更换方便；经济。由于伸缩缝为易损构件，在进行经济分析时，应综合考虑前期施工成本与后期维修养护成本，也就是全寿命周期成本或全寿命成本。

伸缩缝设置处，栏杆与桥面铺装都要断开。伸缩缝本身必须耐用，它与桥面的连接也必须牢固且埋入一定的深度。如果伸缩缝结构埋置太浅，在车辆不断冲击下会使伸缩缝附近的桥面铺装崩碎破坏。伸缩缝是桥梁的薄弱位置，因为很微小的不平整就会使它承受很大的冲击作用，因此常常是养护和维修的重点。所以，伸缩缝本身的安装、检查、养护、清除污物都要简单方便。

如果一座桥梁取消了所有的伸缩缝，它就成为无伸缩缝桥梁。现行协会标准需要指出的是，这里所说的"伸缩间隙""伸缩缝"（图 2-37 中括号外的术语）采用的是《公路无伸缩缝桥梁技术规程》T/CECS G：D60-01—2020 所给的术语和定义：

伸缩间隙：为适应材料胀缩等变形而在桥梁上部结构中设置的间隙。

伸缩缝：具备桥面功能，使车辆平稳通过，且满足桥梁结构伸缩变形需要的装置。

在现行行业标准《公路桥梁伸缩装置通用技术条件》JT/T 327 中，"伸缩缝"是指本书所说的"伸缩间隙"，而将本书的"伸缩缝"称为"伸缩装置"，即采用图 2-37 中括号内的术语。

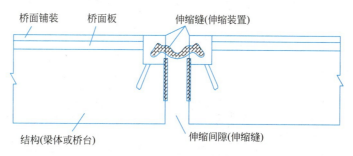

图 2-37　伸缩缝有关名词术语示意图

在实际工程中，国内外的工程技术人员、管理人员、生产厂家，均直接用伸缩缝称呼"伸缩装置"，一些教材和专著也是如此。故本书采用"伸缩间隙""伸缩缝"的术语，而没有采用"伸缩缝""伸缩装置"的术语。

2.3.2　伸缩缝的类型与构造

1. 分类

伸缩缝种类繁多，分类方法有按伸缩量大小分的，有按材料分的，也有按伸缩原理分的。现行行业标准《公路桥梁伸缩装置通用技术条件》JT/T 327 将伸缩缝分为三类，即模数式伸缩缝、梳齿板式伸缩缝、无缝式伸缩缝。该标准给出的装置类型及代号、构造示意和伸缩量见表 2-1。其具体分类见图 2-38。

2. 模数式伸缩缝

模数式伸缩缝可分为单缝和多缝两种。前者也称为异形钢条形橡胶伸缩缝或条带伸缩缝，后者也称为组合伸缩缝或直接称为模数式伸缩缝。

伸缩缝的构造示意（JT/T 327—2016） 表 2-1

装置类型		构造示意		伸缩量 e（mm）
模数式伸缩缝	单缝 MA		1-桥梁端部或桥台； 2-伸缩缝中心线； 3-边纵梁； 4-橡胶密封带	$20 \leqslant e \leqslant 80$
	多缝 MB		1-桥梁端部或桥台； 2-伸缩缝中心线； 3-边纵梁； 4-中纵梁； 5-横梁； 6-弹性支承元件； 7-橡胶密封带	$e \geqslant 160$
梳齿板式伸缩缝	悬臂 SC		1-桥梁端部或桥台； 2-伸缩缝中心线； 3-悬臂梳齿板； 4-导水装置	$60 \leqslant e \leqslant 240$
	简支且活动梳齿板的齿板位于伸缩缝一侧 SSA		1-桥梁端部或桥台； 2-伸缩缝中心线； 3-固定梳齿板； 4-活动梳齿板； 5-导水装置； 6-不锈钢板	$80 \leqslant e < 1000$
	简支且活动梳齿板的齿板跨越伸缩缝 SSB		1-桥梁端部或桥台； 2-伸缩缝中心线； 3-固定梳齿板； 4-活动梳齿板； 5-导水装置； 6-不锈钢板	$e \geqslant 1000$
无缝式伸缩缝	W		1-桥梁端部或桥台； 2-伸缩缝中心线； 3-弹性伸缩体； 4-隔离膜	$20 \leqslant e \leqslant 100$

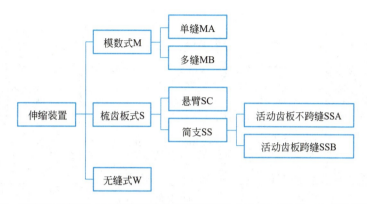

图 2-38 现行行业标准《公路桥梁伸缩装置通用技术条件》JT/T 327 的伸缩缝分类

(1) 单缝模数式伸缩缝（条带伸缩缝）

单缝模数式伸缩缝由热轧整体一次成型的异型钢、密封橡胶条和锚固系统三部分组成，如图 2-39 所示。图 2-39（a）左半边采用的是坚固型锚固系统，右半边则是简便型（标准）锚固系统。伸缩缝代号为 MA。由于其埋入深度较浅，所以特别适用于旧桥伸缩缝的改造，对于伸缩量不大（80mm 以内）的新桥也非常适用。

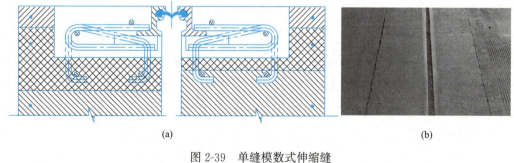

图 2-39 单缝模数式伸缩缝
（a）示意图；（b）实例照片（RG40 型）

(2) 多缝模数式伸缩缝（模数式伸缩缝）

多缝模数式伸缩缝（代号 MB）是一种伸缩量大、结构较为复杂但功能比较完善的伸缩缝，见图 2-40。它在高速公路等大交通量桥梁上应用广泛。但它造价较高，安装复杂，同样会有橡胶条老化、损坏、拉裂、挤出等现象，有时还会出现异型钢（中梁）断裂、锚固混凝土开裂、破坏等病害。它的位置最好不要紧邻交通信号灯或收费站，以免承受紧急刹车产生的很大的制动力作用。

这种伸缩缝的主体是由异型钢与各种截面形式的橡胶条组成的伸缩体，它们均为定型产品。其中，橡胶常采用箱式截面或条形截面，该类型伸缩缝有两个或两个以上的伸缩体，异型钢梁除了边梁外，还有至少一个中梁。边梁的截面形式与条形伸缩缝一样，形式多样，

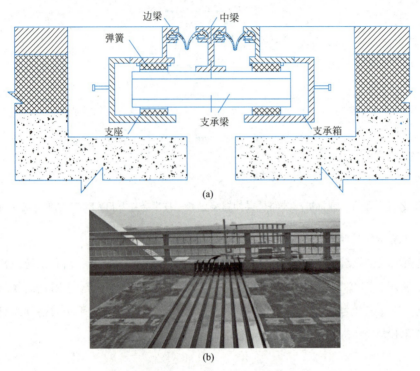

图 2-40 多缝模数式伸缩缝

（a）示意图；（b）实例照片

见图 2-41。中梁的截面形状较为单一，如图 2-41 所示。中梁支承并套在下方横梁上，承受大部分车轮压力。为了保证伸缩时中梁始终处于正确位置，且各中梁同步发生位移，将中梁底部连接在连杆式或弹簧式的位移控制系统上。

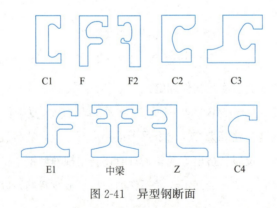

图 2-41 异型钢断面

当伸缩体做成 60mm、80mm、100mm 的三种型号时，视中梁根数不同，可以组合成宽度为相应倍数的伸缩缝，以满足不同伸缩量的需求。安装在我国润杨长江大桥的 LR27 型组合伸缩缝，最大位移量可达 2160mm。

3. 梳齿板式伸缩缝

梳齿板式伸缩缝由分别连接在相邻两个梁端的梳齿形钢板交错咬合而成，利用梳齿的张合来满足桥体的伸缩要求。它可以适应较大的伸缩量，是一种传统的伸缩缝。优点是构造简单，伸缩自如，伸缩量大，最大可达1000mm以上，如杭州湾大桥应用的梳齿板式伸缩缝，其伸缩量可达1120mm。相对于模数式伸缩缝，其造价和维修费用低，且修复较易，可不中断全断面交通。缺点是其本身不防水，防水需要靠钢板下方的防水装置；齿板对有纵坡的桥梁适应性差；梁端转角会在齿端形成折角，使路面不平，高速行车时引起跳车；杂物易填塞在齿缝中，且清理不易；此外，安装时不能随安装温度而调整安装宽度。常见的病害主要有混凝土开裂和局部剥落、梳齿板松动、局部梳齿缺失、底部混凝土损坏等。

梳齿板式伸缩缝根据梳齿板的受力特点又可分为悬臂式和简支式（跨缝式）两种。

(1) 悬臂梳齿板式伸缩缝

悬臂梳齿板式伸缩缝（代号SC）中，两块梳齿板均为固定板，如图2-42所示。当伸缩缝较宽时，应采用较厚的悬臂板，且要有牢固的锚固构造。

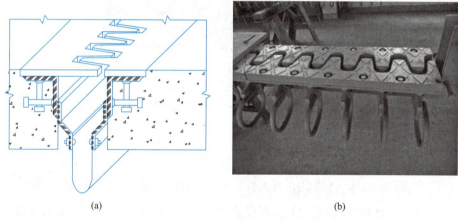

图2-42 悬臂梳齿板式伸缩缝
(a) 示意图；(b) 实例照片

(2) 简支梳齿板式伸缩缝

简支梳齿板式伸缩缝（代号SS）中，一块梳齿板为固定板，另一块为活动板。固定板较窄，没有跨缝，整个支撑于一端的梁体上。活动板较宽，跨过伸缩间隙，由两侧的梁体支撑，简支受力，如图2-43所示。简支式比悬臂式能提供更大的竖向刚度，以保证其与两侧桥面较为平整的连接。

按活动板的齿板部分与伸缩间隙的相对位置，它又分为活动板的梳齿部分位于伸缩缝一侧（代号SSA）和活动板的梳齿部分跨越伸缩间隙（代号SSB）两种，详见表2-1。前者的伸缩量e在80～1000mm之间，后者的伸缩量e大于1000mm。但对于SSB伸缩缝，由于伸缩缝隙的上方为齿板部分，没有完全盖住，雨水会直接注入，污物也易于填塞，对下方的防水设施质量要求和对养护清扫等要求均更高。

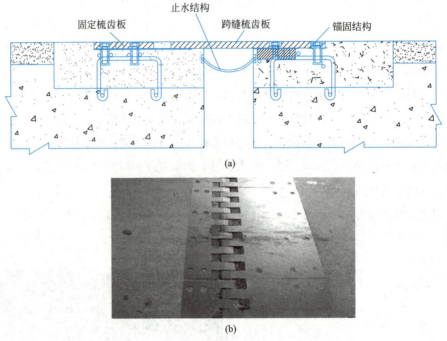

图 2-43　简支梳齿板式伸缩缝
(a) 示意图；(b) 实例照片

4. 无缝式伸缩缝

无缝式伸缩缝，是指结构不连续、桥面铺装连续的伸缩缝。它在 20 世纪 70 年代由英国发展起来，将弹性伸缩体（多采用改性沥青）来填充桥面铺装层作为伸缩缝。弹性伸缩体多采用改性沥青，故也即沥青塞缝材料，相应的伸缩缝国外称为 asphaltic plug joint 或 flexible plug joint。国内则有时也称这种材料为 TST（弹塑体的第一个拼音字母）材料。

无缝式伸缩缝一般构造见图 2-44。弹性伸缩体以改性沥青为主，在施工过程中，需要将耐高温海绵背衬条填充到伸缩缝中，塞紧不留空隙，以防止施工中接缝料等填入阻止其伸缩，也防止后期水汽等从下方侵入腐蚀上方的钢板。

通常在缝隙的上方盖有钢板或橡胶板（表 2-1 中的隔离膜），用于阻止上面的改性沥青在车辆荷载和伸缩变形作用下落入伸缩缝。采用钢板时，早期是将其固定在滑槽中，以便伸缩；目前则改为仅一端固定。无缝式伸缩缝是一种小伸缩量的伸缩缝，由表 2-1 可知它适用的伸缩量是 20～100mm。

无缝式伸缩缝构造简单，不需设专门的机械式伸缩缝，施工方便、快速，铺装冷却后，即可开放交通。对于小跨径的旧桥的伸缩缝维修，可最大限度地减少对交通的中断和干扰。

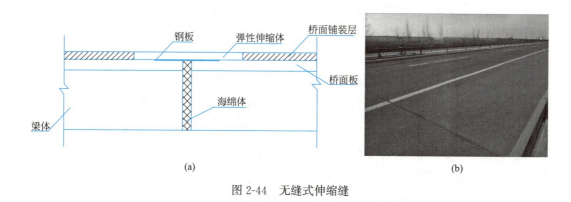

图 2-44 无缝式伸缩缝
(a) 示意图；(b) 实例照片

主要缺点有：材料耐久性低；强度与基材不同，会发生沉降或与基材脱开；与路面会有色差等。

这种伸缩缝的"关键技术"和"关键材料"是弹性伸缩体，它也在不断发展之中，目前主要采用第四代的黏结料 GTF（高弹塑体）和 TST（弹塑体）。这种材料在承受车轮的瞬时竖向力和高频振动时显示弹性，而以温变为主的纵桥向伸缩力作用下，显示塑性。现行行业标准《公路桥梁伸缩装置通用技术条件》JT/T 327 对弹性伸缩体提出了拉伸强度、拉断伸长率、撕裂强度、黏结剥离强度等技术要求。现行行业标准《桥梁无缝伸缩缝沥青胶结料》JT/T 1129 则对沥青胶结料提出了技术要求。目前，弹性伸缩体进口材料造价高，而国产材料耐久性一般偏低，影响了此类伸缩缝的推广应用。

上述三种类型的伸缩缝，主要是针对今后新建桥梁的应用。除这三类外，还有其他类型的伸缩缝在现有桥梁中大量存在，如各种各样以橡胶为伸缩体的条式橡胶伸缩缝（橡胶条有空心板形、M 形、Ω 形及管形等）、板式橡胶伸缩缝，以钢材为主的滑板式伸缩缝、波形板式伸缩缝以及带锯缝的暗缝等。详见本书之前的版本和文献。

2.3.3 伸缩缝的选择与安装

在选择伸缩缝类型时，要考虑桥梁结构的伸缩量和车辆荷载、交通量。伸缩量大小由计算确定，并考虑一定的附加量。对于含有橡胶材料的伸缩缝，要注意它损坏时是否会产生碎片，如果产生碎片是否会阻碍变形。对于钢板伸缩缝，要注意钢板是否容易弯曲或变形，使得滑动面滑动条件变坏、变形受到阻碍。要特别注意雨水和尘土从伸缩缝发生对桥梁支座的损害和对支座功能正常发挥的影响。

桥梁伸缩缝的材料及其成品的技术要求应符合现行行业标准《公路桥梁伸缩装置通用技术条件》JT/T 327 的有关规定。采用定型生产的各类伸缩缝时，可根据桥梁所在地区的气温条件和施工季节，选择伸缩缝的安装温度，计算桥梁接缝处梁体的伸长量和缩短量（接缝的闭口量和开口量），据此选用伸缩缝的类型和型号。自行设计伸缩缝时，对于承受汽车荷载的钢构件，应考虑冲击作用及重复作用引起的疲劳影响。

根据伸缩缝的安装宽度，绘制桥梁接缝处的结构图，标明安装伸缩缝所必需的槽口尺寸（深度及上、下口宽度）、伸缩缝连接所需的预埋件及其位置。同时，图纸上还应标明下列内容：槽口内填筑的材料种类及其强度等级；安装伸缩缝的温度范围，在该范围内安装伸缩缝，可保证在安装后伸缩缝工作正常；伸缩缝的类型和型号，该装置的最大及最小工作宽度（B_{max} 及 B_{min}）；伸缩缝的安装宽度或出厂宽度（板式伸缩缝为压缩后的宽度，可由工厂临时固定出厂）；伸缩缝施工时应注意的事项。

伸缩缝安装以后的伸缩量，可考虑下列因素进行计算：

（1）由温度变化引起的伸缩量：

由式（2-28）可知，温度上升和下降引起的梁体伸长量 Δ_l^+ 和 Δ_l^- 分别为：

$$\Delta_l^+ = \alpha_c l (T_{max} - T_{set,l}) \tag{2-30a}$$

$$\Delta_l^- = \alpha_c l (T_{set,u} - T_{min}) \tag{2-30b}$$

式中 T_{max}、T_{min}——当地最高、最低有效气温值；

$T_{set,u}$、$T_{set,l}$——预设的安装温度范围的上限值和下限值；

l——计算一个伸缩缝伸缩量所采用的梁体长度；

α_c——梁体混凝土材料线膨胀系数，$\alpha_c = 0.00001$。

式（2-30）中的梁体长度 l，视桥梁长度分段及支座布置情况而定。支座布置情况见下一节介绍。

（2）由混凝土收缩引起的梁体缩短量 Δ_s^-：

$$\Delta_s^- = \varepsilon_{cs}(t_u, t_0) l \tag{2-31}$$

式中 $\varepsilon_{cs}(t_u, t_0)$——伸缩缝安装完成时梁体混凝土龄期 t_0 至收缩终了时混凝土龄期 t_u 之间的混凝土收缩应变。

（3）由混凝土徐变引起的梁体缩短量 Δ_c^-：

$$\Delta_c^- = \frac{\sigma_{pc}}{E_c} \phi(t_u, t_0) l \tag{2-32}$$

式中 σ_{pc}——由预应力（扣除相应阶段预应力损失）引起的截面重心处的法向压应力，当计算的梁为简支梁时，可取跨中截面与 1/4 跨径截面的平均值；当梁体为连续梁或连续刚构时，可取若干有代表性截面的平均值；

E_c——梁体混凝土弹性模量；

$\phi(t_u, t_0)$——伸缩缝安装完成时梁体混凝土龄期 t_0 至徐变终了时混凝土龄期 t_u 之间的混凝土徐变系数。

（4）由制动力引起的板式橡胶支座剪切变形而导致的伸缩缝开口量 Δl_b^- 或闭口量 Δl_b^+：

$$\Delta l_b^- \text{ 或 } \Delta l_b^+ = F_k t_e / G_e A_g \tag{2-33}$$

式中 F_k——分配给支座的汽车制动力标准值;

t_e——支座橡胶层总厚度;

G_e——支座橡胶剪切变形模量;

A_g——支座平面毛面积。

(5) 按照梁体的伸缩量选用伸缩缝的型号:

1) 伸缩缝在安装后的闭口量 C^+:

$$C^+ = \beta(\Delta_l^+ + \Delta l_b^+) \tag{2-34}$$

2) 伸缩缝在安装后的开口量 C^-:

$$C^- = \beta(\Delta_l^- + \Delta_s^- + \Delta_c^- + \Delta l_b^-) \tag{2-35}$$

3) 伸缩缝的伸缩量 C 应满足:

$$C \geqslant C^+ + C^- \tag{2-36}$$

式中 β——伸缩缝伸缩增大系数,可取 $\beta=1.2\sim1.4$。

对于影响伸缩缝伸缩量的其他因素,如地震作用、风荷载、梁的挠度等,应视具体情况予以考虑。当施工安装温度在设计规定的安装温度范围以外时,伸缩缝应另行计算。

如图 2-45 所示,伸缩缝的安装宽度(或出厂宽度),可按计算得到的开口量 C^- 和闭口量 C^+ 进行计算,其值可在 $[B_{\min}+(C-C^-)]$ 与 $(B_{\min}+C^+)$ 两者中或两者之间取用,其中 C 为选用的伸缩缝的伸缩量,$B_{\min}$ 为选用的伸缩缝的最小工作宽度。

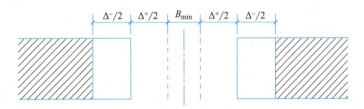

图 2-45 伸缩缝安装与工作示意图

伸缩缝的伸缩量与它涵盖的主梁温度变化长度有关,这与伸缩缝在桥梁中的布置有关,而伸缩缝的布置又与支座布置密切相关。

大量的调查研究表明,施工质量是伸缩缝使用质量最重要的因素,越是构造复杂、锚固系统复杂的伸缩缝,其使用质量越是受施工质量的影响。伸缩缝的施工质量要符合设计、厂家和现行行业标准《公路桥涵施工技术规范》JTG/T 3650(简称《施工规范》)的相关要求。

对于具有机械构造的模数式伸缩缝或梳齿板式伸缩缝,在主梁的相应位置留有伸缩缝安装的缺口,如图 2-45 所示。伸缩缝的安装一般放在桥梁施工的后期,以使桥墩、桥台的沉降变形尽可能多地完成,避免不均匀沉降引起伸缩缝的不平顺和不利受力。伸缩缝安装时的大气温度最好是当地的年平均温度，使伸缩缝尽可能多的时间内处于非拉压状态。伸缩缝安装前应对伸缩缝隙进行检查和整修，确保其宽度和顺直度。伸缩缝安装位置要正确，钢构件的焊接质量、后浇混凝土的质量以及相应位置桥面铺装层的压实度，要得到充分保证。后浇混凝土部分受力复杂，为提高其使用寿命，目前提出的改进材料有环氧树脂混凝土、硫铝酸盐混凝土、磷酸盐混凝土、铁铝酸盐混凝土、超高韧性混凝土和超高性能混凝土。

2.4 支座

2.4.1 支座的作用与类型

桥梁支座简称支座，是连接桥梁上下部结构的重要构件。它将上部结构承受的各种荷载传递给墩、台，适应桥梁结构的变形（位移和转角）要求，使上、下部结构的实际受力情况符合设计计算图式。

支座由于受力面积小，往往承受着很高的应力，因此它首先应具有足够的承载能力，以保证安全可靠地传递支座反力。其次，对设计中为自由伸缩、转动的梁体，支座对其变形（位移和转角）约束应尽可能小；同时，又能满足设计中的限位要求；即支座要使桥梁结构实际受力情况与设计计算图式相吻合。再次，支座应便于安装，造价经济。最后，支座是桥梁的重要构件，也是易损和可更换构件，《公桥通规》规定其设计使用年限不应低于15年，它要便于养护、维修和更换。

桥梁支座的分类方法多样，常用的有按变形方向、按结构形式、按材料等分类方法。

按变形方向支座可分为固定支座、活动支座。固定支座允许上部结构在支座处自由转动但不能水平移动，活动支座则不仅能自由转动，还能水平移动。一般桥梁支座水平活动方向可分为纵桥向和横桥向，据此可将支座分为双向固定、双向活动和单向活动。单向活动有纵桥向固定横桥向活动、纵桥向活动横桥向固定两种，分别简称为横桥向活动支座和纵桥向活动支座。

支座按照结构形式可分为弧形支座、摇轴支座、辊轴支座、板式橡胶支座、四氟板式橡胶支座、盆式橡胶支座和球型支座等。

支座按材料可分为钢支座、聚四氟乙烯支座（滑动支座）、橡胶支座、混凝土支座和铅支座等五种。早期桥梁的支座以油毛毡等简易支座和钢支座为主。随着合成橡胶和塑料工业的发展，工程橡胶及塑料在桥梁支座上的应用越来越多。

随着桥梁跨度及载重的不断增加和技术的进步，已发展出由不同材料做成的各种形式的支座。综合前述的几种分类方法，大致可将其分为简易支座、钢支座、钢筋混凝土支座、橡胶支座以及特种支座（如减震支座、拉力支座等）。目前，公路与城市桥梁上常用的支座有小跨径桥涵上采用的简易支座和一般桥梁上采用的橡胶支座。

2.4.2 常用橡胶支座

目前公路桥梁上最常用的橡胶支座有板式橡胶支座、盆式支座、球型支座和减隔震支座等。其中，减隔震支座是减隔震装置中的一种，在2.4.3节介绍。

1. 板式橡胶支座

板式橡胶支座，以橡胶板为受力主体，构造简单，适用于中、小跨径的桥梁。它又分为普通板式橡胶支座和四氟板式橡胶支座。常用的橡胶有天然橡胶和人工合成氯丁橡胶。氯丁橡胶的使用温度应不低于－25℃，天然橡胶不低于－40℃。承载力小于5000kN的公路桥梁板式橡胶支座的生产、检验和使用，应符合现行行业标准《公路桥梁板式橡胶支座》JT/T 4的要求。

（1）普通板式橡胶支座

橡胶的抗压弹性模量很小，在竖向荷载作用下的压缩变形很大，在横向挤出时会在内部形成很大的径向拉力，足以使橡胶开裂。所以，无加劲层的纯橡胶支座，其容许压应力甚小，约为3MPa，故只适用于小跨径桥梁。

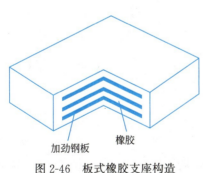

图 2-46 板式橡胶支座构造示意图

大量使用的板式橡胶支座是加劲板式橡胶支座。如图 2-46 所示，它在橡胶内设置若干层用帆布橡胶片、钢丝网、薄钢片或带孔钢片做成的加劲物，以承受橡胶受压时的水平径向拉力。它的承载能力可以达到2000～8000kN，而加劲层对橡胶板的转动变形和剪切变形几乎没有影响。加劲板式橡胶支座仍简称为板式橡胶支座。

橡胶的硬度、压缩弹性模量、剪切弹性模量、容许压应力、容许剪切角等，应根据桥梁的使用要求级别按现行的有关规定取用。根据试验分析，橡胶压缩弹性模量、容许压应力和容许剪切角的值，均与支座的形状系数有关。形状系数 S 为板式橡胶支座的承压面积与自由表面积之比，可用式（2-37）表示，式中的符号意义见图2-47。

$$S=\frac{ab}{2(a+b)h} \tag{2-37}$$

式中 a——纵桥向橡胶支座的长度；

b——横桥向橡胶支座的长度；

h——橡胶层的厚度。

形状系数用来表示支座的形状特征。为满足橡胶的容许压力和支座能适应转动的要求，支座的长度 a 与宽度 b 之比取决于主梁下的有效宽度及所需的剪切角。一般应充分利用有效宽度 b，而尽可能减小 a 的尺寸，以降低阻抗力矩。

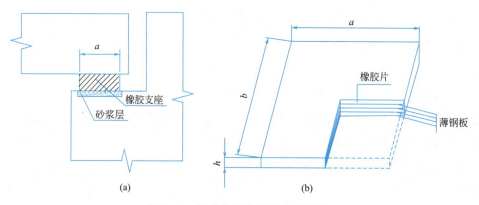

图 2-47　板式橡胶支座尺寸示意图
(a) 纵桥向；(b) 三维图

板式橡胶支座的变形机理如图 2-48 所示。压缩变形如图 2-48 (a) 所示，水平位移利用其剪切变形实现 (图 2-48b)，转角变形利用橡胶的不均匀弹性压缩实现 (图 2-48c)。因橡胶与钢或混凝土之间有足够大的摩阻力 (摩擦系数 0.25~0.40)，橡胶板与梁底和墩台顶之间一般无需连接。在墩台顶部，需铺设一层砂浆，以保证支座放置平稳。

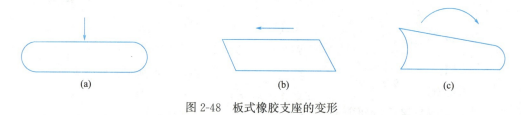

图 2-48　板式橡胶支座的变形
(a) 压力作用下的变形；(b) 剪力作用下的变形；(c) 弯矩作用下的变形

由于板式橡胶支座具有一定的水平位移能力，但这个能力又不是很大，所以它的变形性能介于活动支座与固定支座之间，一般情况下不设固定支座，所有水平力由各个支座均匀分担，必要时也可采用不等高的橡胶板来调节各支座传递的水平力。同时，它在两个方向均可变形，尤其适用于宽桥、斜桥、弯桥等情况。

当需要较大的水平位移量时，设置滑动量较大的四氟板式橡胶支座（随后介绍），相对应地，将一般的这种支座称为普通板式橡胶支座。

(2) 四氟板式橡胶支座

当支座需要较大的水平位移能力时，普通板式橡胶支座需采用较厚的橡胶板，才能产生较大的剪切变形来满足这个要求。然而，这将导致多耗材料，支座不稳，甚至在相邻支座上方的桥面衔接处当车辆驶过时会产生高差，行车不顺。为了克服这一缺点，在用作活动支座的橡胶板顶面上贴一片聚四氟乙烯板，再在其板与梁底之间垫上一块光洁度很高的不锈钢薄板，就成了四氟板式橡胶支座。由于聚四氟乙烯板与不锈钢板之间的摩阻力极小（摩擦系数 μ 小于 0.04），故可以利用它们之间的滑动来满足活动支座位移的需要，如图 2-49 所示。

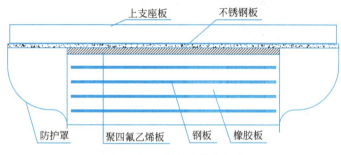

图 2-49 四氟板式橡胶支座

2. 盆式支座

盆式支座（图 2-50）将素橡胶置于圆形钢盆内，使其受压后变形受到钢盆的约束，而处于三向受压状态，从而提高了承载力，其容许抗压强度可达 25MPa。密封在钢盆内的橡胶，转动十分灵活，同时橡胶密封在钢盆内与大气及紫外线隔绝，其耐老化性能有较大的提高。承载力为 1000~80000kN 的公路桥梁盆式支座的生产、检验和使用，应符合现行行业标准《公路桥梁盆式支座》JT/T 391 的要求。盆式支座的使用年限不应低于 50 年。

与钢支座相比，盆式支座构造简单，加工容易，体积小，重量轻。在同样的载重下，它的体积（高度）和重量不到钢支座的 1/10，而且它在纵向及横向均可转动及伸缩，在功能上优于钢支座，能满足宽桥对支座横向也需要转动及伸缩的要求，因此在大跨度铁路、公路和城市桥梁上均有广泛的应用。

盆式支座分固定与活动两种。此外，还有减震型的盆式支座，它在一般支座中增加了高阻尼橡胶圈等减震元件，同样可以是固定或活动的支座。

活动盆式支座，又分为双向活动、纵向活动和横向活动支座。它们由顶板、不锈钢冷轧钢板、高性能滑板、高性能滑板密封圈、中间钢板、橡胶板、黄铜密封圈、钢盆、锚固螺栓、套筒、螺杆、橡胶密封圈和防尘围板等组成。图 2-50（a）为双向活动支座的构造示意图（未示出防尘围板）。纵向、横向活动支座的顶板挡块上还包括侧向不锈钢冷轧钢条，对应的中间钢板两侧设有 SF-1 三层复合板导向滑条。

将活动盆式支座中的顶板和中间钢板连成整体（仍称为顶板），取消二者之间的滑动构件，就成了固定盆式支座，见图 2-50（b）（未示出防尘围板）。固定盆式支座由顶板、橡胶板、黄铜密封圈、钢盆、锚固螺栓、套筒、螺杆、橡胶密封圈和防尘围板等组成。

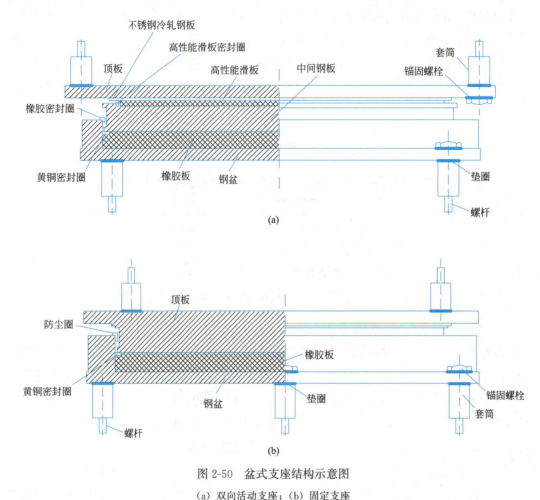

图 2-50 盆式支座结构示意图
(a) 双向活动支座；(b) 固定支座

3. 球型支座

图 2-51 为球型支座的构造剖面示意图，其构造与盆式支座相似。但对于支座的转动，盆式支座利用橡胶的内外压缩差来实现，而球型支座则是利用球冠形钢衬板的旋转来实现，转动能力更大。为减小滑动阻力，在球冠形钢衬板与承托它的钢盆（下支座板）之间设有球面形聚四氟乙烯滑板。球型支座适用于梁端转角较大的桥梁。承载力为 1500~60000kN 的桥梁球型支座的生产、检验和使用，应符合现行国家标准《桥梁球型支座》GB/T 17955 的要求，其他工程用的球型支座可参照执行。球型支座同样有双向活动（图 2-51a）、单向活动（图 2-51b）和固定支座（图 2-51c）。它们均由上支座板、下支座板、球冠衬板、平面聚四氟乙烯板、球面聚四氟乙烯板组成。所不同的是上支座板的构造，在双向活动支座中它为平板，在单向活动支座中不可滑动方向的两侧有下折边，下支座板在相应的顶面有一凸边，这样支座在该方向的变位受到下支座板的约束；固定支座则在四侧均有下折边。

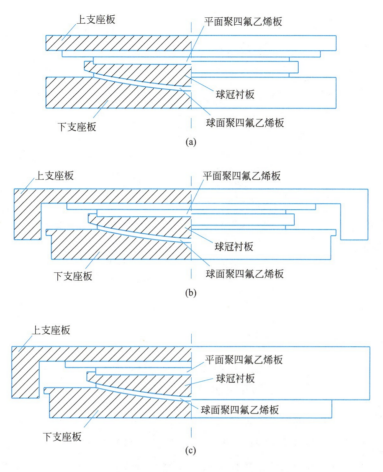

图 2-51 球型支座构造示意图
(a) 双向活动支座；(b) 单向活动支座；(c) 固定支座

2.4.3 支座布置

1. 纵桥向布置

支座的布置方式，主要根据桥梁的结构形式、桥梁宽度、伸缩缝的布置等因素确定。简支梁桥在理论上一端设固定支座，另一端设活动支座。伸缩缝一般仅设置一道，在活动支座一侧，如图 2-52 (a) 所示，温度计算长度为 l_t，即全跨长。

现有的公路单孔桥梁，支座常采用橡胶支座。单孔桥跨径一般不大，以板式橡胶支座为主。从前面介绍可知，它实际上既不属于固定支座，也不属于活动支座，而是通过橡胶弹性体的变形，可以适应一定量的梁体胀缩变形。因此，可在两桥台处均设置伸缩缝，如图 2-52 (b) 所示，此时温度计算长度为 $l_t/2$，即半跨长，伸缩量也比一道伸缩缝相应减半。因此，两道伸缩缝的布置形式比一道更为常见。

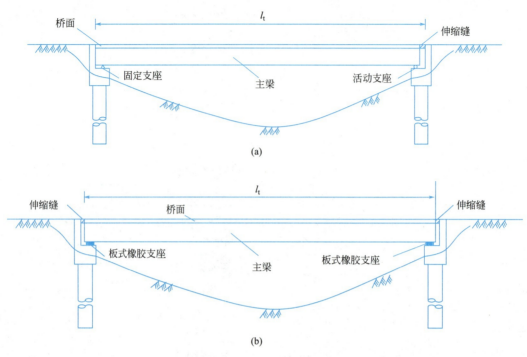

图 2-52 单跨简支梁伸缩缝布置图
(a) 一道伸缩缝；(b) 两道伸缩缝

对于两跨简支梁桥，理论上伸缩缝的布置方式可以有单缝式、双缝式和三缝式三种，如图 2-53 所示。但实际工程中，以图 2-53 (b) 的双缝式最为常见，墩上设置板式橡胶支座，通过采用连续桥面板取消伸缩缝，称这种结构为简支、桥面连续梁（板）；两道伸缩缝设在桥台上，台上的支座常采用四氟板式橡胶支座（活动支座）。

伸缩缝是易损构件，目前的趋势是少缝化、无缝化，因此图 2-53 (c) 的三缝式，现在已基本不采用。图 2-53 (a) 的单缝式，虽然能减少一道伸缩缝，但该缝的伸缩量变大，温度计算长度为 $2l_t$，因此也不常采用。

当桥梁为上、下行分离，行车方向固定时，从结构本身的受力来说，固定支座可布置在行车方向的前方，如图 2-53 (c) 所示，这样能使梁的下缘、墩顶在制动力的作用下受压，对于桥台除能使台顶受压外，还能平衡一部分台后土压力。当桥梁位于坡道上时，固定支座应设在较低一端，以使梁体在竖向荷载沿坡道方向分力的作用下受压，以便能抵消一部分竖向荷载产生的梁下缘拉力。

多跨梁桥采用简支、桥面连续的形式，虽然能减少伸缩缝的数量，但没有减少伸缩间隙，桥面连续板受力复杂，易出现病害。因此，多跨梁桥采用连续的结构，如连续梁、连续刚构，是当代桥梁的发展趋势。

连续梁桥每联只设一个固定支座。为避免梁的活动端伸缩缝过大，固定支座宜置于每联

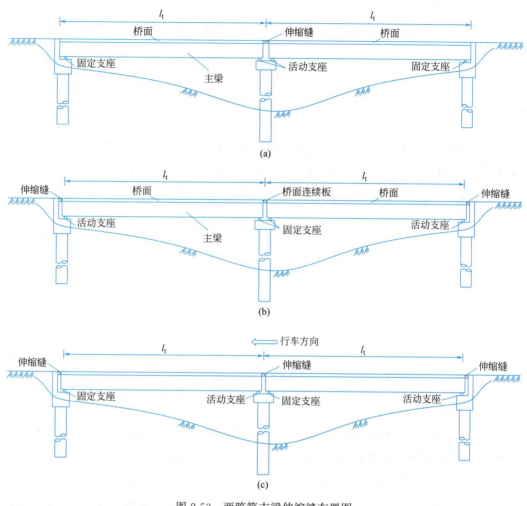

图 2-53 两跨简支梁伸缩缝布置图

(a) 一道伸缩缝；(b) 两道伸缩缝；(c) 三道伸缩缝

的中间支点上，如图 2-54 所示。但若该处墩身较高，则应考虑避开，或采取特殊措施，以避免该墩身承受水平力过大。

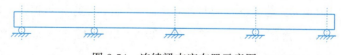

图 2-54 连续梁支座布置示意图

在梁的单个支承点上，纵桥向不宜设置双支座。由第 3 章可知，采用先简支后连续施工的连续梁，通常需要进行支座转换，将桥墩上相邻跨主梁在简支状态时的纵桥向临时双支座转换成永久性的单支座。

2. 平面布置

前面所介绍的支座布置，仅考虑了纵桥向。对于窄桥，如铁路桥，横桥向的胀缩变形很小，可以不考虑，而只考虑纵桥向的变形与约束，采用双向固定和单向活动的支座，如图 2-55（a）所示，图中箭头表示可以移动的方向，无箭头者表示不能活动。对于横桥向宽度不大的箱梁，尤其是梯形箱梁，也可以不考虑横桥向的胀缩变形，采用双向固定和单向活动支座。

对于预制空心板桥，也可不考虑横桥向的胀缩变形，如图 2-55（b）所示。每块板下一端有两个小型的支座，一般的支座可采用板式橡胶支座，可以不分方向，介于双向活动与双向固定之间；伸缩缝处采用四氟板式橡胶支座，为纵桥向单向活动支座。

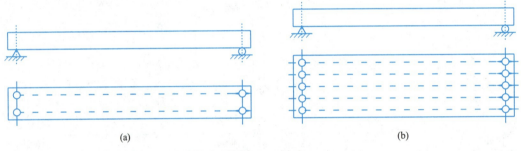

图 2-55　平面单向支座布置示意图
(a) 窄桥；(b) 预制空心铰接板桥

对于横向较宽的单跨简支梁桥、板桥或下承式系杆拱桥，除考虑纵桥向按一端固定、一端活动布置外，还要考虑横桥向的变形与约束，常见的支座布置有四种。除了图 2-55 的单向布置外，其他三种如图 2-56 所示。

最常见的是图 2-56（a）的单点固定式，即四个支座中只有一个为双向固定支座，斜对角的为双向活动支座，同一端的相邻支座为横向可动、纵向固定的单向活动支座，而在另一端的同一侧设置一个纵向活动、横向固定的单向活动支座。这种布置的好处是纵桥向的水平力能够由固定端一侧的两个支座共同承担。

如果固定端的另一个支座也为双向活动支座，也即四个支座中只有一个约束纵桥向的变形，受力明确，但制动力等纵桥向水平力也只有一个固定支座来承担，见图 2-56（b）。当纵桥向与横桥向的约束功能分开时，支座的布置见图 2-56（c）。对于很宽的桥，横桥向的支座较多时，横桥向的固定支座一般固定在桥轴线附近。

对横桥向设两个支座的两跨连续梁，如箱梁桥，可采用图 2-57（a）所示的布置，在桥墩上设纵桥向的固定支座，桥台处设纵桥向活动支座；在横桥向一侧（图 2-57a 中上边一侧），支座横桥向不可平移，而另一侧（图 2-57a 中下边一侧）横桥向可平行移动。如果桥梁较窄，则两侧的支座均可采用横桥向固定的支座，全部采用图 2-57（a）中上边一侧的支座。

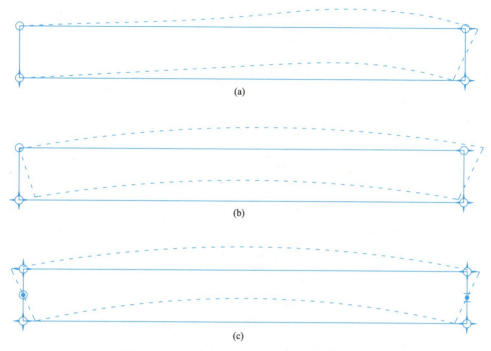

图 2-56 考虑横向变形的简支梁三种支座布置图
(a) 单点固定式；(b) 横向活动式；(c) 中间固定式

如果主梁的抗扭刚度足够大（如箱梁），中间墩可采用圆形独柱墩，柱上可只设置一个位于横隔梁轴线正下方的支座，如图 2-57 (b) 所示。

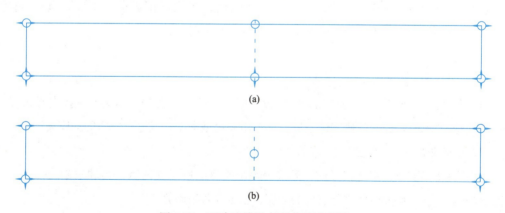

图 2-57 两跨连续梁支座布置示意图
(a) 常规设置；(b) 中间固定单支座

对于多跨连续弯箱梁桥，当建设条件特殊，如在跨越道路中央分隔带的墩位、桥墩必须采用独柱单支座式结构时（图 2-58a），应避免采用连续的独柱单支座式结构，以免箱梁的抗扭跨径过大，不能有效保障箱梁的抗倾覆性能。所以，即使是独柱墩，中间墩上也仍宜采用双支座，如图 2-58 (b) 所示。设计时，支座横向间距应尽量拉开，以增大梁的抗扭能力。

如受空间限制，独柱墩上的两支座之间的距离可略小于台上的两支座距离，支座的变形与约束可参考前面的介绍（图 2-57a）。

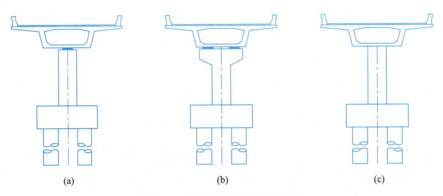

图 2-58 独柱墩的典型结构形式
(a) 单支座；(b) 双支座；(c) 墩梁固结

当结构受力满足要求时，可采用墩梁固结，如图 2-58（c）所示。它在三种形式中，对箱梁抗倾覆最为有利，梁的倾覆失稳问题转换成了构件的抗扭承载力问题。这种结构上、下部连为一体，为连续刚构，超静定次数高，次内力大，所以，墩和梁的受力应能满足设计要求。对于高墩，墩的柔度大，次内力减小，同时它的倾覆后果更加危险；所以，采用墩梁固结设计更有利也更必要。

本小节主要介绍单跨、两跨的简支梁与连续梁平直桥的支座布置，当跨径多于两跨时，支座的布置原理与上述双跨梁相似，只是变化更多些，本书不再赘述。对于弯、坡、斜桥，支座处的变形与受力比较复杂，请查阅相关的专著与手册等。

2.4.4 支座的选型与施工

桥梁支座已形成系列定型产品，桥梁设计时，一般可根据受力需要，选择定型成品支座。有特殊要求时，经专门研究论证后，可选用非定型支座，或进行专门的支座设计。

1. 支座的受力与变位分析

在选择桥梁支座类型与型号前，需求得每个支座上所承受的竖向力和水平力以及需适应的位移和转角，必要时需进行支座的强度、稳定等各项验算。

（1）受力分析

在计算活载的支点反力时，要按照最不利位置加载，并计入冲击效应。当支座可能会出现上拔力（负反力）时，应分别计算支座的最大竖向压力和最大上拔力。当连续梁边跨较小而中跨较大时，或桥跨结构承受较大的横向风力时，支座锚栓会受到负反力（上拔力）的作用。

支座除承受竖向反力外，还要承受水平力，尤其是固定支座。水平力包括汽车制动力、风力、支座摩阻力或温度变化、支座变形所引起的水平力以及其他原因（如有纵坡桥梁受自重作用）产生的水平力。制动力及其在各支座上的分配应按《公桥通规》的要求确定。水平力宜偏大地取用，支座应伸至上、下部结构中进行锚固或销结。

当在横桥向采用多于两个支座时，应考虑部分支座脱空带来的不利影响。引起支座脱空的原因有施工质量、运营环境等。支座脱空将导致相邻支座受力增大，易出现支座逐个破坏的可能。同时，加大的支反力还会引起桥梁结构承托（牛腿、支座上方）部位局部受力加大，引发混凝土开裂等病害。

位于地震区的桥梁支座的设计计算，应根据设计的地震烈度，按现行行业标准《桥梁抗震规范》或《城市桥梁抗震设计规范》CJJ 166 的规定进行。

（2）位移分析

支座的水平位移包括纵向位移和横向位移。支座纵向位移有温度伸缩位移、混凝土收缩徐变变位、活载作用下梁体下翼缘伸长、下部结构的位移等；支座横向位移有温度、混凝土收缩徐变变位、下部结构横向位移、斜桥和弯桥荷载引起的横向变位等。

支座沿纵向的转角有结构自重和活载产生的梁端转角、混凝土收缩徐变产生的梁端转角、因下部结构变位产生的梁端转角等。

位移量的计算要考虑各种可能出现的工况，对温差产生的位移，要有足够的估计。此外，主梁的挠曲、基础的不均匀沉降都会产生纵向位移。对于高桥墩，墩顶位移可通过活动支座上的挡块加以限制，以限制基底反力变化量和不均匀沉降量。由于一些不可估计的因素，通常计算的位移量宜乘以 1.3 左右的放大系数。

把以上各项支座反力和变位的计算结果按桥规的规定进行组合，就可为支座的设计提供计算数据。

2. 支座选型

橡胶支座应根据地区气温条件选用。现行行业标准《公路桥梁板式橡胶支座》JT/T 4 规定常温型板式橡胶支座适用温度为 $-25 \sim 60$℃，采用氯丁橡胶生产；耐寒型适用温度为 $-40 \sim 60$℃，采用天然橡胶生产。现行行业标准《公路桥梁盆式支座》JT/J 391 也给出了常温型和耐寒型，适用温度与板式支座相同，但规定常温型采用氯丁橡胶或天然橡胶；耐寒型采用天然橡胶或三元乙丙橡胶。球型支座的温度适用范围也可分为常温型和耐寒型，但现行国家标准《桥梁球型支座》GB/T 17955 未对橡胶材料给出品种要求。

板式橡胶支座的类型与规格应按现行行业标准《公路桥梁板式橡胶支座》JT/T 4 选用，选择的产品需满足最小设计容许承载力、最小支座高度（满足汽车产生的制动力控制要求）、支座偏转、支座抗滑性能等要求。

为适应各种布置复杂、纵横坡较大的立交桥及高架桥，早期曾使用带球冠的板式橡胶支座和坡形板式橡胶支座，应用效果不好。所以，《公桥通规》规定不宜采用带球冠的板式橡胶支座（图2-59）和坡形板式橡胶支座（图2-60），而是要通过梁底、墩帽（盖梁）顶面的调平，来保证支座上、下传力面的水平。

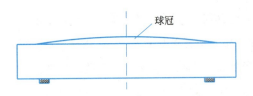

图2-59　桥梁球冠圆板式橡胶支座

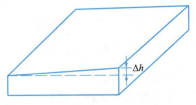

图2-60　坡形板式橡胶支座

盆式橡胶支座应按现行行业标准《公路桥梁盆式支座》JT/J 391选用。设计验算内容有：确定聚四氟乙烯板和氯丁橡胶板的尺寸；确定钢盆环的直径；盆塞的计算（包括底面积尺寸、盆塞厚度、盆塞的抗滑验算等）；钢密封环的设计；橡胶密封圈的设计；盆环顶偏转的控制；钢盆环与顶板之间的焊缝应力验算等。而实际工程中，设计人员主要是根据支座反力和变形直接在成品目录上选配适合的支座，同时考虑温度和地震两个因素，以确定适配常温型和耐寒型支座和采用何种抗震型支座或抗震措施。

我国成品盆式橡胶支座系列主要有GPZ系列、TPZ-1系列等，支座竖向承载力从1000～80000kN分为33级，有效水平位移量为±50～±250mm，支座的容许转角不小于0.02rad。有SX（双向活动）、ZX（纵向活动）、HX（横向活动）、GD（固定）等型号。减震型则在相应的代号前加JZ，如减震型固定支座的代号为JZGD。

球型支座能适应较大的转动角度，但转动刚度较小，在弯桥设计中为增大主梁抗扭刚度，一般采用盆式橡胶支座，只有转角较大或其他特殊要求时才采用球型支座。

支座不仅应满足结构变形的需要，还应确保有良好的抗滑移性能。其最大支撑反力一般不高于支座容许承载能力的105%，最小支撑反力不低于容许承载力的80%，以确保支座具有良好的抗滑移性能。规定最小支撑反力的目的是保证支座具有良好的滑移性能，因为聚四氟乙烯板的摩阻系数与压力呈反比，如果低于规定的数值，则摩阻系数将会增大。例如计算得到一个支座的最大支撑反力为4100kN，最小支撑反力为3700kN，则宜选择承载力为4000kN的盆式支座，而不宜选用承载力为5000kN的支座。这是因为4000kN的支座允许反力变化范围是3200～4200kN，而5000kN的支座允许反力变化范围是4000～5200kN。

3. 支座构造设计与施工

结构设计时，应充分考虑支座安装施工时的温度，以及施工阶段的其他因素，如预应力张拉等。否则，易出现成桥后支座受力和变形"超量"，造成支座剪切变形过大等病害。

《公桥通规》规定支座上、下传力面应保持水平，以保证传力均匀，且不允许通过支座本身来调节纵横坡，即前述的不宜采用带球冠或坡形的板式橡胶支座。对于板式橡胶支座，可采取措施（如梁底预埋钢板、设楔形块等）保持支座上下面水平，盆式支座和球型支座有纵坡时要调平梁底后方可安装。当桥墩盖梁或桥台台面有横坡时，支座垫石顶面应设计成水平的。同样，预制梁的支座处也要有支座楔形块。

活动支座处应设置可靠的限位构造；单向受压支座处宜设置防止脱空的构造。

墩台构造应满足支座的检查、养护、更换要求，在墩台帽顶面与主梁底面之间预留支座更换所需空间。因为受橡胶性能的影响，板式橡胶支座设计使用寿命一般为20~30年，盆式支座、球型支座的使用寿命略长，但也低于主体结构的设计寿命。因此，进行桥梁结构设计时，要考虑桥梁在服役期间支座的维护和更换问题，设置支座的墩台应留有检查和更换支座的构造措施，并配以必要的操作安全防护设施。

支座的使用效果，与施工质量密切相关。在支座安装时，应使上部结构的支点位置与下部结构的支座中线对中。虽然绝对的对中很难做到，但要注意使可能的偏心在允许的范围内，不致影响支座的正常工作。

2.5　附属设施

2.5　附属设施

复习思考题与习题

2-1　结合你见过的桥梁介绍桥面的主要组成以及各组成的功能。
2-2　桥面铺装的主要类型与适用条件是什么？
2-3　桥面为什么要进行排水和防水？排水和防水的主要措施是什么？
2-4　伸缩缝的主要功能与要求是什么？
2-5　伸缩缝的主要类型与适用条件是什么？你见过哪几种类型的伸缩缝？有发现什么病害？
2-6　何谓单向板、双向板？两者在受力性能及结构设计方面有何区别？
2-7　请推导十字梁在集中荷载作用下，两根梁的支座反力。
2-8　桥梁的桥面板的作用有哪些？实际桥梁工程中常见的行车道板按照受力图式如何分类？
2-9　试阐述桥面板有效工作宽度的概念。
2-10　计算图2-71所示T形翼板所构成铰接悬臂板的设计内力，求单位板宽的铰接板和悬臂侧板的配筋面积（按承载能力极限状态计算）。桥面铺装为30mm厚的沥青混凝土面层（重度为23kN/m³，混凝土强度等级为C40）和平均厚100mm的C25混凝土面层（重度为24kN/m³）。T形梁翼板钢筋混凝土的重度为 25kN/m³。车辆荷载为公路-Ⅱ级荷载（车辆的着地尺寸同公路-Ⅰ）。

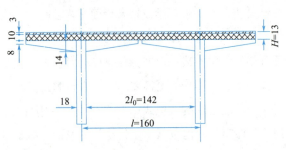

图 2-71 题 2-10 图（单位：cm）

2-11 计算图 2-72 所示 T 形梁翼板（采用现浇联结）所构成多跨连续单向板的设计内力。荷载为公路-Ⅱ级。桥面铺装为 100mm 厚的沥青混凝土面层（重度为 23kN/m³）和平均厚 80mm 的 C40 防水混凝土面层（重度为 24kN/m³）。T 形梁高 1.8m，其翼板钢筋混凝土的重度为 25kN/m³。

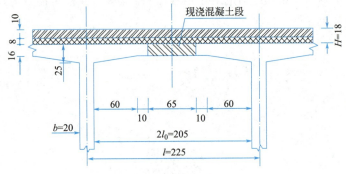

图 2-72 题 2-11 图（单位：cm）

2-12 支座有哪些类型，支座设置要如何考虑？你见过哪几种类型的支座？

第3章

简 支 梁 桥

简支梁属于静定结构,受力明确。简支梁桥承重结构与使用构造合二为一,构造简单,施工方便,是中小跨度桥梁中应用广泛的桥型,是桥梁工程师应掌握的最基本的桥型。

简支梁按材料特性分类,主要可分为混凝土、钢、钢-混凝土组合简支梁。本章主要介绍混凝土简支梁。

3.1 混凝土简支梁结构与构造

3.1.1 主要类型

混凝土简支梁根据其截面形式可分为板梁、肋梁和箱梁。有时将简支板梁桥简称为简支板桥,与简支梁桥并列。本书中除特别注明外,所述的简支梁桥均包含了简支板桥。

混凝土简支梁桥可进一步分为钢筋混凝土简支梁桥和预应力混凝土简支梁桥。钢筋混凝土简支梁具有结构构造简单、施工方便、造价较低等特点,但其无法充分发挥材料性能且自重较大,跨越能力较小,主要用于中小跨径桥梁中,其经济合理跨径在13m以下。预应力混凝土简支梁,由于采用预应力技术,其材料性能得到充分发挥,与钢筋混凝土简支梁相比,可节省钢材,降低结构高度,增大跨越能力,其经济合理跨径在40m以下。

混凝土简支梁按施工方法,可分为整体现浇式和预制装配式两种。

混凝土板常用的截面有实心板和空心板,分别如图 3-1 (a) 和图 3-1 (b) 所示。板是最简单的构造形式,施工方便,但截面效率不高,经济跨径较小。实心板大多是采用整体现浇法施工的钢筋混凝土结构;空心板截面效率较实心板高,大多为采用预制装配法施工的钢筋混凝土结构或预应力混凝土结构。多格式板为挖空率比较大的空心板,见图 3-1 (c),在城市现浇桥梁中有所应用,但应用不多,有时也将其归到箱形梁中。

肋梁又称肋板梁,最常用的是 T 形梁。T 形梁截面高度比板大,挖去大面积的下缘受拉区混凝土,从而提高截面效率,减轻自重,见图 3-1 (d)。其施工方法以预制装配式为主,有钢筋混凝土结构,也有预应力混凝土结构。

箱形梁,如图 3-1 (e) 和图 3-1 (f) 所示。箱形截面提供了足以承受正、负弯矩的混凝土受压区，截面的抗弯和抗扭能力强，主要适用于跨径较大的预应力混凝土悬臂梁桥、连续梁桥和连续刚构桥等桥型，在简支梁中应用较少。图 3-1（e）有时称为小箱梁，它较之一般的箱梁，横桥向的箱梁片数较多，梁高较小，以预应力混凝土结构为主。小箱梁主要用于先简支后连续的公路桥梁中，有关小箱梁的介绍见第 4 章（图 4-7 和图 4-8）。

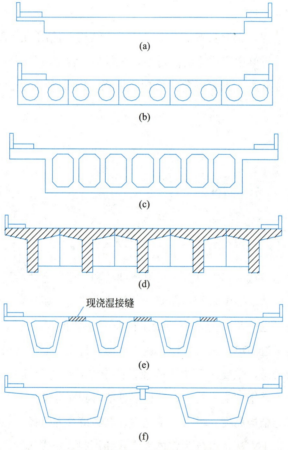

图 3-1　梁桥常用的横截面形式

（a）整体实心板；（b）预制空心板；（c）多格式板（箱）；（d）肋板梁（T 形梁）；（e）小箱梁；（f）箱梁

在简支梁中，主要采用的是板和 T 形梁，较少采用箱形截面。本节后面主要介绍板式截面和梁式截面这两种混凝土简支梁桥。当对抗扭受力或梁底美观要求较高时，如弯桥、斜桥或城市高架桥，有时会用多格式板（箱），它的受力性能与构造介于箱与空心板之间。

3.1.2　简支板

1. 概述

板桥的承重结构是矩形截面的钢筋混凝土板或预应力混凝土板，是所有桥梁结构中构造最简单的一种，具有建筑高度低和施工方便的优点。钢筋混凝土简支板的标准跨径不宜大于 10m，预应力混凝土简支板的标准跨径不宜大于 20m。

根据施工方法和截面横向是否分块，简支板可分为整体式现浇板（简称整体式板）、装配式预制板（简称装配式板）和预制-整体组合式板三种，见图 3-2。其中，图 3-2（e）为预制-整体组合式板，它利用一些小型预制构件（倒 T 形）安装就位后作为底模，然后在其上现浇桥面混凝土结合成整体，具有施工简单和整体性较好的优点，但应用不是很多，不再介绍。后面主要介绍整体式板和装配式板。

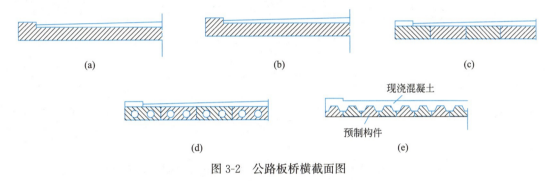

图 3-2　公路板桥横截面图

（a）整体式实心板；（b）整体式矮肋板；（c）装配式实心板；（d）装配式空心板；（e）预制-整体组合式板

2. 整体式板

最常见的整体式板的横截面一般为等厚度的矩形截面（图 3-2a），可采用支架现浇法施工。对于截面高度要求不高的小跨径桥梁，可采用构造简单和施工方便的整体式板。对于桥宽突变呈异形块状或小半径弯曲的城市匝道桥，可采用现浇钢筋混凝土简支板，以适应桥梁平面形状的复杂变化。为了减轻自重，可将整体式板的受拉区域适当挖空，形成整体式矮肋板，见图 3-2（b）。对于城市宽桥，为了防止因温度变化和混凝土收缩而引起的纵向裂缝，以及避免活载在板的上缘产生过大的横向负弯矩，将桥梁设计为结构分离的两个半幅桥，使板沿桥中线断开。为减小墩台的宽度，可将人行道做成悬臂形式，从板的两侧挑出。

整体式板桥的跨径通常与板宽相差不大，故在车辆荷载作用下实际处于双向受力状态。因此，除了配置纵向受力钢筋以外，还要在板内设置垂直于主筋的横向分布钢筋，一般在单位长度内不得少于单位板宽主钢筋面积的 15%，其间距应不大于 25cm。

考虑到当车辆荷载在靠近板边行驶时，参与受力的板宽要比中间的小，板两侧各 1/6 范围内的配筋应比中间 2/3 范围内按计算需要量进行的配筋增加 15%。整体式板主拉应力较小，按计算可以不设置弯起的斜钢筋，但习惯上仍然将一部分主钢筋在跨径 1/6～1/4 处按 30°或 45°弯起。从力学性能分析，整体式板位于受拉区的混凝土材料，既不能发挥其强度作用，又增大了结构的自重，从而影响其跨越能力。因此，整体式钢筋混凝土简支板桥的跨径一般在 8m 以下，板厚与跨径之比一般为 1/16～1/12。

图3-3为标准跨径6m、桥面净宽为8.5m的整体式简支板桥的钢筋构造,两边安全带宽0.25m,按公路-II级荷载设计。其计算跨径为5.69m,板厚32cm。纵向主筋采用直径20mm的HRB400钢筋,部分主筋在两端1/6~1/4跨径范围内呈30°弯起,分布钢筋为直径10mm的HPB300钢筋,按单位板宽主筋面积的15%配置。

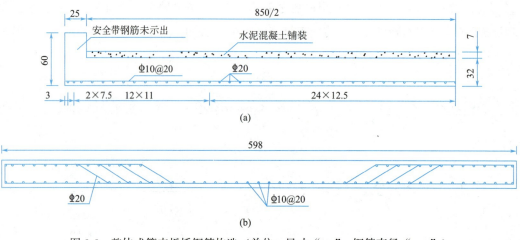

图3-3 整体式简支板桥钢筋构造(单位:尺寸"cm";钢筋直径"mm")

(a) 横断面图;(b) 纵断面图

3. 装配式板

(1) 一般构造

装配式板桥的横截面形式有实心板和空心板。图3-2(c)和图3-4为在小跨径(一般不超过8m)板桥中广泛使用的钢筋混凝土装配式实心板桥。

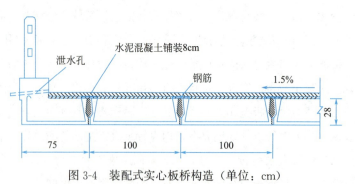

图3-4 装配式实心板桥构造(单位:cm)

为减轻自重和加大跨径,将横截面挖空,就成了空心板(图3-2d)。空心板较同跨径的实心板重量轻,运输安装方便,而建筑高度又较同跨径的T形梁小,目前使用较为广泛。空心板的截面可以有不同的挖空形式,如单孔折线形、单孔圆端形、双孔圆形、双孔多边形等,如图3-5所示。挖成单个较宽的孔洞,其自重也最轻,挖空体积最大,但在顶板内要布置一定数量的横向受力钢筋。图3-5(a)的顶板略呈微弯形,可以节省一些钢筋,但内模板的制作比图 3-5（b）的形式复杂。图 3-5（c）的空心板截面挖成两个正圆孔，当用无缝钢管作内模时施工方便，但其挖空体积较小。图 3-5（d）的内模由两个半圆及两块侧模板组成，对不同厚度的板只要更换两块侧模板就能形成空心，这种截面形式的挖空体积较大，适用性也较好。

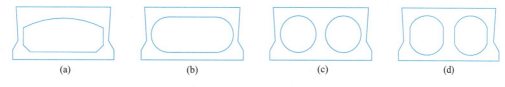

图 3-5　空心板截面形式

为使多个装配式板块组成整体，共同承受车辆荷载，必须在板块之间设置横向连接构造。常用的连接方法有企口混凝土铰接和钢板焊接连接，分别如图 3-6 和图 3-7 所示。在荷载作用下，它不是双向受力的整体宽板，而是一系列单向受力的板梁，板与板之间凭借连接处构造传递竖向剪力而共同受力，详见 3.2 节的介绍。采用装配式板设计的板桥，不能直接采用整体现浇法施工，否则会在板条间出现纵桥向裂缝。

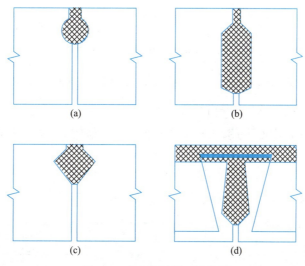

图 3-6　企口式混凝土铰接图

装配式板的铰缝易出现开裂、剪力传递失效，造成单板受力等病害，已成为这类桥梁维修养护的难题。目前，我国对这种桥型的使用范围、铰缝构造、维修加固等问题，已成为应用研究的热点之一。近年来，在北美，采用超高性能混凝土（UHPC）作为铰缝材料的应用得到较大的发展。

（2）钢筋混凝土装配式板

装配式矩形实心板桥在低等级道路上采用得较多。我国公路装配式钢筋混凝土实心矩形铰接板桥的标准跨径为 1.5m、2.0m、2.5m、3.0m、4.0m、5.0m 和 6.0m，板高变化范

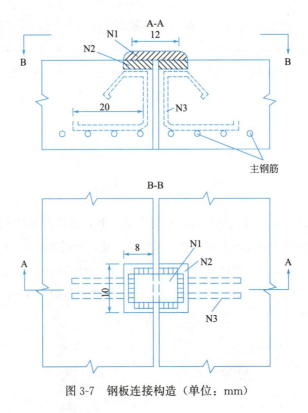

图 3-7 钢板连接构造（单位：mm）

围为 0.16～0.32m，桥面净宽为净－7m 和净－9m 两种。实心矩形板桥具有形状简单、施工方便、建筑高度小等优点，容易得到推广使用。

图 3-8 为一座装配式钢筋混凝土矩形实心板桥的钢筋构造。桥面宽度为净－7m，无人行道，板内钢筋均为直线钢筋，并配有箍筋构成的钢筋骨架。

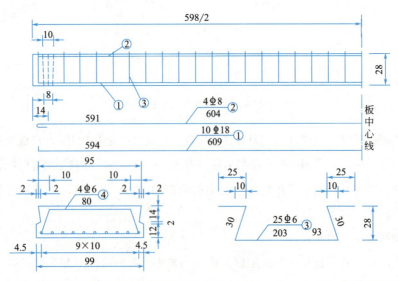

图 3-8 装配式钢筋混凝土矩形实心板桥钢筋构造图（单位：尺寸"cm"；钢筋直径"mm"）

当跨径较大时,将实心矩形截面中部挖空做成空心板。钢筋混凝土空心板常见的跨径范围为6~10m,板厚为0.4~0.8m。横桥向宽度一般取1.0m,为了便于安装,将其预制宽度取为99cm。

图3-9为一座跨径8.0m的装配式钢筋混凝土空心板桥的横断面构造图,设计荷载为公路-I级荷载,纵向主筋采用直径25mm的钢筋,箍筋采用直径8mm的钢筋,其空心板中板的钢筋构造图如图3-10所示。

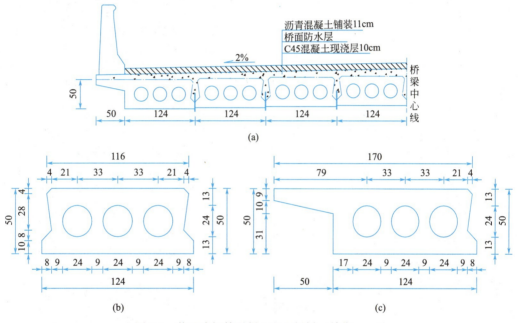

图3-9 装配式钢筋混凝土空心板桥(单位:cm)
(a) 主梁横断面布置图;(b) 中板横断面图;(c) 边板横断面图

(3) 装配式预应力混凝土板

预应力混凝土板主要采用装配式空心板,常用跨径范围为10~20m,我国公路桥采用的标准跨径为10m、13m、16m和20m,顶板和底板厚度不小于80mm。

由"结构设计原理"课程可知,预应力根据其施工方法可分为先张法和后张法。装配式预应力混凝土板,同样也可采用先张法和后张法。

先张法施工工序简单,预应力钢筋靠黏结力自锚,临时采用的固定锚具可以重复使用。当空心板跨径不大且片数较多时,适于采用标准构件和批量生产。采用先张法施工,具有经济性良好和质量稳定的优点。如果单项工程中所用的空心板片数较少,距离预制厂较远,可采用后张法施工。

图3-11为跨径13m的装配式预应力混凝土空心板的钢筋构造。采用预应力钢绞线作为主筋,预应力钢筋端部配置螺旋箍筋,以加强局部受力性能。由于支座附近的恒载弯矩极

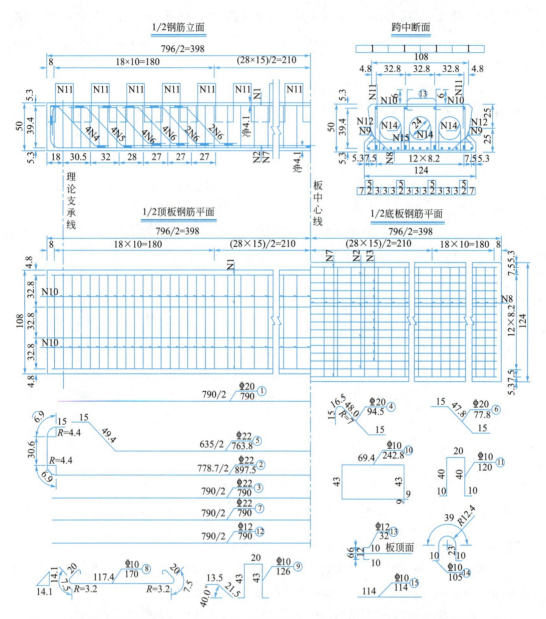

图 3-10 装配式钢筋混凝土空心板（中板）钢筋构造图（单位：尺寸"cm"；钢筋直径"mm"）

小，为了避免张拉预应力钢筋在板的上缘产生拉应力，将支座附近的一段预应力钢筋采用塑料管与混凝土隔离，使这一段的预应力失效。支点附近剪力较大，箍筋加密。

3.1.3 简支T形梁

1. 概述

在横截面内形成具有肋形结构的梁桥称为肋板式梁。它的上翼缘既是主梁的一个组成

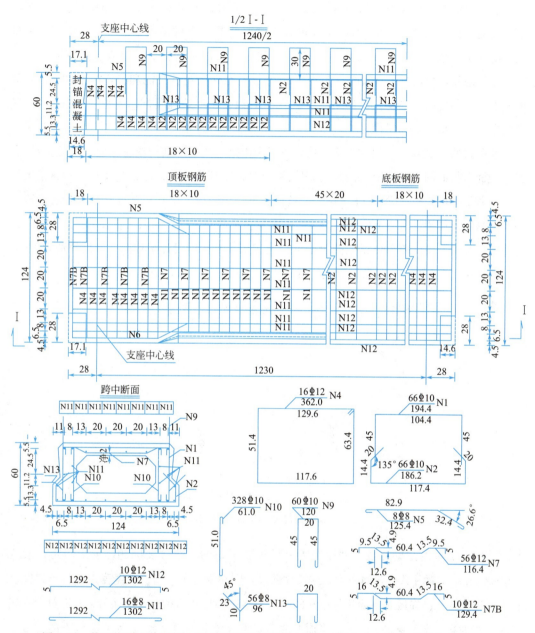

图 3-11 装配式预应力混凝土空心板钢筋构造图（单位：尺寸"cm"；钢筋直径"mm"）

部分（以纵桥向、总体受力为主），又起桥面板的作用（也即行车道板，以横桥向、局部受力为主），材料得到充分的发挥（图3-12）。目前，中等跨径（16m以上）的简支梁桥，通常采用肋板式梁桥。

肋板式梁的截面形式以T形为主，简称T形梁或T梁，可采用整体现浇法或预制装配法施工。相应的桥梁也可简称为T梁桥。

整体现浇的T形梁基本采用钢筋混凝土结构，横截面形状如图3-12（a）所示。主梁高度通常为跨径的1/16～1/8，梁肋尺寸可以根据钢筋混凝土材料用量最少的经济原则来确定。对于桥面净宽为净－7m的公路桥梁，只要建筑高度不受限制，以双主梁截面最为合理。主梁的间距可按桥梁全宽的0.55～0.60布置；在保证抗剪性能和稳定的条件下，主梁的肋宽约为梁高的1/7～1/6，但不应小于16cm，以便于浇筑混凝土；当肋宽有变化时，其过渡段长度不小于12倍肋宽。

装配式的T梁桥以多梁式结构为主，可以采用钢筋混凝土结构或者预应力混凝土结构，其横截面形状如图3-12（b）所示，空间结构如图3-13所示。在每一预制T梁上通常沿梁纵向设置若干片横隔板（梁），待T梁安装就位后再将横隔板（梁）相互连接，使各主梁连成整体，从而使作用在桥面上的车辆荷载能由多片主梁共同承受。我国已制订了标准跨径分别为10m、13m、16m和20m的公路钢筋混凝土T形梁桥标准设计图和标准跨径分别为20m、25m、30m、35m和40m的公路预应力混凝土T形梁桥标准设计图。

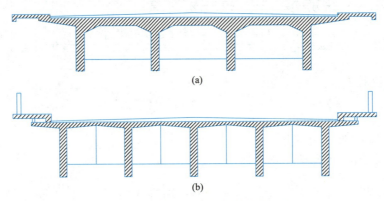

图3-12 公路T形梁桥的横截面形式
（a）整体现浇式；（b）预制装配式

装配式T梁的主梁片数与间距布置是设计要考虑的一个主要问题。主梁间距一般为1.0～2.5m，主梁片数少，间距大；主梁片数多，则间距就小。当桥面宽度（含行车道宽度和人行道宽度）已知后，主梁片数或它的间距，会影响材料的用量和构件吊装的重量。一般来说，若主梁高度不受限制，则适当加大主梁间距（减少主梁片数），钢筋混凝土的用量会少些；但此时桥面板的跨径增大，悬臂翼缘板端部的荷载挠度较大，可能引起桥面接缝处产生纵向裂缝；同时，构件重量和尺寸的增大也会使运输和架设工作难度增大。

我国公路部门曾经选用10m和20m两种跨径，按（净－7+2×1.0）m的桥面净宽，对主梁间距1.6m的五梁式和主梁间距2.0m的四梁式两种布置进行了分析比较。结果表明，在梁高相同的情况下，两者的材料用量相差不大；但由于五梁式的翼板刚度较大和施工设备条件，并考虑到标准设计尺寸模数化的要求，标准图采用了主梁间距1.6m的五梁式设计。

近年来，随着施工单位吊装能力的提高，主梁间距也在逐渐增加。与之相适应，主梁间通常采用焊接或现浇湿接头的方式连接。

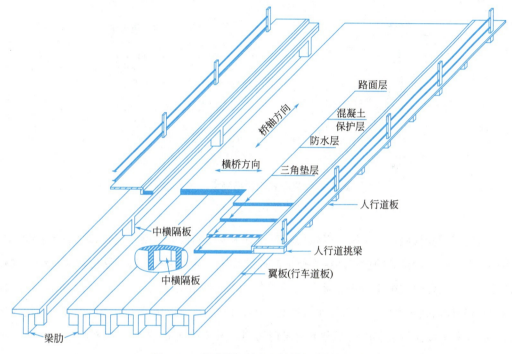

图 3-13　公路装配式 T 形梁桥一般构造图

横隔板在装配式 T 形梁桥中起着保证各片主梁连成整体的作用。两支座处的横隔板必不可少，除此之外，一般在跨中 $L/4$ 和 $3L/4$ 处还会布置三片，这样共有五片横隔板。跨径较大时，横隔板还可能加密。横隔板的刚度越大，桥梁的整体性越好，在荷载作用下各主梁能更好地共同工作。然而，设置横隔板使主梁的模板制作环节趋于复杂，完成横隔板的焊接接头施工也比较麻烦。因此，横隔板数量需要综合考虑。

横隔板设计中需要考虑的另一个重要问题，是其连接方式。目前常用的有两种，如图 3-14 所示。图 3-14（a）为钢板式接头构造，即在靠近横隔板下缘的两侧和顶部的翼缘板内，均预埋焊接钢板；将焊接钢板预先与横隔梁体内的受力钢筋焊接，以固定其位置；当 T 梁安装就位后，在预埋钢板上再加焊连接钢板，将各片 T 梁连成整体。为了简化接头的现场施工，也可改用螺栓接头，为此预埋钢板和连接钢板上需预制螺栓孔。这种接头具有拼装迅速的优点，但也存在螺栓容易松动的不足。

目前工程上较多采用的是现浇连接方式，其构造如图 3-14（b）所示。用于连接横隔板间的现浇带宽度一般为 0.45～0.60m，通过在现浇带中伸出预制横隔板的环状钢筋进行相互搭接，使相邻梁间横隔板连成整体。具体来说，先在横隔梁预制中预留钢筋扣环 A，在相邻预制横隔板间所对应的扣环 A 两侧再安装上接头环扣 B，在形成的圆环中插入短分布钢筋，最后现浇混凝土连成整体，因此这种接头也称为环扣式接头。这种接头形式与钢板式接头相比，施工较为复杂，但整体性及耐久性较好。

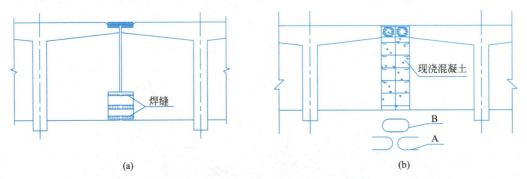

图 3-14　装配式梁桥横隔板接头构造
(a) 钢板式接头；(b) 环扣式接头

有时采用少横隔板的结构，以减化施工。对于少横隔板的主梁，应在翼缘板上加设接头连接，并加强桥面铺装的构造连接，使横向连成整体。接头应有足够的强度以保证结构的整体性，并在运营过程中安全承受荷载的反复作用和冲击作用而不发生松动。常用的桥面板（翼缘板）横向连接有焊接接头和湿接接头。图 3-15（a）为焊接接头构造，翼板间用钢板连接，接缝处混凝土铺装层内放置上下两层钢筋网；图 3-15（b）为湿接接头构造，通过一定措施将翼缘伸出钢筋连成整体，在接缝处混凝土铺装层内再增补适量加强钢筋。

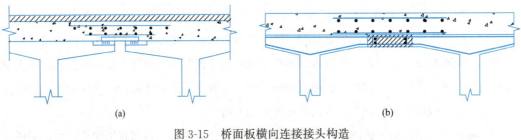

图 3-15　桥面板横向连接接头构造
(a) 焊接接头构造；(b) 湿接接头构造

当吊装能力较强时，肋板式梁还可采用双 T 梁截面，也称为 π 形截面，如图 3-16 所示。它的特点是：截面形状稳定，横向抗弯刚度大，构件的堆放、装卸和安装都很方便，但构件制作较复杂。它的每片梁肋是完整的构造，梁之间的连接在桥面板处，一般采用现浇湿接缝，整体性较好。

肋板式梁有时也采用预制装配的槽形截面，如图 3-17 所示。它的特点与双 T 梁相似，但梁肋被分成两片薄的腹板，腹板间采用螺栓连接。腹板内通常用钢筋网来配筋，但难以做成刚度大的钢筋骨架。设计经验证明，跨度较大时槽形梁的混凝土和钢筋用量都比 T 形梁的大，而且构件也较重。故槽形梁应用极少，且也仅用于 6～12m 的小跨径桥梁。

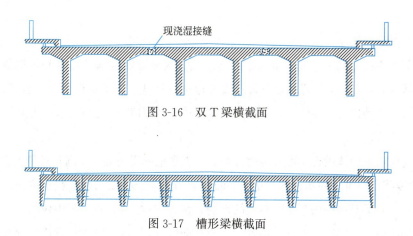

图 3-16 双 T 梁横截面

图 3-17 槽形梁横截面

预制装配式梁的设计，在确定了主梁片数、分块方式、结构类型（钢筋混凝土梁与预应力混凝土梁）之后，需要拟定梁的截面尺寸和配筋。截面尺寸包括梁高、梁肋厚度、下翼缘尺寸以及主梁翼板尺寸等。

2. 钢筋混凝土 T 梁

对于钢筋混凝土简支 T 梁，将截面下半部受拉区域中的肋间混凝土进行大面积的挖空，使得结构自重显著减轻，而由于混凝土材料的抗拉能力很弱、设计中不予考虑，梁的设计抗弯承载力不受影响，截面上的下缘抗拉由集中布置在梁肋下部的受拉钢筋承担。上翼缘的混凝土桥面板，既提供了行车平面，承担了横桥向的局部受力，又可为主梁提供纵桥向强大的抗压能力，从而使结构构造与受力性能达到较理想的配合。与板相比，T 梁的梁高大，上翼缘（桥面板）混凝土抗压和下部钢筋受拉所形成的力偶臂较大，因而抗弯能力也大，跨越能力也强。

（1）梁高

梁高的确定取决于经济性、梁重、建筑高度以及桥下净空等因素，标准化设计还需要考虑梁的标准、模数化。公路钢筋混凝土简支梁桥的高跨比经济范围大约为 $1/16\sim1/11$，通常随着跨度增大而取较小值。当建筑高度受严格限制时，主梁高度可进一步减小。

（2）梁肋厚度

梁肋厚度取决于抗剪性能和主筋布置的要求。由于支座处主梁所受剪力大于跨中，故由主拉应力决定梁肋厚度时，跨中区段可以减薄。梁肋截面变化的位置可由主拉应力小于其容许值的条件和斜筋布置的要求加以确定。

为减轻主梁重量，在满足受力与构造要求的前提下，梁肋厚度宜薄。但也不能太薄，以避免梁肋腹板失稳和混凝土浇捣困难。同时，还要考虑下缘主筋数量、直径、类型、排列、钢筋骨架片数以及规定的钢筋净距和混凝土保护层厚度等因素。公路桥中常用的梁肋厚度为 $16\sim20\text{cm}$。为布置钢筋，跨径稍大时，跨中区段梁肋的下缘通常给予加宽，形成

"马蹄"。

(3) 上翼缘板尺寸

主梁上翼缘板宽度应根据主梁间距而定,上翼缘板厚度应满足强度和构造最小尺寸的要求。根据受力特点,上翼缘板通常设计成变厚度的形式,即端部较薄,向根部逐渐加厚。为保证翼板与梁肋连接的整体性,翼板与梁肋衔接处的厚度应不小于主梁高度的 1/10。

(4) 钢筋构造

钢筋混凝土梁的体内钢筋可分为两大类:一类是根据受力要求,通过计算确定的"受力钢筋",主要指沿梁轴方向布置的、承受弯曲拉应力的主筋,以及承受腹板内主拉应力的斜筋和箍筋;另一类是根据构造要求布置的钢筋,称为"构造钢筋",其中包括制造时为便于钢筋骨架绑扎成型和固定主要钢筋位置的"架立筋",以及难以通过计算确定而凭经验设置的辅助钢筋。

图 3-18 为跨径 20m 的 T 梁一般构造图。预制梁的长度为 19.92m,两边各留 4cm 以避免预制正误差而无法安装。横桥宽为净—11m+2×0.5m 防撞护栏,全宽 12m。横桥向采用五片 T 梁,每片宽 1.8m。T 梁高 1.4m,高跨比为 1/14.3。跨中段腹板厚度为 20cm,马蹄宽为 46cm,高 40cm。距跨中 491cm 开始将梁肋加宽,经 315cm 加宽到马蹄同宽(48cm),以满足支点附近抗剪需要。图 3-19 为跨径 20m 的 T 梁梁肋钢筋构造图,纵向主筋采用 5 根

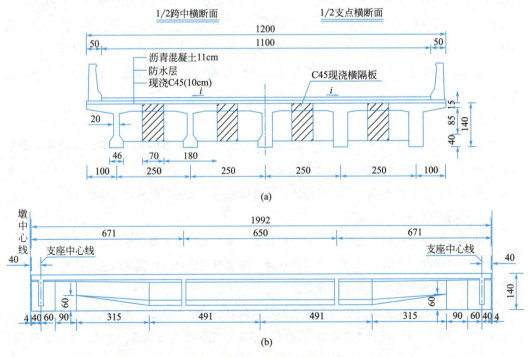

图 3-18 跨径为 20m 的 T 梁构造图(单位:cm)

(a) 横断面图;(b) 立面图

直径 25mm 和 2 根直径 12mm 的钢筋，箍筋采用直径 12mm 的钢筋，间距为 150mm，但支座附近由于剪力较大，箍筋需加密配置。

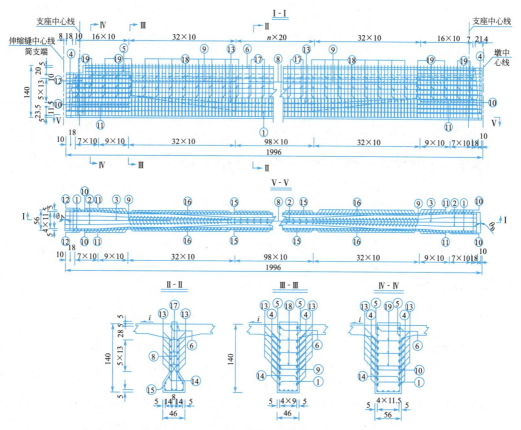

图 3-19 跨径为 20m 的 T 梁梁肋钢筋构造图（单位：cm）

3. 预应力混凝土 T 形梁

（1）一般构造

对公路预应力混凝土 T 形梁桥，我国已为跨径 20m、25m、30m 和 35m 等编制标准图（后张法）。

图 3-20 给出了跨径为 30m 预应力混凝土 T 形梁桥一般构造图。预应力混凝土 T 形梁的外形、构造、块件划分方式等，与钢筋混凝土梁相似，主要不同点在于：截面尺寸和高跨比均减小；为了满足预应力钢筋的布置和承压要求，梁肋下部加宽做成马蹄形；为配合预应力钢筋的弯起，在梁端需布置钢丝束锚头和安装张拉千斤顶，在靠近支点处腹板也要加厚至与马蹄同宽。

公路桥中的预应力混凝土 T 形梁的高跨比，约为 1/22～1/15。一般来说，跨度越大，梁的高跨比越小。

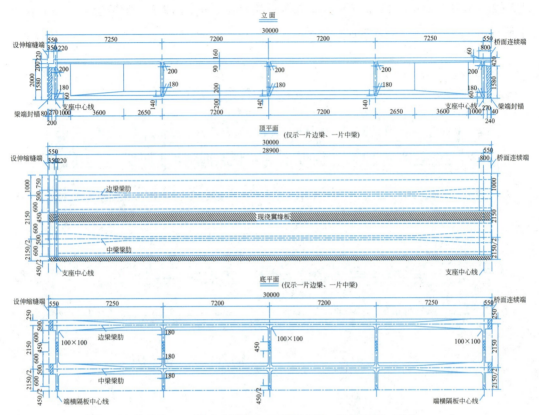

图 3-20 跨径为 30m 预应力混凝土 T 形简支梁一般构造图（单位：mm）

预应力混凝土 T 形梁的梁肋厚度一般不得小于 16cm，并且当腹板内有竖向预应力钢筋时，腹板厚度不小于上下翼缘梗胁之间腹板高度的 1/20；当无竖向预应力钢筋时，则不得小于 1/15。

马蹄尺寸主要取决于预应力钢筋的布置。为了获得最大偏心距，预应力钢筋应尽量排列在下翼缘板内，并且紧凑对称于梁截面竖轴。混凝土保护层和钢丝束管道净距应符合有关的构造规定，同时还应考虑到张拉端锚头的布置以及在运输和架设过程中移梁的稳定性要求。

主梁体内钢筋可分为预应力钢筋和非预应力钢筋两类。非预应力钢筋（包括非预应力受力钢筋和构造钢筋）的构造与普通钢筋混凝土梁中钢筋的构造基本相同，此处不赘述。以下主要说明预应力钢筋的构造特点。

(2) 预应力钢筋的纵向布置

图 3-21 是简支梁桥中预应力钢筋纵向布置的几种形式。所有形式的共同之处是主筋在跨中区段均靠近梁的下缘布置，以对混凝土梁下缘施加压应力来抵消荷载引起的拉应力。

直线布筋构造最简单（图 3-21a），但仅适用于小跨度梁，尤其是先张法制造的梁。其缺点是主梁支点附近的上缘会出现过高的拉应力，可能导致开裂。为了减小梁端部由于预加力引起的负弯矩，可将预应力钢筋在横隔梁处平缓弯出梁体进行锚固，见图 3-21（b）。这种布置的主要优点是主筋最省，张拉摩阻力也小，但预应力钢筋没有充分发挥抗剪作用，且梁体在锚固处的受力和构造也较复杂。

当预应力钢束不多且能全部在梁端锚固时，为使张拉工序简便，通常将预应力钢筋全部弯起至梁端锚固（图 3-21c）。这种布置的预应力钢筋弯起角 α 较小（一般在 20°以下），可减小摩阻损失。然而，当预应力钢束较多，或者当预应力混凝土梁高受到限制时，预应力钢筋可能无法全部在梁端锚固，必须将部分预应力钢筋锚固于梁顶（图 3-21d），但这种布置方式的张拉作业较为烦琐。由于预应力钢筋的弯起角 α 较大（达 25°～30°），增大了摩阻引起的预应力损失，但能缩短预应力钢筋长度，节约钢材，对于提高主梁的抗剪能力也更有利。

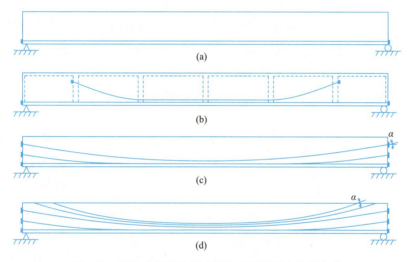

图 3-21 预应力混凝土梁中预应力钢筋纵向布置方式

在实际设计中，考虑到梁在跨中区段弯矩变化平缓且剪力也不大，故通常在三分点到四分点之间将预应力钢筋弯起。当然，预应力钢筋弯起后，截面必须满足承载能力极限状态设计的强度要求。

预应力钢筋弯起的曲线形状常见的有三种：圆弧线、抛物线和悬链线。当曲线的矢跨较小时，三者的形状很接近。圆弧线施工放样简便，弯起角度较大，可得到较大的预压力，故通常在梁中部保持一段水平直线后，按圆弧弯起；采用悬链线的预应力钢筋可利用其自重下垂达到规定线形，定位方便，但它在端部的起弯角度较小。当采用钢丝束或钢绞线配筋时，预应力钢筋弯起的曲率半径一般不小于 4m。

图 3-22 给出了跨径为 30m 预应力混凝土简支梁的预应力钢束立面布置图。

(3) 预应力钢筋的锚固

为了配合弯矩与剪力沿梁长度的分布，预应力 T 形梁需要采用曲线配筋。当采用先张法施工时，需配备庞大的张拉台座，使得施工设备和工艺复杂化，故预应力钢筋的张拉较

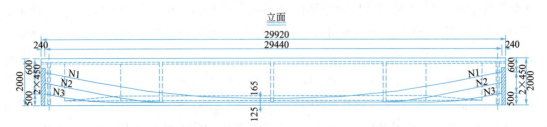

图 3-22 跨径为 30m 预应力混凝土简支梁的预应力钢束立面布置图（单位：mm）

多采用后张法施工。在后张法锚固区，锚具垫板对端部混凝土有很大的压力作用，因承压面积不大，应力较为集中。因此，为防止锚具下混凝土劈裂，必须配置足够的钢筋予以加强。

总而言之，锚具在梁端的布置应遵循"分散、均匀"的原则，尽量减小局部应力。从力学性能的角度而言，集中且过大的锚具不如分散且小型的有利；而从施工操作的角度而言则反之。锚具应在梁端对称于竖轴布置，锚具之间应留有足够的净距，以便安装张拉设备和施工作业。后张预应力混凝土 T 形梁的锚固区构造，如图 3-23 所示。

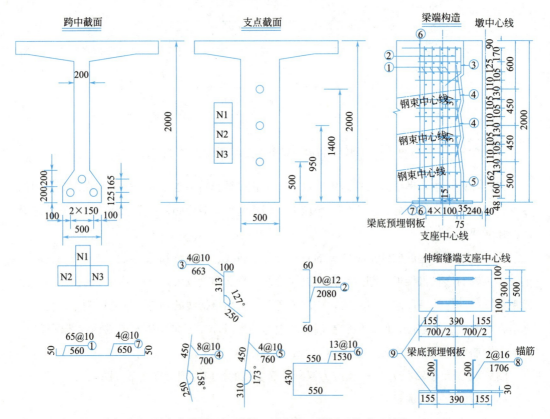

图 3-23 预应力混凝土 T 形梁（后张法）锚固区构造（单位：mm）

3.1.4 斜板桥的受力特点和构造简介

随着交通运输事业的发展，高速公路、城市立交和高架道路日益增多，斜桥和弯桥得到了越来越广泛的应用。但是，斜弯桥的设计计算比直线正桥复杂，其计算方法也有待于进一步的研究。本节简要介绍整体斜板桥的受力特点和配筋构造的特点。

整体斜板桥是小跨径斜桥常用的结构形式，它的模板简单，建筑高度小，力的传递路线也较短。弹性斜交板分析理论比正交板理论复杂得多，用它来计算在实际使用荷载作用下斜板桥的内力和变形是不方便的。迄今为止，国内外许多学者从不同的观点出发曾对斜板做过理论和试验研究，提出了一些实用计算方法。特别是计算机技术的发展，已经提供了大量的用以计算斜板的辅助手段和方法，例如计算影响面的有限元程序和影响面加载程序等。对于从事设计和施工的工程技术人员，为了能正确地运用这些实用方法进行计算和配筋，必须在参考和分析研究成果的基础上，正确地理解和把握斜板在荷载作用下的实际工作性能。

3.1.4.1 影响斜板桥受力的因素

（1）斜交角 φ

斜交角有两种表示方法：一种是桥梁轴线与支承边垂线的夹角（图 3-24），另一种是桥梁梁轴线和支承线的夹角。前者越大表示斜交的程度越大，后者则相反。

斜交角大小直接关系到斜桥的受力特性，φ 越大斜桥的特点越明显。经过分析研究，我国《公桥通规》规定：当 $\varphi<15°$ 时，可以忽略斜交的影响，取板的斜长为计算跨径，按正桥进行计算。

（2）宽跨比 b/l

设 b 为垂直于桥轴线方向的桥宽，l 为垂直于支承线的跨径，宽跨比越大，斜板相对宽度越大，斜桥的特点越明显；宽跨比较小的斜桥，其跨中受力特点比较接近于正桥，只是在支承线附近的断面才显示出斜桥的特性。

（3）支承形式

支座个数的多少、支承形式的变化，包括横桥向是否可以转动或移动、是否采用弹性支承，对斜板的内力分布有明显的影响。

3.1.4.2 斜板桥的受力特点

（1）简支斜板的纵向主弯矩比跨径为斜跨长 l_φ（图 3-24）、宽度为 b 的矩形板要小，并随斜交角 φ 的增大而减小。图 3-25 显示了简支斜板在均布荷载作用下的弯矩与矩形板的弯矩的比值随 φ 的变化规律。

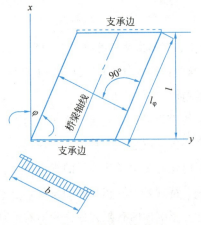
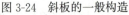
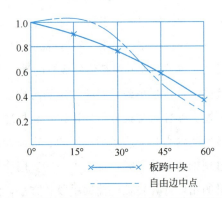

图 3-24　斜板的一般构造　　　　图 3-25　斜板与矩形板在均布荷载作用下的弯矩比较

（2）斜板的荷载一般有向支承边的最短距离传递的趋势。宽跨比较小的情况下，主弯矩方向朝支承边的垂直方向偏转；宽跨比较大的情况下，板中央的主弯矩几乎垂直于支承边，边缘的主弯矩平行于自由边（图 3-26）。

（3）纵向最大弯矩的位置，随 φ 角的增大从跨中向钝角部位移动。图 3-27 中板面上的实线表示 $\varphi=50°$ 时的最大弯矩位置，图中还示意出 φ 为 30°和 70°时的相应位置。

（4）斜板中除了斜跨径方向的主弯矩外，在钝角部位的角平分线垂直方向上，将产生接近于跨中弯矩值的相当大的负弯矩（图 3-27），其值随 φ 的增大而增加，但分布范围较小并迅速削减。

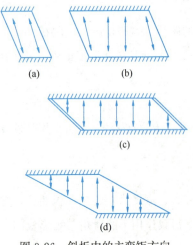
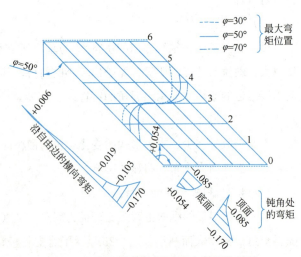

图 3-26　斜板中的主弯矩方向　　　　图 3-27　均布荷载作用下最大弯矩位置的
　　　　　　　　　　　　　　　　　　　　　　变化及钝角处弯矩分布

(5) 斜板的最大纵向弯矩虽比相应的正板小，可是横向弯矩却比正板大得多，尤其是跨中部分的横向弯矩。横向弯矩的增加量大致上可以认为等于纵向弯矩的减小量。

(6) 斜板在支承边上的反力很不均匀。钝角角隅处的反力可能比正板大数倍，而锐角处的反力却有所减小，甚至出现负反力。对于正板，支座的个数越多，每个支座分得的反力就越小；但对于斜板，支座的个数越多，反力却越集中于钝角。理论和试验研究发现，采用弹性支承可以使斜板的支承反力分布趋于均匀，且钝角上缘的负弯矩也有所减小。

(7) 斜板的受力特点可以用图 3-28 所示的以 $ABCD$ 为支点的 Z 字形连续梁来比拟：跨中点 E 处的弯矩，大致在 BC 方向上最大；在钝角点 B 和 C 处产生较大的负弯矩和支点反力；在锐角点 A 和 D 处产生相当于连续梁边支承处的较小的反力；在支承线 AB 和 CD 上增加支座，对支承边的横向弯矩有较大影响，而对跨中点 E 处的弯矩影响不大。

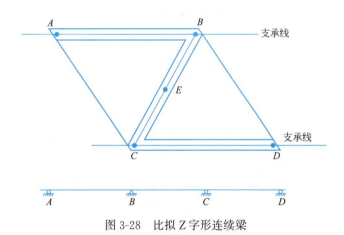

图 3-28　比拟 Z 字形连续梁

(8) 斜板的扭矩分布很复杂，板边存在较大的扭矩，抗扭刚度对扭矩的影响与正桥有很大区别。

3.1.4.3　斜板桥的钢筋布置及构造特点

根据斜板的受力性能我们可以配置斜板桥的钢筋。

当 $l_\varphi \leqslant 1.3b$ 时，桥梁宽度较大，纵向钢筋，板中央垂直于支承边布置，边缘平行于自由边布置；横向钢筋平行于支承边布置。常见的钢筋布置方式有两种：一种是渐变布置（图 3-29a），另一种是重叠布置（图 3-29b）。斜交角较小时（$\varphi<30°$），纵向钢筋可以完全平行于自由边布置（图 3-30a）；斜交角较大时（$\varphi>30°$），可以完全垂直于支承边布置（图 3-30b）。

当 $l_\varphi>1.3b$ 时，为窄斜板桥，纵向钢筋平行于自由边布置；横向钢筋，跨中垂直于自由边布置，两端平行于支承边布置，如图 3-31 所示。

为抵抗自由边的扭矩，可在距自由边一倍板厚的范围内设置加强钢筋（图 3-32）。

在钝角顶面 $l_\varphi/5$ 范围内，应在角平分线的垂直方向设置抵抗负弯矩的钢筋。单位宽度

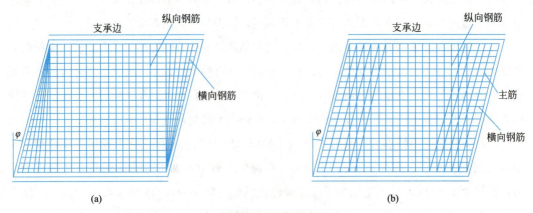

图 3-29 斜板桥的钢筋构造图（一）
(a) 渐变布置；(b) 重叠布置

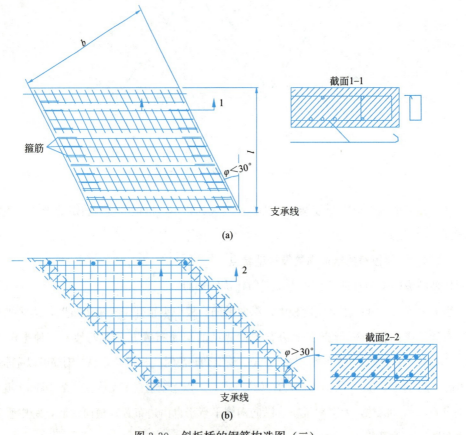

图 3-30 斜板桥的钢筋构造图（二）
(a) 斜交角 $\varphi<30°$ 时的钢筋布置方向；(b) 斜交角 $\varphi>30°$ 时的钢筋布置方向

内钢筋数量 A_{g1} 可按下式计算：

$$A_{g1} = KA_g \quad (3-1)$$

式中 A_g ——每米桥宽的主钢筋数量；

　　　K ——与 φ 有关的系数，按表 3-1 取值。

K 值　　　　　　　　　　　　　　　　　　　　　　　表 3-1

φ	K	φ	K
0°～15°	0.6	30°～45°	1.0
15°～30°	0.8		

为承担很大的支反力，应在钝角底面平行于角平分线方向上设置附加钢筋（图 3-32）。另外必须注意，斜交板桥在运营过程中，在平面内有向钝角方向转动的趋势，如果板的支座没有充分锚固住，应加强锐角处桥台顶部的耳墙，使它免遭挤裂。

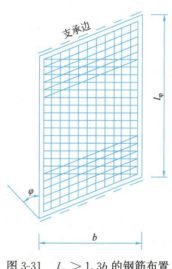

图 3-31　$l_\varphi > 1.3b$ 的钢筋布置

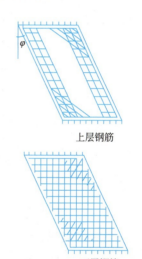

图 3-32　钝角部位的加强钢筋

3.2　荷载横向分布计算

3.2.1　计算原理

简支梁桥的上部结构是以跨长方向（二维的梁结构）为主的三维空间受力结构。从材料力学、结构力学到结构设计原理，均以二维的梁结构为主要分析对象，现有桥梁设计规范也均以二维的梁结构为对象进行相关的规定。因此，在桥梁设计中，只有得到了各片主梁（或一定板宽的板条）、横梁（横隔板）的内力，才能按照桥梁设计规范进行结构的设计与验算。

对于桥梁的恒载，一般可以认为由上部结构横桥向均匀承担，采用均匀分配的方法。在考虑活载作用效应时，要建立荷载作用在任意位置时各主梁、横梁内力的计算方法，即简支梁桥的空间结构受力计算方法。虽然今天应用计算机可以方便地求出在活载作用下各主梁内力，然而对桥梁空间受力的理解与掌握是桥梁技术人员所应具备的基本知识。因此，本节仍然对简支梁桥实用空间计算方法，也即荷载（活载）横向分布计算方法，进行介绍。

荷载横向分布计算方法与上部结构的受力情况有关，而受力情况又与结构形式密切相关。如图 3-33 所示的整体现浇实心板，设桥上某片主梁上（距中心线 y_0）、距梁端 x_0 处作用有荷载 P，即 $P(x_0, y_0)$。如果不考虑配筋引起的刚度变化，则可由古典弹性理论的各向同性板挠曲微分方程式求解得到。为便于工程应用，可将结果制成图表。对于实际的实心板，在纵桥向，由上节可知，板的边缘钢筋比中部配置多些，但它对纵向受弯刚度的影响不大，可忽略不计，仍视为均匀。但纵桥向和横桥向的配筋差异较大，一般应考虑其对刚度的影响，因此它应视为两个方向异性（受弯刚度不同）的弹性薄板，即正交异性板。通过正交异性板的挠曲微分方程求解，也可制作成图表供实际应用。

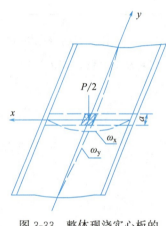

图 3-33 整体现浇实心板的活载横向分布计算原理

如图 3-34 所示的装配式铰接空心板，设在某片空心板（距中心线 y_0，图中为⑤号板）、距梁端 x_0 处作用有荷载 P，即 $P(x_0, y_0)$。如果没有横向联系，这片空心板单独受力，很容易由材料或结构力学求得梁中各截面的弯矩，最大弯矩在梁的作用点处，为 $P(1-x_0)x_0/l$，其中 l 为计算跨径。

然而，实际上相邻空心板间通过铰缝连接，⑤号板受力后，通过铰缝将力传到相邻的④号板和⑥号板（图 3-34b），④号板再传给③号板，依次使 6 片板均参与受力。这样，作用着荷载的⑤号板所承受的内力并没有单梁受力那么大；反过来，其他没有作用荷载的主梁，也不是一点不受力。由此可见，单梁受力相对于共同受力是不利的。实际工程中，铰接空心板常因铰缝破坏而导致单板受力，这是造成空心板破坏的主要原因之一。铰缝破坏也成为空心板桥病害整治、维修改造的重要内容。铰接板的横向分布计算，常采用铰接板法。

铰缝的作用，使某荷载作用下，各空心板都参与受力。为方便计算，现取单位荷载，假定其作用下各梁、各截面的内力（如弯矩）组成了一个可用 $\eta(x, y)$ 描述的空间曲面。在荷载 $P(x_0, y_0)$ 作用下，某梁某截面处的内力，可用其坐标 (x_i, y_i) 代入，求得其内力

值 $S=P \cdot \eta(x_i, y_i)$。

然而，用影响面来求解桥梁最不利的内力值，由于力学计算模型复杂，手算困难且计算工作量大，需要通过有限元方法来计算。我们希望能通过某种分析，将 $P(x_0, y_0)$ 分配到每根梁上，设第 i 根梁所分配的荷载为 P'_i，作用点也在距梁端 x_0 处，这样就可以直接应用材料力学或结构力学的方法进行计算了。实际上，铰接空心板的 $\eta(x_i, y_i)$ 空间曲面能够分离成两个单值函数的乘积，即 $\eta_1(x_i) \cdot \eta_2(y_i)$，某片主梁某一截面 (x_i, y_i) 的内力值就可表示为：

$$S = P \cdot \eta(x_i, y_i) \approx P \cdot \eta_2(y_i) \cdot \eta_1(x_i) \tag{3-2}$$

式（3-2）中的 $\eta_1(x_i)$ 是单梁某一截面的内力，见图 3-34（c）、（d），它为我们所熟悉。因此，式（3-2）求解的关键是求 $\eta_2(y_i)$。这就是横向分布所要解决的问题。

实际结构所受的荷载不止一个，所求的截面荷载作用的纵向和横向位置不同，但如果我们能求出各片主梁的荷载横向影响线，就可根据车辆最不利荷载位置，求得各片主梁分配到的横向荷载最大值所对应的横向分布系数 $m \cdot P$，这里 m 表示主梁在横向分配到的最大荷载比例，就是荷载横向分布系数。

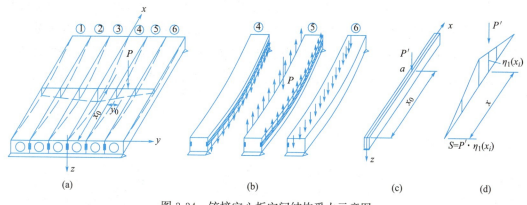

图 3-34 铰接空心板空间结构受力示意图
(a) 在梁式桥上；(b) 铰接缝传力；(c) 在单梁上；(d) 单梁影响线

跨径较大的简支梁桥，多采用肋梁桥，尤其以 T 梁为主。图 3-35 给出由 5 片 T 梁组成的简支梁桥上部结构的横断面。假定在某片主梁上（图中为中梁）作用有荷载 P。当主梁与主梁间没有任何联系时，如图 3-35（a）所示，全桥中只有直接承载的中梁受力，该梁的荷载横向分布系数 $m=1$。显然这种结构形式整体性差，很不经济。

如果各主梁通过横隔梁和桥面刚性连接起来，并且设想横隔梁的刚度接近无穷大（图 3-35c），则在同样的荷载 P 作用下，由于横隔梁无弯曲变形，因此 5 片主梁将共同参与受力。此时 5 片主梁的挠度均相等，荷载 P 由 5 片梁均匀分担，每片梁均承受 $P/5$，各梁的荷载横向分布系数 $m=0.2$。

一般混凝土梁桥实际构造情况是：各片主梁通过横向结构连成整体，但是横向结构的刚度并非无穷大。因此，在相同的荷载 P 作用下，各片主梁将按照某种复杂的规律变形，如图 3-35（b）所示。此时中梁的挠度 w_b 必然要小于 w_a 而大于 w_c，设中梁所受的荷载为 $m \cdot P$，则其荷载横向分布系数 m 也必然小于 1 而大于 0.2。

由此可见，桥上荷载横向分布规律与结构的横向连接刚度有着密切关系，横向连接刚度越大，荷载横向分布作用越显著，各主梁分担的荷载也越趋均匀。

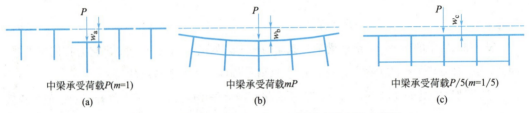

图 3-35 不同横向刚度时多根 T 梁的变形和受力情况
(a) 横向无联系；(b) $0 < EI_H < \infty$；(c) $EI_H \to \infty$

当荷载不作用在中梁时，空间受力情况见图 3-36。同样假定在某片主梁上（距中心线 y_0、距梁端 x_0）作用有荷载 P，即 $P(x_0, y_0)$。由于梁与梁之间通过横隔板和上翼缘连成整体，5 片 T 梁能共同受力。与铰接空心板相同，我们可能将其在单位集中力作用下某梁某截面的受力，采用分离变量的方法，求其横向分布系数 $m \cdot P$。T 梁的荷载横向分布常用的有刚性横梁法、修正刚性横梁法、刚接板法、比拟正交异性板法等，详见后面的介绍。

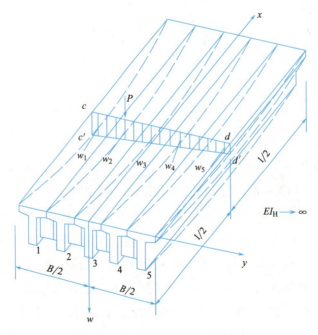

图 3-36 T 梁空间结构受力示意图

3.2.2 刚性横梁法

由上节可知，常用的钢筋混凝土或预应力混凝土 T 梁桥，通常在两端、跨中和四分点等处设置横梁或横隔板（以下统称横梁），以提高结构的横向刚度和整体性。根据试验结果和理论分析，当宽跨比 B/L 小于或接近于 0.5（一般称为窄桥）时，在车辆荷载作用下，中间横梁的弹性挠曲变形小于主梁的弹性挠曲变形。中间横梁像一片刚度无穷大（$EI_H \to \infty$）的刚性梁一样保持直线的形状，如图 3-36 所示，图中 w 表示梁的挠度。显然，这种结构的空间挠曲面 $w(x, y)$ 沿 x 轴的变化（即各片主梁的挠曲线）具有相同的规律，沿 y 轴的变化也具有相同的规律（呈直线变化）。挠曲面变形可以分离成比铰接板更为简单的两个单值函数的乘积。

由于假定横梁刚度无限大，称此法为"刚性横梁法"。从荷载作用下各主梁的变形规律来看，它类似于一般材料力学中杆件偏心受压的情况，故也称为"偏心压力法"。

1. 偏心荷载 P 对各主梁的荷载分布

从图 3-36 中可知，在偏心荷载 P 作用下，各片梁发生挠曲变形，刚性的中间横梁也从原来的 c-d 位置变位至 c'-d'，呈一根倾斜的直线；靠近 P 的 1 号边梁的跨中挠度 w_1 最大，远离 P 的 5 号边梁的跨中挠度 w_5 最小（也可能出现负值），其他任意梁的跨中挠度均按 c'-d' 线呈直线规律分布。根据在弹性范围内，某片主梁所受到的荷载 R_i 与该荷载所产生的弹性挠度 w_i 呈正比的原则，可以得出：在中间横梁刚度相当大的窄桥上，在横向偏心荷载作用下，总是靠近荷载一侧的边梁受载最大。

图 3-37 给出了单位荷载 $P=1$ 作用在跨中截面（偏心距为 e）时，各主梁的荷载横向分布情况。假定各主梁的惯性矩 I_i 是不相等的（实践中往往有边梁大于中间主梁的情况）。对于具有近似刚性中间横梁的结构，图 3-37（a）中的荷载可以等效为作用于桥轴线的中心荷载 $P=1$ 和偏心力矩 $M=1 \cdot e$，如图 3-37（b）所示。因此，只要分别求出在上述两种荷载下（图 3-37c 和 d）对各主梁的作用力，并将它们相应地进行叠加，便可得到偏心荷载 $P=1$ 对各片主梁的荷载横向分布。

（1）中心荷载 $P=1$ 的作用

由于假定中间横梁是刚性的，且横截面对称于桥中线，因此在中心荷载的作用下，各片主梁将产生相同的挠度（图 3-37c），即：

$$w'_1 = w'_2 = \cdots = w'_n = w'_i \tag{3-3}$$

设某一片梁的跨中分担到的荷载为 R'_i，根据材料力学知识，可将该简支梁的跨中挠度表示为：

$$w'_i = \frac{R'_i l^3}{48 E I_i} \quad \text{或} \quad R'_i = \alpha I_i w'_i \tag{3-4}$$

式中　R'_i——第 i 片主梁分担到的荷载；

　　　α——$\alpha = \dfrac{48E}{l^3}$，常数；

　　　E——主梁材料的弹性模量。

将式（3-3）代入静力平衡方程，可得：

$$\sum_{i=1}^{n} R'_i = \alpha w'_i \sum_{i=1}^{n} I_i = 1$$

故：

$$\alpha w'_i = \dfrac{1}{\sum\limits_{i=1}^{n} I_i} \tag{3-5}$$

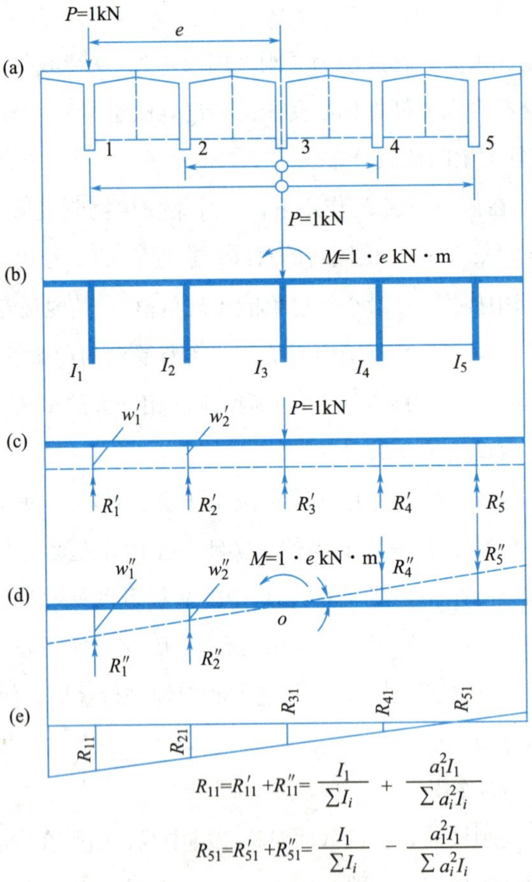

图 3-37　偏心荷载 $P=1$ 对各主梁的荷载分布图

将上式代入式（3-4），可得在中心荷载 $P=1$ 作用下各片主梁的荷载分布为：

$$R'_i = \dfrac{I_i}{\sum\limits_{i=1}^{n} I_i} \tag{3-6}$$

例如，对于 1 号梁：

$$R'_1 = \frac{I_1}{\sum_{i=1}^{n} I_i}$$

式中　I_1——1 号梁（边梁）的抗弯惯性矩；

　　　$\sum_{i=1}^{n} I_i$——桥梁横截面内所有主梁抗弯惯性矩的总和，对于已经确定的桥梁横截面，它是常数；

　　　n——主梁片数。

如果各片主梁的截面均相同，则得：$R'_1 = R'_2 = \cdots = R'_n = \dfrac{1}{n}$。

(2) 偏心力矩 $M = 1 \cdot e$ 的作用

在偏心力矩 $M = 1 \cdot e$ 作用下，桥的横截面绕中心点 o 产生转角 φ（图 3-37d）。因此，各片主梁产生的竖向挠度 w''_i 可表示为：

$$w''_i = a_i \tan\varphi \tag{3-7}$$

式中　a_i——第 i 片主梁与桥梁中心点 o 的水平距离，左侧为正，右侧为负。

由式（3-4），主梁所受荷载与挠度的关系为：

$$R''_i = \alpha I_i w''_i$$

将式（3-7）代入上式得：

$$R''_i = a_i I_i \alpha \tan\varphi \tag{3-8}$$

从图 3-37（d）中可知，当不计主梁的抗扭作用时，R''_i 对桥的截面中心点 o 所形成的反力矩之和应与外力矩 $M = 1 \cdot e$ 平衡，故利用式（3-8）可得：

$$\sum_{i=1}^{n} R''_i \cdot a_i = \alpha \tan\varphi \sum_{i=1}^{n} a_i^2 I_i = 1 \cdot e$$

则：

$$\alpha \tan\varphi = \frac{e}{\sum_{i=1}^{n} a_i^2 I_i} \tag{3-9}$$

式中：$\sum_{i=1}^{n} a_i^2 I_i = a_1^2 I_1 + a_2^2 I_2 + \cdots + a_n^2 I_n$，对于已经确定的桥梁截面，它是常数。

将式（3-9）代入式（3-8），可得偏心力矩 $M = 1 \cdot e$ 作用下各主梁所分配的荷载为：

$$R''_i = \frac{e a_i I_i}{\sum_{i=1}^{n} a_i^2 I_i} \tag{3-10}$$

(3) 偏心荷载 $P = 1$ 对各主梁的总作用

将式（3-6）和式（3-10）相叠加，并设荷载位于 k 号梁轴上（$e = a_k$），便可得出 i 号主梁荷载分布的一般公式：

$$R_{ik} = \frac{I_i}{\sum\limits_{i=1}^{n} I_i} + \frac{a_i a_k I_i}{\sum\limits_{i=1}^{n} a_i^2 I_i} \tag{3-11}$$

式中：R_{ik} 的第 2 个脚标表示荷载作用位置，第 1 个脚标则表示由于该荷载引起反力的梁号。

注意：上式中的荷载位置 a_k 和梁位 a_i 位于同一侧时两者的乘积取正号，反之应取负号。

2. 利用荷载横向影响线求主梁的荷载横向分布系数

以上论述了沿桥横向只有一个集中荷载作用的情况，然而实际桥梁沿桥宽方向所作用的车轮荷载不止一个。因此，为方便起见，通常利用荷载横向影响线来计算横向一排荷载对某片主梁的总影响。

已知：R_{ik} 为单位荷载 $P=1$ 作用在桥跨中第 k 号梁轴线上时，任意梁的荷载横向分布情况（可理解为 $P=1$ 作用于 k 号梁，且荷载位置不变时，求其他主梁分配的荷载）；R_{ki} 为单位荷载 $P=1$ 作用在任意梁轴线上时，分布至第 k 号梁的荷载，即荷载横向影响线，通常写成 η_{ki}（可理解为当影响线已知，$P=1$ 移动时，分布至 k 号梁的荷载）。

由式（3-11）可得：

$$\frac{R_{ik}}{I_i} = \frac{R_{ki}}{I_k}$$

所以：

$$\eta_{ki} = R_{ki} = R_{ik} \cdot \frac{I_k}{I_i} = \frac{I_k}{\sum\limits_{i=1}^{n} I_i} + \frac{a_i a_k I_k}{\sum\limits_{i=1}^{n} a_i^2 I_i} \tag{3-12}$$

这就是 k 号主梁的荷载横向影响线在各梁位处的竖标值。

如果各片主梁的截面尺寸相同，则：

$$\eta_{ki} = R_{ki} = R_{ik} = \frac{1}{n} + \frac{a_i a_k}{\sum\limits_{i=1}^{n} a_i^2} \tag{3-13}$$

如以 1 号边梁为例，它的横向影响线的两个控制竖标值就是：

$$\left. \begin{array}{l} \eta_{11} = R_{11} = \dfrac{I_1}{\sum\limits_{i=1}^{n} I_i} + \dfrac{a_1^2 I_1}{\sum\limits_{i=1}^{n} a_i^2 I_i} \\[2ex] \eta_{15} = R_{51} = \dfrac{I_1}{\sum\limits_{i=1}^{n} I_i} - \dfrac{a_1^2 I_1}{\sum\limits_{i=1}^{n} a_i^2 I_i} \end{array} \right\} \tag{3-14}$$

当各主梁的截面均相同时，上式可简化成：

$$\left.\begin{aligned}\eta_{11} &= \frac{1}{n} + \frac{a_1^2}{\sum_{i=1}^n a_i^2} \\ \eta_{15} &= \frac{1}{n} - \frac{a_1^2}{\sum_{i=1}^n a_i^2}\end{aligned}\right\} \tag{3-15}$$

由于 R_{i1} 图形呈直线分布，即各梁挠度呈直线规律变化，故只需计算两片边梁的荷载值 R_{11} 和 R_{51} 就足够了。

得出荷载横向影响线，便可根据荷载沿横向的最不利位置来计算相应的横向分布系数，从而求得其所受的最大荷载。

在使用中应注意：R_{ki} 与 R_{ik} 的关系；a_i 与 a_k 的符号；荷载横向分布影响线应呈直线分布，若不呈直线分布，则计算有误。

3. 算例

【例 3-1】有一计算跨径 $l=28.90$ m 的预应力混凝土简支梁桥，其横截面如图 3-38（a）所示。当荷载位于跨中时，求①号边梁的荷载横向分布系数 m_{cq}（车辆荷载）和 m_{cr}（人群荷载）。

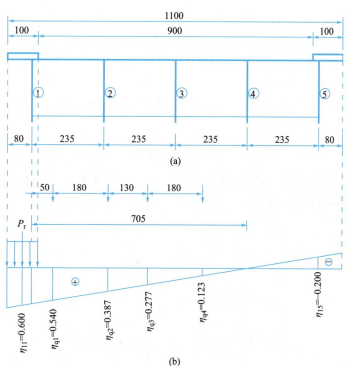

图 3-38 横向分布系数计算图示（单位：cm）
(a) 桥梁横断面；(b) 1 号梁横向影响线

此桥在跨度内设有横梁，具有强大的横向连接刚性，且承重结构的长宽比为：

$$\frac{l}{B} = \frac{28.90}{11.00} = 2.63 > 2$$

故可按刚性横梁法来绘制横向影响线，并计算横向分布系数 m_{cq}。

本桥各片主梁的横截面均大致相等，梁的片数 $n=5$，梁的间距为 2.35m，则：

$$\sum_{i=1}^{5} a_i^2 = a_1^2 + a_2^2 + a_3^2 + a_4^2 + a_5^2 = (2 \times 2.35)^2 + 2.35^2 + 0 + (-2.35)^2 + (-2 \times 2.35)^2 = 55.23 \text{m}^2$$

由式 (3-15)，①号梁横向影响线的竖标值为：

$$\eta_{11} = \frac{1}{n} + \frac{a_1^2}{\sum_{i=1}^{n} a_i^2} = \frac{1}{5} + \frac{(2 \times 2.35)^2}{55.23} = 0.20 + 0.40 = 0.60$$

$$\eta_{15} = \frac{1}{n} - \frac{a_1^2}{\sum_{i=1}^{n} a_i^2} = 0.20 - 0.40 = -0.20$$

由 η_{11} 和 η_{15} 绘制的①号梁横向影响线，见图 3-38（b）。在图中按《公桥通规》规定确定了车辆荷载和人群荷载的最不利荷载位置。

可由 η_{11} 和 η_{15} 计算横向影响线的零点位置，在本例中，设零点至①号梁位的距离为 x，则：

$$\frac{x}{0.60} = \frac{4 \times 2.35 - x}{0.2}$$

解得 $x = 7.05$m。

零点位置确定后，可求出各个荷载位置对应的横向影响线竖标值 η_q 和 η_r。

设人行道路缘石至①号梁轴线的距离为 Δ，则：

$$\Delta = (9.00 - 4 \times 2.35)/2 = -0.2 \text{m}$$

①号梁的荷载横向分布系数可计算如下（以 x_{qi} 和 x_r 分别表示影响线零点至汽车车轮和人群荷载集度的横坐标距离）：

车辆荷载：

$$m_{cq} = \frac{1}{2} \sum \eta_q = \frac{1}{2} \cdot (\eta_{q1} + \eta_{q2} + \eta_{q3} + \eta_{q4})$$

$$= \frac{1}{2} \cdot \frac{\eta_{11}}{x} (x_{q1} + x_{q2} + x_{q3} + x_{q4})$$

$$= \frac{1}{2} \cdot \frac{0.60}{7.05} \cdot (6.35 + 4.55 + 3.25 + 1.45) = 0.664$$

人群荷载：

$$m_{cr} = \eta = \frac{\eta_{11}}{x} \cdot x_r = \frac{0.60}{7.05} \cdot \left(7.05 + 0.8 - \frac{1.0}{2}\right) = 0.626$$

求得①号梁的各种荷载横向分布系数后，便可得到各类荷载分布至①号梁的最大荷载值。

3.2.3 铰接板法

1. 半波正弦荷载作用下的铰接板受力分析

严格来说，把一个空间计算问题借助横向挠度分布规律简化为一个平面问题来处理，应当满足下述关系（以图 3-34 中④、⑤号板梁为例）：

$$\frac{w_1(x)}{w_2(x)} = \frac{M_1(x)}{M_2(x)} = \frac{Q_1(x)}{Q_2(x)} = \frac{p_1(x)}{p_2(x)} = 常数 \qquad (3\text{-}16)$$

式（3-16）表明在桥上荷载作用下，任意两片板梁所分配的荷载比值、挠度的比值以及截面内力的比值均相同。对于每条板梁，有关系式 $M(x) = -EIw''$ 和 $Q(x) = -EIw'''$，代入式（3-16），并设 EI 为常量，则：

$$\frac{w_1(x)}{w_2(x)} = \frac{w_1''(x)}{w_2''(x)} = \frac{w_1'''(x)}{w_2'''(x)} = \frac{p_1(x)}{p_2(x)} = 常数 \qquad (3\text{-}17)$$

然而，无论是板上作用集中荷载还是分布荷载，上式均难以成立。以图 3-34 所示的铰接板受力情况为例，⑤号板梁上的集中荷载 P 与④号板梁经竖向剪力传递的分布荷载 $g(x)$，是性质完全不同的荷载，无法讨论它们之间的比值 $p_1(x)/p_2(x)$ 或者其他比值。因此，上述将空间计算问题转化成平面问题的做法只是一种近似的处理方法。实际上，当荷载沿横向通过桥面板和多片横隔梁向相邻主梁传递时，情况是复杂的。

如果⑤号板梁上作用的是某一个特殊的、对跨中荷载具有很大代表性的荷载而不是集中荷载时，情况就不同了。假定板梁上作用的是具有某一峰值为 p_0 的半波正弦荷载 $p(x) = p_0 \sin(\pi x/l)$（p_0 等于 1 时称为单位正弦荷载，如图 3-39 所示），根据其积分和求导的性质，板梁的挠度、弯矩、剪力也都是正弦函数 $\sin(\pi x/l)$ 或余弦函数 $\cos(\pi x/l)$，在式（3-18）和式（3-19）中都被约简了，所以两块板梁的各种比值都为常数，式（3-17）条件得到满足。

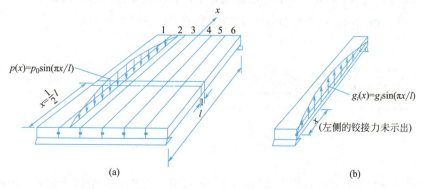

图 3-39 半波正弦荷载作用下的铰接板桥受力图式

利用高等数学可将任意荷载转化成 Fourier 级数。如均布荷载 q，可用正弦级数表达为：

$$p(x) = q = \frac{4q}{\pi} \sum_{n=1,3,5\cdots}^{\infty} \frac{1}{n} \sin \frac{n\pi x}{l} \tag{3-18}$$

再如，距梁端 a 处的集中力 p，可用正弦级数表达为：

$$p(x) = \frac{2p}{l} \sum \sin \frac{n\pi a}{l} \sin \frac{n\pi a}{l} \tag{3-19}$$

将上述以正弦级数表达的荷载，应用材料力学，可以求出以 Fourier 级数表达的挠度、弯矩和剪力。分析表明，无论是均布荷载还是跨中作用集中荷载，即便只取级数的首项，即假定荷载为半波正弦荷载时，所求得的跨中挠度值与理论解较为接近。因此，严格说来，对于在半波正弦荷载作用下的常截面简支梁桥，其主梁的内力分配与荷载的分配才是等值关系，才可以采用荷载横向分布的处理方法。

对于弯矩值，跨中作用集中荷载时，用半波正弦荷载计算所得的跨中弯矩值与理论解相差较大，达 19.2%。但考虑到实际计算时有许多车轮沿桥跨分布，可使该误差进一步减小。因此，在铰接板法中，可采用半波正弦荷载来分析跨中荷载横向分布的规律。

2. 铰接板法的正则方程

当桥上主要作用竖向车轮荷载时，相邻两块板结合面上产生的内力，包括竖向剪力、横向弯矩、纵向剪力和法向力，与竖向剪力相比，纵向剪力和法向力的影响极小，可忽略不计。同时，铰接板的铰缝以传递剪力为主，抗弯刚度较弱，可视其为数片并列而相互间横向铰接的狭长板，横向弯矩对传递荷载的影响也可忽略。因此，可以假定铰接板在竖向荷载作用下铰缝内只传递竖向剪力。这就是横向铰接板（梁）计算理论的基本假定。

由图 3-39 可知，在正弦荷载 $p(x) = p_0 \sin(\pi x/l)$ 作用下，各铰缝内也产生正弦分布的铰接力为 $g_i(x) = g_i \sin(\pi x/l)$。鉴于荷载、铰接力和挠度三者的协调性，为了研究各条板所分布荷载的规律，可取跨中单位长度的截段进行分析。此时，各板间铰接力可用正弦分布的铰接力峰值 g_i 来表示。

图 3-40（a）表示一座横向铰接板桥的横截面图，单位正弦荷载作用在①号板梁轴线上时，荷载在各条板梁内的横向分布力学计算模型如图 3-40（b）所示。

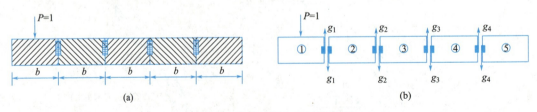

图 3-40 铰接板桥力学计算模型

对于由 n 条板梁组成的桥梁，有 $(n-1)$ 条铰缝。在板梁间沿铰缝切开，则每一铰缝内作用一对大小相等方向相反的正弦分布铰接力，对于 n 条板梁就有 $(n-1)$ 个未知铰接

力峰值 g_i。当求得所有 g_i 时，则根据力的平衡原理，可得分配到各板梁的竖向荷载峰值 p_{i1}，以图 3-40（b）所示的 5 块板为例，即为：

$$\left.\begin{array}{l} ①号板\ p_{11}=1-g_1 \\ ②号板\ p_{21}=g_1-g_2 \\ ③号板\ p_{31}=g_2-g_3 \\ ④号板\ p_{41}=g_3-g_4 \\ ⑤号板\ p_{51}=g_4 \end{array}\right\} \quad (3\text{-}20)$$

根据结构力学中的"力法"原理，可求解正弦分布的铰接力峰值 g_i。显然，对于具有 $(n-1)$ 个未知铰接力的超静定问题，总有 $(n-1)$ 条铰接缝，将每一铰接缝切开形成基本体系，利用两相邻板块在铰接缝处的竖向相对位移为零的变形协调条件，便可解出全部铰接力的峰值。为此，对于图 3-40（b）的基本体系，可以列出 4 个正则方程，如下：

$$\left.\begin{array}{l} \delta_{11}g_1+\delta_{12}g_2+\delta_{13}g_3+\delta_{14}g_4+\delta_{1p}=0 \\ \delta_{21}g_1+\delta_{22}g_2+\delta_{23}g_3+\delta_{24}g_4+\delta_{2p}=0 \\ \delta_{31}g_1+\delta_{32}g_2+\delta_{33}g_3+\delta_{34}g_4+\delta_{3p}=0 \\ \delta_{41}g_1+\delta_{42}g_2+\delta_{43}g_3+\delta_{44}g_4+\delta_{4p}=0 \end{array}\right\} \quad (3\text{-}21)$$

式中 δ_{ik} ——在铰接缝 k 内作用单位正弦铰接力时，铰接缝 i 处产生的竖向相对位移；

δ_{ip} ——外荷载 p 在铰接缝 i 处产生的竖向位移。

根据铰接板的受力，可以定出正则方程中的常系数 δ_{ik} 和 δ_{ip}。直接受荷载的①号板块处的荷载项系数为 −1，其余板块均为零。n 块板有 $(n-1)$ 个联立方程，求解出 $(n-1)$ 个 g_i，再按式（3-20）得到荷载作用下分配到各板块的竖向荷载的峰值，进而求得各梁的横向分布影响线和横向分布系数。

3. 铰接板的横向分布系数

图 3-41（a）表示荷载作用在①号板梁时，各块板梁的挠度和所分配的荷载图式。

对于弹性板梁，荷载与挠度呈正比关系，即 $p_{i1}=\alpha_1 w_{i1}$。同理，$p_{1i}=\alpha_2 w_{1i}$。由变位互等定理 $w_{i1}=w_{1i}$，且每块板梁的截面相同（比例常数 $\alpha_1=\alpha_2$），可得：

$$p_{1i}=p_{i1}$$

上式表明，单位荷载作用在①号板梁轴线时，任一板梁所分配的荷载等于单位荷载作用于任意板梁轴线时①号板梁所分配到的荷载。这就是①号板梁荷载横向影响线的竖标值，通常以 η_{1i} 来表示。最后，利用式（3-20），可得①号板梁横向影响线的各竖标值为：

$$\left.\begin{array}{l} \eta_{11}=p_{11}=1-g_1 \\ \eta_{12}=p_{21}=g_1-g_2 \\ \eta_{13}=p_{31}=g_2-g_3 \\ \eta_{14}=p_{41}=g_3-g_4 \\ \eta_{15}=p_{51}=g_4 \end{array}\right\} \quad (3\text{-}22)$$

把各个 η_{1i} 按比例描绘在相应板梁的轴线位置，用光滑的曲线（或近似地用折线）连接这些竖标值点，便得①号板梁的荷载横向影响线，如图 3-41（b）所示。同理，如将单位荷载作用在②号板梁轴线上，可求得 p_{i2}，进而可得 η_{2i}，如图 3-41（c）所示。

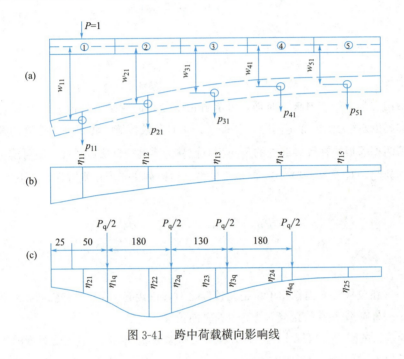

图 3-41 跨中荷载横向影响线

得到跨中荷载横向影响线后，可计算出各类荷载的跨中横向分布系数 m_c。由图 3-41（c）可得，②号板梁的跨中横向分布系数 m_c 为：

$$m_c = \frac{P_q}{2}(\eta_{1q} + \eta_{2q} + \eta_{3q} + \eta_{4q})$$

由图 3-41（b）可知，铰接板的荷载横向分布呈曲线分布，与刚性横梁法呈直线分布不同。接下来介绍的刚接梁法和比拟正交异性板法所得到的荷载横向分布一般也是曲线的。荷载横向分布呈直线是曲线分布的一种特例。

铰接板法，除可用于铰接板外，还可用于不设中间横隔板、各梁之间翼板连接近似铰接的 T 形梁桥。从图 3-42 的力学计算模型可知，在利用式（3-21）的正则方程求铰接力 g_i 时，除了考虑 w 和 φ 的影响外，所有主系数 δ_{ii} 中还应计入 T 形梁翼板悬臂端的弹性挠度 f（图 3-42c 和 d），也称之为铰接梁法。

3.2.4 其他方法

除了铰接板、刚性横梁法外，荷载横向分布计算方法还有杠杆法、修正刚性横梁法、刚接梁法、比拟正交异性板法等，每种方法各有不同的假定和适用范围。目前，桥梁荷载的横

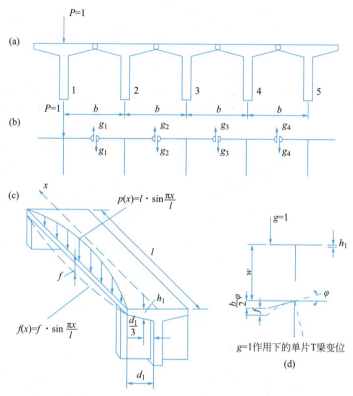

图 3-42 铰接 T 形梁桥力学计算模型

向分布多采用计算机直接计算。

1. 杠杆法

如果仅有双主梁，或一桥面板仅简支在两大梁上，或在支座处有两大梁，刚性横梁法就退化为杠杆法。

图 3-43（a）表示桥面板直接搁在工字形主梁上的装配式桥梁（实际早期有些桥梁如老式木结构桥、简易人行桥等都是如此）。当桥上有车辆荷载作用时，作用在左边悬臂板上的轮重 $P_1/2$ 只传递至①号和②号梁，作用在中部简支板上的轮重只传给②号和③号梁（图 3-43a），板上的各个轮重 $P_1/2$ 按简支梁反力的方式分配给左右两片主梁，而反力 R_i 的大小只要利用简支板的静力平衡条件即可求出，这就是通常所谓的作用力平衡的"杠杆原理"。如果主梁所支承的相邻两块板上都有荷载，则该梁所受的荷载是两个支承反力之和，如图 3-43（b）中②号梁所受的荷载为 $R_2 = R_2' + R_2''$。

为了求主梁所受的最大荷载，通常可利用反力影响线来进行，即计算荷载横向分布影响线，如图 3-44 所示。由于横向传力结构在跨长方向是相同的，因此对于某一片主梁而言，其荷载横向分布系数在全跨是一个常数值。

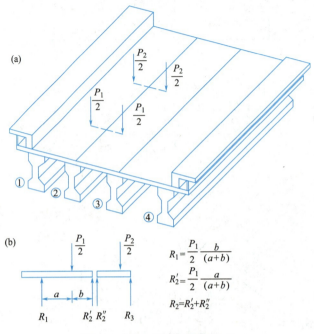

图 3-43 按杠杆原理受力图式

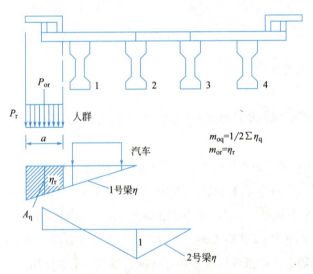

图 3-44 按杠杆原理计算横向分布系数

2. 修正刚性横梁法

前面介绍的刚性横梁法,其基本假定是:在车辆荷载作用下,中间横隔梁可近似地看作一片刚度无穷大的刚性梁,横隔梁的挠曲呈直线分布;忽略主梁抗扭刚度的影响,即不计入主梁对横隔梁的抵抗扭矩。但实际上,横梁的刚度不可能是无穷大的,主梁的抗扭刚度在结构空间受力中也会起到一定的作用。上述的两个假定与实际结构的差异,使得刚性横梁法得到的边梁受力计算结果偏大。为了弥补这个不足，国内外广泛采用考虑主梁抗扭刚度的修正刚性横梁法。

刚性横梁法计算荷载横向影响线坐标（以1号边梁为例）的公式为：

$$\eta_{1i} = \frac{I_1}{\sum\limits_{i=1}^{n} I_i} + \frac{a_i a_1 I_1}{\sum\limits_{i=1}^{n} a_i^2 I_i} \qquad (3-23)$$

上式等号右边第1项是由中心荷载 $P=1$ 所引起，此时各主梁只产生挠度而无转动（图3-37c），与主梁的抗扭无关。等号右边的第2项由偏心力距 $M=1 \cdot e$ 所引起，此时由于截面的转动，各主梁不仅产生竖向挠度，而且还引起扭转。可是等式中并没有考虑主梁的抗扭作用，因此需对等式第2项进行修正。

当跨中垂直于桥轴平面内有外力矩 $M=1 \cdot e$ 作用时（图3-45），每片主梁除产生不相同的挠度 w_i'' 外，还产生了一个相同的 φ 角转动（图3-45b）。设荷载由跨中刚性横梁来传递，截出此横梁作为脱离体来分析，可得各片主梁对横梁的反作用为竖向力 R_i'' 和抗扭矩 M_{Ti}（图3-45c）。

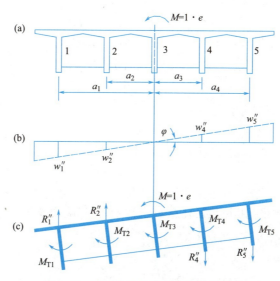

图3-45 考虑主梁抗扭作用的计算图式

根据平衡条件：

$$\sum_{i=1}^{n} R_i'' a_i + \sum_{i=1}^{n} M_{Ti} = 1 \cdot e \qquad (3-24)$$

由材料力学可知，考虑自由扭转时，简支梁跨中截面扭矩与扭转角以及竖向力与挠度的关系分别为：

$$\varphi = \frac{l M_{Ti}}{4 G I_{Ti}} \quad \text{和} \quad w_i'' = \frac{R_i'' l^3}{48 E I_i} \qquad (3-25)$$

式中　l——简支梁的计算跨度；
　　　I_{Ti}——梁的抗扭惯矩；
　　　G——材料的剪切模量。

由几何关系（图3-45b）可得：

$$\varphi \approx \tan\varphi = \frac{w_i''}{a_i}$$

将式（3-25）代入上式，则：

$$\varphi = \frac{R_i'' l^3}{48 a_i E I_i} \tag{3-26}$$

再将上式代入与 M_{Ti} 的关系式，可得：

$$M_{Ti} = R_i'' \cdot \frac{l^2 G I_{Ti}}{12 a_i E I_i} \tag{3-27}$$

为了计算任意 k 号梁的荷载，利用几何关系和式（3-25），则：

$$\frac{w_i''}{w_k''} = \frac{a_i}{a_k} = \frac{R_i''/I_i}{R_k''/I_k}, \quad 即得\ R_i'' = R_k'' \frac{a_i I_i}{a_k I_k} \tag{3-28}$$

再将式（3-27）和式（3-28）代入平衡条件式（3-24），可得：

$$\sum_{i=1}^{n} R_k'' \frac{a_i^2 I_i}{a_k I_k} + \sum_{i=1}^{n} R_k'' \cdot \frac{a_i I_i}{a_k I_k} \cdot \frac{l^2 G I_{Ti}}{12 a_i E I_i} = e$$

$$R_k'' \cdot \frac{1}{a_k I_k} \left(\sum_{i=1}^{n} a_i^2 I_i + \frac{G l^2}{12 E} \sum_{i=1}^{n} I_{Ti} \right) = e$$

于是：

$$R_k'' = \frac{e a_k I_k}{\sum_{i=1}^{n} a_i^2 I_i + \frac{G l^2}{12 E} \sum_{i=1}^{n} I_{Ti}} = \frac{e a_k I_k}{\sum_{i=1}^{n} a_i^2 I_i} \cdot \frac{1}{1 + \frac{G l^2}{12 E} \cdot \frac{\sum_{i=1}^{n} I_{Ti}}{\sum_{i=1}^{n} a_i^2 I_i}} = \beta \frac{e a_k I_k}{\sum_{i=1}^{n} a_i^2 I_i} \tag{3-29}$$

最后，可得考虑主梁抗扭刚度后任意 k 号梁的横向影响线竖标为：

$$\eta_{ki} = \frac{I_k}{\sum_{i=1}^{n} I_i} \pm \beta \frac{a_i a_k I_k}{\sum_{i=1}^{n} a_i^2 I_i} \tag{3-30}$$

式中　β——抗扭修正系数，与梁号无关，仅取决于结构的几何尺寸和材料特性。

$$\beta = \frac{1}{1 + \frac{G l^2}{12 E} \cdot \frac{\sum_{i=1}^{n} I_{Ti}}{\sum_{i=1}^{n} a_i^2 I_i}} < 1 \tag{3-31}$$

由此可见，与刚性横梁法公式不同点仅在于第2项上乘了小于1的抗扭修正系数 β，所以此法称为"修正刚性横梁法"。

对于简支梁桥，如果主梁的截面均相同，即 $I_i = I$，$I_{Ti} = I_T$，此时：

$$\beta = \cfrac{1}{1 + \cfrac{Gl^2}{12EI} \cdot \cfrac{nI_\mathrm{T}}{\sum\limits_{i=1}^{n} a_i^2}}$$

对于由矩形组合而成的梁截面,如 T 形或 I 形梁,其抗扭惯性矩 I_T 近似等于各个矩形截面的抗扭惯性矩的总和。

修正刚性横梁法比刚性横梁法的计算精度要高,且更接近于真实值。无论是刚性横梁法还是修正刚性横梁法,其主梁荷载横向分布影响线均为线性变化,修正刚性横梁法仅改变了线性变化的斜率,而没有改变其线性变化的性质。当主梁的片数增多或者桥宽增加时,横梁与主梁相对弯曲刚度比值降低,横梁不再能看作是无限刚性的。如用修正刚性横梁法计算仍会产生较大的误差,此时应采用刚接梁法计算。

3. 刚接梁法

对于翼缘板刚性连接的肋梁桥,只要在铰接板桥的计算理论基础上,在铰接缝处引入赘余弯矩 m_i,便可建立计入横向刚性连接特点的赘余力正则方程,从而求解各梁荷载横向分布的问题。故称该方法为刚接梁法。

图 3-46(a)表示翼缘板刚性连接的 T 形简支梁桥的跨中横截面,设有一单位正弦荷载 $P(x) = 1 \times \sin(\pi x/l)$ 作用在 1 号梁的轴线上。在各板跨中央沿纵缝将板切开,并代以按正弦分布的赘余力素 $x_i \times \sin(\pi x/l)$(这里 $i=1$、2 和 3 表示剪力,$i=4$、5 和 6 表示弯矩,x_i 均为赘余力素在梁的跨中截面处的峰值),可得到计算刚接梁桥的基本体系,如图 3-46(b)所示。

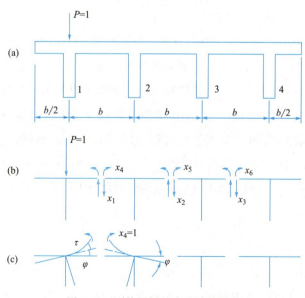

图 3-46 刚接梁桥的力学计算模型

根据力学分析,正则方程中许多元素为零,实际的 $[\delta_{ij}]$ 可表示为:

$$[\delta_{ij}] = \begin{bmatrix} \delta_{11} & \delta_{12} & 0 & 0 & \delta_{15} & 0 \\ \delta_{21} & \delta_{22} & \delta_{23} & \delta_{24} & 0 & \delta_{26} \\ 0 & \delta_{32} & \delta_{33} & 0 & \delta_{35} & 0 \\ 0 & \delta_{42} & 0 & \delta_{44} & \delta_{45} & 0 \\ \delta_{51} & 0 & \delta_{53} & \delta_{54} & \delta_{55} & \delta_{56} \\ 0 & \delta_{62} & 0 & 0 & \delta_{65} & \delta_{66} \end{bmatrix}$$

竖向荷载的横向分析与前面铰接梁桥一样，仍只考虑剪力 g_i 的影响，计算与前面相似。

4. 比拟正交异性板法

前面介绍的几种计算荷载横向分布系数的方法，都有一个共同的特点，就是把全桥视作由一系列并排放置的主梁所构成的梁格结构。各种方法的不同之处在于根据各种不同桥梁结构的具体特点，对横向结构的连接刚度作了不同程度的假设。然而，由于实际的混凝土梁式桥的结构多样性，对于与上述梁格力学计算模型差别较大的桥梁结构，这些方法还不足以反映其受力情况。例如，对于由主梁、连续的桥面板和多道横隔梁所组成的混凝土梁桥，当其宽跨比较大时，为了能比较精确地反映实际结构的受力情况，可把此类结构简化成为纵横相交的梁格系，然后按杆件系统的空间结构来求解。

这种结构也可设法将其比拟简化为一块等厚的矩形弹性薄板，由于纵桥向与横桥向的构造不同，这两个方向的刚度是不同的，也就是一块各向异性板，与前面介绍的现浇整体板一样（图3-33），也可按古典弹性理论分析得到的计算图表，进行简化计算。这就是所谓的"比拟正交异性板法"或称"G-M 法"。

"比拟正交异性板法"计算荷载横向分布系数的关键问题是如何将纵横相交的梁格系的梁桥（通常所说的肋梁桥）比拟成正交各向异性板。以图3-47为例来进行简单的说明。假设肋梁桥的主梁中心距离为 b，抗弯惯性矩为 I_x，抗扭惯性矩为 I_{Tx}；横梁中心距离为 a，抗弯惯性矩为 I_y，抗扭惯性矩为 I_{Ty}；同时梁肋间距 a、b 远小于桥跨宽度和长度，且桥面板与梁肋结合好。解决问题的关键是假想主梁的 I_x、I_{Tx} 平均分摊于宽度 b，横梁的 I_y、I_{Ty} 平均分摊于宽度 a，这样就把实际的纵横梁格系比拟成一块假想的平板。比拟板在 x、y 两个方向的换算厚度不同，在纵、横向每米宽截面抗弯惯性矩和抗扭惯性矩分别为：

$$J_x = \frac{I_x}{b}, J_{Tx} = \frac{I_{Tx}}{b}$$
$$J_y = \frac{I_y}{a}, J_{Ty} = \frac{I_{Ty}}{a}$$

(3-32)

可以证明，比拟后的正交异性板的挠曲面微分方程与正交异性板的方程在形式上完全一致，说明按纵横梁格系结构比拟成的异性板，可以完全按材料异性板来求解，区别只是方程中的刚度常数不同。

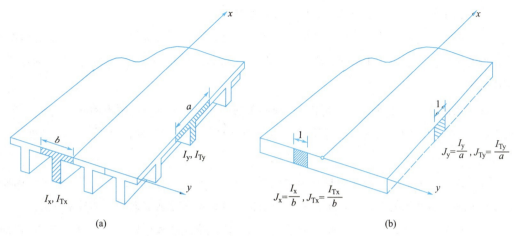

图 3-47 实际结构换算成比拟板的形式
(a) 实际结构；(b) 换算后的比拟正交异性板

3.2.5 各种方法的基本假定与应用对象

在实际桥梁工程中，由于桥梁施工和构造的不同，梁式桥上部结构可能采用不同类型的横向结构。因此，为使荷载横向分布的计算能更好地适应各种类型的结构特性，需要按不同的横向结构采用相应的简化计算模型。目前常用的荷载横向分布计算方法有：

(1) 铰接板法——把相邻板之间视为铰接，只传递剪力，主要应用于铰接板桥。对于无中横隔板或横向联系较弱的 T 梁桥，各梁之间以上翼缘板连接为主，也可应用此法，此时将相邻的梁之间的联系假定为铰接。

(2) 刚接梁法——把相邻主梁之间视为刚性连接，不仅传递剪力，也传递弯矩。主要应用于横向联系较强的 T 梁桥。其计算方法是在铰接板法的基础上，在铰接缝处引入赘余弯矩 m_i 和相应的系数，通过赘余力正则方程来求解。

(3) 刚性横梁法——把横隔梁视作刚度极大的梁，也称偏心压力法，主要应用于横梁刚度较大（特别是窄桥）的梁桥。

(4) 杠杆法——它是刚性梁法当主梁仅有两根时的特例。主要用于横向结构（桥面板和横隔板）视作在主梁上断开而简支在其上的简支梁；或横向连接极弱的梁桥，特别是双梁桥；也常用于支点处反力、主梁弯矩与剪力的横向分布计算。

对于一般多梁式桥，不论跨度内有无中间横隔梁，当桥上荷载作用在靠近支点处时，例如当计算支点剪力时，绝大部分荷载通过相邻的主梁直接传至墩台。从集中荷载直接作用在端横隔梁上的情形来看，虽然端横隔梁是连续于几片主梁之间的，但由于不考虑支座的弹性压缩和主梁本身的微小压缩变形，荷载将主要传至两个相邻主梁支座，即连续端横隔梁的支点反力与多跨简支梁的反力相差不多。因此，在实践中人们习惯偏于安全地用杠杆原理法来计算荷载位于靠近主梁支点时的荷载横向分布系数。

(5) 修正刚性横梁法——在刚性横梁法的基础上，计入主梁抗扭刚度影响，此法又称为修正偏心压力法。主要用于横梁抗弯刚度大且主梁抗扭刚度也较大的情况，如主梁为箱梁、多格式箱梁等。

(6) 比拟正交异性板法——将主梁和横隔梁的刚度换算成两向刚度不同的比拟弹性平板来求解，并由实用的曲线图表进行荷载横向分布计算。主要用于横向联系较密、刚度较小（宽桥）的梁桥。

在上述六种方法中，前面五种均将上部结构考虑成由纵桥向的主受力结构通过横向联系连成整体的空间结构来计算，第六种方法则将上部结构考虑成双向受力的板来计算。

从横向分布计算结果来看，刚性横梁法、修正刚性横梁法和杠杆法，均假定结构的横向刚度为无穷大，计算所得的荷载横向影响线为直线；而铰接板法、刚接梁法和比拟正交异性板法中，结构横向刚度有限，计算所得的荷载横向影响线一般为曲线。

上列各种实用的计算方法所具有的共同特点是：从分析荷载在桥上的横向分布出发，求得各片主梁荷载横向分布影响线，通过横向最不利布载来计算荷载横向分布系数 m。得到作用于单梁上的最大荷载之后，就能按结构力学的方法求得主梁的可变作用效应值。

由于钢筋混凝土和预应力混凝土梁桥的永久作用一般比较大，即使在计算可变作用效应中会带来一些误差，但该误差对主梁总设计内力的影响一般不大。

3.2.6 荷载横向分布系数沿桥跨方向的变化

从前面的分析与算例可知，同一座桥梁内各片梁的荷载横向分布系数 m 是不相同的，不同类型的荷载（如车辆荷载、人群荷载）的 m 值也各不相同，而且荷载在梁上沿纵向的位置对 m 也有影响。本小节主要讨论荷载横向分布系数沿桥跨方向的变化，以及在实际应用时所采用的近似方法。

对于弯矩内力，支点处的荷载横向分布系数 m_0 可用"杠杆法"求得，跨中处的荷载横向分布系数 m_c 可用前述的其他方法求得，其他各处的荷载横向分布系数 m_x，可以用图 3-48 所示的近似处理方法来确定。对于中间无横隔梁或仅有一片横隔梁的情况，跨中部分用不变的 m_c，从离支点 $l/4$ 处起至支点的区段内，m_x 呈直线形过渡至 m_0（图 3-48a）；对于有多片横隔梁的情况，m_c 从第一片内横隔梁起向支点 m_0 直线形过渡（图 3-48b）。由图 3-48 可知，简支梁支点附近的荷载值对梁中弯矩值的影响较跨中荷载值的影响来得小，所以支点附近的横向分布系数对主梁弯矩值的影响也不大。在实际应用中，为了简化计算简支梁跨中最大弯矩，一般可按不变化的 m_c 来计算。

以上讨论的荷载横向分布实用计算方法，主要是以弯矩内力计算为主的，只有"杠杆法"可以用于支座处的剪力荷载横向分布的计算。

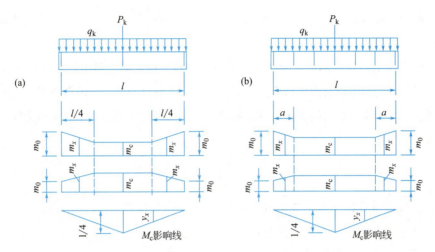

图 3-48　计算弯矩时荷载横向分布系数沿跨长的变化

对于跨中剪力来说，主梁的剪力影响面在纵横向完全异形，无法进行变量分离，也就难以得出一个简化的荷载横向分布系数。由于简支梁桥的剪力由支点截面控制，而支点附近的剪力荷载横向分布可以采用"杠杆法"计算，因此在实际应用中可以采用类似于弯矩横向分布的近似方法进行计算，如图 3-49 所示。

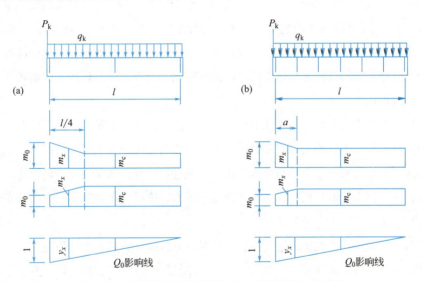

图 3-49　计算剪力时荷载横向分布系数沿跨长的变化

3.3　主梁内力与变形计算

对于简支梁桥的任意一片主梁，当得到永久作用和通过荷载横向分布系数求得的可变作用时，可按工程力学的方法计算主梁截面的内力（弯矩 M 和剪力 Q），然后按结构设计原理进行该主梁的设计和验算。

对于跨径在 10m 以内的小跨径混凝土简支梁（板）桥，通常只需计算跨中截面的最大弯矩、支点截面的剪力以及跨中截面的剪力。跨中与支点之间各截面的剪力可以近似地按直线规律变化，而弯矩可假设按二次抛物线规律变化。以简支梁的一个支点为坐标原点，其弯矩变化规律即为：

$$M_x = \frac{4M_{\max}}{l^2} x(l-x) \tag{3-33}$$

式中　M_x——主梁距离支点 x 处的截面弯矩值；
　　　$M_{\max}$——主梁跨中最大设计弯矩值；
　　　l——主梁的计算跨径。

对于跨径较大的简支梁，一般还应计算四分点截面处的弯矩和剪力。如果主梁沿桥轴方向截面有变化，例如梁肋宽度或梁高有变化，则还应计算截面变化处的主梁内力。

3.3.1　永久作用效应计算

钢筋混凝土或预应力混凝土公路桥梁的永久作用，往往占全部设计荷载的比重很大（通常占 60%～90%），桥梁的跨径越大，永久作用所占的比重也越大。因此，设计人员要准确地计算出作用于桥梁上的永久作用。如果在设计之初通过一些近似途径（经验曲线、相近的标准设计或已建桥梁的资料等）估算桥梁的永久作用，则应按试算后确定的结构尺寸重新计算桥梁的永久作用。

在计算永久作用效应时，常简化地将沿桥跨分点作用的横梁重力、沿桥横向不等分布的铺装层重力以及作用于两侧人行道和栏杆等重力，均匀分摊给各主梁来承受。因此，对于等截面梁桥的主梁，其永久作用可简单地按均布荷载进行计算。如果需要精确计算，可根据桥梁的施工情况，将人行道、栏杆、灯柱和管道等重力，按可变作用的荷载横向分布规律进行分配。

对于组合式梁桥，应按实际施工组合的情况，分阶段计算其永久作用效应。

对于预应力混凝土简支梁桥，在施加预应力阶段，要利用梁体自重（或称先期永久作用）来抵消钢丝束张拉力在梁体上翼缘产生的拉应力。在此情况下，要将永久作用分成两个阶段（即先期永久作用和后期永久作用）来计算。在特殊情况下，永久作用可能还要分成更多阶段进行计算。

得到永久作用集度值 g 之后，可按材料力学公式，计算出主梁各截面的弯矩 M 和剪力 Q。当永久作用分阶段计算时，应按各阶段的永久作用集度值 g_i 来计算主梁内力，以便进行内力或应力组合。

下面通过一个计算实例来说明永久作用效应的计算方法。

【例 3-2】计算图 3-50 所示的标准跨径为 30m、结构计算跨径为 28.90m，由 5 片主梁组成的装配式预应力混凝土简支梁桥主梁的永久作用效应，已知每侧的栏杆及人行道构件的永久作用为 8kN/m。

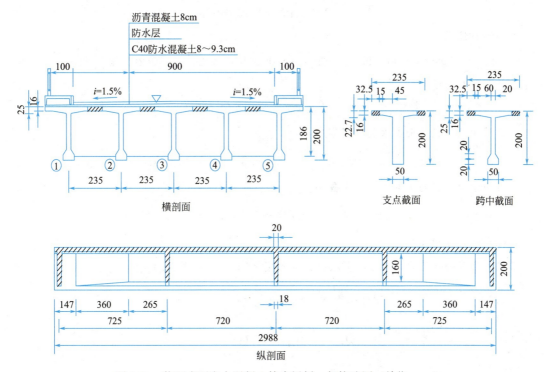

图 3-50 装配式预应力混凝土简支梁桥一般构造图（单位：cm）

【解】

(1) 永久作用集度

主梁跨中截面面积：

$A_{l/2}$（面积）$= 0.16 \times 2.35 + (2 \times 0.6) \times (0.25 - 0.16)/2 + (0.2 + 0.4) \times 0.15/2 \times 2$
$\qquad + 0.2 \times (2.0 - 0.16) = 0.888 \mathrm{m}^2$

主梁支点截面面积：

$A_{支点}$（面积）$= 0.16 \times 2.35 + (2 \times 0.45) \times (0.277 - 0.16)/2 + 0.5 \times (2.0 - 0.16)$
$\qquad = 1.326 \mathrm{m}^2$

主梁永久作用集度：

$g_1 = [0.888 \times (2.65 + 7.2) \times 2 + 1.326 \times 1.47 \times 2 + (0.888 + 1.326)/2 \times 3.6 \times 2] \times$
$\qquad 25.0/29.88 = 24.57 \mathrm{kN/m}$

边主梁横隔板永久作用集度：

$$g_2 = \left\{\left[(1.86-0.16) \times \frac{2.35-0.2}{2} - 0.15 \times 0.2/2 - (0.25-0.16) \times 0.6/2\right] \times \frac{0.2+0.18}{2}\right.$$
$$\left. \times 5 \times 25.0\right\}/29.88 = 1.407 \text{kN/m}$$

中主梁横隔板永久作用集度：
$$g'_2 = 2 \times 1.407 = 2.814 \text{kN/m}$$

桥面铺装层：
$$g_3 = [0.08 \times 9.00 \times 23.0 + 0.09 \times 9.00 \times 24]/5 = 7.2 \text{kN/m}$$

栏杆和人行道：
$$g_4 = 8.0 \times 2/5 = 3.20 \text{kN/m}$$

作用于边主梁的全部永久作用集度：
$$g = \sum g_i = 24.57 + 1.407 + 7.2 + 3.2 = 36.38 \text{kN/m}$$

作用于中主梁的全部永久作用集度：
$$g' = \sum g_i = 24.57 + 2.814 + 7.2 + 3.2 = 37.78 \text{kN/m}$$

（2）永久作用效应

边主梁弯矩和剪力的力学计算模型分别如图 3-51（a）和图 3-51（b）所示，则：

$$M_x = \frac{gl}{2} \cdot x - gx \cdot \frac{x}{2} = \frac{gx}{2}(l-x)$$

$$Q_x = \frac{gl}{2} - gx = \frac{g}{2}(l-2x)$$

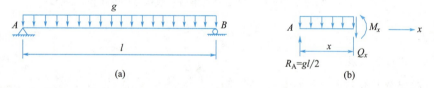

图 3-51 永久作用效应力学计算模型

各计算截面的剪力和弯矩值列于表 3-2。

边主梁永久作用效应　　　　　表 3-2

内力截面位置 x	剪力 Q (kN)	弯矩 M (kN·m)
$x=0$	$Q = \frac{36.38}{2} \times 28.90 = 525.69$	$M=0$
$x=\frac{l}{4}$	$Q = \frac{36.38}{2} \times \left(28.90 - 2 \times \frac{28.90}{4}\right) = 262.85$	$M = \frac{36.38}{2} \times \frac{28.90}{4} \times \left(28.90 - \frac{28.90}{4}\right) = 2848.59$
$x=\frac{l}{2}$	$Q=0$	$M = \frac{1}{8} \times 36.38 \times 28.9^2 = 3798.12$

3.3.2 可变作用效应计算

公路桥梁的可变作用包括汽车荷载和人群荷载等,求得可变作用的荷载横向分布系数后,可以具体确定在一片主梁上的可变作用,然后用工程力学方法计算主梁的可变作用效应。截面可变作用效应计算的一般计算公式为:

$$S_{汽}=(1+\mu)\cdot\xi\cdot(m_1 P_k y_k+m_2 q_k \Omega) \tag{3-34}$$

$$S_{人}=m_2 q_r \Omega \tag{3-35}$$

式中 S——所求截面的弯矩或剪力;

$(1+\mu)$——汽车荷载的冲击系数,按《公桥通规》规定取值;

ξ——多车道桥涵的汽车荷载横向折减系数,按《公桥通规》规定取用;

m_1——沿桥跨纵向与车道集中荷载 P_k 位置对应的荷载横向分布系数;

m_2——沿桥跨纵向与车道均布荷载 q_k 所布置的影响线面积中心位置对应的荷载横向分布系数,一般可取跨中荷载横向分布系数 m_c;

P_k——车道集中荷载标准值;

q_k——车道均布荷载标准值;

q_r——纵向每延米人群荷载标准值;

y_k——沿桥跨纵向与 P_k 位置对应的内力影响线最大坐标值;

Ω——弯矩、剪力影响线面积。

利用式(3-34)或式(3-35)计算支点截面处的剪力或靠近支点截面的剪力时,还须计入由于荷载横向分布系数在梁端区段内发生变化所产生的影响,以支点截面为例,其计算公式为:

$$Q_A = Q'_A + \Delta Q_A \tag{3-36}$$

式中 Q'_A——由式(3-34)或式(3-35)按不变的 m_c 计算的内力值,即由均布荷载 $m_c q_k$ 计算的内力值;

ΔQ_A——计入靠近支点处荷载横向分布系数变化而引起的内力增(或减)值,具体计算见图 3-52。

对于车道均布荷载的情况,在荷载横向分布系数变化区段内所产生的三角形荷载对内力的影响,可用式(3-37)计算:

$$\Delta Q_A = (1+\mu)\cdot\xi\cdot\frac{a}{2}(m_0-m_c)\cdot q_k \cdot \overline{y} \tag{3-37}$$

对于人群均布荷载的情况,在荷载横向分布系数变化区段内所产生的三角形荷载对内力的影响,可用式(3-38)计算:

$$\Delta Q_A = \frac{a}{2}(m_0-m_c)\cdot q_r \cdot \overline{y} \tag{3-38}$$

式中 a——荷载横向分布系数 m 过渡段长度；

　　　q_r——单侧人行道顺桥向每延米的人群荷载标准值；

　　　$\bar{y}$——m 变化区段附加三角形荷载重心位置对应的内力影响线坐标值；

其余符号意义同前。

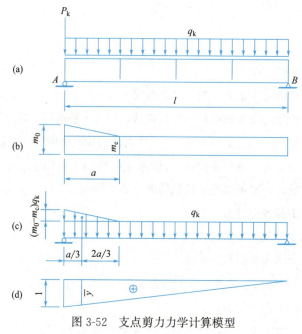

图 3-52　支点剪力力学计算模型

(a) 桥上荷载；(b) m 分布图；(c) 梁上荷载；(d) Q_A 影响线

下面通过一个计算实例来说明可变作用效应的计算方法。

【例 3-3】以例 3-2 所示的标准跨径为 30m 的 5 梁式装配式预应力混凝土简支梁桥为实例，计算边主梁（梁体混凝土为 C50）在公路-Ⅱ级和人群荷载 $q_r=3.0\text{kN/m}^2$ 作用下的跨中截面最大弯矩、最大剪力以及支点截面的最大剪力。荷载横向分布系数见表 3-3。

【解】

(1) 荷载横向分布系数汇总

荷载横向分布系数　　　　　　　　　　表 3-3

梁号	荷载位置	公路-Ⅱ级	人群荷载	备注
边主梁	跨中 m_c	0.644	0.594	按"修正偏心压力法"计算
	支点 m_0	0.351	1.128	按"杠杆法"计算

(2) 计算跨中截面汽车荷载引起的最大弯矩

其中简支梁桥基频计算公式为 $f=\dfrac{\pi}{2l^2}\sqrt{\dfrac{EI_c}{m_c}}$，其中，混凝土弹性模量 E 取 $3.45\times$

$10^{10}\,\mathrm{N/m^2}$，单片主梁跨中截面的截面惯性矩 $I_c = 0.4347\,\mathrm{m^4}$，单片主梁跨中处的单位长度质量 $m_c = 2.22 \times 10^3\,\mathrm{kg/m}$，因此，

$$f = \frac{\pi}{2l^2}\sqrt{\frac{EI_c}{m_c}} = \frac{3.14}{2 \times 28.9^2} \times \sqrt{\frac{3.45 \times 10^{10} \times 0.4347}{2.22 \times 10^3}} = 4.888\,\mathrm{Hz}$$

根据表 1-9，冲击系数：

$$\mu = 0.1767\ln f - 0.0157 = 0.265$$
$$(1 + \mu) = 1.265$$

双车道不折减，$\xi = 1.0$。

由表 1-4 可知，桥梁计算跨径 $5 < L_j < 50$ 时，P_k 值采用直线内插求得，$P_k = 2(L_0 + 130)$，则有：

计算弯矩时：

$$P_k = 0.75 \times 2(28.90 + 130) = 238.35\,\mathrm{kN}$$
$$q_k = 0.75 \times 10.5 = 7.875\,\mathrm{kN/m}$$

按跨中弯矩影响线，计算得出弯矩影响线面积为：

$$\Omega = \frac{1}{8}l^2 = \frac{1}{8} \times 28.9^2 = 104.40\,\mathrm{m^2}$$

沿桥跨纵向与 P_k 位置对应的内力影响线最大坐标值 $y_k = \dfrac{l}{4} = 7.23$，见图 3-53。

故得：

$$M_{\frac{l}{2},q} = (1 + \mu) \cdot \xi \cdot (m_1 \cdot P_k \cdot y_k + m_c \cdot q_k \cdot \Omega)$$
$$= 1.265 \times 1.0 \times (0.664 \times 238.35 \times 7.23 + 0.644 \times 7.875 \times 104.40)$$
$$= 2073.65\,\mathrm{kN \cdot m}$$

(3) 计算跨中截面人群荷载引起的最大弯矩

$$M_{\frac{l}{2},r} = m_{cr} \cdot q_r \cdot \Omega = 0.594 \times (3.0 \times 1.0) \times 104.40 = 186.04\,\mathrm{kN \cdot m}$$

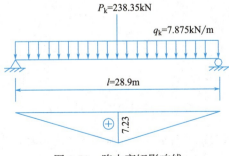

图 3-53　跨中弯矩影响线

(4) 计算跨中截面汽车荷载引起的最大剪力

由于跨中剪力影响线的较大坐标位于跨中部分（见图3-54），可采用全跨统一的荷载横向分布系数 m_c 进行计算。

计算剪力时：
$$P_k = 1.2 \times 238.35 = 286.02 \text{kN}$$

影响线的面积：
$$\Omega = \frac{1}{2} \times \frac{1}{2} \times 28.9 \times 0.5 = 3.61 \text{m}$$

故得：
$$Q_{\frac{l}{2},q} = 1.265 \times 1.00 \times (0.644 \times 286.02 \times 0.5 + 0.644 \times 7.875 \times 3.61)$$
$$= 139.66 \text{kN}$$

(5) 计算跨中截面人群荷载引起的最大剪力

$$Q_{\frac{l}{2},r} = m_c \cdot q_r \cdot \Omega = 0.594 \times (3.0 \times 1.0) \times 3.61 = 6.43 \text{kN}$$

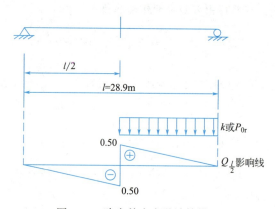

图3-54 跨中剪力力学计算模型

(6) 计算支点截面汽车荷载引起的最大剪力

绘制荷载横向分布系数沿桥跨方向的变化图和支点剪力影响线，如图3-55所示。荷载横向分布系数变化区段的长度：
$$a = \frac{1}{2} \times 28.9 - 7.2 = 7.25 \text{m}$$

影响线面积（图3-55c）为：
$$\Omega = \frac{1}{2} \times 28.9 \times 1 = 14.45 \text{m}$$

对应于支点剪力影响线的最不利车道荷载布置方式有两种，其均布荷载均沿跨长布置，不同的是集中力的布置，如图3-55（a）所示。一种是将集中力作用于第一片内横隔梁（图3-55a的实线），横向分布系数取0.644，影响线坐标值为0.749；另一种是将集中力作用于

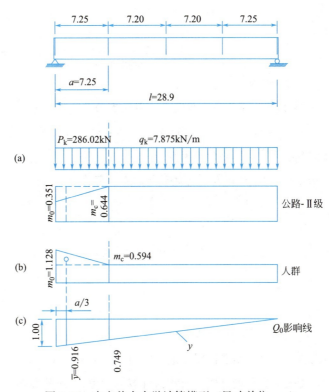

图 3-55 支点剪力力学计算模型（尺寸单位：m）

支点处（图 3-55a 的虚线），影响线上的坐标值比第一种大（1.00），但横向分布系数小（0.351）。这两种布置的结果，要进行比较，取较大者。

第一种布载方式，按式（3-34）计算，则得：

$$Q'_{0q} = (1+\mu) \cdot \xi \cdot (m_1 P_k y_k + m_c q_k \Omega)$$
$$= 1.265 \times 1.0 \times (0.644 \times 286.02 \times 0.749 + 0.644 \times 7.875 \times 14.45)$$
$$= 267.23 \text{kN}$$

第二种布载方式，同样按式（3-34）计算，可得：

$$Q'_{0q} = 1.265 \times 1.0 \times (0.351 \times 286.02 \times 1.0 + 0.644 \times 7.875 \times 14.45) = 219.70 \text{kN}$$

比较两种布载的计算结果可知，第一种布载方式计算值大于第二种，所以取前者（267.23kN）为计算剪力值。

接下来计算 m 变化区段内的附加值。由图 3-55（b）可知，附加三角形荷载重心处的剪力影响线坐标为：

$$\bar{y} = 1 \times \left(28.9 - \frac{1}{3} \times 7.25\right) / 28.9 = 0.916$$

附加剪力由式（3-37）计算：

$$\Delta Q'_{0q} = (1+\mu) \cdot \xi \cdot \frac{a}{2}(m_0 - m_c) \cdot q_k \cdot \overline{y}$$

$$= 1.265 \times 1.0 \times \frac{7.25}{2} \times (0.351 - 0.644) \times 7.875 \times 0.916$$

$$= -9.69 \text{kN}$$

由式（3-36），公路-II作用下，边主梁支点的最大剪力为：

$$Q_{0q} = Q'_{0q} + \Delta Q'_{0q} = 267.23 - 9.69 = 257.54 \text{kN}$$

(7) 计算支点截面人群荷载引起的最大剪力

由式（3-35）和式（3-38）可得人群荷载引起的支点剪力为：

$$Q_{0r} = m_c \cdot q_r \cdot \Omega + \frac{a}{2}(m_0 - m_c)q_r \cdot \overline{y}$$

$$= 0.594 \times (3.0 \times 1.0) \times 14.45 + \frac{1}{2} \times 7.25 \times (1.128 - 0.594) \times (3.0 \times 1.0) \times 0.916$$

$$= 31.07 \text{kN}$$

3.3.3 主梁内力组合和包络图

为了按各种极限状态来设计钢筋混凝土或预应力混凝土梁（板）桥，需要确定主梁沿桥跨方向关键截面的作用效应组合设计值（或称为计算内力值）。可先将各类荷载引起的最不利作用效应分别乘以相应的荷载分项系数，再按《公桥通规》规定的作用效应进行组合，得到计算内力值。

例3-2所示的标准跨径为30m的5梁式装配式预应力混凝土简支梁桥中，1号边主梁的内力值最大。例3-2和例3-3计算的内力结果见表1-13，控制设计的跨中弯矩和梁端剪力作用效应组合见例1-1。

如果在梁轴线上的各个截面处，将所采用控制设计的各效应组合设计值按适当的比例绘成竖标值点，把这些竖标值点连接而成的曲线称为效应组合设计值（或称为内力组合设计值）的包络图，如图3-56所示。一个效应组合设计值包络图反映一个量值（M 或 V）在一种荷载组合情况下，结构各截面的最大（最小）内力值。若有 n 个计算量值、m 种荷载组合，就有 $n \times m$ 个效应组合设计值包络图。

在结构设计中，依据效应组合设计值包络图，可得到所验算截面相应的量值，并根据《公桥通规》的规定进行相应的验算。

对于小跨径梁（如跨径在10m以下），如仅计算 $M_{L/2}$ 以及 Q_0，则弯矩包络图可绘成二次抛物线，剪力包络图可绘成直线形。

确定效应组合设计值包络图之后，便可按钢筋混凝土或预应力混凝土结构设计原理的方法，设计主梁纵向主筋、斜筋和箍筋，并进行各种验算。

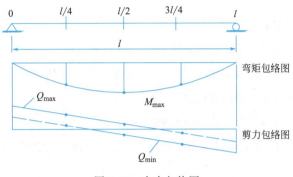

图 3-56　内力包络图

3.3.4　挠度和预拱度计算

一座桥梁不仅要具有足够的强度，还要具有足够的刚度和稳定性。因为桥梁如发生过大的变形，不但会导致高速行车困难，加大车辆对桥梁的冲击作用，引起桥梁的剧烈振动和使行人感到不适，而且容易使桥面铺装层和结构的辅助设备遭受损坏，严重者甚至危及桥梁的安全。

桥梁挠度按产生的原因可分成永久作用挠度和可变作用挠度。永久作用（包括结构自重、桥面铺装及附属设施的重力、预应力、混凝土徐变和收缩作用等）是恒久存在的，其产生的挠度与持续时间相关，还可分为短期挠度和长期挠度；可变作用挠度是临时出现的，在最不利的荷载位置处挠度达到最大值，随着汽车的移动，挠度逐渐减小，一旦汽车驶离桥梁，挠度就会消失。

永久作用挠度并不表征结构的刚度特性，它可通过施工时预设的反向挠度或称预拱度来加以抵消，使竣工后的桥梁达到理想的线形。

可变作用使桥梁产生反复变形，变形的幅度（即挠度）越大，可能发生的冲击和振动作用也越强烈，对行车的影响也越大。因此，在桥梁设计中需要验算可变作用挠度来体现结构的刚度特性。

《混凝土桥规》规定，对于钢筋混凝土及预应力混凝土梁桥，由汽车荷载（不计冲击力）和人群荷载频遇组合在梁式桥主梁产生的最大挠度不应超过计算跨径的 1/600；在梁式桥主梁悬臂端产生的最大挠度不应超过悬臂长度的 1/300。

为了消除永久作用挠度而设置的预拱度（指跨中的反向挠度），其值通常采用结构自重和一半可变作用频遇值计算的长期竖向挠度值之和。这意味着在使用阶段常遇荷载情况下，桥梁基本上接近设计高程。对于位于竖曲线上的桥梁，应根据竖曲线的凸起（或凹下）情况，适当增（或减）预拱度值，使竣工后的线形与竖曲线接近一致。对于一般小跨径的钢筋混凝土梁桥，当结构自重和可变作用所计算的挠度不超过 $l/1600$ 时，可以不设预拱度。

钢筋混凝土和预应力混凝土简支梁长期挠度值，可按公式（3-39）计算：

$$f_c = \eta_\theta f \tag{3-39}$$

式中　f_c——长期挠度值；

　　　η_θ——挠度长期增长系数，当采用 C40 以下混凝土时，取为 1.60；当采用 C40~C80 混凝土时，取为 1.45~1.35，中间强度等级可按直线内插取用。计算预应力混凝土简支梁预加力反拱值，取 2.0；

　　　f——按荷载频遇组合计算的挠度值。

对于钢筋混凝土简支梁，荷载频遇组合作用下的跨中截面挠度按公式（3-40）近似计算：

$$f = \frac{5}{48} \cdot \frac{M_s l^2}{B} \tag{3-40}$$

$$B = \frac{B_0}{\left(\dfrac{M_{cr}}{M_s}\right)^2 + \left[1 - \left(\dfrac{M_{cr}}{M_s}\right)^2\right]\dfrac{B_0}{B_{cr}}} \tag{3-41}$$

$$M_{cr} = \gamma f_{tk} W_0 \tag{3-42}$$

$$\gamma = \frac{2S_0}{W_0} \tag{3-43}$$

式中　M_s——由荷载频遇组合计算的弯矩值；

　　　l——计算跨径；

　　　B——开裂构件等效截面的抗弯刚度；

　　　B_0——全截面的抗弯刚度，$B_0 = 0.95 E_c I_0$；

　　　B_{cr}——开裂截面的抗弯刚度，$B_{cr} = E_c I_{cr}$；

　　　M_{cr}——开裂弯矩；

　　　γ——构件受拉区混凝土塑性影响系数；

　　　I_0——全截面换算截面惯性矩；

　　　I_{cr}——开裂截面换算截面惯性矩；

　　　f_{tk}——混凝土轴心抗拉强度标准值；

　　　S_0——全截面换算截面重心轴以上（或以下）部分面积对重心轴的面积矩；

　　　W_0——换算截面抗裂边缘的弹性抵抗矩。

对于预应力混凝土受弯构件，当计算短期弹性挠度时，对于不开裂的全预应力和 A 类部分预应力构件，截面刚度采用 B_0，即 $0.95 E_c I_0$。对于开裂的 B 类预应力构件，在 M_{cr} 作用时，截面刚度采用 B_0；在 $(M_s - M_{cr})$ 作用时，截面刚度采用 B_{cr}，即 $E_c I_{cr}$，且 $M_{cr} = (\sigma_{pc} + \gamma f_{tk}) W_0$，$\sigma_{pc}$ 表示扣除全部预应力损失后预应力钢筋和普通钢筋合力在构件抗裂边缘产生的混凝土预压应力，其他符号含义同前。

【例 3-4】验算某装配式钢筋混凝土简支梁桥的主梁挠度，已知该主梁混凝土为 C30，计算跨径 19.5m，主梁开裂构件等效截面的抗弯刚度 $B = 1.750 \times 10^6 \text{kN} \cdot \text{m}^2$；主梁跨中截面结构自重产生的最大弯矩 $M_{cg}=763.4$ kN·m，汽车产生的最大弯矩（不计冲击力）$M_{cq}=669.5$ kN·m，人群产生的最大弯矩 $M_r=73.1$ kN·m。

【解】

(1) 验算主梁的变形

根据《混凝土桥规》规定，验算主梁的变形，不计入结构自重产生的长期挠度，汽车不计入冲击力。

由荷载频遇组合计算的弯矩值：

$$M_s = 0.7 \times 669.5 + 73.1 = 541.75 \times 10^3 \text{N·m}$$

则可变作用频遇值产生的跨中长期挠度：

$$f_c = 1.6 \times \frac{5 \times 541.75 \times 10^3 \times 19.5^2}{48 \times 1.750 \times 10^9} = 0.0196 \text{m} = 1.96 \text{cm} < \frac{l}{600} = \frac{1950}{600} = 3.25 \text{cm}$$

(2) 判别是否设置预拱度

根据《混凝土桥规》要求，当由荷载频遇组合并考虑荷载长期效应影响产生的长期挠度超过计算跨径的 $l/1600$ 时，应设置预拱度。

由荷载频遇组合计算的弯矩值：

$$M_s = 763.4 + 0.7 \times 669.5 + 73.1 = 1305.15 \times 10^3 \text{N·m}$$

$$f_c = \eta_\theta \frac{5}{48} \cdot \frac{M_s l^2}{B} = 1.6 \times \frac{5 \times 1305.15 \times 19.5^2}{48 \times 1.750 \times 10^6} = 0.0473 \text{m} = 4.73 \text{cm} > \frac{l}{1600} = \frac{1950}{1600} = 1.22 \text{cm}$$

(3) 计算预拱度最大值

根据《混凝土桥规》要求，预拱度值等于结构自重和一半可变作用频遇值所产生的长期挠度。

$$f_c = 1.6 \times \frac{5}{48} \cdot \frac{\left(M_{cg} + \frac{1}{2}M_{可变频遇}\right) l^2}{B}$$

$$= 1.6 \times \frac{5 \times [763.4 + (0.7 \times 669.5 + 73.1)/2] \times 10^3 \times 19.5^2}{48 \times 1.750 \times 10^9}$$

$$= 0.0375 \text{m}$$

$$= 3.75 \text{cm}$$

预拱度应做成平顺曲线。

3.4 简支钢板梁和钢桁梁桥

3.4.1 钢桥概述

一般把桥跨结构用钢制成的桥梁（不论桥梁墩台用什么材料建造）称之为钢桥。在各种建筑材料中，钢材的抗拉、抗压和抗剪强度均较高（这可使所需的受力截面较小，重量较轻），材质较为均匀（屈服强度变异性不大，这可使容许应力较高），有一显著的屈服台阶（这使结构在破坏前发生显著变形，给出预警，可以保证安全）。因此，钢桥具有很大的跨越能力。当要建造的桥梁跨度特别大，荷载特别重，采用其他建筑材料来建造桥梁有困难时，一般常采用钢桥。

钢桥的基本特点是：

(1) 构件特别适合用工业化方法来制造，便于运输，工地安装速度快，施工工期较短；

(2) 在受到损伤和破坏后，易于修复和更换；

(3) 耐候性差、易锈蚀，铁路钢桥采用明桥面时噪声大，维护费用较高，材料价格较高。

我国中小跨度的铁路桥梁，曾较多采用上承式或下承式简支钢板梁桥；跨度较大时，则采用上承式或下承式简支钢桁梁桥。近年来，为加快施工速度、满足对建筑高度的要求、减少对交通的干扰，一些城市桥梁也采用中小跨度的钢板梁或钢箱梁桥。本节主要介绍简支钢板梁桥和钢桁梁桥的构造特点和受力计算的要求。

3.4.1.1 钢桥所用的材料

钢桥所用的钢种主要是碳素钢和低合金钢两类。钢材的主要供应形式是板材及型材。在型材中有角钢、H型钢、I型钢、T型钢、槽钢、管钢、方钢、球扁钢等。

钢桥构件多用板材加工而成。用钢材制造钢桥，要经过机械加工和连接，制成的钢桥要承受很大的静力荷载与冲击荷载。因此，所选用的钢材，既要能适应制造工艺要求，又要能满足使用要求。

为了满足钢桥的制造和使用需要，对用来造桥的钢的化学成分和力学性能都有严格的规定。钢的化学成分是指钢中的合金元素的多少。合金元素有碳、锰、硅及有害杂质硫、磷。强度较高的钢还有微量元素铬、镍、钒、铝、氮等。

钢的主要力学性能指标有强度、延伸率、断面收缩率、冷弯和冲击韧性，见表3-4。

桥梁钢力学性能　　　　　　表3-4

钢号		屈服点 σ_s (MPa)	抗拉强度 σ_b (MPa)	延伸率 δ_s (%)	断面收缩率 ψ (%)	冲击韧性值			冷弯180°
						−20℃	−40℃	时效	
16q		≥225.4	≥372.4	≥26	—	—	—	≥34.3	$d=1.5t$ 不裂
16Mnq		392～441	490～529.2	19～21	—	—	≥29.4	≥29.4	$d=(2～3)t$ 不裂
14MnNbq		340～370	490～685	19～20	—	—	≥40.0	≥40.0	$d=(2～3)t$ 不裂
15MnVNq	A	392～441	529.2～588	17～18	—	—	≥29.4	≥29.4	$d=3t$ 不裂
	B	411.6～421.4	548.8～568.4	≥19	—	—	≥39.2	≥39.2	$d=3t$ 不裂
	C	411.6	548.4	≥19	—	—	≥49	≥49	$d=3t$ 不裂

注：d 为弯心直径，t 为板厚。

(1) 强度

钢的强度表示钢对塑性变形和破坏的抵抗能力。强度可通过拉力试件来确定。描述强度的指标是弹性极限 σ_e、屈服强度（或屈服点）σ_s 和极限强度 σ_b。

(2) 变形

除强度要求外，钢桥在使用时也不允许产生过大的变形。钢的弹性极限及屈服点越高，表示钢对变形的抵抗能力越大，在不发生塑性变形的条件下能承受的应力也越大。钢的塑性变形能力包括延伸率、断面收缩率、冷弯。在钢试件被拉断后，一定标距的伸长和原始标距的百分比，称为延伸率；颈缩处横截面积的最大缩减量与原始横截面积的百分比，称为断面收缩率。延伸率和断面收缩率高的钢材，可以通过其塑性变形使应力重新分布，避免结构的局部破坏。冷弯是检查钢材承受规定弯曲程度的弯曲变形性能，并能显示钢板中是否存在缺陷（夹渣、分层等）。冷弯性能好的材料，有利于制造。它是一项工艺指标，也是一项质量指标。

(3) 韧性

钢材的韧性可用钢材破坏前所吸收能量的多少来衡量。韧性不好的钢材，在低温或快速加载等不利的条件下，容易使钢材发生脆性断裂（指在静力或加载次数不多的动荷载作用下发生突然断裂，断裂前构件变形很小，裂缝开展速度很快）。因此，常用低温冲击韧性来判断钢材的抗脆性断裂性能。冲击韧性值的大小是通过冲击试验求得的。将冲击韧性值与冲击试验时的温度画在纵、横坐标图上（图3-57），可以发现钢材在低于一定温度后的冲击韧性值急剧下降。这个温度就是脆性转变温度。脆性转变温度时的冲击值是桥梁用钢的低温冲击要求标准值。

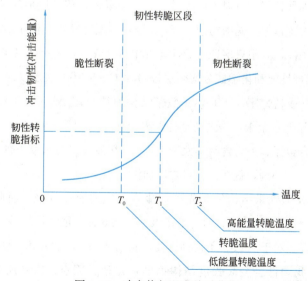

图 3-57　冲击值与温度关系曲线

(4) 疲劳

钢桥的疲劳性能也是十分重要的。钢桥承受的动荷载是随时间变化而重复循环作用的荷载。这种荷载的大小虽然一般低于结构的名义承载能力，但由于结构（包括连接，如焊缝）中可能存在微小的缺陷或应力集中，这些潜在的裂源点处容易产生塑性变形而萌生裂纹。随着外力循环次数的增加，裂纹会逐渐扩展，最后导致钢桥的断裂。这种现象称为疲劳。结构出现肉眼可以看得见的裂纹前能承受荷载循环作用的次数，工程上称为结构或材料的疲劳寿命。影响钢桥疲劳寿命的因素很多，材质是重要的因素之一。

用来制造钢桥的钢又称桥梁钢。为桥梁用钢专门制订冶金技术标准的做法，始于苏联，现今俄罗斯仍然继承。我国冶金工业部曾为桥梁用碳素钢及普通低合金钢钢板以及桥梁用结构钢制订过技术条件。在美国、日本、欧盟等国家和地区，桥梁钢都被视作结构钢的一种，从结构钢标准中选用。就化学成分讲，结构钢主要是低碳钢和低合金钢。低碳钢是指含碳量为 0.03%～0.25% 的钢；低合金钢是指各种合金元素总含量不超过 3% 的钢。这两种钢都有明显的屈服台阶，若对其有害元素给予限制，则其可焊性较好，韧性也容易合格。

我国经过 40 年的研究和使用，桥梁用钢系列按屈服点已分成三级。屈服点在 240MPa 一级的有 3 号钢（A3q）、16 桥（16q）；在 340MPa 一级的有 16 锰桥（16Mnq）、14 锰铌桥（14MnNbq）；420MPa 一级的有 15 锰钒氮桥（15 MnVNq-A，15MnVNq-B，15MnVNq-C）。它们的物理性能见表 3-4。A3 和 15MnVNq-A 不作焊接用；15MnVNq-B 用于焊接受压部件；厚 32mm 及以下的 16Mnq，厚 50mm 及以下的 14MnNbq，厚 56 mm 及以下的 15MnVNq-C 可用于受压、受拉或受疲劳控制的焊接部件。

上述各钢种的牌号，仍以习惯方法称呼。对于碳素钢，按其质地软硬程度，从 1～7 分为 7 个号，号码越大者越硬。就结构钢而言，3 号是典型低碳钢，使用最广。在这些数字号码之外，还按供货条件，其中只保证机械性能者用 A（或甲）表示，只保证化学成分者用 B（或乙）表示，对机械性能和化学成分均须保证者用 C（或特）表示。对于桥梁钢，还可以在钢号后加一个 q（或桥）字。于是，一般钢结构习惯于用 A3（甲 3 号），钢桥习惯于用 A3q（甲 3 桥）。对于低合金钢，是先列平均含碳量（以 0.01% 为单位），然后依次列出其主要合金元素。若某合金元素平均含量不大于 1.5%，在该元素之后就不加数字，若某合金元素平均含量是 1.5%～2.5%，就在该元素之后加注 2 字。

按现行标准，我国碳素结构钢是先列屈服点，次列质量等级。屈服点以"MPa（N/mm^2）"为单位，计有 195、215、235、255 及 275 共 5 种，最常用的是 235。质量等级分为 A、B、C、D 共 4 级。对于 A 级，不提韧性要求；对于 B、C、D，均须用夏比（V 形缺口）试件做冲击试验。我国低合金高强度结构钢也是先列屈服点，次列质量等级。屈服点以"MPa（N/mm^2）"为单位分为 5 种，计有 295、355、390、420、460；最常用的是 355。质量分为 A、B、C、D、E 共 5 级。对于 A 级，不提韧性要求；对于 B、C、D、E，均须用夏比（V 形缺口）试件做试验。

除碳素钢和低合金高强度钢外，美、日、英、德等国家生产可用于钢桥的低合金超高强度钢，其屈服强度大于 700MPa。有些国家（包括我国）也曾试用铝合金和玻璃钢作建桥材料，特点是重量轻，耐腐蚀性好，但弹性模量和强度低，造价贵。另外，多年来对耐候钢的研制也一直受到关注。普通钢材不能抵抗锈蚀，在使用过程中须定期油漆，这大大增加了养护费用。采用含铜的耐候钢，其表面能逐渐形成一层附着性强的因锈蚀而产生的保护膜，阻止水和氧气的渗入，从而减缓了钢材继续锈蚀的速度。

3.4.1.2 钢桥的连接

钢桥由各种杆件或部件连接而成，而这些杆件或部件又都是由钢板及各种型钢连接形成的。所以，钢桥的连接既包括将型钢、钢板组合成杆件与部件，也包括将杆件及部件连接成钢桥整体。钢桥所用的连接有铆接、焊接和高强度螺栓连接（栓接）三种。

（1）铆接

铆接使用较早。在使用铆接前，还曾经在钢桥梁桥中用过销接，即在桥架的每一个节点处，只用一个大直径的螺栓或销子，贯穿于所有交汇杆件的端部，在节点处形成一个铰。销接的缺点是销子和销孔要求嵌配精密，制造加工很费事，且当销孔因反复磨耗而扩大后，在动荷载作用下，桥梁的变形大。所以销接方式很快被铆接所代替，现只作为临时连接。

铆接在钢桥连接中使用历史很长。常用铆钉直径为 22mm 或 24mm。铆接是将半成品铆钉加热到 1050～1150℃，塞入钉孔，利用铆钉枪将钉身镦粗，填满钉孔，并将另一端打成钉头（见图 3-58）；或在工厂将铆钉加热至 650～750℃，用铆钉机铆合。这种连接传力可靠，但既费时间（既要钻孔又要铆合），也费材料，对操作工人的技术要求较严。而且工人在操作中消耗体力大，工作环境不好（噪声大）。

（2）焊接

第二次世界大战后，钢梁制造引进了焊接技术。焊接结构的截面无孔削弱，比铆接结构省料，加工快，且可改善工人工作环境，但在野外高空作业时受到一定的限制。

焊接是用一定的设备通过电能将被焊钢材和焊接材料熔化，形成一条焊缝把两个部件连接在一起。焊接材料有焊丝、焊条、熔剂。不同的钢材要选用不同的焊接材料。焊接时所采用的电流、电压的大小，焊接速度的快慢，也随焊接钢材的不同而有所不同。焊缝的力学性能均要求不低于母材。钢桥上应用的焊缝主要有两种，即熔透的对接焊缝和不熔透角焊缝，见图 3-59。焊接方法有自动焊、半自动焊和手工焊。在钢桥的工厂焊接工作中，大量采用自动焊。

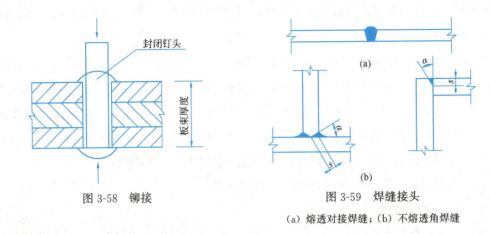

图 3-58 铆接 　　　　图 3-59 焊缝接头
(a) 熔透对接焊缝；(b) 不熔透角焊缝

(3) 栓接

高强度螺栓于 1938 年在世界上出现。1951 年美国旧金山金门桥加固时，首次正式使用高强度螺栓代替铆钉，后来各国都将这一连接技术应用到新桥建造上。

栓接指将已在工厂焊接好的杆件与部件运送到工地后，用高强度螺栓拼装连接成钢桥整体。我国使用的是摩擦型高强度螺栓连接，见图 3-60。其杆件或构件内力 N 是通过钢板与拼接板表面的摩擦力来传递的。这一摩擦力则是由于高强度螺栓拧紧后，对钢板束施加了强大的夹紧力 P 产生的。只有当外力 N 超过了抵抗滑动的摩擦力之后，板层才会产生相对滑动。抵抗滑动的摩擦力是夹紧力 P 与钢板表面摩擦系数的乘积。钢板表面摩擦系数一般取 0.45。高强度螺栓、螺母、垫圈的形式、尺寸及技术条件在相应国家标准中有详细规定。直径规格有 M12、M16、M20、M22、M24、M27、M30。在钢桥中常用的为 M22、M24、M27。芜湖长江公铁两用桥使用的是 M30。高强度螺栓根据制造材料的不同分为两级，即 10.9 级及 8.8 级。螺母及垫圈也随螺栓的级别不同采用不同的级别。10.9 级螺栓强度高，

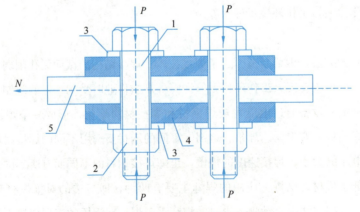

图 3-60 高强度螺栓连接示意图
1—高强度螺栓；2—高强度螺母；3—高强度垫圈；4—拼接板；5—杆件

在桥梁中都使用这一等级的螺栓。

高强度螺栓的安装方法很多，常用的是扭矩法拧紧工艺，即利用安装时施加在螺母上的扭矩控制螺栓的预紧力。制造好的高强度螺栓，有一项工艺技术指标是扭矩系数。根据扭矩系数、螺栓直径和设计的预紧力就可以计算出施拧时所要施加的扭矩的大小。10.9级高强度螺栓的设计预紧力见表 3-5。

高强度螺栓设计预紧力 P 表 3-5

规格	M22	M24	M27	M30
P(kN)	200	230	300	370

我国早期钢桥均采用铆接。在 20 世纪 50 年代，开始了焊接和高强度螺栓连接的应用研究。1965 年正式大量在铁路钢桥中推广使用，并逐步形成了目前广泛采用的栓焊钢桥。所谓栓焊钢桥是指工厂（板件的）连接采用焊接，工地（杆件的）连接采用高强度螺栓。

3.4.1.3 钢桥的结构形式

钢桥的结构形式多种多样。各种桥式均可采用钢材作为建桥材料。一座钢桥采用哪种结构形式，主要根据桥梁技术要求和桥址的水文、地形和地质情况来决定。

在 20 世纪 50～60 年代，我国铁路桥梁多采用上承式简支钢板梁桥，跨度在 20～32m 之间。在 1960 年代，从节约钢材出发，我国铁路曾经让跨度不大于 32m 的新建梁桥都使用钢筋混凝土与预应力混凝土梁。当桥址处的地形和河流水文条件要求降低桥梁的建筑高度时，对于 $l=20\sim40$m 的铁路桥，可采用下承式简支钢板梁桥。对于较大跨度（$l=56\sim80$m）钢桥，在 20 世纪 80 年代以前，我国铁路均采用简支或连续钢桁梁桥。所用材料和连接方式从开始的低碳钢和铆接逐步改为低合金钢和栓焊连接，有标准设计可供使用。从 20 世纪 80 年代中期开始，$l=80$m 的预应力混凝土连续梁试制成功。由于混凝土梁一般是道砟桥面，且其养护费用较省，到 20 世纪 90 年代后期，铁路界对于 56～96m 跨度范围，开始有用混凝土梁代替钢桁架梁的倾向。

对于更大跨度（$l>96$m）的桥梁，目前铁路桥或公铁两用桥是以连续钢桁架梁为主。例如，跨越长江的武汉长江大桥、南京长江大桥、九江长江大桥、芜湖长江大桥等。

在铁路钢桥发展过程中，也曾采用过箱形简支梁（如架设在北京西北环线上的整孔焊接箱梁，跨度 40m，1979 年）、刚性梁柔性拱（成昆线迎水河桥，主跨 112m，1966 年）、斜腿刚构（安康汉江专用线，跨度 176m，薄壁箱梁结构，1983 年）等结构形式。

公路钢桥的主要结构形式是悬索桥和斜拉桥。

3.4.1.4 钢桥发展与展望

我国第一座铁路钢桥是唐山至胥各庄蓟运河桥，由英国人设计，比利时人施工。该桥于 1888 年建成，至今已 130 余年，仍在使用（上部钢梁现已全部更新）。我国自行设计、施工的钢桥是从詹天佑修建京张铁路开始的，共建钢桥 121 座，计 1591m 长，最大跨度为 33.5m 的机架梁，绝大部分是跨度 6.1m 的工字形型钢梁桥。具有代表性的现代大型钢桥则是浙赣线钱塘江公铁两用大桥。1949 年前分布在不同线路上的桥梁，设计标准不一致，采用不同国家的规范进行设计、制造和施工，多数质量差，承载能力低。1949 年后，对这些旧桥进行了全面鉴定和加固改造。

1950 年代初期，我国所建钢桥用的材料都是进口碳钢，结构铆接，工艺简陋。后来发展了国产 3 号低碳钢（A3）和 16 桥钢（16q），引进了覆盖式样板和立体式机器样板技术。20 世纪 50 年代采用低碳钢建造的具有代表性的桥梁是武汉长江大桥。1962 年，研究成功了 16 锰桥（16Mnq）低合金钢，用于南京长江大桥，这座桥是完全依靠自己的技术力量和国产材料建成的长江大桥。

1960 年代中期，为加快成昆铁路的修建，系统地研究、发展了栓焊钢桥技术。1965～1970 年间，采用栓焊新技术，建造了 13 种不同结构形式的钢桥 44 座。这有力地推动了我国钢桥技术的发展。栓焊钢桥可比铆接钢桥节约钢材 12%～15%，并可加快建桥速度，改善工人劳动条件和结构传力状态。

为建造更大跨度的钢桥，从 1967 年起，我国开始研究开发 15 锰钒氮桥钢（15MnVNq），其屈服点比 16Mnq 钢高，板厚效应小，焊接性好，而且韧性也好。1993 年用这种钢建成了九江长江公路铁路两用大桥。该桥正桥钢梁全长 1806m，主跨是 216m 的刚性桁梁柔性拱。

芜湖长江大桥为低塔、斜拉索加劲的连续钢桁梁结构形式，为国内首次采用的新桥型；主跨 312m 是我国迄今为止公铁两用桥中跨度最大的桥梁；正桥全部采用钢筋混凝土桥面板与主桁结合共同作用的板桁组合结构；钢梁采用厚板焊接整体节点和承载力超过 50000kN 的大型箱形杆件，结构先进，技术难度很大；建桥材料采用的是强度、韧性和焊接性能优异的国产新钢种 14 锰氮硼桥（14MnNbq）。

1950 年代以前，我国在城市道路和公路上建造的钢桥非常少。在 20 世纪 60～80 年代，出于经济原因，公路桥仍主要以混凝土作为建桥材料。从 20 世纪 80 年代中期起，随着道路交通的迅猛发展，大跨度钢桥逐步得到应用。1987 年建成跨度 288m 的东营黄河公路斜拉桥，主梁为钢箱梁；分别在 1991 年和 1993 年建成的上海南浦和杨浦公路斜拉桥，主梁为钢梁与混凝土桥面板的结合梁；南京长江二桥（公路斜拉桥）的跨度达 628m，主梁为扁平钢箱梁。在悬索桥方面，从 1995 年至 2003 年，在已建成的 7 座大跨悬索桥中，有 6 座采用钢箱梁或钢桁架作为加劲梁。

近年来，我国钢桥又有了新发展。菜园坝长江大桥（又称珊瑚长江大桥），该桥采用中承式无推力钢管混凝土系杆拱结构形式，是集钢管拱、钢箱梁、钢桁梁等多种新型桥梁结构形式和科技成果于一身的现代化桥梁，钢箱拱梁跨径 420m，为世界第一长；在 2008 年建成通车的苏通公路斜拉桥，主梁为钢箱梁，其主跨跨径达到1088m，主塔高度达到300.4m；鄂东长江斜拉桥，大桥全长约6.3km，主桥主跨为926m组合梁，于2010年大桥全面建成通车；泰州长江特大悬索桥于2012年建成通车，跨江主桥采用了主跨2×1080m的三塔双跨钢箱梁悬索桥，系世界首创。

随着我国钢产量和质量的稳步提升，以及国内外钢结构的分析理论与应用技术也得到稳步的发展，将来还将会出现更多钢结构桥梁。

3.4.2 钢板梁桥

3.4.2.1 常用的几种板梁桥

（1）上承式板梁桥

如图 3-61 所示上承式板梁桥的主要承重结构是两片工字截面的板梁，该板梁称为主梁。在板梁的上面铺设有桥面，活载及板梁桥的自重由这两片梁承受，并通过支座将力传至墩台。在两片主梁之间，有许多杆件联系着，使它成为一个稳定的空间结构。在上面的杆件与主梁的上部翼缘组成一个水平桁架，称为上水平纵向连接系，简称"上平纵联"；在下面的简称"下平纵联"。在两主梁之间设有交叉杆，与上下横撑及主梁的加劲肋和一部分腹板组成一个横向平面结构，称为横向连接系，简称"横联"，位于中间者称为"中间横联"，位于主梁两端者称为"端横联"。

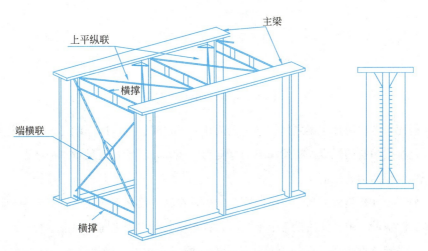

图 3-61　铁路上承式板梁桥组成及主梁横断面

桥面主要由桥枕、护木、正轨等组成。当主梁间距为 2m 时，桥枕尺寸一般采用 20cm×24cm×300cm（宽×高×长）。桥枕下刻槽，搁置于主梁上，用钩螺栓与主梁上翼缘扣紧，以免行车时桥枕跳动。桥枕间的净距，不宜超过 21cm，这是为了当列车在桥上掉道时，车轮不致卡于两桥枕之间，列车还能在桥枕上继续滚动前进，以免发生重大事故。桥面上除正轨外，还设有护轨。护轨两端应延伸到桥台以外一段距离，并弯向轨道中心。护轨的作用就是当列车掉道后，用以控制车轮前进的方向，避免发生翻车事故。在桥枕两端设有护木，用螺栓与桥枕连牢，护木的作用是固定桥枕之间的相对位置。上述的这种桥面，叫作"明桥面"，明桥面设置在主梁顶上的这种板梁桥，就叫作"上承式板梁桥"。

当跨度小于 40m 时，钢板梁桥比钢桁梁桥经济，故小跨度的钢桥常用板梁桥。上承式板梁桥的构造较简单，钢料也较省，可以整孔装运，整孔架设，因此，它是用得最多的一种钢板梁桥。

(2) 下承式板梁桥

下承式板梁桥（见图 3-62）的主要承重结构，也是两片工字形截面的板梁，称为主梁。在两片主梁之间，设置有由纵梁和横梁组成的桥面系，桥面不是搁置在主梁上，而是搁置在纵梁上。由于纵梁高度较主梁高度小得多，这样就大大缩小了建筑高度（自轨底至梁底）。

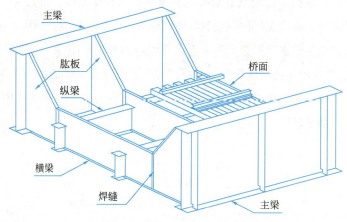

图 3-62　铁路下承式板梁桥

由于桥面布置在两片主梁之间，列车在两片主梁之间通过，这样就要求两片主梁之间的净空能满足桥梁净空的规定。桥梁净空的宽度为 4.88m，下承式板梁桥（标准设计）的两片主梁中至中的距离为 5.4m。

为了使下承式板梁桥成为一个空间稳定结构，在其主梁之下同样也设有下平纵联。由于要满足桥梁净空的要求，无法设置上平纵联，故在横梁与主梁之间，加设肱板，一方面肱板对主梁上翼缘起支撑作用，保证上翼缘的稳定；同时，肱板与横梁连成一块，可起横联的作用。

下承式板梁桥与上承式板梁桥相比，在结构方面增加了桥面系，因此用料较多，制造也费工；由于下承式板梁桥宽大，无法整孔运送，因此，增加了装运与架梁的工作量。所以，当铁路桥梁采用板梁桥时，应尽可能不采用下承式而采用上承式。但是，由于下承式板梁桥具有较小的建筑高度，在某些条件下仍有采用下承式板梁桥的必要。例如对跨线铁路桥，当桥上线路标高不宜提高而又要求桥下有一定的净空，这时，如采用上承式板梁桥，则建筑高度过大，此时可考虑采用下承式板梁桥。

(3) 结合梁桥

用抗剪结合器或其他方法将混凝土桥面板与其下的钢板梁结合成的一整体梁式结构，称为结合梁桥。在结合梁桥中，混凝土桥面板参与钢板梁上翼缘受压，提高了桥梁的抗弯能力，从而可以节省用钢量或降低建筑高度。试验证明，结合梁承受超载的潜力比非结合梁要大。由于这些原因，在国外公路桥梁工程中，结合梁桥已获得广泛的使用。

在铁路桥梁中，我国也曾采用过结合梁桥，即把钢筋混凝土道砟槽板与钢板梁相结合，如图 3-63 所示。

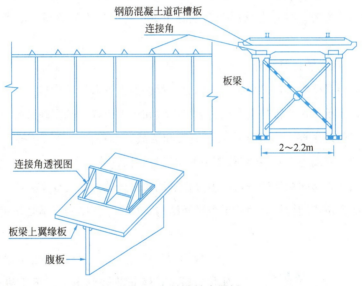

图 3-63 铁路结合梁桥

使道砟槽板与板梁结合牢固的措施有：

① 在板梁上翼缘板面上设置连接角，在道砟槽板上设有连接角的预留孔，将预制的道砟槽板铺放在板梁上后，用 40 号膨胀性水泥制成的 1∶0.7 水泥砂浆（水灰比为 0.35）填入预留孔里，待凝固后，连接角即可传递剪力，使道砟槽板及板梁之间不致发生水平方向的错动。

② 在铺放道砟槽板时，先将上翼缘板表面处理干净，垫上砂浆，然后将道砟槽板铺放其上，再通过板中 $\phi 50$ 圆孔向内灌入稠度较浓、水灰比较小的普通水泥砂浆，使道砟槽板底面固结于板梁上翼缘。

道砟槽板是预制的块件，当它们安放就位后，它们之间留有 12cm 宽的缝隙，缝隙中应灌入 40 号的膨胀性水泥砂浆（在养护良好的情况下，可以用普通硅酸盐水泥代替膨胀性水泥）。安装预制道砟槽板时，要注意避免板的两端外露钢筋互相抵触，以免安装困难。

在公路结合梁桥中，常用的抗剪结合器多种多样。例如，可采用一小段型钢，横向焊接于钢板梁的上翼缘上，其纵向间距不宜大于60cm。还可采用特制的抗剪连接销，俗称大头栓，形如螺栓，但无螺纹，一端有一圆头，用以阻止混凝土板竖向脱离钢板翼缘。最常用的连接销，其直径为1.9～2.2cm，长度为5～10cm。根据美国有关规范的规定，连接销的容许最大纵向间距为60cm左右。安装连接销时，可使用特制的自动电焊枪，将连接销焊接于钢板梁的上翼缘上。这种抗剪结合器比较经济，使用较多。

结合梁桥并不比具有明桥面的上承式板梁桥节省钢材，且施工架设烦琐，从架梁至通车的时间较长。因此，当能用明桥面的上承式板梁桥时，不宜使用结合梁桥。然而，当桥上线路坡陡弯急，如果仍采用明桥面，将使桥上线路的铺设及养护增添不少困难，这时宜用道砟桥面。跨度较小的梁桥，可考虑采用钢筋混凝土梁；跨度稍大的梁桥，则可考虑采用结合梁桥。

3.4.2.2 钢板梁桥计算简介

现以上承式板梁桥为例，简要介绍铁路钢板梁桥的设计和计算内容。

如前所述，上承式板梁桥是由主梁、上平纵联和下平纵联、端横联和中间横联等组成的空间结构。作用荷载主要有：竖向荷载（恒载和活载）和横向荷载（包括风力、列车摇摆力，在弯道桥则还有离心力）。在荷载作用下，桥跨结构整体受力。

将桥跨结构作为空间结构来进行内力分析是比较繁杂的。在设计实践中，通常采用简化的计算方法，即把桥跨结构划分为若干个平面结构，每个平面结构只承受作用在该平面内的荷载。

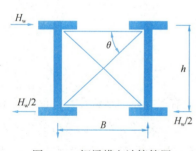

图 3-64 钢梁横向计算简图

根据这一简化，竖向荷载则由主梁承受，并经支座传给墩台；横向荷载则由上、下平纵联承受。计算时将上平纵联视作一个简支的水平桁架，两端支承在端横联上。主梁上翼缘是该桁架的弦杆，平纵联的斜杆和横撑是该桁架的腹杆。作用在该桁架平面内的横向力包括：列车、桥面、主梁上半部所受的风力和列车摇摆力（列车摇摆力不与风力同时计算）。同时把下平纵联也看作一个简支的水平桁架，它是由主梁的下翼缘和平纵联的斜杆及横撑所组成。作用在该桁架平面内的横向力只有主梁下半部所承受的风力。由下平纵联传至主梁两端的横向反力将直接传给支座。由上平纵联传到梁两端的横向反力 H_w 将通过端横联再传给支座，见图3-64。

(1) 板梁桥主要尺寸的拟定

板梁桥的主要尺寸是指：计算跨度、主梁高度和主梁中心距。设计时应首先确定这几个主要尺寸。

1) 计算跨度

《铁路桥涵设计规范》TB 10002—2017（以下简称《铁路桥规》）对桥梁的跨度规定了标准值。对板梁桥而言，常用的标准（计算）跨度是 20m、24m、32m、40m 等几种。

2) 主梁高度

主梁高度 h 根据下列条件来决定：

① 用钢量最省；

② 主梁的竖向刚度（跨中挠度）应满足《铁路桥规》要求；

③ 在可能条件下，应使腹板宽度等于最常轧制的钢板宽度，以避免不必要的拼接或裁切；

④ 桥跨的建筑高度（从轨底至梁底的高度）尽可能减小；

⑤ 全梁的总尺寸在运输限界之内；

⑥ 为便于工厂制造，跨度相近的板梁（例如 20m 和 24m 的板梁）可采用相同的腹板宽度。

从用料经济方面来考虑，根据理论推导并总结过去的设计资料，主梁的经济高度可用下式求得：

$$h = \sqrt{\frac{aM}{[\sigma_w] \cdot \delta_f}} \tag{3-44}$$

式中　a——系数，可取 $a=2.5\sim2.7$；

　　　M——计算弯矩；

　　　$[\sigma_w]$——弯曲容许应力（其值较基本容许应力 $[\sigma]$ 大 5%，若板梁上直接搁置桥枕，则弯曲容许应力等于 $[\sigma]$）；

　　　δ_f——腹板厚度。

从满足板梁桥的竖向刚度的要求出发，可以得出主梁的容许最小高度。按照《铁路桥规》，在静活载（即不计冲击力的活载）作用下，板梁跨中的最大挠度 f_h 与计算跨度 l 之比不得超过 1/700。主梁所需的最小高度 $h_{\min}$ 可由下式求得：

$$h_{\min} = \frac{5}{24} \cdot \frac{[\sigma_w]}{E} \cdot \frac{1}{\left[\dfrac{f}{l}\right]} \cdot \frac{1}{1+\mu+\dfrac{p}{k}} \tag{3-45}$$

式中　$[\sigma_w]$——弯曲容许应力；

　　　E——钢材的弹性模量；

　　　l——计算跨度；

　　　$\left[\dfrac{f}{l}\right]$——板梁容许挠度与跨度之比；

$1+\mu$ ——冲击系数；

p、k ——梁上的均布恒载和活载集度。

从上式可以看出，主梁的最小高度与钢材的容许应力 $[\sigma_w]$ 呈正比。因此，采用高强度低合金钢设计的板梁桥，为使其具有《铁路桥规》所要求的刚度 $\left[\dfrac{f}{l}\right]$，并使截面应力达到其容许值，所需的主梁高度要比普通低碳钢（其容许应力较低合金钢小）设计的梁高大。

综上所述，可见刚度条件决定了主梁所需的最小高度，而容许的建筑高度决定了主梁可能的最大高度。在这个范围内，可参考已有的设计资料，根据梁的经济高度和钢厂供料规格，最后确定梁高。

3）主梁中心距

确定主梁中心距 B 时应考虑下列几个方面的问题：

① 桥枕的合理跨度。桥枕直接放在主梁上，主梁中心距就是桥枕跨度。若其跨度太小，则钢轨几乎位于主梁上方，很难利用桥枕受载时发生的弹性弯曲来减轻列车的冲击作用；若其太大，则将使桥枕横截面过大。桥枕的合理跨度在 1.8～2.5m。

② 为避免桥跨结构在水平力作用下产生横向倾覆，因此，要求主梁中心距不能太小。

③ 为使桥跨结构具有必要的横向刚度，《铁路桥规》要求主梁中心距不得小于计算跨度的 1/20。

④ 还应考虑用架桥机整孔架设的可能性。

考虑了上述几方面的因素，我国上承式板梁桥的主梁中心距定为 2m。

(2) 主梁计算

主梁计算包括：内力计算、截面的选择和验算、加劲肋的计算等。在选定主梁截面时，需要考虑强度、稳定（板的局部稳定和梁的总体稳定）和刚度三个方面的问题。

1) 主梁内力计算

沿梁选取若干截面（例如将梁分成 8 等份），算出各截面处因恒载和活载产生的最大弯矩 M 和最大剪力 Q。

对恒载，可参照现有设计资料，拟定桥跨（不包括桥面）沿跨度每延米的结构自重 p_1 以及桥面重 p_2。每片主梁所受恒载 $p=(p_1+p_2)/2$。对活载，按各截面影响线顶点位置及加载长度，从《铁路桥规》中查表求得中-活载的换算均布活载 k，并乘上相应冲击系数。

在确定沿梁每米的恒载和活载后，即可按影响线面积法分别求出各截面因恒载和活载产生的 M 和 Q 的最大值，然后按规定进行内力组合，即得梁的计算内力。

2) 主梁截面选择

主梁截面选择包括确定腹板和翼缘板的尺寸。按主梁主要尺寸拟定的原则，选定梁高 h 及腹板高度 h_f。腹板高度 h_f 大约比梁高 h 小 8～12cm，腹板厚度 δ_f 一般可选用 10mm 或

12mm，按照《铁路桥规》，主要构件所用钢板厚度不宜小于10mm，以免锈蚀后对截面削弱过大；对跨度等于或大于16m的焊接板梁，腹板厚度不宜小于12mm，以减小焊接所引起的变形。

所需翼缘截面积 A_{Yi} 可按下式估算：

$$A_{Yi} = \frac{M}{[\sigma_w]} \cdot \frac{1}{h} - \frac{1}{6}\delta_f h \tag{3-46}$$

式中　h——梁高；

其余符号含义同前。

求出所需翼缘面积后，即可决定翼缘板的尺寸。翼缘板伸出肢的宽度和厚度之比，应不大于10，以保证受压翼缘板的局部稳定并减小焊接变形。若桥枕直接铺放在翼缘板上，则根据桥枕承压强度的要求，翼缘板宽度应不小于240mm。

3）截面应力验算

按上述步骤所选定的主梁截面尺寸只是初步的，尚需进行较精细的应力验算。内容包括主梁弯曲应力、剪应力、换算应力的验算和疲劳强度的验算。关于应力验算（包括下面提及的稳定性验算、刚度验算、焊缝计算等）的详细内容，读者可参阅其他有关书籍。

4）变截面梁

板梁桥的主梁截面可随弯矩的变化加以变更，借以节约钢材。对跨度不大的板梁，若采用变截面，所省的钢材有限，却增加制造工作量，故通常不改变主梁的截面。对于只有一块翼缘板的板梁，其截面的改变是用减小翼缘板的宽度或厚度的方法来实现的。根据经济分析，变截面点在离支座约1/6跨径处，节省钢材约10%～12%。当翼缘板上设有盖板时，可采用改变盖板宽度的方法来改变梁的截面。理论切断点的位置可由计算确定。为减小应力集中，自理论切断点向梁端以不大于1∶4（受压翼缘）或1∶8（受拉翼缘）的斜坡过渡。

5）翼缘与腹板的连接焊缝计算

焊接板梁系采用连续的翼缘焊缝，并用自动电焊机施焊。计算时通常先按《铁路桥规》关于角焊缝最小尺寸的规定，决定采用的焊缝尺寸，然后进行焊缝强度的验算。

验算时首先需计算焊缝处荷载产生的水平剪力和最大轮压 P 产生的竖向剪力，由此确定单位长度内翼缘焊缝承受的总剪力，以该总剪力不大于相应的焊缝承载能力为验算条件。

翼缘焊缝的高度通常由施焊工艺确定，往往在6～8mm（焊缝不宜太小，否则冷却过快，钢材可能变脆，容易产生裂缝）。

6）梁的总体稳定

梁的总体稳定性一般采用以下近似的应力验算形式：

$$\sigma = \frac{M}{W_m} \leqslant \varphi_2[\sigma] \tag{3-47}$$

式中　M——计算弯矩（上平纵联两相邻节点的中间 1/3 范围内的最大弯矩）；

　　　W_m——毛截面抵抗矩；

　　　φ_2——验算梁的总体稳定时采用的容许应力折减系数，详见《铁路桥规》。

7）主梁的局部稳定和腹板中加劲肋的布置

主梁的翼缘和腹板都是薄板，在外力作用下，如果设计不当，则在梁中最大应力尚未达到屈服强度，全梁尚未丧失总体稳定之前，其翼缘或腹板可能局部出现翘曲而过早丧失稳定。对于受压翼缘板，其局部稳定性取决于翼缘伸出肢的宽度（自腹板中心算起）对厚度的比值。对焊接板梁，《铁路桥规》规定该比值不得大于 10。

对于腹板，为防止其在外力作用下丧失局部稳定，通常用加劲肋来增强它的刚度。为免去腹板局部稳定性的烦琐计算，对简支板梁腹板的中间加劲肋和水平加劲肋，往往按照腹板高厚比 h/δ（h 为腹板全高，δ 为腹板厚）的值的大小来设置。当腹板高厚比 $h/\delta \leqslant 50$ 时，主梁高度较小，腹板本身的刚度已可保证其局部稳定，可不设中间加劲肋；当 $140 \geqslant h/\delta > 50$ 时，此时腹板的刚度较弱，应设置中间竖向加劲肋。考虑到构造上的需要及制造上的方便，竖向加劲肋常按等间距布置；当 $250 \geqslant h/\delta > 140$ 时，腹板高度较大而厚度相对较小，除设置竖向加劲肋外，还应在距受压翼缘 $(1/5 \sim 1/4)h$ 处加设水平加劲肋。

加劲肋本身应具有足够的刚度来支持腹板，使其在加劲肋处不发生翘曲。为保证加劲肋不丧失局部稳定，如同受压翼缘一样，对其伸出肢的宽厚比，应加以限制，除端加劲肋（设置在梁端的竖向加劲肋）外，其伸出肢的宽厚比应不大于 15。

端加劲肋的主要作用是承受并传递支座反力，可用一对或两对较厚的板条做成，其下端应磨光顶紧。端加劲肋伸出肢的宽厚比不应大于 12。端加劲肋的验算包括下述三项内容：

① 按中心受压杆件验算端加劲肋在垂直于腹板平面的稳定性；

② 验算加劲肋端部面积的承压强度；

③ 端加劲肋与腹板连接焊缝的计算。

3.4.3　简支钢桁梁桥

3.4.3.1　简支钢桁梁桥各组成部分及其作用

简支钢桁梁桥一般由以下五个部分组成：桥面、桥面系、主桁、连接系和支座。图 3-65 所示为我国铁路常用下承式简支钢桁梁桥的各组成部分。

钢桁梁桥多采用明桥面，主要由正轨、护轨、桥枕、护木、钩螺栓及人行道组成。明桥面已有 100 多年的历史，实践证明，这种桥面体系施工方便，安全可靠。但也存在一些弊端，主要是列车过桥时噪声大，枕木与纵梁接触处易锈蚀，且此处纵梁翼缘与腹板的连接焊缝易发生疲劳破坏等。为了改善这种状况，第二次世界大战后，首先在西德，继而在日本、美国等国采用了正交异性板道砟桥面。这种钢桥面体系噪声小，整体刚度好，荷载分布能力

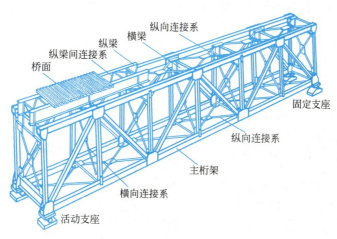

图 3-65　下承式简支钢桁梁桥各组成部分

强,桥面板可作为主梁一部分参与共同受力,同时还可降低桥头引线标高,维修量小,综合投资省,以上优点使它越来越受到各国桥梁界重视。

桥面系由纵梁、横梁及纵梁间的连接系组成。主桁是钢桁梁的主要承重结构,它由上弦杆、下弦杆、腹杆及节点组成。倾斜的腹杆称为斜杆,竖直的腹杆称为竖杆。杆件交汇的地方称为节点,用节点板连接各主桁杆件。

竖向荷载传力途径是:荷载通过桥面传给纵梁,由纵梁传给横梁,再由横梁传给主桁节点。通过主桁的受力传给支座,再由支座传给墩台。

钢桁梁除承受竖向荷载外,还承受横向水平荷载(如风力、列车横向摇摆力和曲线桥上的离心力)。在两主桁弦杆之间,加设若干水平布置的撑杆,并与主桁弦杆共同组成一个水平桁架,以承受横向水平力。这个桁架就叫作水平纵向连接系,简称平纵联,横向水平荷载就由平纵联承受。在上弦平面的平纵联,称为上平纵联;在下弦平面的平纵联,称为下平纵联。下平纵联与下弦杆组成的水平桁架的两端与支座相连,横向水平力可直接通过支座传给墩台;而上平纵联与上弦杆组成的水平桁架的两端则支承在桥门架顶端(桥门架由两根端斜杆及其间的撑杆组成),横向水平力先传给桥门架,再经由桥门架传到支座和墩台上。

为增加桥跨结构横向刚度,并使两主桁架受力均匀,常在两主桁竖杆的上部加设若干撑杆(称为楣杆),组成中间横联,其几何图式与桥门架相似。

3.4.3.2　主桁的几何图式

主桁是桁梁桥的主要组成部分,它的图式选择是否合理,常对桁架桥的设计质量起着重要作用。在拟定主桁图式时,应根据桥位当地的具体情况(如地形、地质、水文、气象、运输条件等),选择一个较为经济合理的方案。经济合理的方案不仅能满足桥上运输及桥下净空的要求,而且还能节约钢材,便于制造、运输、安装和养护。位于城市的桥梁,还应适当考虑美观。常用的主桁几何图式见图 3-66。

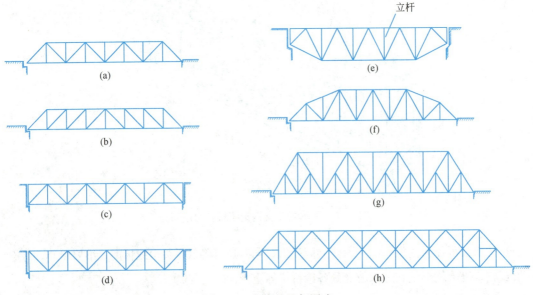

图 3-66 主桁的几何图式

图 3-66（a）表示的几何图式称为三角形腹杆体系，具有这种图式的桁梁桥构造简单，部件类型较少，适应设计定型化，有利于制造与安装，是我国铁路下承式栓焊桁梁桥标准设计的主桁图式。当跨度为 48m、64m、80m 时，不论是简支桁梁或连续桁梁，其主桁图式均采用图 3-66（a）。与图 3-66（a）相比，图 3-66（b）中斜杆的方向不同。在竖向荷载作用下，图 3-66（b）的竖杆较图 3-66（a）的竖杆受力大，受压斜杆的数量也较多，而且弦杆内力在每个节间都有变化，因而图 3-66（b）采用较少。

图 3-66（c）～（e）为几种上承式桁梁的几何图式。对于中等跨度的上承式桁架桥，其主桁图式常用图 3-66（c），较少采用图 3-66（d），这是因为图 3-66（d）的端竖杆要传递较大的支承反力，端竖杆用料较多。对于小跨度的桁梁桥，也可做成图 3-66（e）所示的上承式钢桁梁。由于上弦是压弯杆件，因此，增加了一些立杆，以减小上弦杆的长度，有利于节省上弦杆的钢材。它的下弦做成鱼腹形，为的是使桥面至支座底的高度与同跨度的钢筋混凝土梁一致，以便可以互换。

对于大跨度的下承式铁路桁架桥（跨度在 80～100m 以上），为了节省钢料，曾经采用过上弦为折线形的主桁图式，见图 3-66（f）。由于这种图式的主桁高度的变化与主桥所承受的弯矩变化基本一致，因此，具有这种图式的桥梁，较平行弦的桁梁要节省钢材 2%～3%。但由于上弦为折线形，杆件和节点的类型多，不利于制造、安装与修复。因此，这种图式在我国早已不用了。

对于特大跨度的桁梁，若仍采用图 3-66（a）所示的几何图式，可能会给设计和制造带来困难。我国中等跨度钢桁梁的标准设计，其节间长度通常为 8m。桥梁工厂备有一套适应节长为 8m 的桁梁的制造设备。在特大跨度三角形腹杆体系的桁梁中，若也采用 8m 节间，同时还保持斜杆适当的倾度（斜杆与竖直线之交角不宜小于 30°），则桁高难以超过 14m。对于跨度大到 160m 或更大时，14m 的桁高则太小，这样，不但使桥梁设计不经济，而且桥梁的竖向刚度也难以符合要求。为了兼顾桥梁工厂现有设备的情况，节间长度可仍采用 8m，但需采用图 3-66（g）或图 3-66（h）的几何图式。这样，在保持斜杆具有适当的倾度的情况下，可以增大桁高。因此，图 3-66（g）或图 3-66（h）可用作大跨度或特大跨度桁梁的图式。图 3-66（g）称为再分式，图 3-66（h）称为米字型。

在小跨度的梁式桥中，铁路上常用钢筋混凝土梁，有时也用钢板梁。只有当某些建桥工地受到装运条件的限制，厂制的钢筋混凝土梁及钢板梁无法送到工地时，才考虑采用小跨桁梁。

3.4.3.3 主桁的主要尺寸及杆件截面形式

主桁的主要尺寸是指主桁高度（简称桁高）、节间长度、斜杆倾度及两主桁的中心距，这些尺寸的拟定对桁梁桥的技术经济指标起着重要作用。

（1）桁高

桁高较大时，弦杆受力较小，弦杆的用钢量可较省；但桁高增大带来腹杆增长，因而腹杆用钢量将有所增加。对于一定跨度的桁梁桥，就用钢量而言，将有某一桁高是较经济的，这个高度称之为经济高度。根据过去大量的设计资料，铁路下承式简支桁梁桥的经济高度一般为跨长的 1/10～1/5。铁路桥梁荷载较大，且容许挠度较小，其高跨比宜取大些。

桁高对桁梁桥的挠度影响很大。为了保证桥的竖向刚度，桁高的确定应使桁梁在竖向静活载作用下，其最大挠度不超过《铁路桥规》所规定的容许值。另外，对下承式桁梁而言，桁高还必须满足桥上净空的要求。

（2）节间长度

节间长度对桁架桥的用钢量有一定影响。节长较小，纵梁、横梁数量增多；但由于跨度或外力减小，故梁的截面可小，主桁腹杆也相应变短。因此，也有一个较为经济的节间长度。一般下承式桁梁节间长度为 5.5～12m，或为桁高的 0.8～1.2 倍。

（3）斜杆倾度

斜杆倾度影响到节点构造。斜度设置不当，不仅会影响节点板的形状及尺寸，而且使斜杆位置难以布置在靠近节点中心处，以致削弱节点平面外刚度，增加节点平面内的刚度。根据以往设计经验，斜杆轴线与竖直线的交角以在 30°～50°范围内为宜。

（4）主桁的中心距

主桁的中心距与桁梁桥的横向刚度有关。为了保证桥梁的横向刚度，主桁的中心距不应小于跨长的 1/20。

对于下承式桁梁桥,主桁中心距还必须满足桥上净空的要求(单线铁路桥桥面上的净空宽度是 4.88m);对于上承式桁梁桥,主桁中心距与桁梁桥的横向倾覆的稳定性有关。在确定主桁中心距时,还应考虑这一点。

总的来说,主桁的这几个主要尺寸是相互关联的。不仅如此,它们还与主桁的几何图式有着密切的关系。因此,在拟定主桁的主要尺寸时,应当统一考虑主桁的图式及其主要尺寸。

我国单线铁路下承式钢桁梁的标准设计尺寸是:当跨度为 48m、64m、80m 时,主桁采用三角形桁架,节间长度 8m,桁高 11m(对蒸汽机车而言,桥上净空高度为 6m;对电力机车则为 6.55m。如果桁高不大于 9m,则能满足桥上净空的要求;当跨度为 60~80m 时,主桁经济高度约为 10~12m,综合考虑后取 11m),主桁中心距 5.75m(该尺寸能满足桥上净空宽度 4.88m 的要求和桥梁横向刚度的要求),各斜杆倾角在 30°~50°的范围内。

(5) 主桁杆件的截面形式

主桁焊接杆件的截面形式主要有两类:H 形截面和箱形截面,如图 3-67 所示。

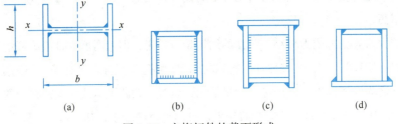

图 3-67 主桁杆件的截面形式

H 形截面由两块竖板(翼板)和一块水平板(腹板)焊接而成,截面杆件的高度为 h,宽度为 b,见图 3-67 (a)。这种截面的优点是构造简单,焊接容易,安装方便;不足的是截面对 x-x 轴的回转半径比对 y-y 轴的小很多,当采用 H 形杆件作压杆时,基本容许应力的折减相当大。因此,对内力不很大的杆件或长细比较小的压杆,适于采用 H 形截面。我国大中跨度的钢桁梁桥中,H 形杆件用得最多。

箱形截面由两块竖板和两块水平板焊接而成。由于箱形截面两个主轴的回转半径相近,因此,它在承受压力方面优于 H 形杆件。但是箱形截面的杆件在工厂制造时比较费工,焊接变形也较难控制和修整。它通常只用于内力较大和长细比较大的压杆或拉-压杆件。常用的箱形截面形式见图 3-67 (b)。它可用于主桁各主要杆件。若将它用于压杆及拉-压杆件,为了保证竖板及水平板的局部稳定性,杆件内必须设置横隔板,其间距不应大于 3m;靠近端部的隔板,其周边均与竖板和水平板焊连,以防外界潮气侵入杆件内部而引起钢材锈蚀。为便于工地安装螺栓,也可不设端隔板。图 3-67 (c) 所示截面适用于上弦杆,图 3-67 (d) 适用于下弦杆。

在我国钢桁梁桥设计中，目前常采用的主桁杆件宽度 b 有 460mm、600mm、720mm 等几种，主桁杆件高度 h 有 260mm、440mm、460mm、600mm、760mm、920mm、1100mm 等几种，较大的 b 和 h 只用于铆接杆件。在下承式栓焊桁梁标准设计（48m、64m 和 80m 三种跨度）中，主桁杆件宽度 b 一律用 460mm。杆件高度 h 则根据其内力大小、杆件长短和栓孔线布置而采用不同的尺寸：弦杆 $h=460\sim500$mm，斜杆 $h=440\sim620$mm，竖杆 $h=260$mm。

3.4.3.4 桁梁桥内力分析的基本原理

桁梁桥本身为一空间杆系结构，各杆件之间相互刚性连接。杆件的内力分析，目前可借助计算机进行精细的空间计算，也可采取惯用的简化计算方法。

简化计算方法的基本原理是：把较复杂的空间结构简化为较简单的平面结构，近似考虑各平面结构之间的相互作用，按平面结构进行内力计算。桁梁桥可分成下面若干个平面结构：纵梁、横梁、主桁、平纵联、横向连接系、桥门架等，将平面内各杆件轴线所形成的几何图形作为计算图式，并假定桁架各节点均为铰接，各自承受面内荷载。

当同一杆件为两个平面结构所共有时（例如，主桁弦杆既是主桁平面内的杆件，又是平纵联桁架平面内的弦杆），计算时应先将它在各个平面桁架内的内力求出，然后叠加，以其代数和作为它的计算内力。

由于实际空间结构与简化平面结构之间的差异，按上述假定所算出来的内力必然会产生一定的误差。当误差的影响较大时，应进行必要的修正。误差主要表现在下列几个方面：

（1）由于主桁弦杆变形所引起的平纵联杆件的内力。

（2）桥面系的纵、横梁和主桁弦杆的共同作用。

在竖向荷载作用下，主桁下弦将伸长，连接到下弦各节点的横梁也将随着节点的移动而移动，但却受纵梁的牵制。因此，纵梁将因横梁的移动受拉，横梁则因纵梁的牵制而水平受弯，弦杆的变形也将因此而减小。这种共同作用通常应在计算中加以考虑，但若纵梁的连续长度不超过 80m，可不考虑桥面系与主桁的共同作用。

（3）横向框架。

横向框架由横梁、主桁竖杆和横向连接系的楣部杆件所构成。当横梁在竖向荷载作用下梁端发生转动时，竖杆的上端和下端均将产生力矩。在设计竖杆时，应考虑此力矩的影响。

（4）次应力。

主桁各杆件是用高强度螺栓紧固在节点板上，相当于刚性连接，杆端难以自由转动。当主桁在荷载作用下发生变形而节点转动时，连接在同一节点的各杆件之间的夹角不能变化，迫使杆件发生弯曲，由此在主桁杆件内产生附加的应力，这就是次应力。《铁路桥规》规定，若杆件高度与其长度之比在连续桁梁中不超过 1/15 时，简支桥梁中不超过 1/10 时，可不考虑因节点刚性所产生的次应力。当考虑因节点刚性所产生的次应力时，容许应力可以提高。

3.4.3.5 主桁杆件内力计算要点

如前所述,主桁杆件的内力按铰接桁架计算,其计算图式就是由主桁各杆件的轴线所围成的几何图式。作用在主桁架的主要力系由恒载和列车竖向活载组成(弯道桥还应包括离心力)。作用在主桁架的附加力系由风力、列车横向摇摆力以及制动力或牵引力所组成。

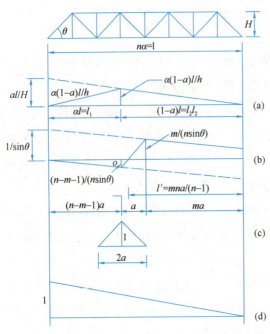

图 3-68 平行弦三角形桁架各杆件的内力影响线

杆件恒载内力(轴向力)的计算,可参照现有设计资料,先估算作用在桥跨结构上的恒载(结构自重和桥面重量),然后按平面桁架进行计算。在计算活载内力之前,需先绘制各杆件的内力影响线并计算相应影响线面积。对于平行弦三角形桁架,各杆件的内力影响线如图 3-68 所示,其中图 3-68(a)为上、下弦影响线,图 3-68(b)为斜杆(包括端斜杆)影响线。图 3-68(c)为挂杆影响线。图 3-68(d)为支点反力影响线。其中,n 为节间总数,$\alpha=1/n$,d 为节间长度,m 为部分节间数。按各截面影响线顶点位置 α 及加载长度,从《铁路桥规》中查表求得中-活载的换算均布活载 k,并乘以相应冲击系数 $(1+\mu)$。活载内力为 $(1+\mu)k$ 与相应影响线面积的乘积。

3.4.3.6 连续钢桁梁桥的特点

大跨度桁梁桥通常采用连续梁形式。与简支桁梁桥相比,连续桁梁桥具有下列优点:

(1) 采用伸臂法架设钢梁。这是连续桁架桥的一个显著的优点。在恒载和活载作用下,连续桁梁桥的杆件内力与其安装时的杆件内力较为接近,这就使得连续桁梁桥不会因采用伸臂法架梁而过多地加大截面或采用临时加固措施。

(2) 具有较大的竖向刚度和横向刚度。当采用高强度钢设计大跨度钢桁梁时,竖向刚度问题常成为一个突出的问题。这是因为:杆件截面应力值较低碳钢时为高,故各杆件的伸长量较大,因而钢梁的跨中挠度值将增大。连续钢桁梁因具有较大的竖向刚度,当其他条件相同时,它比简支桁梁较易满足刚度要求。由于连续桁梁的挠度曲线比较匀顺,横向刚度也较大,故列车在桥上通过时较为平稳。

(3) 用钢量较省。对大跨度连续桁梁桥,其用钢量可比同跨度的简支桁梁桥稍有节省。当跨度大于 100m 时,大致可省钢材 4%~7%;对于中等跨度的连续桁梁桥,其所能节省的钢材则有限。

（4）易于修复。从抢修要求出发，对大跨度桥梁，采用连续桁梁桥具有重要意义。当桁梁遭到局部破坏时，其余部分不易坠毁，修复较易。

与简支桁梁桥相比，连续桁梁桥的不足表现在：基础沉降会使杆件内力发生变化，但可用调整支座高度的方法来消除基础沉降的不利影响；连续桁梁桥的固定支座通常设在中间支点，使制动力集中在一个桥墩上，该桥墩的受力较大，桥墩及基础尺寸也因此而增大。

复习思考题与习题

3-1 混凝土简支梁桥按其截面形式如何划分？介绍你见过的不同截面形式的简支梁桥。
3-2 常见钢筋混凝土、预应力混凝土空心板桥的适用跨径分别是多少？
3-3 肋板式梁桥有哪些优点和缺点？其跨径适用范围是多少？其按照横截面形式可分为哪两类？介绍你见过的肋板式梁桥的各部分构造。
3-4 简述钢筋混凝土、预应力混凝土简支梁桥的构造特点。
3-5 简述公路装配式 T 形梁桥中横隔梁的作用。
3-6 预应力混凝土小箱梁桥与预应力混凝土 T 形梁桥相比有哪些优点？
3-7 什么叫活载横向分布系数？
3-8 简述荷载横向分布计算的基本原理。
3-9 一座桥面为净－13.5＋2×1.5m 人行道的预应力混凝土 T 形梁桥（图3-69），共设有 7 片主梁。试求荷载位于支点处时①号梁和②号梁的荷载横向分布系数 m_{cq}（车辆荷载）和 m_{cr}（人群荷载）。

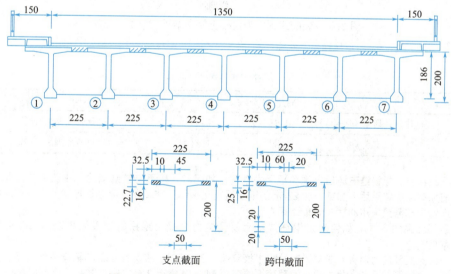

图 3-69 预应力混凝土 T 形梁桥（单位：cm）

3-10 一座计算跨径 $l=28.90$m 的预应力混凝土简支梁桥，其横断面如图 3-70 所示。试按刚性横梁法求荷载位于跨中时，②号次边梁的荷载横向分布系数 m_{cq}（车辆荷载）和 m_{cr}（人群荷载）。
3-11 刚性横梁法为什么又叫偏心压力法？与之相似的还有什么计算方法？为什么整体板在两侧各 1/6 的范围内应比中间的配筋增加 15%？

3-12 按刚性横梁法计算得到的荷载横向分布计算结果有何规律？实际的横梁并非无限刚性，则荷载横向分布与此计算结果会有什么不同？

3-13 简述荷载横向分布系数沿桥跨的变化规律。

3-14 计算如图 3-70 所示的标准跨径为 30m，结构计算跨径为 28.90m，由 5 片主梁组成的装配式预应力混凝土简支梁桥的边主梁的永久作用效应、活载（公路-I 级）作用下的跨中设计弯矩和支点设计剪力，并计算当按照承载能力极限状态设计时，边主梁结构所受的作用效应基本组合值。已知每侧的栏杆及人行道构件的永久作用为 10kN/m，汽车冲击系数 $\mu = 0.28$，边梁的荷载横向分布系数见表 3-6。

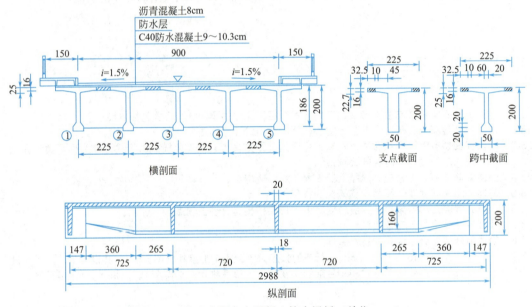

图 3-70 装配式预应力混凝土简支梁桥（单位：cm）

荷载横向分布系数 表 3-6

梁号	荷载位置	公路-I 级	人群荷载	备注
边主梁	跨中 m_c	0.61	0.55	按"刚性横梁法"计算
	支点 m_0	0.39	1.34	按"杠杆原理法"计算

3-15 一铰接空心板铰缝破坏后出现单板受力情况。加固时，将原有铰缝清除，重新施工。此外，还将原铺装层铲除后，加铺一层 22cm 的钢筋混凝土整体化铺装层。请分析加固前后的荷载横向分布情况和需要采用的横向分布计算方法。

3-16 《混凝土桥规》中，如何规定钢筋混凝土及预应力混凝土梁桥的挠度限值？其预拱度又如何取值？

3-17 一装配式预应力混凝土简支梁桥的跨中横隔梁（图 3-70），在公路-I 级车辆荷载作用下，用刚性横梁法计算②号和③号主梁之间截面上的弯矩 M_{2-3} 和靠近 2 号主梁处截面的剪力 $Q_2^{右}$。

3-18 钢桥的基本特点有哪些？

3-19 钢桥的连接方式和结构形式有哪些？

3-20 常用的钢板梁桥有哪几种？

3-21 钢板梁桥计算的主要内容包括哪些？

3-22 简支钢桁梁桥由哪些部分组成？主桁的构造有何特点？

第 4 章
预应力混凝土连续梁桥与连续刚构桥

4.1 概述

钢筋混凝土简支梁桥,由于构造简单、预制和安装方便,在桥梁建设中得到了广泛使用。然而这种简支体系当跨径超过 20~25m 时,鉴于跨中恒载弯矩和活载弯矩将迅速增大,致使梁的截面尺寸和自重显著增加,这样不但材料耗用量大而且不经济,同时很大的安装重量也给装配式施工造成困难。因此,对于较大跨径的梁式桥,为了降低材料用量指标,就宜采用能减小跨中弯矩值的其他体系桥梁,如悬臂体系、连续体系的梁桥等。本章主要介绍预应力混凝土连续梁桥与连续刚构桥的受力特点、结构构造、设计计算内容与连续箱梁的计算要点和施工方法等。

4.1.1 多跨梁式桥的恒载比较

图 4-1 给出了简支梁、悬臂梁、T 形刚构和连续梁的恒载弯矩图。其中,图 4-1 (a) 为三跨简支梁,图 4-1 (b) 为双悬臂锚跨带挂梁的多孔悬臂梁,图 4-1 (c) 为由单悬臂锚跨和挂梁组成的三跨悬臂梁,图 4-1 (d) 为 T 形刚构,图 4-1 (e) 为连续梁。需要指出的是,图 4-1 (b)~(e) 的主梁以实际常用的变截面形式画出,恒载则仍按均布荷载而不是按变截面梁的非均布荷载给出,是为了各种梁的弯矩值的比较。

从图 4-1 可以看出,当恒载集度 g 和主跨径 L 相同时,简支梁的跨中弯矩值最大;悬臂体系和连续体系则由于支点负弯矩的存在,主跨跨中正弯矩值显著减小。从表征材料用量的弯矩图面积大小(绝对值)来看,悬臂和连续体系的弯矩图面积也比简支梁的小很多。以图 4-1 (b) 的中跨弯矩图形为例,当 $L_1=L/4$ 时,正、负弯矩面积的总和仅为同跨径简支梁的 1/3.2。

图 4-1 (b) 和 (c) 均为悬臂结构,前者中孔为双伸臂、边孔带挂孔,后者双边孔为单伸臂、中孔带挂孔。它们均为静定结构,挂孔结构为简支梁,只产生正弯矩,但因跨径小,其绝对值不大。对于带有挂梁的多孔悬臂梁桥(图 4-1c),活载对于中间孔只在较小跨径(通常只有桥孔跨径的 0.4~0.6)的简支挂梁中产生正弯矩,因此它比简支梁桥的小得多。

图 4-1 (d) 为 T 形刚构,与前述的悬臂结构不同的是主梁与桥墩固结成为 T 形的结构,

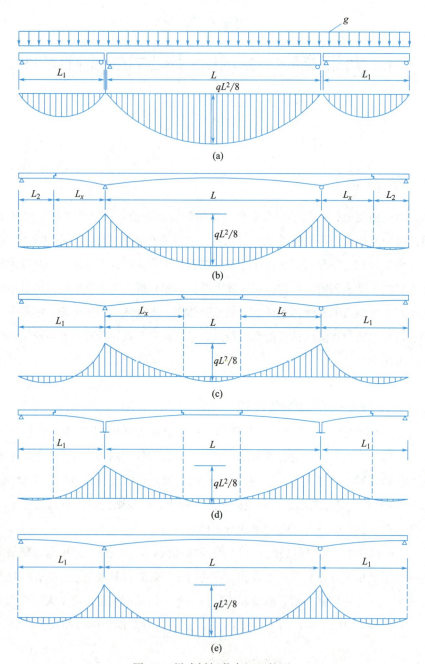

图 4-1 梁式桥恒载弯矩比较图
(a) 简支梁；(b) 悬臂梁（双悬臂）；(c) 悬臂梁（单悬臂）；(d) T形刚构；(e) 连续梁

故名 T 形刚构。它仍为静定结构。多跨时，相邻悬臂端用挂孔或铰连接。边跨端可以带挂孔（如图 4-1d 所示），也可以直接悬臂。

图 4-1 (e) 为连续梁，与图 4-1 (b)～(d) 的悬臂和 T 形刚构相似，也有正、负弯矩的

交替，使正弯矩的绝对值减小，但与它们不同的是：(1) 连续梁为超静定结构，整体性好、刚度大、负弯矩绝对值小，但支座变形等将在结构中产生次内力；(2) 结构连续，没有铰、挂梁等连接构造，桥面线形流畅、无折角变形，也无连接处的伸缩缝、挂孔支座或铰等易损构造，使用效果好。

总之，与简支体系相比较，悬臂和连续体系可以减小跨内弯矩的绝对值、降低主梁的高度，从而减少材料用量和结构自重，而结构自重的降低又进一步减小恒载的内力。

4.1.2 连续梁边中跨比对恒载弯矩的影响

对于悬臂或连续体系，跨数要多于一跨。各跨之间的跨径比，对结构的受力也有很大的影响。图 4-2 为三跨等截面连续梁桥采用不同边跨跨径与中跨跨径之比（边中跨比）时，在均布荷载作用下的弯矩图。可以看出，随着边中跨比的增大，中跨正弯矩值和范围缩小，边跨正弯矩值和范围增大，内支座处负弯矩值和范围也增大。当边中跨比为 1（等跨）时，其最大正弯矩（边跨）和负弯矩（内支座）最大；当边中跨比小于 0.4 时，边跨几乎全部承受负弯矩，当活载仅作用于中跨时，活载在边支座产生的负反力可能大于恒载的正反力，使其处于不合理的受拉状态。因此，从受力合理性来说，三跨连续梁桥宜采用一定边中跨比的不等跨布置。

4.1.3 不同材料的连续梁桥与连续刚构桥

与简支梁桥相同，悬臂和连续体系桥梁的上部结构也可根据主要建筑材料分为钢梁、混凝土梁和钢-混凝土组合梁。

(1) 钢梁

钢梁结构主要有钢板梁、钢桁梁和钢箱梁。钢桁梁桥的跨越能力较大，然而，钢桁梁桥在我国公路桥中应用较少，主要用于铁路桥或公铁两用桥中，如武汉长江大桥、南京长江大桥（连续钢桁梁桥）。如跨径更大时，则可以采用拱或索加劲，如九江长江大桥为柔拱钢桁梁桥（图 5-34a）、芜湖长江大桥为部分斜拉钢桁梁桥（或称索辅钢桁梁桥）。

(2) 混凝土梁

混凝土梁按主要受力构造可分为钢筋混凝土梁和预应力混凝土梁。钢筋混凝土梁受弯时，容易产生裂缝，悬臂或连续梁的负弯矩区在梁的顶面，开裂后桥面雨水的渗入，影响耐久性和行车功能，需要配置大量的防裂钢筋，因此实际应用不多。在悬臂和连续梁桥中大量应用的是预应力混凝土结构。借助预应力，它可以避免梁顶负弯矩区开裂，还可采用悬臂法等无支架法施工，经济性和适用性均较好。预应力混凝土梁桥的主要桥型有 T 形刚构、连续梁和连续刚构。

预应力混凝土 T 形刚构是结构的悬臂体系和悬臂施工方法相结合而产生的一种桥型，

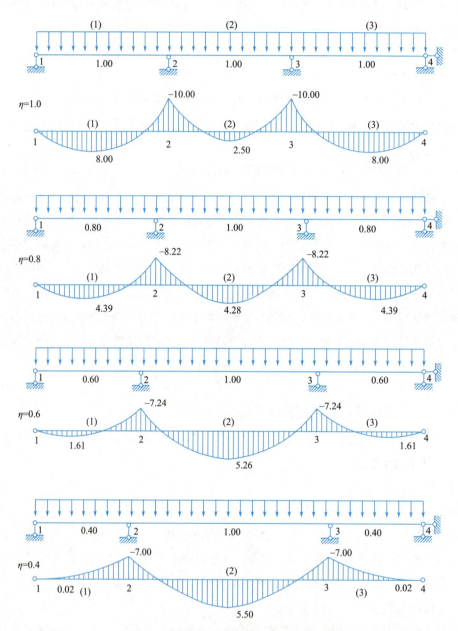

图 4-2 三跨等截面连续梁均布荷载弯矩图

在跨径 100~200m 范围内，曾是一种竞争力较强的桥型。然而，由于 T 形刚构中间带挂梁（图 4-1d）或铰，使用中易产生折线变形，使桥面纵断面线形不顺，对行车不利。同时，支承挂孔的牛腿、支座及其与悬臂梁相接的伸缩缝都是易损的部位。此外，其主结构以受单一的负弯矩为主，徐变和收缩对变形的影响较大，施工预拱度的设置与长期变形的控制，成为这种结构的一个难题。

预应力混凝土连续梁（图 4-1e）具有整体性能好、结构刚度大、变形小、抗震性能好等优点，同时也具有主梁变形曲线平缓、桥面伸缩缝少、行车舒适等特点。此外，这种桥型的设计、施工技术均较成熟，施工质量和施工工期能得到控制，成桥后养护工作量小。在跨径 60~150m 的公路、城市和铁路桥梁工程中得到广泛采用。但当跨径超过 100m 后，大型支座的使用、维护和更换成为一个重要的问题，经济性也相应下降，需要与预应力混凝土连续刚构桥进行方案比较。

预应力混凝土连续刚构可以看成是由 T 形刚构与连续梁组合而成的一种桥型。它的特点是多跨相连、跨中不设铰或挂梁、行车舒适、主梁与桥墩固结而不设支座。因此，具有 T 形刚构桥和连续梁桥的优点，从而使其适用跨径的上限从连续梁桥的 150m 左右，发展到 300m 以上。但连续刚构的超静定次数多，桥墩刚度要相对柔，否则温度变化等会引起上部和下部结构很大的附加内力。因此，当桥墩较矮时，它的应用受到限制。

（3）钢-混凝土组合梁

钢-混凝土组合梁较适用于承受正弯矩的简支梁，使钢筋混凝土上翼缘受压而截面下方的钢梁受拉。应用于连续结构中，中支点一定范围内的截面承受负弯矩，钢筋混凝土上翼缘受拉，截面下方的钢梁受压，这种不利的受力情况需要通过一些技术措施来克服，比如负弯矩区的下翼缘钢梁用混凝土外包，形成双组合结构。

与简支梁桥相比，连续组合梁桥在设计中需要考虑以下几个因素：1）中支点负弯矩区段，混凝土翼板受拉；2）中支点截面弯矩和剪力均很大，且受力复杂；3）中支点梁段的钢梁受压存在稳定问题。

本章主要介绍我国常用的预应力混凝土连续梁桥和连续刚构桥。为简洁起见，以下叙述中有时不冠以"预应力混凝土"。

4.1.4 连续梁桥、连续刚构桥施工方法简介

预应力混凝土连续梁桥和连续刚构桥的施工方法多种多样。根据混凝土的制作情况，可分为现浇和预制两种。根据多跨施工的时间顺序，可分为逐孔施工和整体施工。根据主施工时结构的受力，可分为悬臂、先简支后连续等。本章的 4.3~4.5 节，分别对悬臂法、逐孔法和其他方法进行介绍。逐孔法中有先简支后连续、移动模架法。其他方法中，有转体法、支架整体现浇法、少支架预制拼装法、顶推法。

对于大部分施工方法来说，施工过程的结构为静定结构，通过体系转换成最终的结构。采用不同施工方法，施工中结构所承受的自重（一期恒载）内力也不尽相同。以连续梁为例，根据施工过程结构的受力特点，可将施工方法分为先悬臂后连续、先简支后连续、先伸臂后连续、直接连续和变化连续等几种。由于一期恒载在连续梁桥和连续刚构桥的总荷载中占了很大的比例，因此施工方法极大地影响了结构受力和配筋。所以，4.3~4.5 节不仅介

绍施工方法，也同时介绍所建成的相应结构的受力特点、构造、配筋等。

因为结构受力与施工方法密不可分，因此连续梁与连续刚构在设计时就应选择施工方法。选择时，应因时因地，根据安全经济、保证质量、降低造价、缩短工期等方面因素综合来确定。施工时，应采用设计提出的施工方法。若施工单位要进行施工方法的变更，则要在设计进行相应变更后采用。

4.1.5 预应力混凝土连续梁、连续刚构桥发展概况

第3章介绍的简支梁，整个结构承受正弯矩，跨越能力有限。伸臂、悬臂结构上迭加小跨径简支梁的静定结构，承受正、负弯矩，能增大跨径。从第1.2节可知，远古时期人们就采用了木伸臂梁。之后，钢桁悬臂梁桥更是将跨径推到了500m以上，如加拿大的Quebec（魁北克）桥。从前面的分析可知，连续梁的受力性能优于悬臂、伸臂结构。但它为超静定结构，计算复杂。1930年弯矩分配法的出现，极大地方便了超静定梁式桥的计算，连续梁的修建越来越多。计算机的出现和有限元方法的应用，进一步促进了连续梁桥的发展。

对于预应力混凝土梁桥，"二战"以前处于起步阶段，"二战"之后随着材料与预应力技术、设计理论和计算机数值计算方法的不断进步而得到快速发展。20世纪50年代，利用预应力作为一种施工手段的悬臂施工方法，促成了预应力混凝土T形刚构桥的发展，福建乌龙江大桥是我国20世纪70年代的一个实例。之后，预应力混凝土连续梁桥应用增多，设计、施工技术日趋成熟，在其经济跨径50~120m范围内，在我国公路、城市和铁路桥梁工程中得到广泛采用。对于更大的跨径，连续梁中大型支座的使用、维护和更换成为一个重要的问题，而且经济性也在下降。当可以采用较柔的桥墩时，预应力混凝土连续刚构桥便成为大跨梁式桥中具有较强竞争力的桥型。

连续刚构可以看成是由T形刚构与连续梁组合而成。它数跨相连，跨中不设铰或挂梁，行车舒适。主梁与桥墩固结，不设支座，因此具有T形刚构桥和连续梁桥的优点，从而使其经济跨径范围扩大到120~300m。这种桥型尤其适用于大跨度、高桥墩的情况。高桥墩可以具有较大的柔性，可以减小对主梁转动和纵桥向变形的约束，以减小梁和墩中的次内力，使梁的受力接近于连续梁桥。

4.2 主要结构与构造

本节仅介绍一般性结构与构造，与施工方法关系不大，属于采用各种施工方法的连续梁与连续刚构结构与构造的共性部分，包含立面布置、横截面布置、预应力筋种类等。与施工方法密切相关的部分，如跨径布置、预应力筋设置等，将在4.3~4.5节介绍。

4.2.1 立面布置

立面布置主要内容为跨径和梁高。跨径布置有等跨径和不等跨径。4.1 节中介绍了边中跨比对结构受力的影响，后面各节也将阐述采用不同施工方法的桥梁的跨径布置情况，这里不再详细介绍。

1. 等梁高

等梁高连续梁适用于中等跨径（70m 以下）的桥梁，且多应用于以等跨布置的多跨长桥中。等梁高连续梁桥的施工方法主要有逐孔施工法（先简支后连续、移动模架法）、顶推法等。由于截面高度相同，可使用少量设备逐跨完成全桥的施工，施工经济效益高。国内外采用等截面连续梁形式的公路桥例较多。跨径大小主要取决于经济孔径和施工条件。梁高的选择与跨度有关，可取跨径的 1/30～1/15，常选用 1/20～1/18。

当标准跨径不能满足通航或桥下交通要求，需增大个别孔的跨径时，常采用保持梁高不变而调整截面尺寸（如加厚顶板和底板）和增加预应力钢束的方式来解决。从而使桥梁的立面仍协调一致，减少构件及模板的规格种类。实际上，这样的连续梁也是变截面连续梁。当标准跨径较大时，为减小边跨正弯矩，可将边跨跨径适当减小，边中跨比值取 0.6～0.8。

2. 变梁高

变梁高是变截面最有效的形式，通常所说的变截面连续梁指的是变梁高连续梁。变梁高连续梁，受力合理，是大跨径连续梁桥和连续刚构桥常用的形式。采用悬臂法施工时，主梁的恒载施加在悬臂梁上，支点处需要较高的截面来抵抗（负）弯矩。尽管变截面梁在构造和施工上较等截面梁复杂些，但它可节省材料，降低跨中建筑高度，增大桥下净空。从统计资料看，我国跨度大于 100m 的公路连续梁桥，90% 以上选用变截面。

变截面梁的高跨比，跨中截面可取 1/50～1/30，支点截面可取 1/25～1/15，支点截面与跨中截面高度之比在 2.0～3.0。边中跨比值在 0.55～0.80 内变化，采用悬臂法施工时宜取较小值。

变截面梁的梁高变化规律可以是斜（直）线、圆弧线或二次抛物线。图 4-3 为广东容奇大桥连续梁的立面布置。该桥跨径布置为 (73.5+3×90+73.5)m。主梁分三种类型：根部梁、中部梁和边部梁。根部梁预制长度为 33m，梁高从墩顶处 5.35m 直线变到端部 3.0m。主梁采用预制拼装-整体施工法，见第 4.5 节介绍。

变截面梁的底部线形最常用的是二次抛物线，其线形变化规律与连续梁的弯矩变化规律相近，如图 4-4 所示。在边跨端部附近的梁段，常采用直线布置。除梁高变化外，还可将箱形截面的底板、腹板和顶板做成变厚度，以适应主梁各截面的不同受力要求。

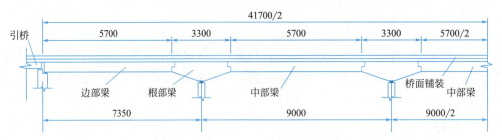

图 4-3 广东容奇大桥 1/2 上部立面布置（单位：cm）

图 4-4 变高度（按二次抛物线变化）连续梁桥照片

4.2.2 横截面布置

预应力混凝土连续梁桥与连续刚构桥可选用的横截面形式较多，可依据桥梁的跨径、宽度、梁高、支承体系、施工方法等确定。

1. 板、肋式截面

对于小跨径的连续梁桥和连续刚构桥，可采用构造简单且施工方便的板式或肋式截面形式（图 3-2a~d）。采用板式截面时，钢筋混凝土连续板桥的标准跨径不宜大于 16m，预应力混凝土连续板桥的标准跨径不宜大于 25m。虽然连续板桥的跨径比简支板桥没有提高多少，但其梁高略有减少，且由于结构连续，伸缩缝数量减少，结构使用性和耐久性得到提高。

实心板常用于匝道、变宽度、异形平面桥中，多采用现浇法施工。空心板和 T 梁则以预制的预应力混凝土结构为主，多采用先简支后连续的施工方法。对于 T 形截面，除了内支座处负弯矩易导致桥面开裂外，下缘的马蹄受压面积小、承载能力低在连续梁桥中应用是个不利条件。但对于先简支后连续施工的连续梁桥，因受力以正弯矩为主，仍可以得到应用。

2. 箱形截面

横截面由一个或几个封闭的箱形梁组成的梁桥称为箱形梁桥。箱形截面上、下翼缘均有较大的面积，能够满足截面承受正、负弯矩的需要，并且具有良好的抗弯和抗扭性能，是预应力混凝土连续梁桥与连续刚构桥的主要截面形式。但对于跨径不大的先简支后连续的连续梁桥，它以简支受力为主，如同简支梁一样，较少采用箱形截面。若是钢筋混凝土结构，增加箱梁底板厚度并无其他益处，故更不宜采用箱形截面。对于跨径不大的预应力混凝土简支梁，通过扩大 T 梁下缘马蹄的尺寸，足以布置预应力筋，故也较少采用箱形截面。

箱形截面习惯上用箱数和室数来进行划分。一个"单箱"指的是由顶板、底板和两侧腹板组成的闭合框架；若在单箱中增设腹板，就把单箱分割成多个"单室"。图 4-5（a）和图 4-5（b）所示为单室和多室（三室）的整体式箱形梁桥的横截面。图 4-5（c）表示装配式的多室箱形截面，其腹板和底板的一部分构成 L 形和倒 T 形的预制构件，在底板上留出纵向的现浇接头，顶板先用预制薄板盖住，再现浇混凝土形成整体。预应力连续梁桥与连续刚构桥中的箱形截面可以是单箱单室、单箱双室，也可以是双箱单室、双箱双室、多箱单室、多箱多室等。

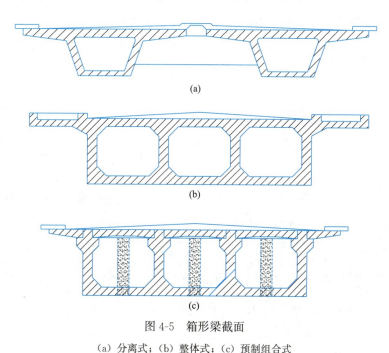

图 4-5 箱形梁截面
（a）分离式；（b）整体式；（c）预制组合式

箱形截面的顶板和底板是结构承受正、负弯矩的主要部位。当采用悬臂施工方法时，主梁在自重作用下以受负弯矩为主，底板（特别是靠近桥墩处）将承受很大的压应力。为适应受压要求，底板常设计成变厚度。根部截面的底板厚度取墩顶梁高的 1/12～1/10；跨中截面的底板厚度较薄，主要受跨中所布置的预应力筋和普通钢筋的控制，一般在 0.2～0.3m。箱梁顶板厚度的取值既要满足桥面板横向抗弯的要求，又要满足纵向预应力筋布置的要求。

当两腹板间距增大时,顶板厚度也要相应增大。

箱梁腹板主要承受结构的弯曲剪应力和扭转剪应力所引起的主拉应力。对大跨度连续梁桥,腹板厚度一般在跨中较薄,在支点处较厚以承受梁部支点处较大的剪力。除满足受力要求外,腹板的最小厚度还应考虑预应力钢束管道布置(包括锚固尺寸)以及混凝土浇筑的要求。

在箱梁腹板与顶、底板结合处需要设置承托,并根据具体情况确定承托布置的方式。承托的作用在于:提高截面的抗扭刚度和抗弯刚度,减少扭转剪应力和畸变应力;使应力流迹线缓和过渡,减少次应力;提供一定空间来布置预应力筋;减少顶、底板的横向宽度并可适当减薄顶、底板厚度;利于脱模。如仅为脱模考虑,可在箱形顶底板与腹板相交处设置较小尺寸的倒角或梗腋。

图 4-6 所示为几座桥梁的横截面。其中,图 4-6(a)为广东洛溪大桥(65m+125m+180m+110m,连续刚构),图 4-6(b)为美国休斯敦运河桥(114m+229m+114m,连续刚构)。对桥宽大致在 15~20m 范围内的公路桥,可采用单箱单室或单箱双室截面。腹板采用斜腹板,是为了减小底板的横向宽度,并相应减小桥墩及基础尺寸。

图 4-6(c)取自丹麦一座跨径为 110m 的多跨连续梁桥,主梁为单箱单室。为适应桥宽需要且增加桥面刚性,在箱梁顶板及悬臂板下每隔 6.88m 设一厚 0.5m 的横向加劲肋。

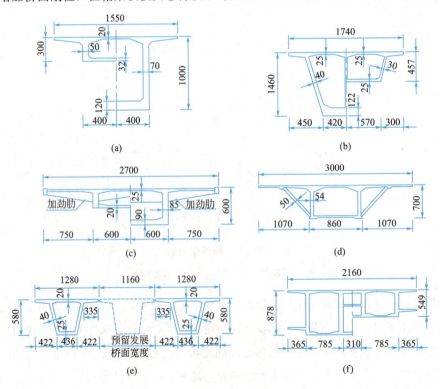

图 4-6 实桥箱形截面(单位:cm)

图 4-6（d）为德国的一座桥面宽度达 30m 的连续梁桥，其截面由单箱、斜撑和悬臂板组成。对于宽桥，可将两个甚至多个箱梁平行并列布置，称为分离式箱形截面。两箱梁邻近顶板端部可设置分车带等构造，如图 4-6（e）所示。

图 4-6（f）所示的是奥地利的一座公铁两用桥（主跨布置为 87.9m＋169.4m＋150.0m＋60.4m＋60.4m 连续梁桥）的主梁截面，它是充分利用箱梁空间的一个例子。该桥桥面设有汽车 6 车道，箱内设置地铁，两箱之间的间隔带内铺设缆索管道等设施，箱体下部外侧设置人行道和自行车道。

近年来，后张法预应力混凝土连续小箱梁在我国中小跨径的公路桥梁上得到了较多的应用。它具有梁高较小、抗扭刚度大、运输和安装方便、材料较省且外形比较美观等优点。目前，我国已制订了标准跨径为 20m、25m、30m、35m 和 40m 的标准图。它的应用以连续梁桥为主，较多采用等截面构造，并采用先简支后连续的施工方法。

图 4-7 和图 4-8 是一片跨径为 30m 的公路预应力混凝土小箱梁桥的构造图和配筋图，其设计荷载为公路-I 级荷载，单幅桥梁上部由 4 片预制箱梁组成。每片箱梁采用 4 对 8 束钢绞线形成预应力体系，按 N1～N4 的顺序先后弯起。其中 N1～N3 锚固于腹板，N4 锚固于底板。箱梁顶板下层和底板上层纵向普通钢筋采用直径 10mm 的 HPB300 钢筋；防收缩钢筋采用直径 8mm 的 HPB300 钢筋；其余普通钢筋均采用 HRB400 钢筋。其中，箍筋直径为 12mm；底板下层纵向普通钢筋直径为 16mm；架立筋和顶板上层钢筋直径为 22mm；横向普通钢筋直径为 12mm。

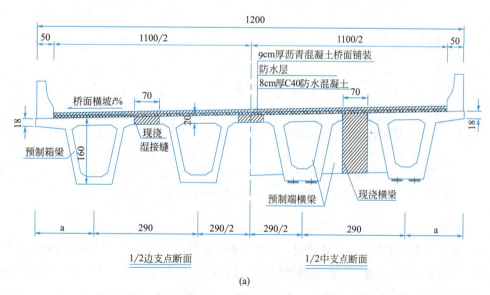

图 4-7 跨径 30m 公路后张法预应力混凝土小箱梁构造图（单位：cm）（一）

（a）支点横断面图

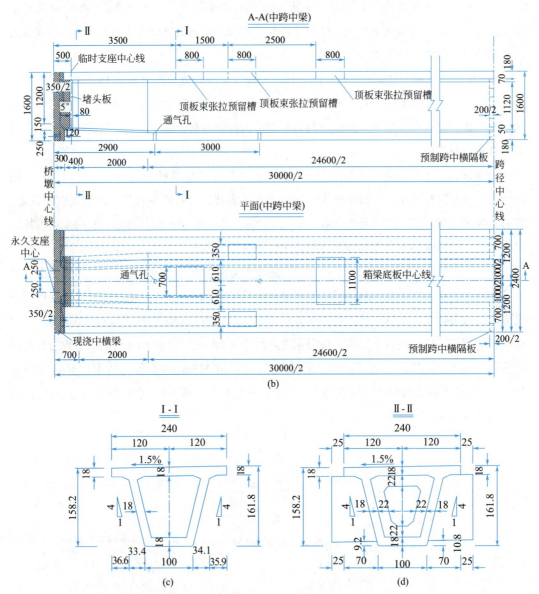

图 4-7　跨径 30m 公路后张法预应力混凝土小箱梁构造图（单位：cm）（二）
(b) 中梁一般构造图；(c) Ⅰ-Ⅰ 断面图；(d) Ⅱ-Ⅱ 断面图

3. 横隔板

由多个 T 形或工字形组成的截面，其横截面的抗扭刚度较小，为增加桥梁的整体工作性能，一般需沿梁长设置一定数量的横隔板（或称横隔梁）。横隔板的数目和位置依主梁的构造和跨度大小确定，通常设置在支点处、跨中和 1/4 跨径处。箱形截面的抗弯和抗扭刚度较大，除在支点处设置横隔板外，中间横隔板的数目较少（一般在跨中布置一道），见图 4-9。目前的趋势是少设或不设中间横隔板，以减少其施工的麻烦。对于多箱截面，为加

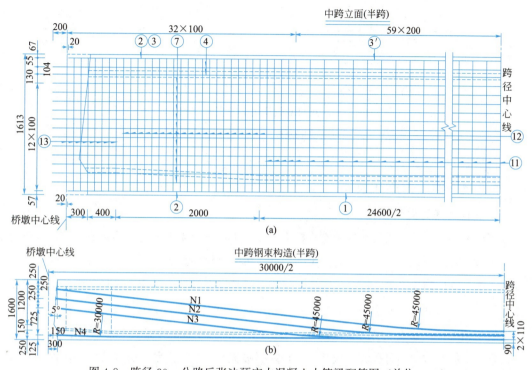

图 4-8 跨径 30m 公路后张法预应力混凝土小箱梁配筋图（单位：cm）

(a) 普通钢筋构造图；(b) 预应力钢筋构造图

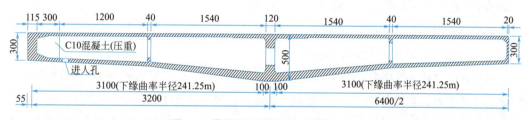

图 4-9 横隔板一般布置（单位：cm）

强桥面板与各箱间的联系，常在箱间设置横隔板。对采用双薄壁式桥墩的连续刚构，其横隔板布置应与双薄壁式桥墩一一对应。

为便于箱内施工和检查工作，需要在横隔板上开孔。因此，多数情况下中间横隔板不是一块实心板，而是与箱梁四壁连成一体的横向框架。横隔板的厚度一般按工程经验取值。

对于仅靠上翼缘板之间联系的分离式双箱结构，如图 4-10（a）所示，在偏载作用下，承载的箱体纵桥向受力大，而另一箱的扭转变形大，且上翼缘板连接处的应力也大；若两箱之间沿纵桥向有数个横隔板连接，则两箱能共同抵抗偏载，受力较为合理，见图 4-10（b）。

图 4-10 双箱偏载作用下的变形示意图
(a) 无横隔板；(b) 有横隔板

4.2.3 预应力筋布置

1. 预应力筋类型

预应力混凝土连续梁桥与连续刚构桥中，预应力筋不仅是重要的结构组成，还是重要的施工手段，其种类很多。按其布置的走向划分，可分为纵向预应力筋、横向预应力筋和竖向预应力筋，分别简称纵筋、横筋和竖筋。大跨度梁桥通常按三向预应力设计。沿桥跨方向布置的纵向预应力筋也称为主筋，其数量和布筋位置要根据结构的受力状态确定。因其与施工方法密切相关，纵筋或主筋的布置，将在 4.3～4.5 节中与不同的施工方法一起介绍。

预应力筋按位置，可分为顶板筋、底板筋、腹板筋；按其形状，分为直筋、弯筋；按其受力特性，分为正弯矩筋、负弯矩筋、抗剪筋等；按其使用时间长短，分为永久预应力筋和临时预应力筋。临时预应力筋是为满足结构在施工阶段的受力要求而临时布置的，在梁体内要预留其孔洞位置，桥梁完工后拆除。

预应力筋按其布置在混凝土体内或体外，可分为体内筋、体外筋等。第 3 章介绍的预应力混凝土简支梁中的预应力筋均为体内筋。

体外筋，也称为体外索，布置在主梁截面以外的箱内，配以横隔板和转向块等构造，对梁体施加预应力。与体内筋相比，体外筋无须预留孔道，可减少孔道压浆等工序，施工速度快，且便于更换；但对预应力筋防护和结构构造等的要求较高，对抗腐蚀、耐疲劳性能要求也较高。体外筋除可用于一般的预应力混凝土箱梁外，特别适用于腹板较薄的超高性能混凝土梁、腹板为波形钢腹板的预应力混凝土组合梁和钢箱梁等结构中，在既有桥梁的加固中也很受欢迎。图 4-11 为某波形钢腹板-预应力混凝土组合箱梁的内部照片，其上方为体外筋（索）。

图 4-11 体外索照片

2. 预应力锚固齿块

预应力混凝土连续梁与连续刚构以箱

形截面和后张法为主。对于锚固于顶、底板的预应力筋，需要设置混凝土锚固齿块。锚固齿块的几何参数，如图 4-12 所示。预应力束在齿块内的偏转角不宜大于 15°；锚固面尺寸应根据锚具布置和张拉空间等要求选定；锚固面与齿块斜面的夹角不宜小于 90°；齿块长度可根据几何关系确定。

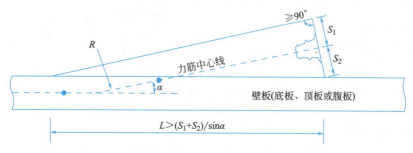

图 4-12 齿块锚固区立面示意图

齿块锚固区应进行配筋计算，钢筋布置如图 4-13 所示。齿块锚下应配置抵抗横向劈裂力的箍筋，其间距不宜大于 150mm，纵向分布范围不宜小于 1.2 倍齿块高度。齿块锚固面应配置齿块端面箍筋，伸入至壁板的外侧。壁板内边缘应配置抵抗锚后牵拉的纵向钢筋。当需要配置纵向加强钢筋时，其长度不宜小于 1.5m，横向分布范围宜在预应力筋轴线两侧各 1.5 倍锚垫板宽度内。壁板外边缘应配置抵抗边缘局部侧弯的纵向钢筋。预应力筋径向力作用区应配置竖向箍筋及沿预应力管道的 U 形防崩钢筋，并与壁板内纵筋钩接，纵向分布范围宜取曲线预应力段的全长。

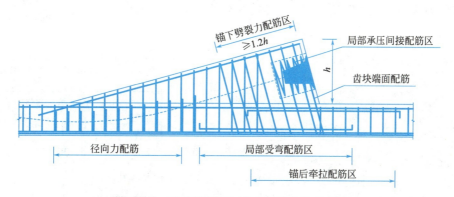

图 4-13 三角齿块锚固区普通钢筋布置示意图

3. 横向预应力筋

在箱梁结构中，若两腹板间距过大或悬臂板外挑过长，仅靠布置普通钢筋难以满足受力要求，就需要对箱梁顶板施加横向预应力，如图 4-14 所示。横向预应力筋可加强结构的横向联系，增加悬臂板的抗弯能力。横向预应力筋多采用钢绞线。

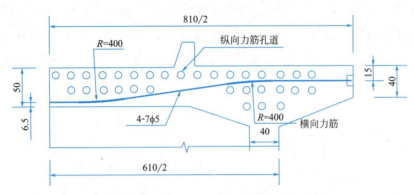

图 4-14 箱梁顶板的横向预应力筋（清水河桥）（单位：cm）

4. 竖向预应力筋

当腹板混凝土、普通钢筋、纵向下弯预应力筋等不足以抵抗剪力时，就需要在腹板内布置竖向预应力筋。竖向预应力筋既可以提高截面的抗剪能力，也可以与悬臂施工配合，作为挂篮的后锚钢筋。竖向预应力筋多采用高强度精轧螺纹钢筋，在预留孔道内按后张法工艺施工，张拉后管道需压浆。其纵向间距宜为 500～1000mm。图 4-15（a）给出某桥的竖向预应力筋沿纵桥方向的布置，图 4-15（b）为横向布置，图 4-15（c）为布置大样。

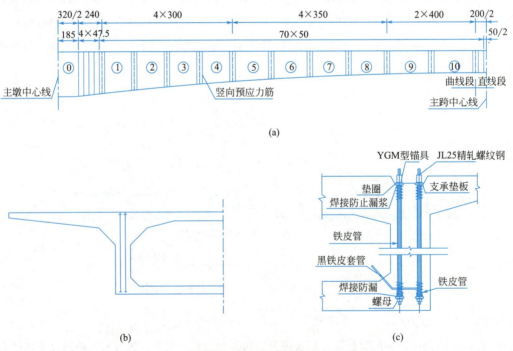

图 4-15 竖向预应力筋布置示意图（单位：cm）
(a) 纵桥向布置；(b) 横向布置；(c) 布置大样

高强度精轧螺纹钢提供的竖向预应力，由于受到截面高度的限制，锚固长度与预应力筋的长度均有限，有时难以发挥预想的作用，致使许多大跨预应力箱梁腹板出现开裂。如采用传统的预应力钢绞线时，由于锚具回缩将造成预应力损失，故也难以发挥作用。目前，国内已开发了低回缩量的钢绞线锚具，并得到推广应用。与常规锚具相比，由于其工作锚板设有外螺纹，并设有锚固螺母，可通过二次张拉的方法，达到减小张拉时钢绞线回缩的目的。

4.2.4 连续刚构的结构特点

连续刚构桥上、下部结构连为一体，多用于大跨度、高桥墩的情况。高桥墩时若仍采用连续梁，桥墩为悬臂柱，墩顶位移，稳定问题也突出。采用连续刚构，墩顶与梁固结，变形受到约束，可减小墩顶位移，也有效地减小了长细比，提高了稳定性。反过来，对于连续刚构来说，桥墩高则柔度大，否则桥墩矮、刚度大，在温度变化等作用下，桥墩与基础受力均较大（见本章4.6节的分析）。同时，柔性大的桥墩对梁的嵌固作用小，能使梁的受力接近于连续梁，也可避免受到较大的附加内力。

连续刚构桥设计计算时，上、下部结构要一起考虑。对于桥墩本身，设计计算需考虑主梁纵向变形和转动的影响，以及墩身偏心受压时的稳定性。当墩身较高时，常采用箱形截面，以提高其稳定性，节约材料，并控制墩顶位移量。箱形截面桥墩，也称为空心墩，详见7.2.4节介绍。

连续刚构桥主梁一般采用变截面箱梁，使用C50～C60混凝土和大吨位的预应力钢束。设在桥梁两端的伸缩缝应能适应结构纵向位移的需要，同时桥台处需设置控制水平位移的挡块，以保证结构的水平稳定性。施工以悬臂法为主。另外，连续刚构桥混凝土收缩、徐变使结构发生向桥中点的位移，带动桥墩发生向桥中点的位移，从而产生附加内力。实际工程中通常采用预顶和压重等办法解决。

连续刚构桥主梁的高跨比可参照连续梁桥取值（适当偏小）。对带双薄壁墩的连续刚构体系，其主梁根部弯矩与双薄壁的截面尺寸和间距有较大关系，梁高选择时应考虑到这一因素。当连续刚构边跨桥墩（一跨或多跨）因墩高较矮、相对刚度增大时，常在边墩的顶部设支座或底部设铰，以适应纵向位移，即成为连续刚构-连续梁组合桥。

我国已建成许多预应力混凝土连续刚构桥，主跨径超过200m的有四川泸州长江大桥（240m）、湖北黄石长江大桥（245m）、广东虎门辅航道桥（270m）、重庆高家花园嘉陵江大桥（240m）、广东东江南特大桥（256m）、广东南澳跨海大桥（221m）等。此外，重庆石板坡长江大桥复线桥主跨达到330m，采用钢与预应力混凝土的混合梁形式，是世界上跨径最大的连续刚构桥，如图4-23所示。

广东虎门珠江辅航道桥是连续刚构桥。正桥为150m+270m+150m（图4-16）。桥宽31m，6车道，由双箱组成。梁的下缘呈抛物线形，桥墩处梁高14.8m，跨中处梁高5m。桥墩为双柱式空心墩，高35m，具有较大抗弯刚度，以保证施工和运行的安全稳定，并满足变形要求。基础采用高桩承台，每墩有32根直径2.0m的桩嵌入岩石。主梁用挂篮悬臂浇筑。桥墩用支架提升模板浇筑混凝土。虎门是台风经常袭击的地区，桥梁的抗风稳定性是工程的关键问题。施工时最长悬臂达128m，根据风洞试验结果，采取了安全措施。桥梁上下游设置防撞墩，使桥墩免受船舶撞击。

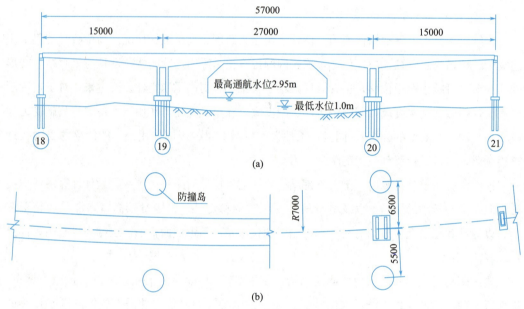

图4-16 广东虎门珠江辅航道桥（单位：cm）
（a）总体布置图；（b）平面布置图

图4-17给出了我国南昆线清水大桥的总体布置图，该桥为主跨128m的三跨预应力混凝土连续刚构桥。梁体为单箱单室变截面箱梁，桥墩处梁高8.8m，跨中处梁高4.4m。梁体下缘除中跨中部34m和边跨端部各25.7m为等高直线段外，其余为$R=212.314$m的圆曲线。箱梁顶板宽8.1m，底板宽6.1m；腹板厚度0.4~0.7m，底板厚度0.4~0.9m，顶板厚度0.5m。梁体采用C50预应力混凝土，按三向预应力设计，悬臂浇筑法施工。

4.3 悬臂法及其相应的结构

悬臂法将梁沿纵桥向划分成若干节段，从支承处向跨中以对称悬臂的形式，逐步接长，直至合龙。悬臂法的节段长短与挂篮或吊机的承载能力有关，一般为2~5m。将预应力作为一种施工手段，是促使预应力混凝土连续梁桥和连续刚构桥发展的重要原因。悬臂法施工，

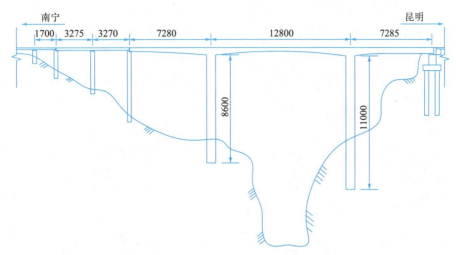

图 4-17 南昆线清水大桥的总体布置图（单位：cm）

所需支架和临时设备少，施工时不影响桥下通航和通车，不受季节和河道水位的影响，是大跨度连续梁桥和连续刚构桥应用最广泛的施工方法。一般情况下，主梁从桥墩两端对称悬臂向前，也称为平衡悬臂施工法。个别情况，也有从一端向另一端的非平衡悬臂施工。本节仅介绍对称悬臂施工。

4.3.1 施工方法

悬臂法施工的连续梁桥，先悬臂后连续（对于连续刚构桥则是先悬臂后刚构）。根据节段施工的方式，又可分为悬臂浇筑和悬臂拼装（简称悬浇和悬拼）两种。前者的接长方式是采用挂篮等设备，在桥位处现浇混凝土，待混凝土达到一定强度后，张拉预应力筋，前移挂篮，继续下一梁段的施工。后者的接长方式是采用吊机等设备，吊装预制的梁段，张拉预应力筋，前移吊机，继续下一梁段的施工。

1. 悬臂施工的程序

以最简单的三跨连续梁桥为例，悬臂施工可分为三个主要阶段。

第一阶段，如图 4-18（a）所示，在完成桥梁墩台修建后，在 1 号和 2 号墩顶上先施工一适当长度的梁段，以满足在梁顶布设挂篮或吊机的要求。这一段包括 0 号块及其附近的梁段，它通常由墩顶两侧托架或靠近桥墩的支架来辅助。采用锚杆和临时支座等措施，把墩和梁临时固结起来，以保证后续悬臂施工时的结构稳定性。此阶段的结构为 T 形刚构。两个 T 形刚构分别对称悬臂（拼装或浇筑）施工，随悬臂节段的安装和预应力筋的张拉，主梁不断加长，直至边跨端靠近边跨现浇段，如图 4-18（b）所示。

第二阶段，0 号和 3 号台边设支架，在支架上现浇或预制安装边跨（不平衡）段，此项工作可与第一阶段平行或先于第一阶段进行。当从 1 号和 2 号墩悬臂施工过来的悬臂端到达边跨段时，拆除挂篮，将边跨段与T形刚构合龙，形成一端铰支、一端固结的单伸臂梁。之后，释放1号和2号墩顶的临时固结，使永久性支座发挥作用，形成两个（两个支座均为铰支座的）单悬臂梁，如图4-18（c）所示。

第三阶段，如图4-18（d），施工中跨合龙段，将两单伸臂梁转换成三跨连续梁结构。

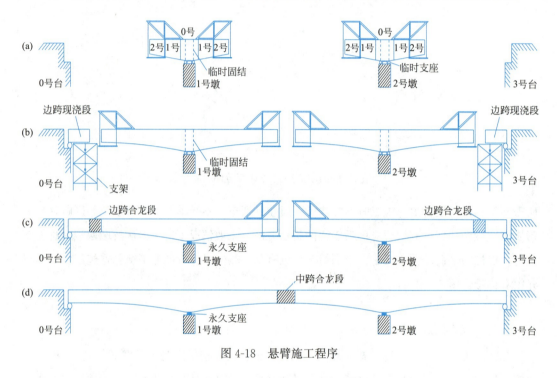

图 4-18　悬臂施工程序

对于三跨连续刚构桥，施工阶段与图4-18的连续梁相似，只是其主梁与桥墩为固结，施工过程中的T形刚构就是永久的结构，没有临时固结及其拆除的内容。多于三孔的连续梁和连续刚构桥，基本步骤仍相同，只是多个T形刚构之间、T形刚构与边跨端部梁段之间的合龙次序不尽相同。若中间孔不等跨，为了仍能采用平衡悬臂施工法，其结构布置宜遵循图4-24的原则。

上面介绍的施工方法，边跨端部梁段采用支架现浇施工。若地形条件不允许，则可先合龙中跨，形成双悬臂梁，之后继续两端悬臂施工直至完成边跨端部梁段。

上述介绍的1号和2号墩同时施工的方法，虽然施工进度快，但需要两套悬臂施工设备（如挂篮或吊机）。若设备不足（只有一套），则1号和2号可分阶段施工（即两T形刚构先后施工），但工期较长。

悬臂法施工过程结构的受力详见下一节的介绍。

2. 悬臂拼装

悬臂拼装施工内容包括梁的节段预制和悬臂拼装。节段预制需按起吊能力把主梁沿纵向分成若干节段,在工厂或桥位附近预制场内完成。常用的预制方法有长线法和短线法。长线法是在固定底模上(根据主梁底缘曲线制作)分段浇筑,通常需要较长的预制场地并在施工现场进行,适用于梁底曲线相同的多跨桥,设备使用效率高。短线法是在配有可调整模板的台车上进行,每次预制新的节段时,按前一节段来确定其相对位置并调整模板,以保证安装时节段间相互吻合,适用于工厂生产,设备可周转使用。无论采用长线法或短线法,节段的拼装面需做成企口缝,以控制和调整节段的高程和水平位置,并提高主梁的抗剪能力。

悬臂拼装法可采用移动式吊机、架桥机、桁式吊等设备。常用的移动式吊机的外型与挂篮类似,由承重梁、横梁、锚固装置、起吊装置、行走系统、张拉平台等几部分组成,见图4-19。

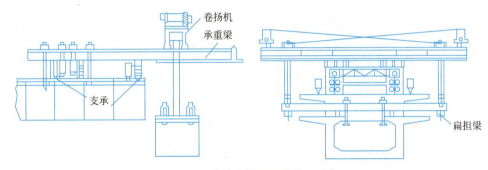

图 4-19 移动式吊机悬臂施工示意

悬臂拼装的 0 号块通常采用现场浇筑,也有采用预制拼装的。各节段之间的接缝可采用湿接缝、胶接缝和干接缝。湿接缝通常用于现场浇筑的 0 号块与 1 号节段之间,以调整后续拼装工作的起点位置。湿接缝宽为 100~200mm,缝间现浇高强度等级的砂浆或小石子混凝土。胶接缝是指用环氧树脂加水泥等制成的胶状物在节段接触面上涂一薄层(厚 0.8mm 左右),以使节段间的接缝密贴,完工后可提高结构的抗剪能力、整体刚度和不透水性。干接缝是指节段接缝间无任何填充料,只靠企口缝和预应力筋来承受剪力。因担心接缝不密贴,可能会导致钢筋锈蚀,这种接缝方式相对用得较少。

悬臂拼装法适用于跨径 50~150m 的连续梁桥或连续刚构桥。采用该法每个节段的安装速度快,一天可能完成 4~5 个节段,快于悬臂浇筑法,而悬臂浇筑法 4~5d 才能完成一个节段。悬臂拼装法,因节段在预制场完成,质量易于保证。同时,由于预制节段已完成了部分的收缩和徐变,使得桥梁所受的混凝土收缩和徐变效应较小。但不足之处是安装误差调整较为困难,节段间预应力和钢筋的连续难度较大。对于跨径较大的连续梁桥或连续刚构桥,靠近桥墩处的截面变化急剧,增大了预制节段的施工难度,此时可考虑采用悬臂浇筑法施工。

3. 悬臂浇筑

悬臂浇筑法适用于 70~280m 的连续梁桥和连续刚构桥,它的主要缺点是施工速度较慢。悬臂浇筑法可采用挂篮或桁式吊等设备，最常用的是挂篮。挂篮是一个可移动的（钢）支架，为架设模板、布置钢筋、浇筑混凝土、张拉预应力等工序提供工作平台。挂篮由承重梁、悬吊模板、锚固装置、行走系统、张拉平台等几部分组成。承重梁是挂篮的主要结构，承受施工设备和新浇梁段混凝土的重量，并将其传递到已完成的结构构件上，可采用型钢实腹钢梁或桁架梁等形式。

挂篮的形式较多、构造各异。一般要求挂篮具有构造简单、使用方便、安全可靠、稳定性好、承载力大、拆移灵活等特点。挂篮自身所用的材料重量与其所能承受的荷载重量之比，是衡量挂篮设计的主要技术指标。该比值越低，挂篮的使用效率越高，一般取 0.6 左右。图 4-20 所示的是几种常用的挂篮形式。

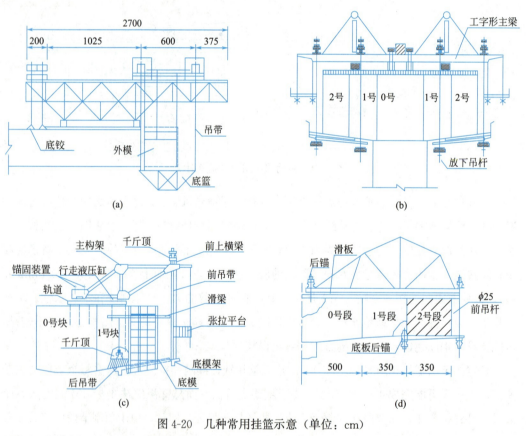

图 4-20　几种常用挂篮示意（单位：cm）
（a）平行桁架式挂篮；（b）三角组合梁式挂篮；（c）、（d）菱形挂篮

4.3.2　结构特点

悬臂施工法的上部结构先悬臂后连续，一期恒载下的受力以负弯矩为主，结构构造与配筋均体现了这一特点。

1. 立面布置

对于多于三孔的连续梁，中间孔一般采用等跨径布置，边跨与中跨不等，边中跨比多采用 0.65~0.70。由前面施工介绍（图 4-18）可知，一般边跨靠近边墩的节段需要在支架上拼装或浇筑。如边中跨比大于 0.70，则边跨靠近边墩的节段数要增加，支架长度也要相应增加。

设计中应尽量避免采用较小的边中跨比值。如受条件限制，边中跨比值只能采用如 0.50 或更小时，则要验算边跨端的支反力。支反力较小时，边支座需设置成拉力支座，若仍采用仅受压的支座，则要通过压重，或将中跨的中段采取轻质混凝土或其他轻型的结构（如钢梁、钢-混凝土组合梁），如图 4-21 所示，使边支座始终处于受压状态。

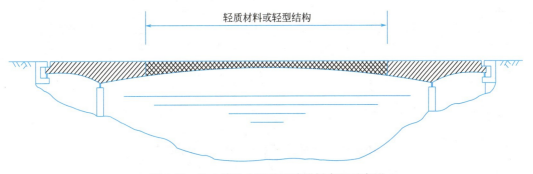

图 4-21 边中跨比小时的连续梁桥布置示意图

当桥墩较高或较柔时，可将主梁与桥墩固结，使之成为连续刚构桥。增大桥墩刚度以增强抵抗船撞或地震作用的能力。墩顶取消了支座，可减少养护或更换支座费用。但结构的超静定次数越多，纵桥向的约束越大，导致温度变化或混凝土收缩和徐变引起的结构附加力也越大。对于连续刚构桥，为增加悬臂施工时主梁的稳定性，可将桥墩做成双薄壁墩，如图 4-22 所示。它的特点是：抗推刚度较小，有利于减小温度变化引起的附加内力；两薄壁拉开一定距离，可减小墩顶主梁负弯矩的峰值；横桥向抗扭刚度较大，有利于桥梁的抗风、抗震和横桥向稳定性。

重庆石板坡长江大桥复线桥是一座连续刚构桥，桥墩采用双薄壁墩。为与老桥桥墩位置相重合且保证通航需要，取消原桥两个大跨（156m+174m）之间的桥墩，使大桥的主跨达 330m。跨径总体布置为 87.75m+4×138m+330m+133.75m，边中跨比为 133.75/330＝0.405。为了平衡根部的负弯矩，中间段采用了 103m 的钢梁，使其主跨成为钢与预应力混凝土的混合梁形式，是目前世界上跨径最大的连续刚构桥，如图 4-23 所示。

对于中间孔不等跨的混凝土连续梁桥和连续刚构桥，如图 4-24 所示，为了使相邻跨也能对称悬臂施工，次主跨的跨径 L 要取相邻跨跨径的平均值：即 $(L_1+L_2)/2$。

图 4-22 双薄壁墩实例照片

图 4-23 重庆石板坡长江大桥复线桥

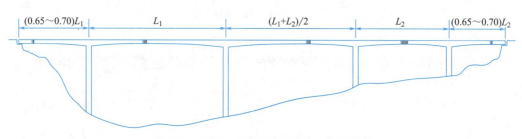
图 4-24 中间孔不等跨连续刚构布置示意图

2. 构造特点

(1) 截面高度

采用悬臂施工的连续梁桥或连续刚构桥，其主梁在施工过程中处于 T 形刚构的受力状态，根部负弯矩很大。在二期恒载完成后，仍旧以根部负弯矩为主，而中跨产生的跨中正弯矩相对较小。因此，采用悬臂法施工的连续梁桥或连续刚构桥，均以 T 形刚构的受力状态为主，即主梁为承受负弯矩为主的悬臂结构。为此，国外往往将其归入悬臂梁结构。根据这个特点，主梁根部附近的截面抗弯刚度要大，截面下缘的抗压能力要强。这也是悬臂施工法的主梁大多采用变（高度）截面形式的主要原因。

(2) 0 号块

墩顶的 0 号块是悬臂浇筑法施工的中心块体，又是体系转换的控制块体，一般也作为施工机具和材料堆放的临时场地。对于连续梁桥，梁体的受力通过 0 号块下面的支座向墩身传递。对于连续刚构桥，梁体的受力通过 0 号块直接传给墩身。由于 0 号块受力较为复杂，其顶板、底板、腹板均较厚，其构造也较为复杂。

连续刚构桥 0 号块的横隔板应与墩柱结构相对应，如图 4-25（a）所示。对于大跨径变截面的连续梁桥，其主梁 0 号块的横隔板构造与连续刚构桥相似，也可在桥墩处设置两道平行的竖向横隔板，与腹板和顶、底板共同组成 0 号块。但连续梁在此处还有悬臂施工时的临时锚固构造，以承受不平衡弯矩。常用的固结方法为：在支座纵向两侧设置两排临时混凝土块作为临时支座。临时支座内穿预应力钢束，两端分别锚固在主墩和主梁横隔板内，如图4-25（b）和（c）所示。钢束的数量应由施工中的不平衡弯矩确定。为便于拆除，在临时支座内设有约2cm厚的硫磺砂浆夹层。硫磺砂浆抗压强度高，加热容易软化，当悬臂施工完成时，通过加热软化，使其退出工作并拆除，便可将连续梁桥的受力转移到永久支座上。也可以采用其他临时支座，通过千斤顶将其拆除，换上永久支座。

对于施工中的双支座受力，图4-25（b）所示的正三角形的横隔板构造，传力顺畅，但成桥后转换成单支座时，则传力效果较差。与之相反，图4-25（c）所示的倒三角形的横隔板构造，成桥后转换成单支座时，传力效果较好，且对墩顶最大负弯矩能起到削峰作用，但需要通过底板加厚来解决施工时的传力和受力问题。

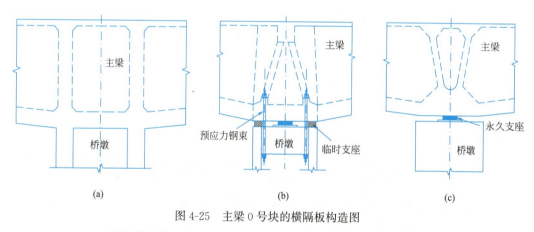

图4-25 主梁0号块的横隔板构造图
(a) 连续刚构平行双隔板；(b) 连续梁正三角形隔板；(c) 连续梁倒三角形隔板

（3）合龙段

合龙段的施工是连续梁桥和连续刚构桥施工的重要环节。由于温度变化、混凝土早期收缩、已完成结构的收缩和徐变、新浇混凝土的水化热，以及结构体系变化和施工荷载等因素，对尚未达到强度的合龙段混凝土都有影响，故必须重视合龙段的构造措施，使合龙段与两侧梁体保持变形协调，并在施工过程中能传递内力。合龙段的长度在满足施工要求的情况下应尽量缩短，以便于构造处理，一般取1.5~3m。

合龙段的构造处理有以下几种：1）用劲性钢管作为合龙段的预应力套管；2）加强配筋；3）用临时劲性钢杆锁定；4）压柱支撑。

合龙段施工应注意以下几点：1）合龙段应采用早强、高强、少收缩混凝土；2）合龙段混凝土浇筑时间应选在一天中温度较低、浇筑后温度开始缓慢上升的时间为宜；3）加强混凝土的养护；4）要避免养护过程中合龙段两端产生相对位移。

(4) 节段间的连接

节段之间的连接是预制拼装箱梁桥的关键构造，为增强其抗剪能力，在接缝界面上设置有复合剪力键，并配以胶粘剂连接或现浇混凝土湿接缝连接，如图4-26所示。胶粘剂连接一般采用环氧树脂胶，涂层厚度应均匀，接缝应进行挤压直至环氧树脂胶体固化，挤压应力一般为0.3~0.5MPa。湿接缝连接则采用细石混凝土，缝宽不应小于60mm，混凝土强度等级不应低于预制节段的混凝土强度等级。湿接缝一般设置在箱梁合龙时留出的断缝，或针对拼装误差的调整缝。

箱梁截面的各个组成部分都设有复合剪力键，见图4-26。腹板的剪力键由多个矩形键块（槽）组成，承受正常使用阶段接缝截面的剪力；顶板（底板）剪力键由多个长条形键块（槽）组成，用于节段拼装时对接定位；加腋区剪力键设置在腹板与顶板（底板）结合区，用于节段拼装时对接定位。

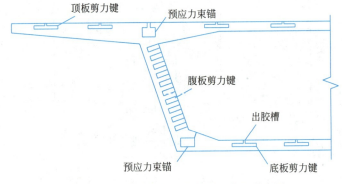

图4-26 复合剪力键（胶接缝）布置示意图

图4-27为剪力键构造尺寸示意图，其尺寸应满足以下要求：1）预制节段接缝处应设置剪力键，且腹板剪力键的布置范围不宜小于梁高的75%，剪力键横向宽度宜为腹板宽度的75%；2）剪力键应采用梯形（倾角接近45°）或圆角梯形截面；3）剪力键的高度应大于混凝土最大集料粒径的2倍，且不应小于35mm；4）剪力键的高度与其平均宽度比取为1:2。

3. 配筋特点

采用悬臂施工的连续梁桥或连续刚构桥，施工中主梁基本承受负弯矩，且负弯矩筋也是悬臂施工的重要手段；成桥后的受力仍以负弯矩为主。所以，负弯矩配筋是这种桥型的设计关键。

悬臂施工时，每浇筑一节段梁体，梁体自重将产生负弯矩。为了能支承梁体自重和施工荷载，需在每节段安装就位后对梁体施加预应力（负弯矩筋），待梁段合龙后再张拉正弯矩筋和其他预应力筋。正负弯矩结合使得梁体基本处于偏心受压受力状态，其轴向力非常大，抗剪承载力一般能满足要求。

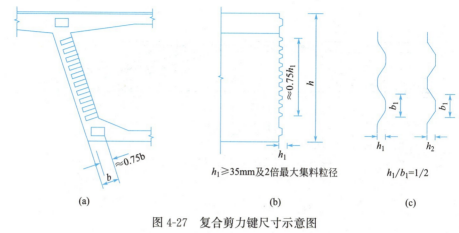

图 4-27　复合剪力键尺寸示意图

（a）胶接缝正面；（b）侧面；（c）剪力键大样

图 4-28 为悬臂施工的连续梁桥纵向预应力筋的一般构造示意图，其中上图表示悬臂施工时张拉的预应力筋，下图表示梁段合龙后张拉的预应力筋。

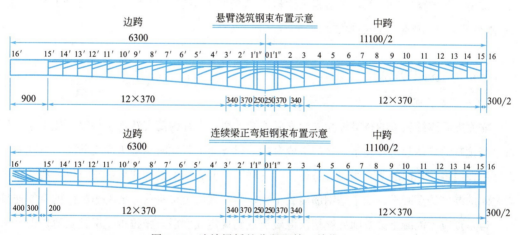

图 4-28　连续梁桥的分段配筋（单位：cm）

预应力筋在截面上一般应横向对称布置，竖向应尽可能靠近腹板、顶板和底板的边缘。在支点和跨中截面处，预应力筋数量较多时可分层布置。为满足截面抗剪承载力和锚固要求，部分预应力筋需要下弯或上弯，并锚固于腹板或底板。对锚固于顶板和底板的预应力筋，则需通过混凝土齿块引出。较简洁的布筋方法是只采用顶板和底板直筋，以简化设计和施工。锚固齿块的构造与配筋要求见图 4-12 和图 4-13。

由于预应力筋供料长度、施工方法和结构受力等原因，有时需要采用连接器把主筋对接或逐段加长。对逐孔施工的连续梁桥，其纵向预应力筋往往采用逐段接长。接头的位置通常设置在离支点约 1/5 跨度附近弯矩较小的部位，见图 4-29（图中数字为预应力筋的编号）。逐段加长预应力筋的方式也用于顶推法施工的连续梁桥和混凝土斜拉桥主梁中。

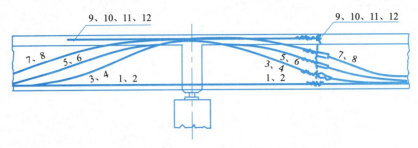

图 4-29 逐段施工连续梁桥的主筋接长

4.4 逐孔法及其相应的结构

逐孔法是指施工时以整孔的形式不断地向前推进，每一孔施工完能独立承载。这种施工方法常用于连续梁桥的施工，根据施工阶段的结构受力不同可分为：1）先简支后连续法；2）移动模架法（先伸臂后连续法）。

4.4.1 施工方法

1. 先简支后连续

先简支后连续施工的桥梁称为先简支后连续梁桥，也称为简支转连续桥梁。施工时，先将每跨预制的梁体起吊安装于各自的墩或台的临时支座上，此时结构为简支状态，每孔梁架设完后横向将一孔内的所有梁连成整体。待一联内的所有梁架设完成后，现浇纵向相邻跨主梁之间的湿接头混凝土。如果是钢筋混凝土梁，则在现浇湿接头前，要将纵桥向的钢筋连接好；若是预应力混凝土梁，则待湿接头混凝土达到规定强度后，张拉承受墩顶负弯矩的预应力筋并锚固好。最后，卸除墩顶的两个临时支座，转换成单个永久支座，使一联内的简支梁一起转换成连续体系，如图 4-30 所示。

这种方法施工的梁以整体预制吊装为主，具有工期短、施工方便、工程造价低的特点。因此，在高速公路和国省道中等跨径、跨数众多的连续梁桥中得到广泛应用，高架桥和大跨度桥梁的引桥中也有许多应用。它适合于直线桥、半径较大的弯桥、宽度变化不大的变宽桥。

2. 移动模架法

采用移动模架逐孔施工时，将机械化的支架和模板支承（或悬吊）在长度稍大于两跨、前端作导梁用的承载梁上，然后在桥跨内进行现浇施工，待混凝土达到一定强度后脱模，并将整孔模架沿导梁前移至下一浇筑桥孔，如此逐孔推进，直至全部主梁施工完毕。由于逐孔

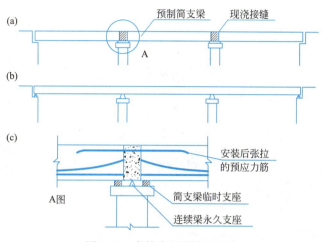

图 4-30 先简支后连续施工法

推进时,最前端的梁伸臂进入下一跨,所以从受力来看,它是先伸臂后连续的一种施工方法。

移动模架法在桥位上完成从立模到混凝土形成强度的整个施工过程,相当于将桥梁的预制厂设在现场,实现现场施工的机械化、自动化和标准化,而不需运梁和吊装工序。移动模架有上行式和下行式。上行式的移动模架钢主梁在浇筑混凝土梁体的上方,也称为悬挂式;下行式则是移动模架钢主梁在浇筑混凝土梁体的下方,也称为支承式。

图 4-31 为采用下行式(支承式)移动模架逐孔施工的推进图式和构造简图。整套施工设备由承载梁(其前端为导梁)、模架梁、模架、前端横梁和支承平车、后端横梁和悬吊平车以及模架梁支承托架等组成。梁的外模架设置在承载梁和模架梁上。前端平车在导梁上行走,后端平车在已建成的梁上行走。图 4-31(a)表示模架就位后浇筑混凝土和张拉预应力筋的工位。此时,梁体新现浇混凝土的重量传至承载梁和模架梁,后者通过前、后端的平车分别支承在承载梁和已经完成的梁上。待混凝土达到规定强度并脱模后,由前端支承平车和后端悬吊平车将模架梁连同模架前移至新的浇筑孔(图 4-31b)。模架梁到位后,用设置在模架梁上的托架将模架梁临时支承在桥墩两侧,用牵引绞车将导梁移至前孔并使承载梁就位(图 4-31c),最后松去托架而使前端平车承重并固定位置后,就开始新的浇筑循环。

移动模架法主要适用于跨径为 30～50m、孔数较多的连续梁桥中,多采用等跨、等高的结构,其结构与构造与先简支后连续的连续梁桥相似。但一般来说,更大的跨径,如 50～60m,也是可能的,我国最大已用到 64m。但跨度增大后,后张预应力索在墩顶横隔梁中的锚固和移动模架的桁架设计难度增加。由于整套施工设备需要较大投资,故所建桥梁孔数越多,模架周转次数越多,经济效益越佳。

3. 其他逐孔施工法

逐孔施工也可采用移动支架支撑主梁的混凝土浇筑。从连续梁的一端开始,在一孔设置

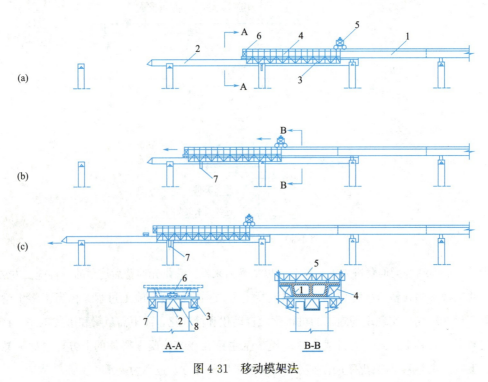

图 4-31 移动模架法

1—已完成的梁；2—导梁；3—模架梁；4—模架；5—后端横梁和悬吊平车；6—前端横梁和支承平车；7—模架梁支承托架；8—墩台留槽

支架，浇筑混凝土并达到一定强度后，将支架移到下一孔，如此反复向前，直至完成所有孔的施工。也可从两端向中间或中间向两端逐孔浇筑。

逐孔施工也可以将预制的节段通过架桥机下挂或支撑梁支撑进行拼装，逐孔向前推进。图 4-32 示意了采用桥式龙门吊架桥机对预制节段进行拼装。当每孔纵梁多于一片时，架设完一孔后需将其横向连接起来。

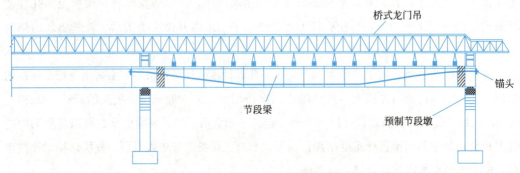

图 4-32 预制拼装逐孔连接架设示意图

这几种方法，已浇筑或架设的主梁，均有小段伸臂、墩上为单支座，与前述的移动模架法一样均为先伸臂后连续结构。不同的是，其施工速度慢，支架支撑费用还高，因此它们均已较少采用。逐孔施工法较常用的是前述的先简支后连续法和移动模架法。

4.4.2 结构特点

1. 先简支后连续梁

先简支后连续施工的连续梁桥，上部结构的恒载可分为两期。一期为预制主梁的恒载，占所有恒载的主要部分，基本上是作用在简支梁上（图 4-30a）；二期恒载只占小部分，包括人行道、栏杆、湿接缝、找平层和桥面铺装等，作用于连续梁桥上（图 4-30b）。换言之，大部分的恒载在梁上产生的效应是以简支梁的结构形式为主，而不是连续梁的结构形式，所以这种连续梁有时也称为"准连续梁"。

对于跨径不大的先简支后连续板桥，截面形式以板为主，主要为预应力空心板，标准跨径有 13m、16m、20m，梁高分别为 70cm、80cm、90cm。当跨径稍大时，则采用预应力混凝土 T 梁，标准跨径有 25m、30m、35m、40m、45m、50m，梁高分别为 175cm、200cm、225cm、250cm、275cm、300cm。当桥下净空受限或有美观要求时，也常采用预应力混凝土小箱梁，其标准跨径有 25m、30m、35m、40m，梁高分别为 150cm、175cm、200cm、225cm。

预制梁自重占总荷载的比重，随着跨径的增大而增大。当跨径较大时，它所受的正弯矩值很大，接近于简支梁的受力，不能充分发挥连续梁降低弯矩绝对值的优势，故并不适用。换言之，其跨径不宜超过简支梁的经济跨径 50m。

这种桥的预制梁多采用工厂化预制，按简支梁配筋，负弯矩预应力筋在结构中所占的比重很小，在后连续中施加。纵桥向以等跨、等高布置为主，截面形式以 T 梁和箱梁为主。

对于多于三跨的连续梁桥，其中间跨一般采用等跨布置。有时为了简化预制构造、便于施工，边跨也常采用与中跨相同的跨径，即全部采用等跨布置。

T 梁桥的后连续预应力筋布置如图 4-33 所示。图 4-34 给出某桥的实景照片，可以看到后连续的现浇混凝土和负弯矩筋锚固端（图中画圈部分）。小箱梁的后连续预应力筋的布置与 T 形截面梁类似，如图 4-35 所示。

当连续梁桥的孔数较多时，由若干孔（通常为 3~5 孔）组成一联，每联两端设伸缩缝。这样整座桥由多联组成，每联的孔数越多，对结构受力和行车越有利，但对伸缩缝和支座的要求也越高。

连续刚构桥也有采用先简支的施工方法，与连续梁不同，它在后期的连接中，不仅要将相邻跨的主梁连成一体，还要将主梁与桥墩固结在一起。采用这种方式施工的连续刚构，也称为"准连续刚构"。相对于连续梁桥，由于连续刚构桥一般跨径较大，采用这种方法施工的较少。

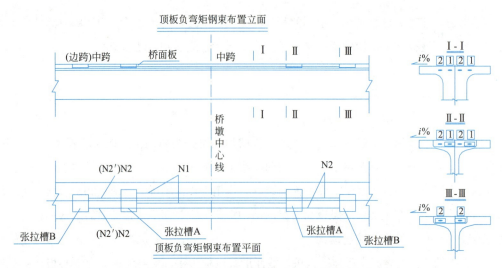

图 4-33 T 梁先简支后连续的负弯矩预应力钢束布置

图 4-34 先简支后连续施工的连续梁桥照片

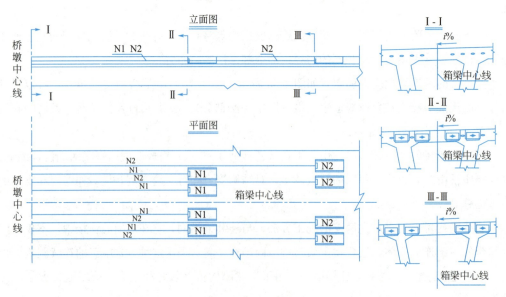

图 4-35 先简支后连续的小箱梁预应力钢束布置

2. 移动模架法施工的连续梁

采用移动模架法施工的连续梁,先伸臂后连续,施工过程的主梁受力仍以正弯矩为主。因有伸臂,内支点处有一定的负弯矩值,但其值较悬臂法施工的小许多。因此,主梁在其自重作用下的弯矩,还是以正弯矩为主,不过跨中正弯矩值较之简支梁的小。预应力钢绞线的布置,可根据逐孔成型和先伸臂后连续的受力特点进行。预应力筋可锚固在现浇施工缝处,当浇筑下一孔梁段前再用连接器将预应力筋接长。采用此法施工的四孔连续梁施工过程中每孔产生的自重弯矩如图 4-36 所示。通过逐孔计算,最后叠加,形成主梁的自重弯矩图。

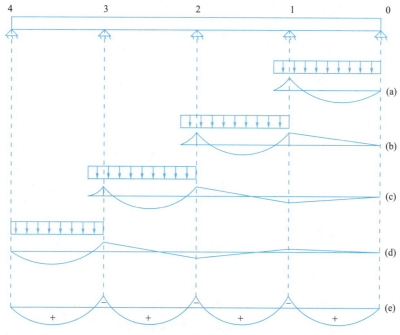

图 4-36 移动模架逐孔施工过程的主梁恒载弯矩图

我国最早采用先伸臂后连续施工的连续梁桥是 1991 年建成的厦门高集海峡(公路)大桥,该桥全长 2070m,跨径布置为 8×45m+8×45m+12×45m+10×45m+8×45m,标准跨度 45m,主梁为箱形截面,见图 4-37。这套移动模架利用海外工程的设备,模架主梁长 132.5m,由 12 节箱梁和 10 节桁架拼装而成。每片主梁前段和末段用于导向和纵移,桁架分别长 25m 和 45m,中段主梁用于承受施工各项荷载的总长为 62.5m。该桥之后,我国开始了国产移动模架的研发与应用,1998 年我国第一台总重约为 1000t 的移动模架应用于跨径 42m 的厦门海沧大桥东引桥。此后,移动模架法在南京二桥、苏通大桥、万州长江大桥、花峪黄河大桥等多跨连续梁桥施工中得到应用。

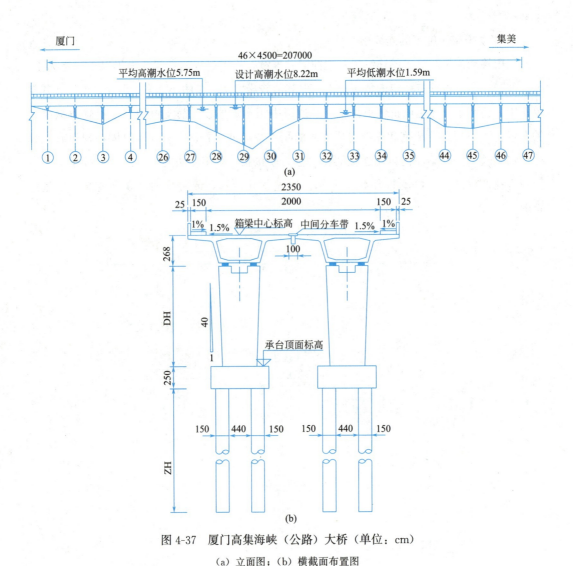

图 4-37 厦门高集海峡（公路）大桥（单位：cm）
(a) 立面图；(b) 横截面布置图

4.5 其他施工法及其相应的结构

4.3、4.4 节介绍了两种常见的连续梁桥或连续刚构桥的施工方法和相应的结构受力（主要是一期恒载）、构造和配筋特点。本节再介绍几种施工方法和结构特点。

4.5.1 转体法

转体法最早出现于斜拉桥施工中，1976 年首次应用于奥地利维也纳的多瑙河运河桥，转体重量达 4000t。此后，这一方法在各国推广至预应力混凝土 T 形刚构桥、预应力混凝土连续梁桥、钢桁梁桥、拱桥等桥型。

当梁桥中采用转体法时，常用的做法是主梁或主梁与下部结构一起，从跨中分为两半跨，应用支架浇筑或支架安装时，结构与桥轴线呈一定角度，以避开施工时对桥梁所跨越的道路、河流等障碍上的通车或通航的影响，或避免了在路上或河上搭设支架的困难。在结构的底部设置转盘，利用转动体系，将两半跨结构相继旋转就位、合龙、封转铰。与拱桥中拱肋竖向制作后进行转动的竖转法相对应，梁桥中的这种转体法属于水平转体，又称为平转法。图 4-38 是我国绵阳宝成铁路立交桥（连续刚构桥）水平转体的施工照片。近年来，也有将转盘设在墩顶处的桥例。

采用转体法施工的连续梁桥或连续刚构桥，无论主梁是用支架现浇还是悬臂拼装，

图 4-38 绵阳宝成铁路立交桥转体施工照片

转体时的结构均为 T 构，以悬臂受力为主。因此，从受力上来说，它也属于先悬臂后连续施工的桥梁。主梁多采用变截面，以配置负弯矩筋为主。为适应转体施工需要，在转动处需特殊的构造与配筋。转体法施工一般用于跨线桥，跨径通常并不大。

4.5.2 支架整体现浇

支架整体现浇法常用于跨度超过 50m，且不宜采用先简支后连续施工的连续梁桥；或桥梁转弯半径较小、采用预制梁难以适应平面线形变化的连续梁桥；或桥宽变化较大、预制梁湿接缝宽度难以适应桥宽变化的连续梁桥；或孔数少于 4 孔、桥长不大于 150m、混凝土能一次整体浇筑的连续梁桥。

搭设支架的主要工序有：地基处理和预压、搭架、支架预压、立模、绑扎钢筋、布置预应力孔道、现浇混凝土、张拉预应力并灌浆、落架和移架、完成桥面及附属工程。对于混凝土的浇筑，小跨度板梁桥可采用先跨中后支点依次进行；对稍大跨度的箱梁桥，可根据具体情况采取纵向分段、竖向分层的方法进行。支架是支架法施工的关键材料，支架结构按结构形式可分为满堂式支架、梁柱式支架、组合形式支架。它的支架构造、施工注意事项、施工效率和经济性等与简支梁桥的支架相似。

我国连续刚构桥的跨径较大、桥墩较高，极少采用支架法施工。国外有些小跨线的跨线桥也常采用刚构桥，以取消支座，如图 4-39 所示。这种桥墩也称为整体墩，本书第 7.2 节有较详细的介绍。由于跨径不大、桥墩不高且孔数有限，这类桥较多地采用了支架整体现浇。其跨径、截面、预应力筋等与支架现浇连续梁桥一样，可根据受力需要来布置。

支架整体现浇的连续梁，混凝土强度达到要求后一次性卸落支架，使其成为连续梁桥。

图 4-39 支架现浇连续刚构跨线桥

结构在施工过程中不存在体系转换，恒载和活载作用时均为最终的设计体系。

可采用等跨或不等跨的结构设计。不等跨时，边中跨比一般取 0.6～0.8。纵向预应力筋可按照结构各部位的受力要求，进行连续配筋。预应力筋的重心线通常采用多条抛物线组合而成的轨迹（图 4-40a）。预应力筋的具体布置可参考图 4-40（b），在支点附近布置在上缘，以抵抗负弯矩；在跨中截面，布置在下缘，以抵抗正弯矩；正负弯矩过渡区，预应力筋由下缘呈一定角度转向上缘。

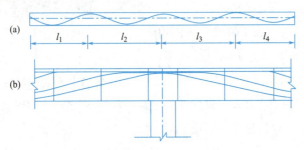

图 4-40 连续配筋的预应力筋布置

4.5.3 少支架预制拼装

先简支后连续的施工方法属于预制拼装法，它不需要支架。对于跨径稍大的连续梁桥，整梁吊装吊重太大，可将预制梁从整梁缩短为梁段，借助少量的临时支架，实行预制拼装到整体连续的施工。对于三跨的连续梁，可分成 5 段预制。其中墩顶段和边段各 2 段，中央段 1 段，需要支架 4 个。施工过程如图 4-41 所示。首先安装墩顶段，见图 4-41（a）；然后安装边跨边段并现浇接缝，见图 4-41（b）；待接缝强度达到要求后，拆除边跨支架，安装中跨中段并现浇接头，见图 4-41（c）；待接缝强度达到要求后，拆除中跨支架，成为设计的三跨连续梁，见图 4-41（d）。

采用这种施工方法，在图 4-41（a）和（b）的施工阶段，墩顶段和边段分别为两跨连续梁和简支梁，跨径很小，正负弯矩均很小；在图 4-41（c）的施工阶段，边段与墩顶段连成不等跨的两跨连续梁，正弯矩值小于先简支后连续施工中简支梁状态的正弯矩值，负弯矩值小于悬臂施工的连续梁墩顶的负弯矩值，而中央段为小跨径的简支梁，正弯矩值很小。总之，采用这种施工方法，使其施工阶段与使用阶段的受力方向较为接近，从而能充分发挥连续梁桥的特点，有效地利用材料。采用该方法施工的连续梁多为不等跨、变高度梁。

如果在安装墩顶段后先安装中央段,再安装边段,则自重作用下的弯矩值与图 4-41 方法安装的略有不同,即边跨和中跨的跨中弯矩稍微减小,而中间支点的负弯矩略有增加。

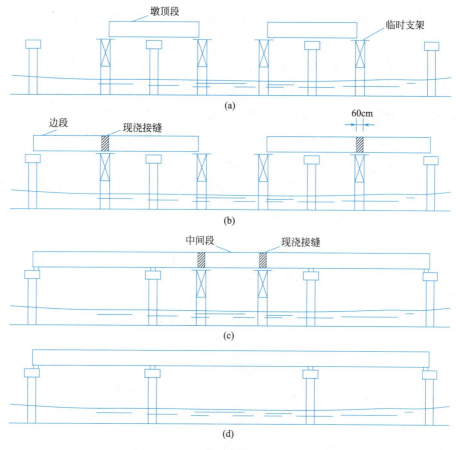

图 4-41　少支架预制拼装-整体施工法

对于跨径不太大的连续梁桥,如果起重能力足够,也可直接预制成单悬臂梁的安装构件进行架设。拼装顺序也可以从中间往两边,形成双伸臂梁,最后再与边跨边段连接形成连续梁。

4.2 节介绍的广东容奇大桥(图 4-3),是国内较早采用分段预制拼装-整体施工法的连续梁桥。但安装墩顶段(根部梁)时,只在靠引桥一边设置了一个支架,悬臂端做成临时牛腿。该桥为五跨,4 个根部梁安装后,双边对称依次安装边部梁和次边跨中部梁,最后安装中跨中部梁(中央段)。

4.5.4　顶推施工法

顶推法施工时,先在沿桥纵轴方向的台后设置预制场地,分节段浇筑或拼装混凝土节段，并用纵向预应力筋连成整体，然后通过水平液压千斤顶施力，借助不锈钢板与四氟乙烯模压板特制的滑动装置，将主梁逐段向前顶进，就位后落梁，将临时支座更换为永久支座，完成主梁的架设。顶推法主要应用于等截面的连续梁桥。由于四氟板与不锈钢板间的摩擦系数约为 0.02～0.05，故即使梁重达 100000kN（质量为 10000t），也只需不大于 5000kN 的力即可推出。

顶推法施工可分单向顶推和双向顶推，或者单点顶推和多点顶推等。图 4-42（a）表示一般单向单点顶推的情况，其顶推设备只设在一岸桥台处。在顶推中为了减少悬臂负弯矩，一般要在梁的前端安装一节长度约为顶推跨径 0.6～0.7 倍的钢导梁，导梁应具有自重轻而刚度大的特点。单向顶推适用于跨径为 40～60m 的多跨连续梁桥。当跨径较大时，需在桥墩间设置临时支墩。国外已用顶推法修建了跨径达 168m 的桥梁。当水平千斤顶行程为 1m 时，一个顶推循环需 10～15min。图 4-42（b）示出三跨不等跨连续梁桥采用从两岸双向顶推施工的图式，适用于不设临时墩且中跨跨径较大的连续梁桥。

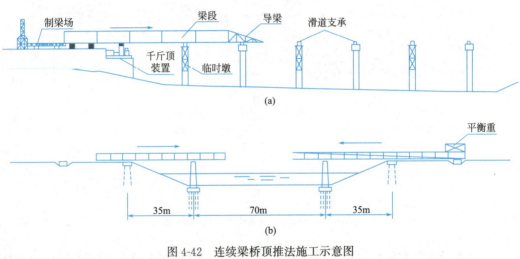

图 4-42　连续梁桥顶推法施工示意图
(a) 单向顶推；(b) 双向顶推

顶推法中每节段梁长约 10～30m，开始顶推前应有 2～3 节段已连成一体，然后用水平千斤顶等顶推设备将支承在滑道上的梁体向前推移。此后，推出新的一段与上一段连接，周期性地反复操作，直至所有梁体推到最终位置。随后，卸除支点区段底部和跨中区段顶部的部分预应力筋，增加和张拉一部分支点区域顶部和跨中区段底部的预应力筋，使主梁满足承受恒载和活载的内力需要。最后，将滑道支承移开，换成永久支座，至此施工完毕。

顶推法施工一般适用于等跨、等高度且孔数较多的连续梁桥。梁高一般取顶推跨径的 1/17～1/12；当设有临时支墩时，梁高应按成桥跨径来选择，一般取成桥跨径的 1/25～1/16。

如边跨采用与中跨不等跨布置时,其边中跨比值也比用其他方法施工的连续梁桥大,一般为 0.7~1。顶推施工中采用的主要设备是千斤顶和滑道。在顶推过程中要确保梁体两侧千斤顶的同步运行。为了防止梁体在平面内发生偏移(特别在单点顶推的场合),通常在墩顶和梁体的侧面设置横向导向装置。顶推法的施工设备与施工技术较为复杂,施工工作面较少,施工进度较为受限,在混凝土连续梁桥的施工中已较少采用,较多的应用出现在钢桥中,尤其是钢箱弯桥。

连续梁某一截面的弯矩在顶推过程中不仅数值在变化,而且符号也在变化,如图 4-43 所示,这与其他方法施工时梁某一截面的弯矩符号基本保持不变有很大的不同。换言之,从施工到成桥,其结构是一种变化连续的结构。在结构设计上,除了考虑连续梁顶推完成后二期恒载、活载等在连续梁结构中的受力所需的配筋外,还要在其上、下翼板内施加能承受顶推过程中正、负弯矩转变的预应力。

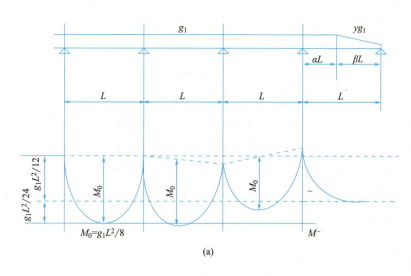

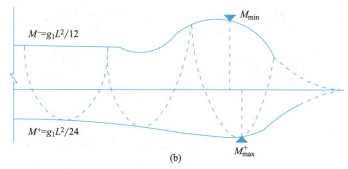

图 4-43 顶推法施工的连续梁桥弯矩示意图
(a) 导梁接近前端支座时的弯矩图;(b) 弯矩包络图

4.6 预应力混凝土连续箱梁计算要点

4.6.1 恒载活载内力计算

恒载和活载内力是桥梁结构的主要计算内容。如前所述,连续梁桥、连续刚构桥的一期恒载内力与施工方法有关,二期恒载和活载则是作用在已形成的结构体系上,与所采用的施工方法无关。为了保证施工安全和长期正常使用性能,设计时必须分别计算各阶段受力后,进行叠加。分阶段的叠加计算,工作量大,多采用计算机数值分析来完成。

1. 恒载内力计算

采用直接连续法施工(如支架整体现浇)的连续梁桥,所有的恒载内力均可按连续梁进行计算。采用其他方法施工的连续梁桥和连续刚构桥,则须分为一期和二期恒载分别计算。如先简支后连续桥,恒载要分为一期的简支结构和二期的连续结构分别计算,然后叠加。

对于施工过程中,结构体系不断转换的,则一期恒载还要再分多个阶段。如,连续梁悬臂法施工过程中,最先为支点固结的 T 形刚构(图 4-18a),主梁全部为负弯矩,图 4-44(a)即为悬臂最大时的弯矩图;之后转换为单伸臂的结构(图 4-18c),在边跨不平衡段自重的作用下,靠近桥台处的一段主梁中有了正弯矩,见图 4-44(b);最后,中跨中间段合龙后结构才成为三跨连续结构(图 4-18d),但此时在一期恒载作用下的中跨中仍无正弯矩,见图 4-44(c)。此后施加的二期恒载,如桥面铺装、人行道、栏杆等,则按连续梁来计算作用效应,中跨跨中段产生了正弯矩,见图 4-44(d)。

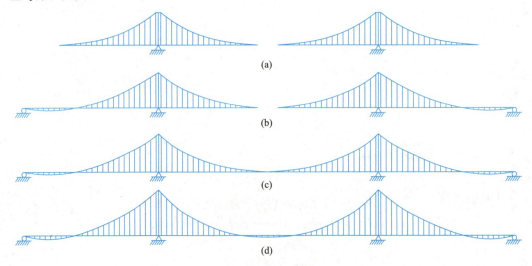

图 4-44 三跨连续梁悬臂施工恒载弯矩

2. 活载内力计算

连续梁活载内力计算的步骤与简支梁是基本相同的，手算时可采用影响线的方法进行。首先绘制内力影响线，然后进行活载加载，求得各截面最大活载内力。等截面连续梁的内力影响线与截面刚度无关，手算相对简单，一般可查阅有关手册中的公式和图表来确定；变截面连续梁的内力影响线与截面刚度有关，手算较为烦琐，现多借助桥梁有限元程序直接计算，可采用影响线的方法，也可直接计算。

图 4-45 给出了连续梁若干截面的弯矩 M 和剪力 Q 的影响线。可以看出，连续梁大多数截面的弯矩和剪力影响线是变符号的。对于公路桥，把活载分别按最不利原则布置，将车道荷载中的均布荷载布置在同号影响线区段内，集中力加在峰值处，可得到绝对值最大的活载内力。

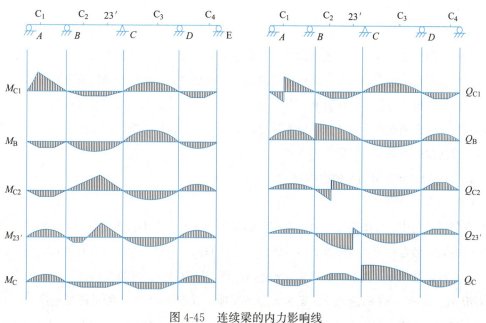

图 4-45　连续梁的内力影响线

3. 内力组合与包络图

将连续梁的绝对值最大的活载内力与恒载内力按荷载组合规定进行叠加，就可以得到全梁的内力包络图（其中还应包括各项次内力，见后述）。图 4-46 所示的是四跨连续梁的弯矩 M 和剪力 Q 的包络图，由此可以了解内力包络图的一般特征。

内力包络图可应用于预应力钢束配置、截面承载力验算等。预应力钢束配置时，依据内力包络图中的符号，确定布束范围；选择若干控制截面，据其 M_{max} 和 M_{min} 估算这些截面处所需的钢束，以其为控制条件，结合结构构造和施工需求，进行钢束设计。

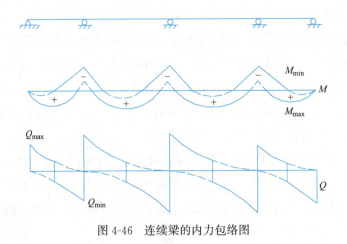

图 4-46 连续梁的内力包络图

4.6.2 次内力

预应力混凝土连续梁、连续刚构桥为超静定结构，受强迫变形在多余约束处将产生约束反力，从而引起结构附加内力，即结构次内力。引起结构次内力的外部因素有预加力、温度变化、墩台基础沉降等，内部因素有混凝土的收缩、徐变等。次内力与结构有关，因此，结构体系转换也影响次内力的计算。通常计算的次内力有：预加力产生的次内力、徐变收缩次内力、温度次内力和墩台沉降次内力等。

1. 支点处竖向变形引起的次内力

（1）预应力作用

在静定结构中，可根据预应力筋的布置形状和预加力的大小，确定截面上由施加预应力引起的内力，如弯矩等。这样计算得到的预加力对截面重心轴产生的弯矩称为初预矩 M_0。

在超静定结构中，预加力除产生初预矩 M_0 外，还因结构的超静定特性产生次内力，如次力矩 M'。以图 4-47 的两跨连续梁为例进行说明。在图 4-47（a）所示的简支梁中，由于预应力的偏心作用，梁体将自由上拱（图 4-47b），并产生初预矩 M_0，如图 4-47（c）所示。但若在简支梁中部增加一个有拉压约束的支点，形成两跨连续梁（图 4-47d），则在张拉预应力筋时，由于支点 B 的存在，必然产生一个向下的反力 R_B，约束梁体自由上拱变形。显然，这一反力导致简支梁两端支点产生了次反力 R_A 和 R_C（若两跨连续梁跨度相同、梁体惯性矩相等，则次反力为 $R_A=R_C=R_B/2$），并引起结构的内力变化，产生了如图 4-47（e）所示的次力矩 M'。预加力引起的总弯矩（称为总预矩）等于初预矩 M_0 和次力矩 M' 之和，如图 4-47（f）所示。

实际上，上述预应力偏心作用引起的次弯矩，可归结为两跨连续梁在中间跨有向上位移 Δ_P 的弯矩求解问题。设图 4-47（a）的单跨简支梁为基本结构，中支点（内支点）处的反力

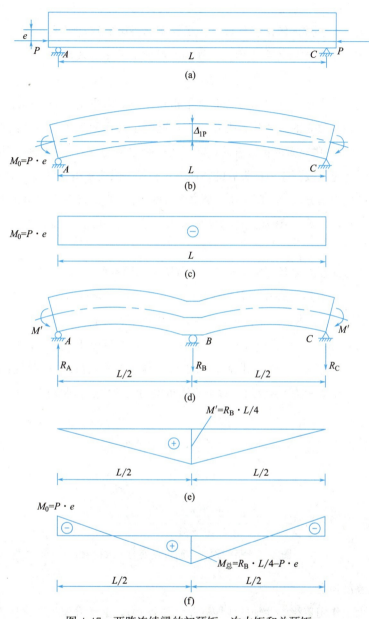

图 4-47 两跨连续梁的初预矩、次力矩和总预矩
(a) 施加预应力；(b) 上拱变形图；(c) 初预矩；(d) 中间支点下拉变形图；(e) 次力矩；(f) 总预矩

R_B 为多余力 X_1（图 4-47d），通过正则方程式（4-1）求出 R_B 后，施加于基本结构上，即可得次力矩（图 4-47e）；将次力矩与初预矩（图 4-47c）相加，得到总预矩（图 4-47f）。

$$\delta_{11}X_1 + \Delta_{1P} = 0 \tag{4-1}$$

实际公路桥梁的支座一般不受拉，主梁在预应力作用下向上弯起变形时，支座处不产生附加力。由于主梁的自重在内支点 B 上作用有一定的压力值，当主梁向上弯起时，内支座受压减小,相当于在主梁上施加一个向上的力。换言之,虽然实际的支座是不抗拉的,但考虑到实际受力后,上述的解法仍然成立。尽管实际桥梁的结构形式和预应力筋布置比图 4-47 要复杂得多,但基本概念和原理是一样的。目前常采用等效荷载法来求解预加力的总预矩。

预应力混凝土结构是一种预加力与混凝土相互作用的自平衡体系,因此可以把预应力筋和混凝土视为相互独立的脱离体,把预加力对混凝土的作用以等效荷载的形式替代。例如,对于图 4-47(a)中布置的偏心直筋,就可用两个水平力(各指向梁体,作用在锚固点处,大小为扣除相应阶段预应力损失后的预加力)替代。只要求得不同配筋情况下的等效荷载,便可采用结构力学方法、有限元法、影响线加载法等求出超静定梁由预加力产生的内力。需要注意的是,用等效荷载法求得梁的内力中已经包含预加力引起的次内力,即求得的内力就是总预矩。

对于非直线形的预应力筋,预应力等效荷载除了锚固点所施加的力外,还有折点或弯曲部分的等效荷载。图 4-48 为一作用有折线预应力筋的梁段,转折点在截面 C 处,夹角为 θ_A 与 θ_B,预加力值为 N_P。由力的平衡可知:在 N_P 作用下,转折点处将对梁体的混凝土产生一个向上的竖向分力:$V_C = N_P \cdot \sin\theta_A + N_P \cdot \sin\theta_B$。当 θ 值较小时(一般情况预应力筋的转折角很小),$V_C = N_P(\theta_A + \theta_B)$。因此,对于折线预应力等效荷载可以在预应力筋的转折点处对构件产生一个集中力 V_C 等效。对于曲线布置的预应力筋,曲线部分的等效荷载为分布荷载。

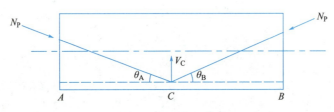

图 4-48 折线预应力筋折点处的等效荷载

(2)线性温度梯度

假定梁截面上作用着绕中性轴的线性温差(图 4-49),上缘升温而下缘降温。它将引起梁式结构产生向上的挠曲变形。对于二跨的连续梁,其次内力与图 4-47 初预矩作用下的情况相似。

(3)墩台沉降

对于如图 4-47 所示的两跨连续梁,假定内支座 B 发生瞬间向下的墩台沉降 Δ_P,或进行人工支座调整的下调量为 Δ_P,代入式(4-1)求得内支座的多余力 R_B,进而求得次内力值。

图 4-49 线性温度梯度对结构的影响

2. 非支点处竖向变形引起的次内力

混凝土徐变是指混凝土作为黏弹性体，在持续、长期荷载（如结构自重、预加力等）作用下，由荷载引起的变形扣除瞬时弹性变形后随时间缓慢增加的变形。徐变在加载初期发展较快，后期增长缓慢，一般在几年后趋于停止。结构徐变变形的累计总值可达到同样应力作用下弹性变形的 1.5～3.0 倍或更大。

混凝土徐变引起的结构次内力计算与结构施工方法有关。对静定结构或在支架上施工并一次性落梁的超静定结构（无体系转换），混凝土徐变只会导致结构变形的增加，并不引起次内力。对于预加力等引起的次内力是否有影响，我们仍以两跨连续梁为例进行分析。如图 4-50 所示，考虑徐变影响后，力法基本方程见式（4-2），与式（4-1）相比，柔度系数和载变位增加了徐变引起的变形增量（以上标 c 表示，即 δ_{11}^c 和 Δ_{1P}^c）。

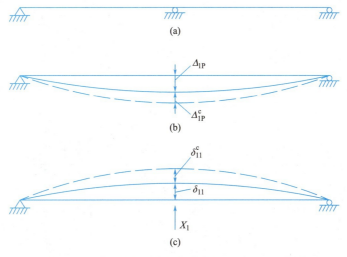

图 4-50 两跨连续梁考虑徐变后的力法分析示意图

$$(\delta_{11} + \delta_{11}^c)X_1 + (\Delta_{1P} + \Delta_{1P}^c) = 0 \tag{4-2}$$

设 $\varphi_\delta = \delta_{11}^c / \delta_{11}$，$\varphi_\Delta = \Delta_{1P}^c / \Delta_{1P}$，则有式（4-3）：

$$(1 + \varphi_\delta)\delta_{11}X_1 + (1 + \varphi_\Delta)\Delta_{1P} = 0 \tag{4-3}$$

由于产生徐变变形的条件相同，有 $\varphi_\delta = \varphi_\Delta$。这样式（4-3）求得的多余力，与式（4-1）求得的结果相同。因此，对于直接连续的结构，徐变在竖向的变形增量，并不引起附加的内力。对于施工过程中结构有体系变化的桥梁，如采用悬臂法、先简支后连续法等方法施工的桥梁，徐变变形和一次性变形是在不同结构体系上发生的。因此，不仅结构在其自重作用下的内力分析需要分阶段计算，由混凝土徐变引起的次内力同样需要分阶段计算。

以悬臂施工的三跨连续梁为例。一期恒载作用下的弯矩均为负弯矩，内支点处最大，如图 4-51（a）所示。悬臂施工过程的下挠变形（此变形中也有徐变变形）如图 4-51（b）中的实线所示，墩顶处为零，悬臂端最大。此阶段，悬臂端变形不受约束，施工中通过预拱度和预应力的调整使其施工完成时的结构线形符合设计线形。施工完成后，在负弯矩作用下，混凝土的徐变使得悬臂端有继续下挠的趋势（图 4-51b 中的虚线），但此时边端已有支座约束使其不能自由下挠，边支座中产生了抵抗徐变下挠的次反力，如图 4-51（b）所示。在此力作用下，连续梁中产生了次弯矩，见图 4-51（c）。将图 4-51（a）和图 4-51（c）中的弯矩相加，即得考虑徐变变形影响后的一期恒载作用下的弯矩，见图 4-51（d），它与一期恒载直接作用在三跨连续梁上的弯矩图（图 4-51e）相似。

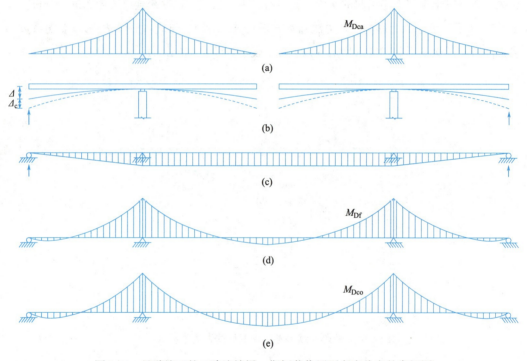

图 4-51 悬臂施工的三跨连续梁一期恒载作用下考虑徐变的弯矩图

实际的计算十分复杂，例如，悬臂施工时各节段的加载龄期均不相同，结构形状与受力状态也一直处于变化之中，主梁又常为变截面，需要采用有限元方法进行数值计算。

对于采用悬臂法施工的连续梁，在桥梁初步设计阶段，可采用简化公式（4-4）考虑徐变影响后支点处弯矩的计算。

$$M_{Df} = M_{Dca} + 0.8(M_{Dco} - M_{Dca}) \tag{4-4}$$

式中　M_{Df}——连续梁中考虑徐变影响后一期恒载引起的支点负弯矩；

　　　M_{Dca}——在悬臂体系上由一期恒载（不考虑徐变影响）引起的支点负弯矩；

　　　M_{Dco}——在连续梁体系上由一期恒载（不考虑徐变影响）引起的支点负弯矩。

值得指出的是，从图 4-51 的变形分析可知，徐变引起的下挠增量，在边支点处受到了边支座的约束，而中孔跨中的徐变下挠却没有受到约束，这是许多连续梁桥、连续刚构桥使用中中跨下挠的一个重要原因。

若采用先简支后连续施工，施工过程中，简支梁产生的瞬时下挠及其加上徐变下挠增量后的变形，见图 4-52（a）中的实线和虚线，图 4-52（b）为简支梁施工阶段的一期恒载弯矩图。然而，形成连续梁之后的徐变引起的下挠增量，在内支点处不能自由转动，它受到后连续部分的约束，而在梁中产生了负弯矩次内力，如图 4-52（c）所示。将图 4-52（c）的弯矩图与图 4-52（b）的弯矩图相加，得考虑徐变影响后的弯矩图，其图形与图 4-51（d）相似，但具体数值不同，中孔跨中正弯矩为控制值。与采用悬臂法施工相似，先简支后连续梁在一期恒载作用下考虑徐变后的弯矩，也与荷载直接作用在三跨连续梁上的弯矩图（图 4-51e）接近。

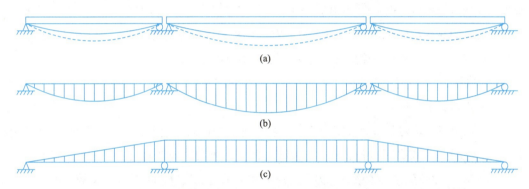

图 4-52　先简支后连续施工的三跨连续梁一期恒载作用下考虑徐变的弯矩图

我国《混凝土桥规》中第 4.3.9 条的条文说明中给出了考虑徐变后 t 时的弯矩值，见式（4-5）。它假定先期结构（如同时浇筑的多跨简支梁或其他结构体系）在同一时间 τ 时连接成后期结构（即连续梁）。由于混凝土徐变的影响，后期结构中的弯矩在不断发生变化（即弯矩重分配）。

$$M_{gt} = M_{1g} + (M_{2g} - M_{1g})(1 - e^{-\varphi(t,\tau)}) \tag{4-5}$$

式中　M_{gt}——连续梁中考虑徐变影响后一期恒载引起的支点负弯矩；

M_{1g}——在先期结构体系上由一期恒载（不考虑徐变影响）引起的某截面弯矩；

M_{2g}——在后期结构体系上由一期恒载（不考虑徐变影响）引起的某截面弯矩；

$\varphi(t,\tau)$——从加载龄期 τ 到计算龄期 t 的徐变系数，采用《混凝土桥规》中附录 C 的规定或其他可靠数据。

式（4-5）也适用于预应力引起的弯矩重分配计算，只需将 t 时预应力钢筋的有效预加力引起的弯矩，代替由自重引起的弯矩，即以 M_{1pt} 代 M_{1g}，M_{2pt} 代 M_{2g}：

$$M_{pt} = M_{1pt} + (M_{2pt} - M_{1pt})(1 - e^{-\varphi(t,\tau)}) \tag{4-6}$$

$$M_{2pt} = M_{2pt}^0 + M'_{2pt} \tag{4-7}$$

$$M_{1p t}=M_{1p t}^{0}+M_{1p t}^{\prime} \tag{4-8}$$

$$M_{2p t}^{0}=M_{1p t}^{0} \tag{4-9}$$

式中 M_{1pt}——先期结构预加力（t 时），按先期结构计算的弯矩；

M_{2pt}——先期结构预加力（t 时），按后期结构计算的弯矩；

$M_{1pt}^{\prime}$——先期结构预加力，按先期结构计算的弹性次弯矩；当先期结构为静定时，此值为零；

$M_{2pt}^{\prime}$——先期结构预加力，按后期结构计算的弹性次弯矩。

混凝土徐变除了使竖向挠度增大，对结构内力分布、应力分布产生影响外，还会引起预应力损失、组合截面上的应力重分布、构件表面开裂等。预应力损失，除直接影响截面上的预应力值外，还影响由预应力引起的次内力，从这点来说，即使是支架整体现浇的直接连续结构，徐变对结构内力也是有影响的。

混凝土的徐变在早期龄期上发展较快，如果结构构件采用预制拼装，使构件受力时已有较长的龄期，能有效地减小徐变对结构受力的不利影响。

3. 纵桥向变形引起的次内力

（1）均匀温度变化

当截面上发生均匀分布的温度变化时，主梁将沿纵桥向发生伸长或缩短。图 4-53 给出温度均匀上升、主梁纵桥向伸长时，3 种结构的受力情况。对于图 4-53（a）的简支梁和图 4-53（b）无水平约束的连续梁，温升变形需在伸缩缝宽度计算时计入，见第 2.3 节。但此变形因不受约束，不产生次内力。对于图 4-53（c）的连续刚构桥，主梁纵桥向变形受到桥墩的约束，在主梁和桥墩中均产生了次内力。在其他构件纵桥向变形受到约束的结构中，如下一章介绍的超静定拱桥，均匀温度变形也会产生次内力。

（2）混凝土收缩

混凝土收缩是其所含水分的变化、化学反应及温度降低等引起的体积缩小。它是一种不依赖于荷载而与时间有关的变形。

混凝土收缩对结构受力的影响与均匀温度变化相似。同样对简支梁和无水平约束的连续梁，需在伸缩缝宽度计算时计入其变形，但此变形不产生次内力。在纵桥向变形受到约束的连续刚构桥、超静定拱桥和整体桥中，将产生次内力。混凝土收缩与均匀温降的效应相似，连续刚构桥中产生的变形与图 4-53（c）中的方向相反。在工程计算中，有时将混凝土收缩引起的变形和次内力等效成温降进行计算。

4. 作用值计算

（1）温度作用

桥梁置于大气环境中，环境温度变化必然引起桥梁构件截面上温度场的变化，从而引起杆件的伸缩变形，当伸缩变形受到约束时，就在结构中产生温度内力与应力。温度应力对预

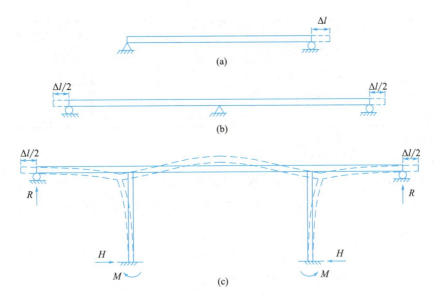

图 4-53 均匀温度变化对不同结构的影响

应力混凝土桥梁的危害越来越受到重视。理论分析和试验研究均表明，在大跨预应力混凝土箱形梁桥中，特别是连续梁桥等超静定结构体系中，温度应力值可以达到甚至超过活载应力值，成为混凝土开裂的主要原因。对于预应力混凝土桥中常用的箱形截面，截面上的温度变化可用图 4-54 的几种分布形式来表示。

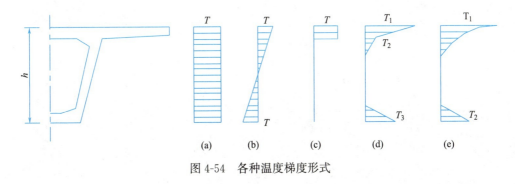

图 4-54 各种温度梯度形式

图 4-54（a）和（b）的均匀温度变化、线性温度梯度变化，分别引起杆件的伸缩和截面的转动，对连续梁、连续刚构受力的影响，前面已分析。

计算桥梁结构因均匀温度作用引起的外加变形或约束变形时，应从受到约束时的结构温度（基准温度，通常为结构合龙温度）开始，考虑最高和最低有效温度的作用效应。《公桥通规》规定，当缺乏实际调查资料时，公路混凝土结构和钢结构的最高和最低有效温度标准值可按表 4-1 取用。

公路桥梁结构的有效温度标准值（℃）　　　　　　　表 4-1

气候分区	钢桥面板钢桥		混凝土桥面板钢桥		混凝土、石桥	
	最高	最低	最高	最低	最高	最低
严寒地区	46	−43	39	−32	34	−23
寒冷地区	46	−21	39	−15	34	−10
温热地区	46	−9(−3)	39	−6(−1)	34	−3(0)

注：1. 全国气候分区见《公桥通规》附录 A。
　　2. 表中括弧内数值适用于昆明、南宁、广州、福州地区。

图 4-54（c）～（e）是箱形梁在太阳辐射作用下截面上非线性温度梯度的一些简化计算图式。《公桥通规》称其为（非线性）温度梯度作用。它对结构的作用效应，以一片简支 T 梁为例进行说明。

假定该 T 梁受如图 4-54（c）所示的非线性温度作用，当翼板内受＋5℃的温度影响时（图 4-55a），其温度作用可由两部分组成。其一是受均匀温度场的作用（图 4-55b），使整片梁的总长伸长，它可通过将翼板面积与＋5℃温升的乘积除以总面积而得。其二是由线性温度梯度引起的（图 4-55c），由于翼板变形大于腹板，致使梁体呈向上挠曲变形，可通过类似求静矩的方法求得。这两部分所对应的温度场，即"等效线性温度场"，见图 4-56（a）和（b）。它在简支梁中仅产生变形而不产生附加内力，但在对变形有约束的超静定结构中，将产生温度次内力，在截面上产生温度次应力 $\sigma_{次}$。

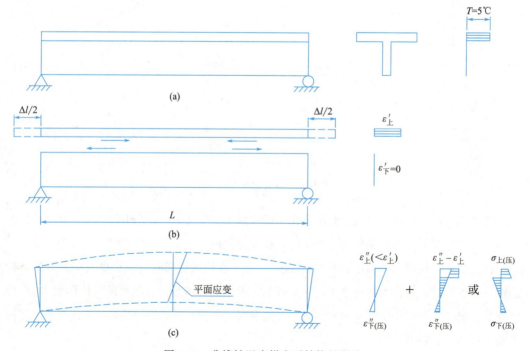

图 4-55　非线性温度梯度对结构的影响

在这种温度场影响下，如果将翼板与腹板之间完全脱开，翼板两端将会各产生 $\Delta l/2$ 的伸长量（图 4-55b），应变为 $\varepsilon'_\perp = \Delta l / l$。然而，翼板与腹板实际是一个整体，翼板与腹板相接处的变形要协调一致。也就是说，翼板的伸长趋势因结合面的剪切力而受到制约，最后使梁顶面纤维层的应变只能达到 $\varepsilon''_\perp (<\varepsilon'_\perp)$，翼板处于受压状态。反过来，腹板在结合面的剪切力作用下，则也产生了一定的伸长量，相接处的腹板受拉，如图 4-55（c）所示。这种应力是截面内各纤维层变形互相约束、自相平衡而产生的，被称为温度自应力 $\sigma_{自}$，是由"等效非线性温度场"引起的，见图 4-56（c）。

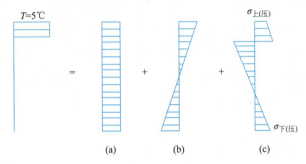

图 4-56　非线性温度场的分解

这样，对于受非线性温度梯度的超静定结构，其总的温度应力为自应力 $\sigma_{自}$ 与由温度次内力产生的次应力 $\sigma_{次}$ 之和，即 $\sigma_{总} = \sigma_{自} + \sigma_{次}$。

《公桥通规》规定，计算公路桥梁由于竖向温度梯度引起的效应时，可采用图 4-57 所示的竖向温度梯度曲线，其桥面板表面的最高温度 T_1，见表 4-2 的规定。当图 4-57 中混凝土结构的梁高 H 小于 400mm 时，$A = H - 100$（mm）；当梁高 H 大于或等于 400mm 时，$A = 300$mm；对于带混凝土桥面板的钢结构，$A = 300$mm；t 为混凝土桥面板的厚度（mm）。对于混凝土上部结构和带混凝土桥面板的钢结构，其竖向日照反温差为正温差乘以 -0.5。

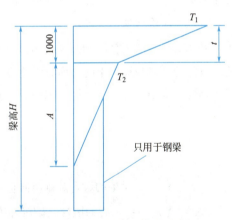

图 4-57　竖向温度梯度（尺寸单位：mm）

竖向日照正温差计算的温度基数　　　　　表 4-2

结构类型	T_1(℃)	T_2(℃)
水泥混凝土铺装	25	6.7
50mm 沥青混凝土铺装层	20	6.7
100mm 沥青混凝土铺装层	14	5.5

对于无悬臂的宽幅箱梁，宜考虑横向温度梯度引起的效应。对于桥面板采用沥青混凝土铺装的桥梁，必要时应考虑施工阶段沥青摊铺引起的温度影响。

(2) 混凝土收缩、徐变应变

引起混凝土收缩的原因很多，其中最主要的是混凝土干燥过程中的水分蒸发和碳化过程中的体积变化，即自收缩和干燥收缩（干缩）。混凝土的收缩随时间的发展规律，在硬化初期发展快，以后逐渐缓慢，若干年后趋于稳定。总体趋势与混凝土徐变相似，但定量规律不同。我国公路混凝土桥设计时，混凝土收缩应变可按《混凝土桥规》附录C的方法计算。

在计算混凝土徐变引起的结构次内力时，需要用到徐变系数φ。它是混凝土徐变应变ε_c与瞬时弹性应变ε_e之比值，即$\varepsilon_c = \varphi \varepsilon_e$。徐变系数$\varphi$与众多因素有关，如加载龄期、环境条件（温度、湿度）、混凝土材料（混凝土的水灰比、水泥用量、骨料弹模、施工质量）、构件尺寸等有关。徐变系数φ随时间变化，计算中常用的是从加载龄期τ到计算龄期t的徐变系数，表示为$\varphi(t,\tau)$。我国公路混凝土桥设计时，混凝土徐变系数可按《混凝土桥规》附录C的方法计算。

(3) 基础沉降值

墩、台基础沉降受许多因素影响，如基础类型、尺寸、地基土厚度、性质等，具体计算方法参见《基础工程》教材、专业书籍和《公路桥涵地基与基础设计规范》JTG 3363—2019（以下简称《基础规范》）。

基础沉降一般不是瞬间发生的，而是随时间递增，经过相当长的时间后，沉降接近终值。沉降的规律与地基土的物理力学性质有关。为简化计算，可以假定其有着类似于徐变的变化规律，可用式（4-10）或式（4-11）表示：

$$\Delta_d(t) = \frac{\Delta_d(\infty)\varphi(t,\tau)}{\varphi(\infty,\tau)} \tag{4-10}$$

$$\Delta_d(t) = \Delta_d(\infty)[1 - e^{-p(t-\tau)}] \tag{4-11}$$

式中 $\Delta_d(t)$——t时刻的墩台基础沉降值；

$\Delta_d(\infty)$——$t=\infty$时的墩台基础沉降值；

$\varphi(t,\tau)$——从加载时刻τ到计算时刻t的沉降系数；

$\varphi(\infty,\tau)$——从加载龄期τ到$t=\infty$时的沉降系数；

p——墩台沉降增长速度，可根据实桥地基土的试验资料确定。无资料时，对于砂质土，接近瞬时沉降时取$p=36$；对于亚砂土与亚砂黏土，$p=4\sim14$；对于黏土，取$p=1$。

4.6.3　箱形截面的受力特点

预应力混凝土梁桥的主要截面形式为箱形，一般为薄壁箱。箱梁桥上的恒载一般是对称作用的,它使箱梁发生弯曲;而车辆活载一般是偏心作用的,使箱梁发生扭转。风力等横向力也会使箱梁发生扭转。对曲线桥,即便是对称作用的荷载,也会导致箱梁扭转。因此,结构所受到的外力可综合表示为偏心作用的荷载,见图4-58。

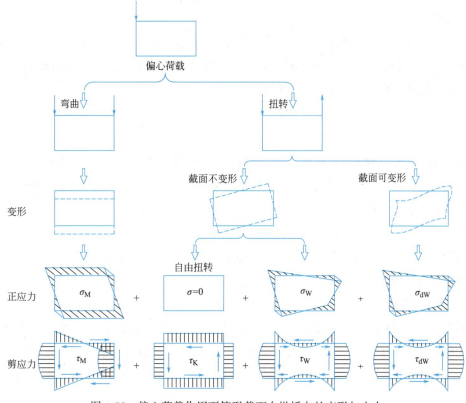

图4-58 偏心荷载作用下箱形截面在纵桥向的变形与应力

从结构分析的角度,可将偏心作用的荷载等效分解成一对数值相等、方向相同的对称荷载和一对数值相等、方向相反的反对称荷载。在对称荷载作用下,结构(如同梁一样)发生垂直向下的挠度,截面上产生弯曲正应力 σ_M 和剪应力 τ_M。

在反对称荷载作用下,截面发生扭转。可进一步分为截面不变形的刚性扭转和截面可变形的畸变。

按纵向变形是否受到约束,刚性扭转可分成自由扭转和约束扭转。自由扭转时截面保持原有形状作刚体运动,截面四壁产生抵抗扭矩的环向扭转剪应力 τ_K;截面虽有翘曲,但不产生正应力。约束扭转是截面纵向变形受到约束而不能自由翘曲时的扭转,截面上将产生约束扭转正应力 σ_W 和约束扭转剪应力 τ_W。产生约束扭转的原因有:支承条件的约束,如固端支承约束纵向纤维变形;受扭时截面形状及其沿梁纵向的变化,使截面各点纤维变形不协调而产生的约束扭转,如等厚壁的矩形箱梁、变截面梁等,即使不受支承约束,也将产生约束扭转。

若箱壁厚度较大时，可假定其在偏心荷载下只产生刚性扭转（自由或约束扭转）。若箱壁较薄，则截面在横向可能发生变形，即畸变。如矩形截面的薄壁宽箱，因畸变变形，截面的投影不再为矩形。畸变除了产生纵向的翘曲正应力 σ_{dW} 和畸变剪应力 τ_{dW} 外，还会在板内产生横向弯曲应力 σ_{dt}。

因此，箱梁在偏心荷载作用下，纵桥向的受力引起的截面上的应力由式（4-12）计算。其中正应力由弯曲正应力、约束扭转正应力和畸变正应力叠加而成；剪应力由弯曲剪应力、自由扭转剪应力、约束扭转剪应力和畸变剪应力叠加得到。

$$\left.\begin{array}{l} 纵向正应力\ \sigma_{(Z)} = \sigma_M + \sigma_W + \sigma_{dW} \\ 剪应力\ \tau = \tau_M + \tau_K + \tau_W + \tau_{dW} \end{array}\right\} \quad (4\text{-}12)$$

在预应力混凝土桥梁中，跨度越大，恒载占总荷载的比值越大，箱梁内对称挠曲的纵向弯曲应力是主要的，而偏心荷载引起的扭转应力是次要的。如果箱壁较厚并沿梁体纵向布置一定数量横隔板时，箱梁的畸变变形受到限制，则畸变应力也较小。

箱形截面内力及应力分析可采用分析法（如约束扭转理论）或数值法（如有限元理论）。因截面扭转产生的正应力一般在总应力中所占比例不大，混凝土箱梁的扭转问题也没有钢箱梁突出，实际设计中往往采用一些简化方法。

1. 经验估值法

对于具有一定壁厚且有横隔板加劲的箱形梁，可忽略弯扭变形的畸变应力。可将活载偏心作用引起的约束扭转正应力和扭转剪应力，分别估计为活载对称作用下平面弯曲正应力的 15% 和剪应力的 5%。因此，当恒载对称作用时，箱形梁任意截面计入扭转影响的总荷载内力可近似估计为：

$$\left.\begin{array}{l} 弯矩\ M = M_g + 1.15 M_p \\ 剪力\ Q = Q_g + 1.05 Q_p \end{array}\right\} \quad (4\text{-}13)$$

式中　M_g、Q_g——恒载引起的弯矩和剪力；

　　　M_p、Q_p——全部活载对称于桥中线作用时引起的弯矩和剪力。

2. 用修正偏心压力法求活载内力增大系数

由于箱形截面横向刚度和抗扭刚度大，可以认为箱梁在荷载作用下其横截面保持原来形状不变，即箱梁各个腹板的挠度也呈直线规律变化。因此，通常可以将箱梁腹板近似看作等截面的梁肋。先按修正偏心压力法求出活载偏心作用下边腹板的荷载分配系数，再乘以腹板总数，从而得到箱形截面活载内力的增大系数。例如，对于图 4-59 所示的单箱三室截面，边腹板的活载分配系数为：

$$\eta_{\max} = \frac{1}{n} + \beta \frac{e_{\max} a_1}{\sum\limits_{i=1}^{n} a_i^2} \quad (4\text{-}14)$$

式中　n——箱梁的腹板总数；
　　　β——抗扭修正系数，参见有关文献。

求得边腹板的荷载分配系数 η_{max} 后，可得活载内力增大系数 ζ：

$$\zeta = n\eta_{max} \tag{4-15}$$

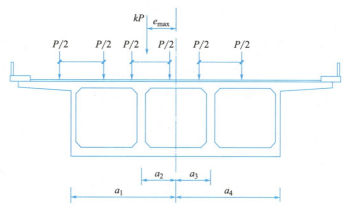

图 4-59　内力增大系数计算图式

因此，计入活载偏心扭转作用的箱形截面总内力，可按式（4-16）计算：

$$\left.\begin{array}{l} 弯矩\ M = M_g + \zeta M_p \\ 剪力\ Q = Q_g + \zeta Q_p \end{array}\right\} \tag{4-16}$$

在设计时应分别计算出设计活载产生的最大和最小内力值，并与恒载内力组合，经比较后确定各截面的控制设计内力值。据此便可绘制最大和最小内力包络图形，以提供钢筋布置和强度校核之用。

箱形截面正应力计算中，有时要考虑剪力滞效应。当箱形截面顶板（或底板）宽度相比于腹板厚度大很多时，在箱梁对称挠曲的情况下，因其顶平面内剪切影响，顶板纵向纤维变形不一，远离腹板的弯曲正应力要小于腹板处的弯曲正应力。这种现象称为剪应变在翼缘中的滞后，简称剪力滞。图 4-60（a）右侧所示的是考虑了剪力滞的正应力分布情况，若按未考虑剪力滞的初等梁理论计算的正应力则为均匀分布。将翼缘作为平面应力问题来求解可求得剪力滞效应。工程中，则常用等效宽度的方法来求解，见图 4-60（b）。

箱梁桥设计中还要考虑横桥向的受力问题。箱梁壁厚较薄的情况下，顶板、腹板、底板进行构造配筋时，均需要考虑横向应力状态，尤其是在顶板作为桥面板，承受较大的车轮荷载局部作用时。横桥向的纵截面应力 σ_s，由截面扭转产生的正应力 σ_{dt}（图 4-61a）、恒载和局部活载引起的横向弯曲应力 σ_{ot}（图 4-61b）组成，按式（4-17）计算：

$$\sigma_s = \sigma_{dt} + \sigma_{ot} \tag{4-17}$$

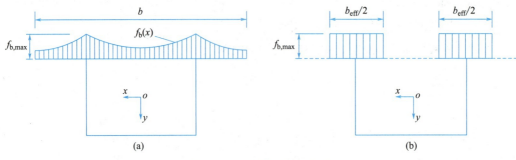

图 4-60　箱梁截面的剪力滞

（a）正应力分布；（b）翼缘有效宽度

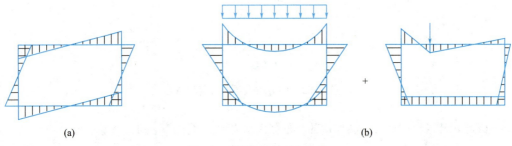

图 4-61　箱梁横向弯曲应力

（a）σ_{dt}；（b）σ_{ot}

复习思考题与习题

4-1　与简支梁桥相比，连续梁桥有什么受力特点？

4-2　结合 1.2 节的介绍，简述连续梁桥的发展历史。

4-3　连续梁桥与连续刚构桥的施工方法有哪些？简述各种施工方法的适用情况。

4-4　一座三跨连续梁桥，分别画出按支架现浇法、先简支后连续法和悬臂施工法等施工的主梁恒载内力计算示意图，并简述其恒载内力计算过程。

4-5　为什么采用先简支后连续施工方法的连续梁桥，其预制梁的配筋要按简支梁的进行？为什么采用这种方式施工的连续梁又称为"准连续梁"？为什么 T 梁在负弯矩区下缘受压的面积虽然很小，但先简支后连续梁桥中还常用 T 梁？

4-6　预应力混凝土连续梁桥的施工方法，按梁体混凝土是现浇为主还是预制为主，可分为哪几种？各有什么特点与适用范围？

4-7　按施工过程的受力，连续梁桥的施工方法可分为直接连续、先悬臂后连续、先简支后连续、先伸臂后连续、变化连续等几种，请分别对这几种方法进行施工过程与结构设计特点的介绍。

4-8　为什么连续梁桥多采用不等跨布置？边中跨的比例与什么有关？简述常用的边中跨比例。

4-9　连续梁桥在什么情况下采用等跨布置？为什么？

4-10　为什么大跨径连续梁桥和连续刚构桥要采用变截面梁？其常用截面形式是什么？其常用的施工方法是什么？介绍你见过的等截面与变截面的连续梁桥。

4-11　连续刚构桥与连续梁桥的主要区别是梁墩采用固结，它引起受力与构造的哪些变化？其对桥墩的要求如何？介绍你见过的等截面与变截面的连续刚构桥。
4-12　箱形截面受力特点有哪些？其在简支梁、大跨径连续梁桥和连续刚构桥中应用情况如何？
4-13　常用箱形截面顶板和底板厚度的取值如何考虑？在箱形截面的腹板与顶板和底板结合处需设置梗腋，其作用是什么？连续梁桥与连续刚构桥中，横隔板的布置有何区别？
4-14　大跨度预应力混凝土梁桥中通常所称的三向预应力设计含义是什么？箱梁腹板内的竖向预应力筋的作用是什么？
4-15　什么是预应力混凝土连续梁桥的次内力，其影响因素有哪些？
4-16　预应力混凝土连续梁桥中，年温差和局部温差对桥梁结构次内力的影响有何不同？
4-17　简述箱形截面的受力特点及其内力和应力的简化计算方法。
4-18　如何理解连续梁桥施工过程中的体系转换？

第 5 章

拱 桥

拱桥是三大桥梁基本结构体系之一，其跨越能力强于梁桥。本章首先介绍拱结构的几何与受力特点，然后对拱桥结构与构造进行介绍，接着是拱桥的设计计算要点，最后是拱桥的施工方法。

5.1 概述

5.1.1 拱桥发展概况

拱以受压为主，可以充分利用抗拉性能较差而抗压性能较好的石、砖等圬工材料来建造，称为圬工拱桥。圬工拱桥是古代跨越能力较强的桥型，在工业革命以前的欧洲和 20 世纪 80 年代以前的我国，均有大量的修建。一些人行拱桥直接将台阶建于拱背之上而不用拱上建筑。许多古代石拱桥留存至今，成为重要的文化遗产，如我国的赵州桥（图 1-1）。

我国的圬工拱桥以石拱桥为主，跨径小于 20m 时，常做成实腹式（图 5-1a）。跨径大于 20m 时，一般为空腹式，见图 5-1（b）。石拱桥的拱上建筑一般也为石材修建的腹拱墩和腹拱圈，见图 1-1。欧洲早期的圬工拱桥中砖拱桥占了很大的比例。

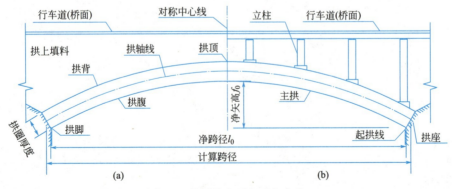

图 5-1 拱桥的主要组成与名称
(a) 实腹式拱桥；(b)（空腹式）钢筋混凝土拱桥

圬工拱桥由于自重大、劳动强度高、采用支架施工、经济性差等缺点，现已极少应用。不过，在现有道路系统中仍有大量的圬工拱桥在使用之中，其养护、维修、加固与改造，是一项十分重要且艰巨的任务。

钢材强度高、自重轻，应用它修建拱桥，施工方便，跨越能力更强。钢拱桥主要采用桁式或箱形拱肋。铁和钢在桥梁中的应用，首先出现在拱桥中，目前世界跨径最大的钢桁拱和钢箱拱分别是我国的重庆朝天门大桥（552m）和上海的卢浦大桥（550m）。

然而，拱以受压为主，稳定问题突出，高强度的钢材因需要大量的刚度增强材料，与混凝土拱相比，强度优势不能得到充分发挥。另一方面，主拱在合龙之前并不是拱结构，要有其他辅助措施，施工难度大、费用高，施工性能不如斜拉桥等桥型。这使得钢拱桥的经济竞争力受到影响。但是，对于铁路桥来说，当需要较大跨度时，拱桥刚度大的优势明显。此外，钢拱造型丰富、复杂受力适应性强、结构轻巧，当对桥梁的造型、景观要求很高时，很受建筑师与工程师的青睐。对于大跨度公路与市政钢拱桥，一般来说，其经济竞争力比较弱。

混凝土拱以受压能力强、造价低的混凝土为主要材料、配以少量的钢筋以承受截面上可能出现的拉应力。它在近现代拱桥中应用广泛。钢筋混凝土拱桥的横截面以肋拱和箱拱为主。因其自重较大，主拱的施工成为大跨度钢筋混凝土拱桥建设的关键。对此，我国开展了大量的研究与实践，取得了突出的成就，详见5.4节。

钢管混凝土是一种组合材料，将其应用于拱桥，一方面提高了材料的强度与刚度，另一方面方便了施工。1990年以来，钢管混凝土拱桥在我国得到大量的应用，其技术水平处于世界领先。在应用过程中，发展出一些新的桥型，如刚架系杆拱；也促进了悬臂、转体等施工技术的进一步发展。

从1.1节可知，我国钢筋混凝土拱桥和钢管混凝土拱桥的修建数量多，跨径大，沪昆高铁北盘江大桥和广西南平三桥分别是这两种桥型的典型代表。

20世纪60～80年代，我国创造并推广了轻型钢筋混凝土拱桥结构，如双曲拱、桁架拱、刚架拱和桁式组合拱，具有用料省、造价低、施工简便、适用范围广等优点，适应了当时建筑材料和施工设备匮乏的国情，为当时的交通建设发挥了重要作用。然而，这些桥梁在使用过程中，因承载力低、结构刚度偏小、易出现开裂（尤其是各构件的接缝和节点处），在交通干线上的桥梁，绝大部分已拆除重建；尚存的桥梁也都进行了维修、加固、改造。20世纪80年代后，已基本没有新建。此类桥型的构造，参见本书前几版的介绍。这里仅简要介绍目前在小跨径、活载轻的跨线桥中仍有一些应用的桥型，如刚架拱。

刚架拱由若干拱片组成，通过横向联结构造连成空间受力结构。拱片由拱肋、桥面系纵梁和联结部分组成，其构造与图1-14的斜腿刚构相似，但是其中间一段的下缘线为曲线，如图5-2（a）所示的某实桥立面。在横向联结构造上部用微弯板和现浇层形成桥面，如图5-2（b）所示。

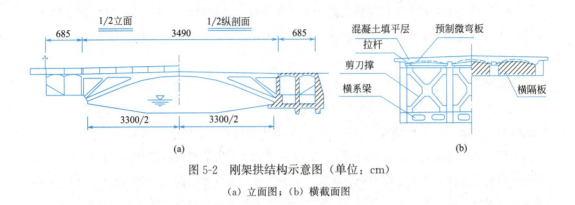

图 5-2　刚架拱结构示意图（单位：cm）

(a) 立面图；(b) 横截面图

以下主要介绍目前常用的钢筋混凝土拱桥、钢管混凝土拱桥和钢拱桥。

5.1.2　基本组成

1. 实腹拱与空腹拱

上承式拱桥的上部结构由主拱和拱上建筑所组成。主拱可以是（主）拱圈，实心截面的板拱或箱形截面的箱（板）拱；主拱也可以是肋拱，由二根或二根以上的拱肋和横撑或横系梁组成，也称为组拼拱。拱上建筑有实腹式和空腹式两种，见图 5-1。上承式拱为有推力拱，主要应用于峡谷、桥面标高较高或地质条件好的桥梁中。石拱桥只能采用上承式。钢筋混凝土拱桥也以上承式为主。在钢拱桥和钢管混凝土拱桥中，上承式也占有相当的比例。图 5-1 所示是上承式拱桥上部结构的基本构成，有主拱和拱上建筑。当桥面的支承结构采用实体填料时，其为实腹式拱，它构造简单、施工方便，然而填料的数量较大、恒载重，主要用于跨径较小的石板拱。当桥面采用结构支承时，称其为空腹式拱。它最早出现于我国的赵州桥（图 1-1），也称敞肩拱。空腹拱结构自重轻，过水面积大，适用于跨径较大的石拱桥，也是其他材料（钢、混凝土和钢管混凝土）拱桥的基本结构形式。

2. 拱的跨径与矢高

拱桥的净跨径是指主拱两拱脚截面最低点之间的水平距离（图 5-1）。拱桥的标准跨径一般指净跨径。拱为曲线形，因此除跨径外，矢高也是重要的技术指标之一。净矢高是从拱顶截面下缘至相邻两拱脚截面下缘最低点之连线的垂直距离，以 f_0 表示（图 5-1）。

主拱的计算跨径是指两相邻拱脚截面形心点之间的水平距离，以 l 表示。因为拱圈（或拱肋）各截面形心点的连线成为拱轴线，故也就是拱轴线两端点之间的水平距离。计算矢高是从拱顶截面形心至相邻两拱脚截面形心之连线的垂直距离，以 f 表示。通常将计算矢高与计算跨径之比 f/l 称为矢跨比。

主拱的计算跨径与计算矢高由式 (5-1) 给出：

$$\left.\begin{array}{l}l = l_0 + d \cdot \sin\varphi_j \\ f = f_0 + \dfrac{d}{2}(1 - \cos\varphi_j)\end{array}\right\} \quad (5\text{-}1)$$

式中　l——计算跨径；

　　　l_0——净跨径；

　　　d——拱圈厚度；

　　　φ_j——拱脚处拱轴线的水平倾角；

　　　f——计算矢高；

　　　f_0——净矢高。

3. 拱桥标高

上承式拱桥的标高主要有：桥面标高、拱顶底面标高、起拱线标高、基础底面标高（图 5-3）。这几项标高的合理确定对拱桥的设计有直接的影响。

上承式拱桥桥面标高，一方面由两岸线路的纵断面设计来控制，另一方面还要保证桥下净空能满足泄洪或通航的要求。设计时需按有关规定，并与航运、防洪、水利等有关部门商定。当桥面标高确定后，由桥面标高减去拱顶填料厚度（一般包括路面厚度在内为 0.30～0.50m），就可得到拱顶上缘（拱背）的标高。随之就可以根据跨径大小、荷载等级、主拱圈材料规格等条件估算出拱圈的厚度。由此可推求出拱顶底面标高。

拟定起拱线标高时，为了尽量减小桥墩（台）基础底面的弯矩、节省墩台的工程数量，一般宜选择低拱脚的设计方案。但具体设计时，拱脚位置往往又受到通航净空、排洪、流冰等条件的限制，并要符合有关规范的规定（图 5-4）。

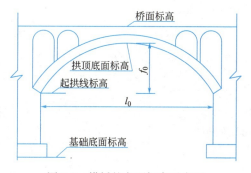

图 5-3　拱桥的主要标高示意图

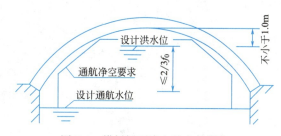

图 5-4　拱桥桥下净空的有关规定

4. 上承式、下承式与中承式拱桥

桥梁按桥面（通道）与桥跨结构（承重结构）相对位置，可分为上承式、下承式和中承式。桥面在桥跨结构之上的，称为上承式桥；在桥跨结构之下的，称为下承式桥；在桥跨结构中部的，称为中承式桥。

拱桥中这三种形式都有，前面介绍的均为上承式。下承式拱桥的上部结构由主拱和悬吊桥面系组成，见图5-5（a）。悬吊桥面系由吊杆和桥面系组成。它主要应用于桥面标高低或基础较差的拱桥中。其下部结构受力接近于梁式桥，不受拱的水平推力作用。

中承式拱桥的上部结构由主拱和部分悬吊、部分拱上建筑组成，见图5-5（b）。中承式一般也因桥面标高低而采用，有时则是出于选型的考虑。除石拱桥外，钢筋混凝土拱桥、钢拱桥和钢管混凝土拱桥都有应用，但在钢筋混凝土拱桥中的应用较少。

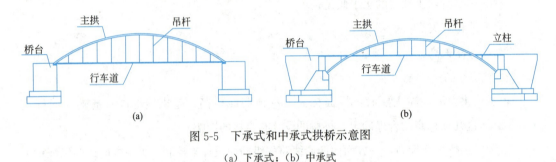

图5-5 下承式和中承式拱桥示意图
(a) 下承式；(b) 中承式

5.1.3 拱桥受力特点

1. 反力与内力

拱与梁不仅在外形上不同，而且在受力性能上有着很大的差别。以图5-6三铰拱为例，与同等跨径简支梁进行内力比较，其支座反力见式（5-2a）。

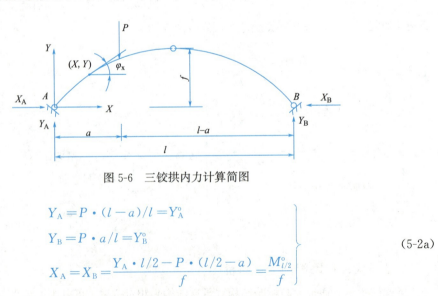

图5-6 三铰拱内力计算简图

$$\left. \begin{array}{l} Y_A = P \cdot (l-a)/l = Y_A^o \\ Y_B = P \cdot a/l = Y_B^o \\ X_A = X_B = \dfrac{Y_A \cdot l/2 - P \cdot (l/2-a)}{f} = \dfrac{M_{l/2}^o}{f} \end{array} \right\} \quad (5\text{-}2a)$$

式中，反力值上标不加"o"的为三铰拱，加"o"的为简支梁。

令 $H = X_A = X_B$，则内力为：

$$\left.\begin{array}{l} M_x = M_x^o - H \cdot y \\ N_x = Q^o \cdot \sin\varphi_x + H \cdot \cos\varphi_x \\ Q_x = Q^o \cdot \cos\varphi_x - H \cdot \sin\varphi_x \end{array}\right\} \tag{5-2b}$$

因此，就反力而言，三铰拱的竖向反力与简支梁相同，但在竖直荷载作用下，三铰拱会产生水平反力，而简支梁中没有水平反力的存在。就内力而言，三铰拱在竖直荷载作用下所产生的水平反力引起拱内力中出现了轴力，同时降低了弯矩与剪力。

由于拱以受压为主，所以其稳定问题突出。按失稳性质，可分为分支点失稳和极值点失稳。按失稳的变形方向，可分为面内失稳与面外（空间）失稳。因此，它的基本稳定问题有四类：面内分支点失稳、面内极值点失稳、面外分支点失稳、面外极值点失稳。

2. 三铰拱、二铰拱和无铰拱

拱桥的主拱，按静力图式，可分为三铰拱、二铰拱和无铰拱，见图 5-7。

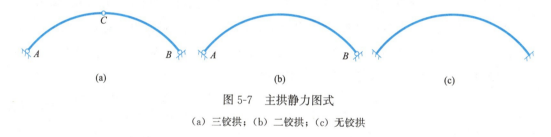

图 5-7　主拱静力图式
(a) 三铰拱；(b) 二铰拱；(c) 无铰拱

三铰拱属于外部静定结构，见图 5-7 (a)。由于温度变化、支座沉陷等原因引起的变形不会在拱内产生附加内力。当地质条件不良，又需要采用拱式结构时，可以考虑采用三铰拱。但是，铰的构造复杂，施工困难，维护费用高；而且为了使铰能够自由转动，桥面在铰处需设置伸缩缝，桥面纵坡在伸缩缝处会出现折角，不利行车与养护。历史上曾修建过一些三铰钢拱桥，现已基本不建。

二铰拱属于外部一次超静定结构，见图 5-7 (b)。由于取消了拱顶铰，使结构整体刚度较三铰拱大。在墩台基础可能发生位移的情况下或坦拱中采用。较之无铰拱可以减小基础位移、温度变化、混凝土收缩和徐变等引起的附加内力。由于钢拱桥中设铰较方便，钢拱桥采用二铰拱的较多，如澳大利亚悉尼港拱桥和美国新河谷拱桥。

无铰拱也叫固端拱或固定拱，属于三次超静定结构，计算复杂，见图 5-7 (c)。在自重及外荷载作用下，拱内的弯矩分布比两铰拱均匀，材料用量省。由于不设铰，结构的整体刚度大，构造简单，施工方便，维护费用少。但拱脚变位、温度变化、混凝土收缩等产生的附加内力较三铰拱和二铰拱大。不过随着跨径的增大，附加内力在结构总内力中的比重会相对减小。因此，无铰拱广泛用于现代拱桥之中，尤其是基础较好、跨径较大时。

三铰拱、二铰拱和无铰拱在均布荷载作用下的弯矩影响线如图 5-8 所示。

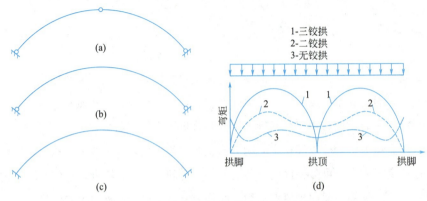

图 5-8 不同拱桥形式的弯矩影响线图

3. 拱的面内分支点失稳

如图 5-9 所示的抛物线三铰拱，在均布荷载 q 作用下，拱向下变形，拱中作用有轴压力 N。当其长细比很大，荷载达到某一临界值（临界荷载 q_{cr}）而截面应力仍处于弹性阶段时，拱的变形可能从原来的平滑向下突然转成 M 状或 S 状变形，即结构因平衡出现了分支而失稳，此现象称为弹性分支点失稳，也称为弹性屈曲。

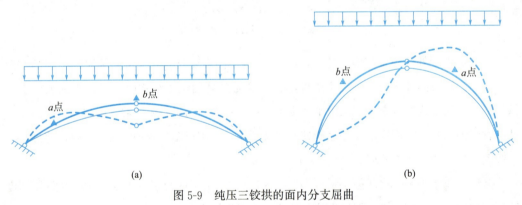

图 5-9 纯压三铰拱的面内分支屈曲
(a) 较坦的三铰拱，对称失稳；(b) 较陡的三铰拱，反对称失稳

M 状变形出现在较坦的三铰拱中，变形是对称的，但靠近拱脚段出现反拱，而拱顶铰处变形急剧向下；S 状变形发生在较陡的拱中，为反对称变形。研究表明，二铰、无铰纯压拱的面内分支点失稳，均为反对称失稳。结构中的任一截面的荷载-位移曲线，按失稳前后的变形方向是否一致可以分为方向相同和方向相反两种。以图 5-9 中的 a、b 点为例，其荷载-位移曲线见图 5-10 (a) 和 (b)，失稳前的变形沿着 OA 线发展，到达 A 点（临界点）后，若继续沿该线向上发展，则它仍在原有的平衡状态，但它可能突然转向 AB 发展，也就是平衡出现了分支。

纯压拱的面内弹性屈曲临界荷载 q_e 可通过建立拱的平面挠曲基本方程求特征值获得。

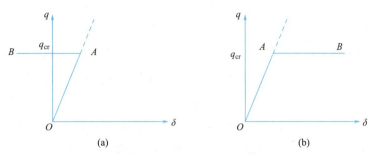

图 5-10　纯压三铰拱的荷载-位移曲线平衡分支

(a) a 点的荷载-位移曲线；(b) b 点的荷载-位移曲线

然而，除圆弧拱外，理论解较难得出，一般通过数值法求解。早期多采用有限差分法，现在则更多地采用有限元法。工程应用中，常采用等效柱法，将拱比拟成一定长度的轴压柱，来求拱的弹性屈曲临界轴力，见式（5-3）。

$$N_{cr} = \alpha \frac{EI}{S^2} = \pi^2 \frac{EI}{(kS)^2} \tag{5-3}$$

式中　N_{cr}——1/4 跨中处的临界轴压力；

　　　EI——截面抗弯惯性矩；

　　　S——拱轴长度（弧长）；

　　　α——轴力系数；

　　　k——有效长度系数。

研究表明，有效长度系数 k 受约束条件（如无铰拱、二铰拱或三铰拱）的影响最大，其次是矢跨比，拱轴线的影响较小。仅考虑约束条件时，对于反对称失稳的无铰拱，可以假定拱顶为变形的反弯点，从拱脚到拱顶的半根拱可以拉直比拟为一端固定、一端铰接的柱，如图 5-11 所示。由材料力学可知，一端固定、一端铰接的柱的有效长度系数是 0.70，则无铰拱的有效长度为 $0.5S$ 乘以 0.70，偏安全地，可以取为 $0.36S$。同理，可求出二铰拱、三铰拱的等效长度。

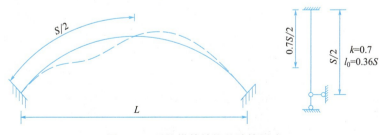

图 5-11　无铰拱等效柱的计算图式

式（5-3）求出临界轴力后，可通过拱的轴力与荷载的关系，求出临界荷载。对于复杂荷载、复杂结构的分支点失稳临界轴力或临界荷载，一般采用有限元方法，求特征值获得。

4. 拱的面内极值点失稳

实际的拱桥一般为对称结构，但所受的荷载并非总是对称，如活载。在这种非对称荷载作用下，拱的受力状态从一开始到最终因变形不断增大而不能继续承载而破坏，拱均保持相同的非对称变形的平衡状态而不会发生分支。如图 5-12（a）所示，一无铰拱在一集中力作用下，从加载直至破坏，拱的变形形状没有改变，荷载-位移曲线（图 5-12b）为光滑曲线，平衡没有发生分支。拱破坏时的荷载，处于荷载-位移曲线的极值点处（图 5-12b），所以这种失稳称为极值点失稳。

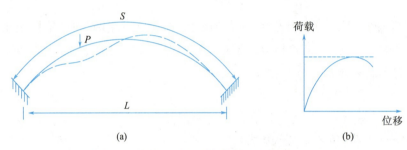

图 5-12 拱在非对称荷载作用下的极值点失稳

(a) 失稳变形；(b) 荷载-位移曲线

在受力全过程中，拱所受的轴力 N 较大，它与竖向变形 δ 相互作用会产生较大的附加弯矩 ΔM_1，如图 5-13 所示。ΔM_1 作用下产生了竖向变形增量 δ_1，它们相互作用又产生了附加弯矩 ΔM_2。因此，荷载与变形之间是一种非线性关系，是一种几何非线性问题，数值分析时可采用迭代计算。在稳定状态下，这种相互作用趋于某一定值，迭代计算是收敛的。当这种相互作用不趋于某一定值，迭代计算发散，结构就丧失了稳定。虽然在受力过程中，平衡路径没有发生分支，但它的破坏与弹性分支失稳一样，变形成为问题的关键。因此，它属于稳定问题。

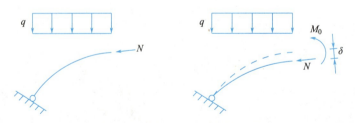

图 5-13 拱的 P-δ 效应分析简图

极值点失稳时，结构中的材料必然有部分达到屈服，其受力全过程的分析需要同时考虑几何非线性和材料非线性以及二者之间的耦合作用，解析法几乎不可能实现，目前多采用有限元等数值算法分析。在工程应用中，拱的极值点失稳的极限承载力简化计算，也常借鉴直杆梁柱的计算方法，采用等效梁柱法、弯矩增大系数法等。

5. 拱的面外分支点失稳

拱桥以受竖向力为主，竖平面的受力称为面内受力。横桥向的受力是拱桥的次要受力方向，称为面外受力。假定拱只受面内竖向力作用，当其轴力达到某一临界值时，拱的变形由面内转向含有面外变形的空间变形，拱的受力由面内受压或弯压转向空间压、弯、扭的受力状态，也即平衡状态出现了分支，拱因分支点失稳而破坏。当这种失稳以面外（横向）位移为主时称为拱的侧倾失稳（图 5-14a），当以面外扭转为主时称为扭倾失稳（图 5-14b）。当临界状态下的应力小于屈服应力时，即为面外弹性分支点失稳。

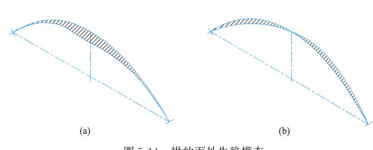

图 5-14　拱的面外失稳模态
(a) 侧倾失稳；(b) 扭倾失稳

拱的面外失稳属于空间问题，解析解极为困难。对于最简单的均匀径向荷载作用下的等截面圆弧拱，其面外屈曲临界荷载 q_{cr}，可以采用与面内计算相似的公式进行近似计算，也可采用等效柱法，见式（5-4）。

$$q_{cr} = K \frac{EI_y}{l^3} \tag{5-4}$$

式中　EI_y——拱肋面外抗弯刚度；

　　　K——单肋拱面外屈曲稳定系数；

　　　l——拱的计算跨径。

6. 拱的面外极值点失稳

实际的拱桥，横桥向可能受风力、地震作用等面外力的作用，拱的内力从一开始就是压、弯、扭、剪作用，变形也是既有面内的，也有面外的。这种情况下，拱从一开始就有横向变形，此变形与轴向力一起产生了横向弯矩，会进一步加大横向变形，当拱内的轴力在极值点之前时，此横向变形是收敛的。当拱内的轴力达到某极值点时，轴力与横向变形的相互作用，使横向变形不断加大，呈不收敛状态，拱因无法保持平衡状态而破坏。因为从受力开始到失稳破坏，没有发生平衡分支，也即拱发生了面外（空间）极值点失稳。

拱的面外极值点的解析解几乎不可能获得。前述的拱的面内分支点失稳、极值点失稳和面外分支点失稳，比拟成相应的柱时，相当于把拱拉直。而拱的面外极值点失稳分析，若也将其拉直比拟成柱,则横向的受弯、受扭均无法体现,因此是无法比拟成柱子的。它的分析,一般借助于有限元计算方法,同时考虑材料的非线性和 $P\text{-}\delta$ 效应。

5.2 结构与构造

5.2.1 主拱截面类型与构造

1. 主拱的截面类型

拱桥的主拱有等截面和变截面两种。等截面拱构造简单、施工方便,使用普遍。变截面则能根据结构受力需要合理使用材料,主要在大跨度拱桥中应用。它可通过截面高度、宽度、壁厚和材性等实现。实际工程中,以变高和变宽为主。

主拱的截面形式很多。按截面宽度方向的构成与高宽比,可分为板拱和肋拱;按截面高度方向的构成,可分为实肋和桁肋。

板拱的横截面为一整体,宽度比高度大许多。当它为实体时,仍称为板拱,仅用于圬工拱;当它为空心时,称为箱形拱或箱板拱,简称箱拱,仅用于钢筋混凝土拱。

肋拱的截面宽度与高度相差不大,在桥梁宽度方向一般由二根或二根以上的拱肋与横撑(也称风撑,横向联结系)组成。也有采用单肋或无横撑的多肋的。肋拱在钢筋混凝土、钢管混凝土和钢拱中都有应用。

在截面高度方向上,由上、下弦杆和腹杆组成的拱肋称为桁肋。相应的拱称为桁肋拱,简称桁拱。拱肋高度方向上为一整体的,称为实肋。钢筋混凝土拱仅采用实肋,钢拱和钢管混凝土拱则以桁肋为主,跨径不大时则采用实肋。

板拱、箱拱的主拱常称为主拱圈,肋拱的主拱常称为主拱肋。

圬工拱桥已少有新建,其主拱构造这里不介绍。《公路圬工桥涵设计规范》JTG D61—2005(简称《圬工桥规》)对其有详细的规定,本书前面版本和其他专业书籍均有介绍。以下主要介绍钢筋混凝土拱、钢管混凝土拱和钢拱的主拱。

2. 钢筋混凝土拱

按截面形式,钢筋混凝土拱主要有箱拱和肋拱。

(1) 箱拱

箱拱,其主拱圈全宽采用一个箱,通常为单箱多室,为整体薄壁箱形结构,可以看成是挖空的板拱,如图 5-15 所示。它是钢筋混凝土拱桥的截面主要形式之一。

由 4.2.2 节可知,箱形截面自重轻,抗弯、抗扭刚度大,施工和成桥后的受力性能好。它的中和轴靠近中部,对于正负弯矩有几乎相等的截面抵抗矩,能适应无铰拱正负弯矩不断变化的需要。因此，它是大跨度钢筋混凝土拱桥常用的主拱截面形式。当然，箱形拱的制作要求高，需要较大的吊装能力，主要用于跨径大于 50m 的桥梁中。在我国跨径大于 100m 的钢筋混凝土拱桥中，采用箱拱的占了 76.7%。在拱顶处，拱肋高约为跨径的 1/75～1/44；在拱脚处，拱肋高约为跨径的 1/75～1/29。

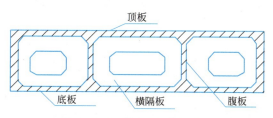

图 5-15　钢筋混凝土箱拱截面

箱拱的构造与施工方法有密切的联系。我国的施工方法主要为悬臂拼装法和美兰法，国外主要采用悬臂浇筑法。

悬臂拼装法中，拱箱分段预制、吊装，然后拼成一个整体。预制时以单个箱室为主。为减轻吊装重量，常将拱箱分为开口箱和顶板（盖板），见图 5-16。开口箱由箱壁（侧板）、底板与横隔板组成。

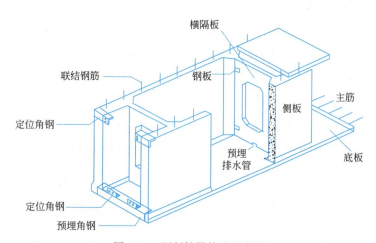

图 5-16　预制箱拱构造示意图

开口箱预制时，一般先浇底板混凝土，然后把先行预制的横隔板按设计位置立在底板上，再安装模板浇筑箱壁混凝土，构成开口箱。将分段预制拱箱依次吊装合龙成拱后，按设计要求处理拱箱接头；将相邻开口箱横向用联结杆连成整体，再浇筑两箱间的联结混凝土，形成横向多个开口箱的整体结构；最后，安装预制混凝土盖板（或微弯板），布设钢筋，现浇顶板混凝土，形成封闭式箱形拱圈（图 5-17）。

由于盖板与拱箱之间的接触面是一抗剪薄弱面，宜在拱箱之间的空缝内每隔 0.5m 预埋一根抗剪钢筋（两端应设半圆弯钩）。为了增强拱圈的整体性及抵抗混凝土的收缩作用，顶板内宜铺设直径为 8～10mm、间距为 0.20m×0.20m 的钢筋网。

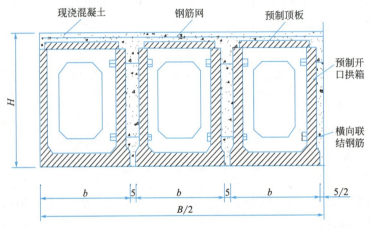

图 5-17　箱形拱开口箱的构造（单位：cm）

也可以采用预制的封闭式拱箱，但需要较大的吊装能力。为减小吊装重量，有时采用钢丝网混凝土，将中腹板厚度减至 3～5cm。封闭式拱箱在施工过程的整体稳定性较好，且减少了施工步骤和高空作业，有利于加快施工进度和降低施工风险。

（2）肋拱

钢筋混凝土拱肋截面常见的实肋有矩形肋、工字形肋与箱形肋（图 5-18）。拱肋的截面，跨径较小时，多采用矩形（图 5-18a），肋高为跨径的 1/60～1/40，肋宽为肋高的 0.5～2.0 倍；跨径稍大时，常做成工字形截面（图 5-18b），肋高为跨径的 1/35～1/25，肋宽为肋高的 0.4～0.5 倍，其腹板厚度常采用 0.3～0.5m。跨径很大时，拱肋采用箱形截面（图 5-18c），这样的拱称为箱肋拱，主拱为拱肋与横撑组成的空间杆系结构，与前述的箱拱或箱形拱的整体结构不同。

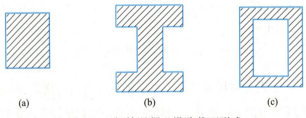

图 5-18　钢筋混凝土拱肋截面形式
(a) 矩形；(b) 工字形；(c) 箱形

肋拱桥的主拱肋数目、间距以及拱肋的截面形式等，均应根据跨径、桥宽等要求，所用材料和经济性等条件综合比较选定。为了简化构造，宜选用较少的拱肋数量。

拱肋的钢筋配置按设计计算确定。无铰拱拱肋的主筋应伸入墩台内锚固，其锚固长度除应满足钢筋混凝土结构的最小锚固长度要求外，对于矩形截面一般应不小于拱脚截面高度的 1.5 倍，对于 T 形、I 形或箱形截面，一般应不小于拱脚截面高度的一半。

3. 钢管混凝土拱

（1）钢管混凝土截面

钢管混凝土由钢管和管内混凝土（核心混凝土）组成。在受压时，由于钢材的泊松比 μ_s 一般为 0.25～0.30，且受力过程变动很小，而混凝土的泊松比 μ_c 随着压应力的增大而增大，从低应力的 0.167 左右逐渐增至 0.5，接近破坏时，将超出 0.5。如图 5-19 所示，当压力较大时，μ_c 大于 μ_s，使得混凝土的径向变形受到钢管的约束而处于三向受压状态，这就是所谓的钢管对核心混凝土的套箍作用，简称套箍作用。它能提高管内混凝土的承载力，改善它的脆性。另一方面，钢管内的混凝土能有效地阻止钢管向内的变形，增强了钢管抵抗局部屈曲的能力。因此，钢管混凝土受压时，发挥了钢管与混凝土优势互补、相互提高的组合效应。拱以受压为主，将钢管混凝土应用于拱桥，在结构受力方面是合理的。

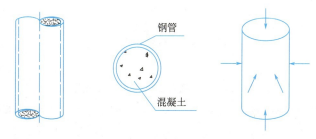

图 5-19　钢管混凝土受力示意图

钢管混凝土拱肋施工时，先架设钢管拱肋，它的自重轻，刚度大，施工难度相对较低。然后，泵送混凝土填充于钢管内，待混凝土凝固后，形成钢管与混凝土共同受力的钢管混凝土拱。受力和施工方面的优势促使钢管混凝土拱桥近 30 年来在我国得到大量的应用。

表征钢管对管内混凝土套箍作用的技术指标主要是套箍系数或约束效应系数，见式（5-5）。

$$\xi = f_y A_y / f_c A_c \tag{5-5}$$

式中　f_y、f_c——分别为钢管和混凝土的设计强度；

A_y、A_c——分别为钢管和混凝土的截面面积。

钢管混凝土拱的套箍系数一般宜在 0.6 以上，截面含钢率 ρ_c 宜为 0.04～0.20。套箍系数太小，则套箍作用不明显，二者的组合作用没有充分发挥。但如果太大，则不经济，因为钢管管壁较厚时，钢管的局部屈曲问题并不突出，填充混凝土的必要性不足，而且钢管的加工也困难。钢管壁厚不应小于 8mm。最常用的材料为 Q345 钢管配 C40～C60 混凝土；此外，少量采用 Q235 钢管配 C40～C50 混凝土，或 Q390 钢管配 C60 或 C60 以上的混凝土。

（2）钢管混凝土拱肋构造

钢管混凝土拱桥的拱肋，主要有实肋和桁肋，常用的如图5-20所示。其中，实肋截面有单管和哑铃形两种；桁肋有三肢桁式、四肢全桁式和横哑铃形桁式等三种。

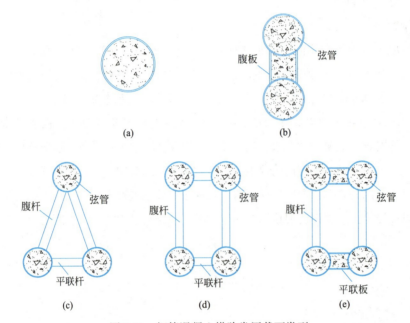

图5-20 钢管混凝土拱肋常用截面类型
(a) 单圆管；(b) 哑铃形；(c) 三肢桁式；(d) 四肢全桁式；(e) 横哑铃形桁式

单管截面以圆管为主，加工简单，抗扭性能好，抗轴向力性能由于紧箍力作用显示出优越性，但抗弯效率低，主要用于跨径不大（80m以下）的城市桥梁和人行桥中。钢管管壁较厚，截面含钢率较高，一般达8%以上；肋高（管径）一般为0.6~0.8m。除圆管外，也有少量采用圆端形截面，既有横向的，也有竖向的。前者横向抗弯惯性矩较大，主要用于无风撑的拱桥。

哑铃形截面由上、下两根钢管混凝土和中间两块钢腹板及其加劲构造组成，它较之单圆管截面，截面抗弯刚度较大，类似于工字形截面，但由于两圆管的直径与高度之比在1/2.5附近，因而不能视为钢管混凝土桁式（格构式）截面。

哑铃形截面主要应用在150m以下的跨径范围内，且以120m以下的跨径为主。截面的主要几何参数见图5-21。实际应用中，钢管直径D为50~150cm，以75~110cm最多，D/L为1/200~1/60（L为净跨径）；高度H为140~375cm，以180~250cm为多，$H/L=1/72$~1/30；$D/H=1/3.26$~1/2，以1/2.5居多；钢板厚

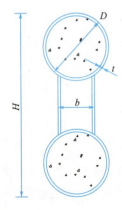

图5-21 哑铃形截面参数符号示意图

为 8~24mm，常用的有 10~16mm。D/L 和 H/L 一般随着跨径增大而减小。

早期的哑铃形截面，腹腔填有混凝土，因在灌注腹腔混凝土时易发生爆管事故，且这部分混凝土的受力作用有限，这种截面形式现已基本不用。

桁肋拱由钢管混凝土弦杆、钢管腹杆和平联（一般为空钢管）焊接而成，能采用较小直径的弦杆取得较大的纵、横向抗弯刚度和承载力，且杆件以受轴向力为主，能够充分发挥材料的特性，适用于较大跨径（120m 以上）的钢管混凝土拱桥。根据弦杆的数量主要有三管、四管和六管 3 种，以四管最多。

对于跨度不大于 300m 的桁肋，拱肋截面高度可按式 (5-6) 估算：

$$H = k_1 \cdot k_2 \cdot \left[0.2 \left(\frac{L_0}{100} \right)^2 + \frac{L_0}{100} + 1.2 \right] \tag{5-6}$$

式中　H——拱肋高度（m）；

　　　L_0——拱肋净跨径（m）；

　　　k_1——荷载系数，对公路-Ⅰ级荷载为 1.0；公路-Ⅱ级荷载为 0.9；

　　　k_2——车行道系数，2~3 行车道时为 0.9，4 行车道时为 1.0，6 行车道时为 1.1。

拱肋截面的宽度与拱肋截面形式有关，一般可取其高度 H 的 0.4~1.0 倍，此宽高比值随着拱肋高度的增大而取用低值。

4. 钢拱

钢拱肋有实肋和桁肋。

实肋主要用于跨径在 200m 以下的钢拱桥之中。其主要截面形式有工字形、圆形与箱形。对于跨径极小的，可采用工字形。跨径稍大的，则以箱肋为主。箱肋壁薄，回转半径和抗扭刚度大，端部封闭后，内部不易锈蚀。圆形截面钢拱又称为钢管拱。除具有上述箱肋的优点外，钢管拱肋还具有各向同性、表面光滑不易堆积灰尘和水、风阻力小的优点。

跨径大于 200m 时，常采用桁式拱肋，因其材料的利用效率更高。桁式拱肋各个构件较之实肋要小，制作、运输和安装都更为方便。此外，桁肋拱的刚度比实肋拱大，活载作用下的挠度小，更易于满足设计对挠度控制的要求。

对于重载交通的公路桥和活载较大的铁路桥，出于对刚度的需要，有时虽然跨径不大，也采用桁肋。有时则是受运输或安装条件限制，200m 以下的跨径，钢拱桥也采用桁肋。当然，有时跨径大于 200m 时，也有采用实体肋的，因为实体肋更为简洁美观。如美国的弗里蒙特桥，跨径达 382.625m，主拱肋采用的就是箱肋。当然，对于跨径超过 300m 的，除非极为特殊的条件，一般应采用桁式拱肋。

等截面实肋的高度，一般为跨径的 1/79~1/58，常用的比值为 1/80~1/70。跨径越大，比值越小。对于变截面拱肋，跨中的肋高也可适当降低，拱脚的肋高则需适当提高。

5.2.2 矢跨比与拱轴线

1. 拱的矢跨比

拱截面形心的连线称为拱轴线。拱轴线对拱的受力有很大的影响，它也是拱简化为杆系结构的计算模型。拱轴线的控制点有两拱脚和拱顶，控制参数除跨径外，还有矢高和拱轴线形。

矢高与跨径之比称为矢跨比。净矢高与净跨径之比为净矢跨比，计算矢高与计算跨径之比为计算矢跨比。二者略有差异，但相差不大。工程上，常将矢跨比小于 1/5 的称为坦拱，大于或等于 1/5 的称为陡拱。

矢跨比的大小直接影响拱的内力。由式（5-2a）可知，当跨径相同时，矢高越小（矢跨比越小、拱越坦），拱的水平推力 H_g 越大；反之，矢高越大（矢跨比越大、拱越陡），拱的水平推力越小。由式（5-2b）可知，拱的水平推力大，相应地在拱圈内产生的轴向力大，弯矩减小，一般情况下对拱的受力是有利的；然而，水平推力对墩台及其基础产生的弯矩也增大，对其受力不利。同时，对于超静定拱，温度变化、混凝土收缩、墩台位移等引起的变形受到约束，在拱内将产生附加内力。矢跨比越小（拱越坦），附加内力越大。

矢跨比大小还影响拱轴的长度、拱上立柱的高度等结构设计和拱的施工。矢跨比很大时，拱脚区段很陡，石拱圈的砌筑或混凝土拱的浇筑难度会增加。另外，拱桥的外形是否美观，与周围景物能否协调等也与矢跨比有很大关系。因此拱桥设计时，拱的矢跨比应经过综合比较后选定。

从调查来看，我国石拱桥，矢跨比多采用 1/7～1/3，一般不小于 1/8；钢筋混凝土拱桥，矢跨比多在 1/8～1/4 之间，以 1/5 和 1/6 居多；钢管混凝土拱桥，矢跨比多在 1/6～1/3.5，以 1/5 最多。

钢拱桥常用的矢跨比为 1/10～1/5，有推力拱中 1/6～1/5 最为常用。当矢跨比在 1/6～1/5 这个范围内变化时，材料用量变化受矢跨比变化的影响不大。矢跨比有时根据特殊情况，也有取 1/2.5 或 1/17 的极陡和极坦的。

2. 合理拱轴线

由式（5-2b）可知，三铰拱在任意荷载作用下任意截面的弯矩为：

$$M_x = M_x^0 - H \cdot y = M_x^0 - M_{l/2}^0 \cdot \frac{y}{f} \tag{5-7}$$

式中 M_x^0、$M_{l/2}^0$——同跨径简支梁在任意截面与跨中的弯矩，它与荷载分布规律有关。

若令 $M_x = 0$，即在某种荷载作用下任意截面的弯矩均为零，拱则为纯压拱，受力合理，相应的拱轴线称为合理拱轴线。合理拱轴线线形与荷载分布规律有关。根据材料力学，很容易推导出径向均布荷载作用下的圆弧线是合理拱轴线。以下介绍另外两种特殊的分布荷载所对应的合理拱轴线。

(1) 均布荷载的合理拱轴线——二次抛物线

对于竖直均布荷载（图 5-22），由材料力学可知：

$$M_x^0 = \frac{ql}{2}x - \frac{q}{2}x^2, \quad M_{l/2}^0 = \frac{ql^2}{8}$$

代入式（5-2a），可得水平反力为：

$$H = \frac{ql^2}{8f}$$

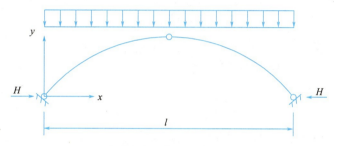

图 5-22　竖直均布荷载作用下的拱的合理拱轴线

令 $M_x = 0$，由式（5-7）可得：

$$\left(\frac{ql}{2}x - \frac{q}{2}x^2\right) - \frac{ql^2}{8} \cdot \frac{y}{f} = 0 \tag{5-8}$$

求得：

$$y = -\frac{4f}{l^2}(x^2 - lx) \tag{5-9}$$

它是一条二次抛物线，简称抛物线。

(2) 荷载集度随拱轴线变化的合理拱轴线——悬链线

对于荷载集度随拱轴线变化，从拱顶往拱脚增加的分布荷载，如图 5-23 所示，任意点的恒载强度 g_x 可用下式表示：

$$g_x = g_d + \gamma y_1 \tag{5-10}$$

式中　g_d——拱顶处恒载强度；

γ——拱上材料单位体积重量。

由式（5-10）得：

$$g_j = g_d + \gamma f = m g_d \tag{5-11}$$

式中　g_j——拱脚处恒载强度；

m——拱轴系数（或称拱轴曲线系数）。

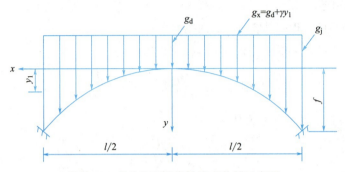

图 5-23 荷载集度随拱轴线变化的示意图

$$m = \frac{g_j}{g_d} \tag{5-12}$$

将式 (5-12) 代入式 (5-11), 可得:

$$\gamma = (m-1)\frac{g_d}{f} \tag{5-13}$$

将式 (5-13) 代入式 (5-10), 可得:

$$g_x = g_d + (m-1)\frac{g_d}{f}y_1 = g_d\left[1 + (m-1)\frac{y_1}{f}\right] \tag{5-14}$$

当拱轴线为合理拱轴线时,拱的各个截面弯矩均为零。对于拱顶截面,由于对称性,剪力也等于零。于是,拱顶截面仅有恒载推力 H_g。对拱脚截面取矩,则有:

$$H_g = \frac{\sum M_j}{f} \tag{5-15}$$

式中 $\sum M_j$ ——半拱恒载对拱脚截面的弯矩;

H_g ——拱的恒载水平推力(不考虑弹性压缩);

f ——拱的计算矢高。

对任意截面取矩,可得:

$$y_1 = \frac{M_x}{H_g} \tag{5-16}$$

式中 M_x ——任意截面以右的全部恒载对该截面的弯矩值;

y_1 ——以拱顶为坐标原点,拱轴上任意点的坐标。

式 (5-16) 即为求算恒载压力线的基本方程。将上式两边对 x 两次取导数,可得:

$$\frac{d^2 y_1}{dx^2} = \frac{1}{H_g} \cdot \frac{d^2 M_x}{dx^2} = \frac{g_x}{H_g} \tag{5-17}$$

将式 (5-14) 代入式 (5-17),为使最终结果简单,引入参数: $x = \xi l_1$, $l_1 = l/2$,则 $dx = l_1 d\xi$,可得:

$$\frac{\mathrm{d}^2 y_1}{\mathrm{d}\xi^2} = \frac{l_1^2}{H_g} g_d \left[1 + (m-1)\frac{y_1}{f}\right]$$

令：

$$k^2 = \frac{l_1^2 g_d}{H_g f}(m-1)$$

则：

$$\frac{\mathrm{d}^2 y_1}{\mathrm{d}\xi^2} = \frac{l_1^2 g_d}{H_g} + k^2 y_1 \tag{5-18}$$

上式为二阶非齐次常系数线性微分方程。解此方程，则得拱轴线方程为：

$$y_1 = \frac{f}{m-1}(\cosh k\xi - 1) \tag{5-19}$$

上式一般称为悬链线方程。

以拱脚截面 $\xi=1$，$y_1=f$ 代入上式得：

$$\cosh k = m$$

通常，m 为已知值，则 k 值可由下式求得：

$$k = \cosh^{-1} m = \ln(m + \sqrt{m^2 - 1}) \tag{5-20}$$

为了求拱轴线的水平倾角 ϕ，将式（5-19）对 ξ 取导数得：

$$\frac{\mathrm{d}y_1}{\mathrm{d}\xi} = \frac{fk}{m-1}\sinh k\xi \tag{5-21}$$

$$\tan\phi = \frac{\mathrm{d}y_1}{\mathrm{d}x} = \frac{\mathrm{d}y_1}{l_1 \mathrm{d}\xi} = \frac{2\mathrm{d}y_1}{l \mathrm{d}\xi}$$

以式（5-21）代入式（5-20），可得：

$$\tan\phi = \frac{2fk \cdot \sinh k\xi}{l(m-1)} = \eta \sinh k\xi \tag{5-22}$$

式中：

$$\eta = \frac{2kf}{l(m-1)} \tag{5-23}$$

由式（5-23）可知，拱轴水平倾角与拱轴系数 m 有关。

悬链线的拱轴系数 m 是一个大于 1.0 的系数。显然，当 $m=1$ 时，式（5-19）分母为零，此时 $g_x = g_d$，荷载为均布荷载，合理拱轴线应是二次抛物线，其方程为：$y_1 = f\xi^2$，与式（5-9）形式不同，因为坐标原点设在拱顶。

3. 拱轴线选择

由式（5-2b）可知，拱截面上的内力有轴力 N、弯矩 M 和剪力 Q。将弯矩 M 用 $N \cdot e$ 来表示（e 为偏心距），各截面上偏心点的连线构成了一条压力线。当拱轴线为合理拱轴线时，拱为纯压拱，任意截面上没有弯矩，也就是 $e=0$。换言之，合理拱轴线的拱，其压力线与拱轴线重合。

合理拱轴线与荷载有关，而实际拱桥中的拱，所受的荷载多样且有时是变化的。除了承受恒载作用外，拱还要受到活载、温度变化等作用。尽管纯压拱不存在，但拱桥设计中，尤其是大跨和特大跨拱桥，通过选择合适的拱轴线，以减小弯矩，尽可能使拱截面应力分布均匀，是可能且必要的。对于圬工和混凝土拱，因材料的抗压强度明显大于抗拉强度，合理选择拱轴线，显得尤为重要。

对于大跨径拱桥来说，尤其是公路拱桥，恒载占全部荷载的比重较大。如一座 30m 跨径的双车道公路拱桥，活载大约只是恒载的 20%。随着跨径的增大，恒载所占的比重还将增大。因此一般说来，以恒载压力线作为设计拱轴线，可以认为是适宜的。

圆弧线线型简单，易于掌握，施工放样方便。但在一般情况下，圆弧线拱轴线与恒载压力线偏离较大，使拱的各截面受力不均匀。因此，圆弧线常用于 15~20m 以下的小跨径拱桥。对于跨径稍大的预制装配式钢筋混凝土拱桥，有时为了简化施工，也有采用圆弧形拱轴线的情况。

在竖向均布荷载作用下，合理拱轴线是二次抛物线。对于恒载强度比较接近均布的拱桥，例如钢拱桥，中、下承式混凝土拱桥和钢管混凝土拱桥，往往采用二次抛物线或拱轴系数 m 较小的悬链线。

对实腹式拱，恒载集度基本符合图 5-23 的分布规律，其合理拱轴线是悬链线。对于空腹式拱，恒载主要是立柱传下来的拱上建筑（桥面系和立柱）的自重，它们是集中力，对应的恒载压力线为一组折线，选择折线为拱轴线建成的拱为折线拱。对于大跨径拱桥，当立柱较多、间距与跨径相比较小时，可视其传来的荷载为分布荷载，则其集度也基本符合图 5-23 的分布规律，所以，仍可选择悬链线作为其拱轴线。在选择拱轴系数时，通过使拱轴线与恒载压力线在拱顶、1/4 跨径和拱脚 5 个截面相重合（称为"五点重合法"），来减小主拱在恒载作用下的弯矩内力水平。

对于圆弧线和二次抛物线，跨径和矢高（或矢跨比）确定后，就可写出拱轴线方程。对于悬链线，还要确定拱轴系数。

悬链线石板拱的拱轴系数，一般随着跨径的增大而减小，采用无支架或早期脱架施工拱的拱轴系数不宜大于 3.5。钢筋混凝土悬链线拱的拱轴系数，主要集中在 1.347~2.514，以 $m=1.988$、1.756 和 1.543 最常用，一般情况下该值应随着跨径的增大或矢跨比的减小而减小。对于钢管混凝土拱桥，立柱或吊杆的自重较轻，当采用悬链线时，拱轴系数 m 较小，一般在 1.2~2.8。具体来说，上承式宜为 1.2~2.8，中承式不宜大于 1.9，下承式不宜大于 1.5。

对于大跨径拱桥，拱轴线除可选择二次抛物线、悬链线外，还可考虑高次抛物线（如三次、四次抛物线）、样条函数曲线等。为使拱轴线尽可能与恒载压力线相吻合，可用数解法求出各点不考虑弹性压缩的恒载压力线,然后采用与之最接近的曲线作为拱轴线。

5.2.3 主拱横向结构构造

主拱的横向布置要综合考虑桥面净空的宽度,桥面系的构造,主拱的宽度、横撑构造与拱的横向稳定性等因素。

1. 上承式拱桥

圬工和钢筋混凝土上承式拱桥的主拱以板拱和箱拱为主。它为整体性拱结构,影响横向稳定的主要因素是宽跨比。宽跨比越大,横向稳定性越好。《圬工桥规》和《混凝土桥规》均规定,当板拱的宽度小于计算跨径的 1/20,应验算拱的横向稳定性。换言之,宽跨比大于 1/20 时,可以不验算横向稳定。

在满足横向稳定要求的前提下,上承式板拱的主拱圈宽度可以小于桥面宽度,将栏杆、人行道悬挑出主拱外,见图 5-24(a)。对于箱拱,可采用伸臂式盖梁或伸臂式桥面横梁(图 5-24b)。盖梁或横梁跨中正弯矩减小,材料节省。同时,主拱、墩台、基础的横桥向尺寸可

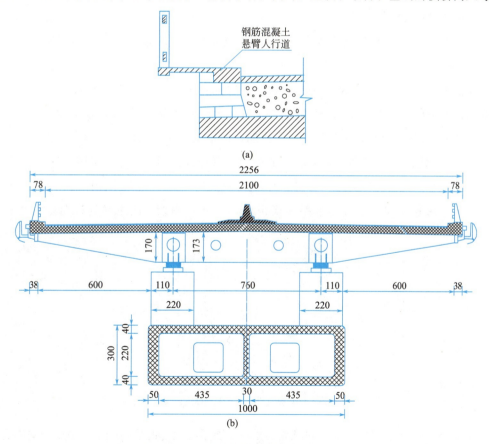

图 5-24 板拱和箱拱的横向布置示意图
(a) 石板拱;(b) 混凝土箱拱(克罗地亚 Krka 桥)(单位:cm)

缩小，减小工程量。反过来，对于桥面较窄而跨度较大的桥梁，板拱或箱拱可以采用从拱顶向拱脚变宽的结构，以提高横向稳定性。

上承式拱也可采用肋拱。宽跨比也是肋拱桥空间稳定的重要参数，一般不宜小于1/15。另一个重要参数是横撑。横撑设置与构造应满足主拱整体和局部稳定要求。

肋拱以平行双肋的组拼拱最为常见，如图5-25（a）所示。在立柱下方应设置横撑或横系梁，在拱脚附近及拱顶段（$3L/8 \sim L/2$）应予加密。上承式拱的横撑设置不像中、下承式拱受到桥面上净空的限制，可以布置较多的横撑，来保证主拱的横向稳定。

对于宽跨比偏小的肋拱桥，则可将肋间的横向距离从拱顶向拱脚拉大，形成提篮拱（图5-25b）。提篮拱也称内倾拱或X型拱。有的上承式提篮拱，拱脚为双肋，拱顶合成为一个箱，西班牙高速铁路的Almonte大桥采用了这样的结构。

2. 中、下承式拱桥

下承式拱的主拱只能是肋拱，但横向结构形式多样，有平行肋拱、无风撑拱、提篮拱等，见图5-25。下承式拱为无推力拱或部分推力拱，用系杆的拉力来平衡拱的水平推力。中承式拱的主拱也只能是肋拱，横向结构形式也较多，与图5-25的形式相似，但拱肋有一部分位于桥面以下。它可以是有推力拱，也可以是无推力拱或部分推力拱。采用有推力还是无推力主要根据地基基础条件而定。

中、下承式拱桥的主拱对于平行拱和提篮拱都有采用。提篮拱除横向稳定性较好外，造型也较美观。此外，为了避免横撑的压抑感，可取消横撑，设计成无风撑拱（图5-25c），又称敞口拱；有时只用一根拱肋，即采用单肋拱（图5-25d），可视为特殊的无风撑拱。无风撑拱的主拱应具有较大的横向抗弯与抗扭刚度，它多应用于系杆拱桥中，吊杆可为主拱提供"非保向力"有利于拱的横向稳定。同时，通过采用刚度较大的系梁或刚性吊杆，可使主拱、吊杆和系梁在横桥向构成开口刚架，使主拱的横向稳定性得到增强。

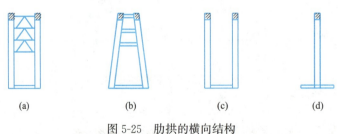

图5-25 肋拱的横向结构

(a) 平行拱；(b) 提篮拱；(c) 无风撑拱；(d) 单肋拱

拱肋侧倾失稳时（图5-26），拱顶处的横撑主要承受拱肋的扭转变形，采用竖向布置的横撑可增强对拱顶处拱肋扭转变形的约束，提高拱的面外稳定性；而在其他地方，尤其是

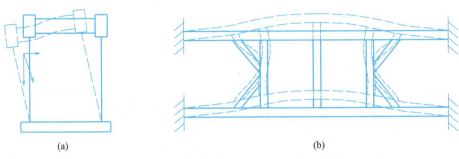

图 5-26　组拼拱横向失稳时的变形示意图

(a) 断面；(b) 平面

$L/4$ 附近，拱肋侧倾时横撑要承受拱肋的相对错动，因此宜采用切向布置的 K 形横撑或米字形横撑。

中承式拱的拱肋与桥面系相交处应设桥面横梁，起横撑和支承桥面结构的作用；下承式拱的拱脚处要设置强大的端横梁，为主拱肋提供抗弯、抗扭约束。

平行拱的其他位置根据需要设置一字式、K 形或米字形横撑。采用箱肋时，箱内横隔板应与横系梁对应设置。采用桁肋时，横撑的位置宜与平联杆相对应，并在相应的主拱横截面上设置交叉撑，如图 5-27 所示。肋拱除整体稳定外，还有局部稳定问题。单根拱肋的宽度与相邻横撑之间节间长度比值不能太小，不宜小于 1/20，且此比值应尽可能均匀。

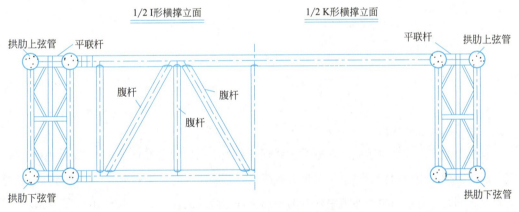

图 5-27　桁肋拱设横撑处的横断面

宽跨比较大时，组拼拱的宽度也可小于桥面。在中、下承式拱桥中，可将拱肋置于行车道外，将人行道或非机动车道悬挑，在保证主拱的横向稳定的前提下，缩短横撑的长度、优化吊杆横梁的受力，如图 5-28 所示。桥面较窄时，则可将非机动车道、人行道或检修道包在拱肋宽度范围内，加大组拼拱的宽度，提高横向稳定。

中、下承式肋拱桥面以上的横撑布置，应满足桥上净空（行车空间）的要求。同时，宜采用简洁的构造，有利于美观要求。

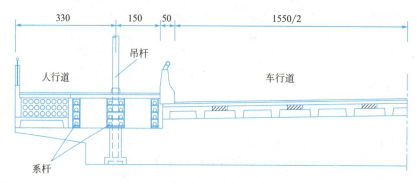

图 5-28 某下承式拱吊杆处桥梁横断面布置图（单位：cm）

5.2.4 主拱立面布置

拱桥的结构类型丰富，设计时需要选择的内容很多。如，在高程方面：有桥面、拱顶底面、起拱线、基础底面标高，有矢跨比，还有桥面系与主拱的关系（上、中、下承）；在跨径方面：有总长、多孔、单孔、墩台及其基础的位置；在结构方面：有主拱的材料，静力图式，拱轴线等。上述许多有关上部结构的内容，前面已有介绍。还有主拱是否有推力、桥面系的结构等等，还未叙及。由 5.1 节可知，拱在竖直荷载下产生水平反力是其结构特性。所以，本节以拱的下部及基础是否承担拱的水平推力为主线和重点，介绍拱桥的立面布置。

1. 有推力拱

（1）基本类型

有推力拱的水平推力由下部结构和基础承担，需要较好的地质条件。有推力拱桥可以是上承式，也可以是中承式。上承式是圬工拱桥的唯一形式，在钢筋混凝土拱桥中也占主导地位，它主要修建于山区，以单跨为主。中承式在钢筋混凝土拱桥应用较少，较大跨径的有四川宜宾小南门金沙江大桥（240m）和广西邕宁邕江大桥（312m）。

有推力的上承式和中承式，在钢拱桥和钢管混凝土拱桥中也有相当多的应用。中承式在钢管混凝土拱桥中应用较多。由于主拱自重减轻，相同跨径时，钢管混凝土拱桥有推力拱对基础要求相对降低，但也仍然需要较好的地质条件与合适的地形。中承式由于桥面可以放得较低，也可用于地质条件较好的城市桥梁中，常以多跨的形式出现。其跨越能力强，重庆巫峡长江大桥、四川合江长江大桥、广西平南三桥这几座当时的钢管混凝土拱桥的跨径纪录保持者，均为中承式拱桥。钢拱桥中上承式、中承式修建数量相近。

有推力钢拱桥中，美国的新河谷桥是国外跨径最大（518m）的一座，为上承式；湖北秭归长江公路大桥是国内跨径最大的一座（530.2m），2019 年 9 月建成通车，为中承式。

无论是上承式还是中承式，有推力拱的钢管拱、钢拱的架设均以斜拉悬臂法为主。大跨径钢筋混凝土拱在我国以美兰法为主，在国外以斜拉悬臂浇筑法为主。

(2) 上承式

上承式钢筋混凝土拱桥的拱上建筑，多采用钢筋混凝土和预应力混凝土结构。当桥梁跨径不大、立柱纵桥向间距较小时，可设立柱、盖梁，支撑其上的简支板或简支梁（图5-29a），通过桥面连续减小伸缩缝。跨径稍大时，则采用先简支后连续的连续梁。

当桥梁跨径很大时，桥面纵梁结构不宜采用简支梁，在拱脚处可与高度较大的立柱固结形成刚构，其他位置立柱不高时可设支座，采用连续梁结构。当桥面纵梁跨径很大时，可采用与拱肋相对应的分离式箱梁，通过立柱支承于拱肋上，使桥面纵梁与主拱处于同一受力竖平面内，双立柱之间设系梁而不设盖梁，如图5-29（b）所示。

为减轻自重和便于施工，桥面结构也可采用钢-混凝土组合结构，如克罗地亚的Krka桥（图5-24b）和美国的科罗拉多桥。

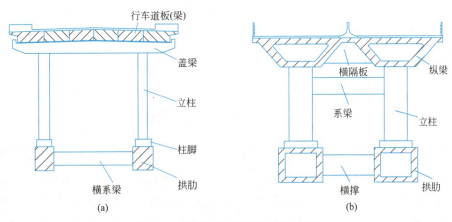

图 5-29　上承式拱的横向构造示意图
(a) 中、小跨径；(b) 大跨径

钢筋混凝土拱桥中，立柱较高时，除盖梁或拱顶系梁外，立柱间还应设置横系梁，以提高其稳定性。钢筋混凝土的横系梁截面高度和宽度分别可取立柱长边边长的0.8~1.0倍和0.6~0.8倍。立柱间横系梁的配筋构造要求与肋间横系梁一致。立柱钢筋按结构受力要求配置，其向上应延伸至盖梁中线以上，向下应伸入拱轴线以下，并应具有足够的锚固长度。

为了使立柱传递给主拱圈的压力不过分集中，立柱底部应设横向通长的垫梁（底梁），其高度不宜小于立柱间净跨的1/5，对应的拱箱处应设置横隔板。底梁可以与拱圈一起施工完成。如采用混凝土浇筑时，可按构造要求布置钢筋。在河流有漂流物或流冰时，如果拱圈会被部分淹没，拱上立柱不宜采用柱式结构，而应采用墙式结构。

上承式钢筋混凝土箱拱桥的拱上建筑构造，多采用图5-29（a）的形式，其他结构与构造与肋拱桥相似。图5-30为铁路北盘江大桥的总体布置图。该桥在交界墩处采用了与其固结的2×65m预应力混凝土变高度箱梁，施工时以T构形式，采用悬臂浇筑。拱上其余结构为 8×42m 连续梁，它与两端的 T 构梁通过湿接头连成了一联，形成总长约 600m 的刚构-连续梁。该桥为铁路桥，桥面较窄，桥面纵梁只采用了单箱，但主拱在拱脚处截面变宽、双立柱采用间距较之箱底更宽的布置，以增强主拱和立柱的横向稳定性。建成后的桥梁见图 1-3。

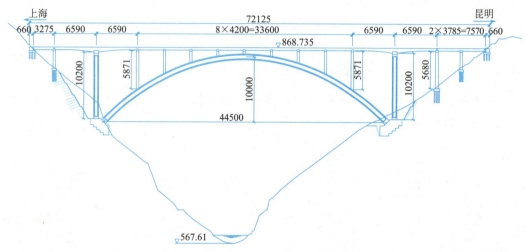

图 5-30　铁路北盘江大桥总体布置图（单位：cm）

钢管混凝土上承式拱的矢跨比以 1/5 最多，拱轴线以悬链线为主，拱轴系数大多在 1.5 附近。上承式拱由于可以采用较多的拱肋，从而使每根肋的受力减小、拱肋截面尺寸也相应减小，因此即使跨径较大也仍可采用哑铃形拱肋。如黄柏河、下牢溪大桥采用了 4 片拱肋，所以虽然跨径较大（160m）、荷载较重（汽-36 级），但仍可采用哑铃形拱肋；又如青海拉西瓦水电站黄河大桥，跨径 132m，采用 3 片拱肋，拱肋截面也用哑铃形。目前的应用以单跨为主，主拱座采用钢筋混凝土结构，拱座多直接坐落于基岩上。

钢管混凝土拱上建筑结构与钢筋混凝土拱桥中的相似，但因与主拱的组合结构相适应，其材料更趋向于轻质高强。立柱一般为钢筋混凝土或钢管混凝土结构，与钢筋混凝土盖梁组成排架或刚架式结构。当跨径较大时，拱脚附近的立柱较高，在柱间应设置横向联系来提高其稳定性。同时，由于立柱较高，为减轻恒载自重、使结构整体协调一致且方便施工，多采用钢管混凝土立柱，也有采用钢筋混凝土立柱的，一般将截面做成空心。在跨径 430m 的支井河大桥中，立柱最高达 74m，采用了钢箱混凝土格构式立柱。桥面纵梁一般采用桥面连续的简支梁、先简支后连续梁或连续梁。

上承式钢拱的桥面系以钢结构为主，也有采用钢-混凝土组合结构的，以连续纵梁为主，以利于分散活载集中力、减小主拱的弯矩、提高结构的整体性。拱上立柱一般采用工字形截面或圆形截面钢柱。上承式有推力钢拱桥中跨径最大的是美国的新河谷桥。该桥除跨径大、采用桁拱施工方便外，另一个主要特点是采用了未油漆的耐候钢 ASTM-A$_{588}$。

(3) 中承式

中承式拱以双肋拱为主，桥面以上接近桥面处的横撑布置因净高要求和避免压抑感，一般设置较少，成为横向构造的薄弱环节，对整体和局部的稳定都有一定的影响。横向稳定问题较之上承式拱突出。

中承式拱部分桥面系为支承式，部分桥面系为悬吊式。悬吊桥面系的结构强健性问题应引起重视。结构强健性主要指结构在承受像火灾、爆炸、冲击或人为错误后果等极端事件时，不使破坏达到与原始动因不呈比例程度的能力。

现代的中承式有推力的钢筋混凝土和钢管混凝土拱桥中，吊杆多采用高强钢索（吊索）。它们既属于关键构件，又容易由腐蚀等引发病害甚至破坏。已有多例因吊杆破坏断裂导致桥面横梁和桥面板坠落、车毁人亡的恶性事故。这种事故的后果与吊杆破坏断裂的成因不呈比例，是典型的结构强健性不足的问题。

《钢管混凝土拱桥技术规范》GB 50923—2013 以强制性条文的形式规定："钢管混凝土拱桥的吊索与系杆索必须具有可检查、可更换的构造与措施"，以保证其正常的检查、养护和更换。同时，在结构上，要进行强健性设计，以避免因吊索、系杆索破坏断裂后引发严重的事故。因此，《钢管混凝土拱桥技术规范》GB 50923—2013 另一条有关强健性的条文规定："中承式和下承式拱桥的悬吊桥面系应采用整体性结构，以横梁受力为主的悬吊桥面系必须设置加劲纵梁，并应具有一根横梁两端相对应的吊索失效后不落梁的能力。"

对于钢筋混凝土拱桥，《混凝土桥规》也有相似的规定："采用柔性吊杆的拱桥，宜在桥面系设置连续纵梁"。

主拱与桥面交界处的结构与受力均较复杂。桥面系肋间横梁的设置不应影响主拱结构的连续性。桥面系与拱肋之间的结构设计应防止因变形不同引起的结构损伤。肋间横梁有采用混凝土结构的，也有采用钢结构的。图 5-31（a）和（b）所示的为两座实桥的钢筋混凝土和钢桁肋间横梁的照片和构造图。

合江长江一桥（又名波司登大桥），宽 28m，主桥为主跨径 530m（净跨 518m）的钢管混凝土中承式拱桥。主拱为 4 根弦杆全桁式拱肋，净矢跨比为 1/4.5，拱轴线为拱轴系数 1.45 的悬链线。钢管直径 1320mm，内灌注 C60 混凝土。拱肋截面等宽、变高，宽 4m，截面径向高拱顶为 8m、拱脚为 16m。两拱肋之间以 K 形横撑相连。肋间横撑兼作桥面梁主横梁。吊杆和拱上立柱间距为 14.3m。桥面梁为"工"形格子梁，桥面板为钢-混凝土组合桥面板。大桥主跨采用缆索吊装、斜拉悬臂法施工。管内混凝土灌注采用了抽真空法，以提高密实度，减小钢管与混凝土之间的脱粘。大桥于 2012 年建成，见图 5-32。

2. 无推力拱

(1) 基本类型

无推力拱用刚性系杆来平衡拱的水平推力，以减小下部结构及其基础的受力和工程量。

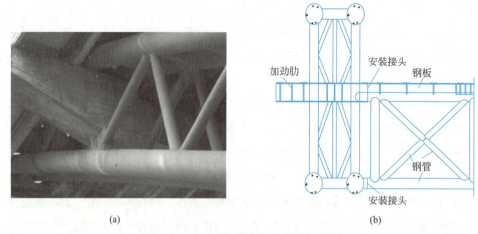

图 5-31 中承式钢管混凝土拱肋间横梁
(a) 钢筋混凝土肋间横梁；(b) 钢桁肋间横梁

图 5-32 合江长江一桥照片

其整体受力结构（承重结构）由拱和系梁两端固结、中间用吊杆联结而成，属于内部超静定、外部静定的结构，称为系杆拱，也称为拱梁组合结构。它在钢拱和钢管混凝土拱桥中有较多的应用。系梁既是承重结构的重要组成部分，也是桥面系的主要受力构件。

系杆拱桥为下承式，见图 5-33。在这种结构中，拱以受压为主，系杆以受拉为主，二者承受的弯矩与其相对刚度 $E_a I_a / E_b I_b$ 有关，$E_a I_a$ 和 $E_b I_b$ 分别为拱肋和系杆抗弯刚度。

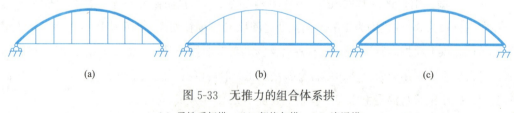

图 5-33 无推力的组合体系拱
(a) 柔性系杆拱；(b) 朗格尔拱；(c) 洛泽拱

图 5-33 (a) 所示的柔性系杆刚性拱，简称柔性系杆拱。当 $E_a I_a / E_b I_b > 100$ 时，设计中可认为弯矩仅由主拱承担。系杆需要一定的抗拉刚度，以避免承受拉力时的变形太大，水平

刚度极小的高强钢索不宜作为系杆而组成拉索拱。柔性系杆拱中系杆抗弯刚度小，在桥面受力中所起的作用也小，在实际工程中应用较少。

图 5-33（b）所示的刚性系杆柔性拱，国外称为朗格尔梁。当 $E_aI_a/E_bI_b<1/100$ 时，设计中可认为弯矩仅由系杆承担。这种系杆又可称为系梁。典型的应用是铁路或公铁两用钢桥，系梁采用桁梁，如图 5-34（a）所示的铁路九江长江大桥。还有一种结构称为倒朗格尔梁，它是上承式有推力的拱梁组合结构，梁的刚度很大，弯矩主要由梁承受，拱以受压为主，所受弯矩很小，如图 5-34（b）所示的葡萄牙 Infante D. Henrique 桥。

图 5-34　刚性系杆柔性拱实例
(a) 朗格尔梁；(b) 倒朗格尔梁

图 5-33（c）所示的刚性系杆刚性拱，国外称为洛泽拱，拱和系杆（梁）均承担相当部分的弯矩。它是最常用的系杆拱，在钢、钢管混凝土以及混凝土系杆拱中均有应用。后面将有较为详细的介绍。

钢筋混凝土系杆拱的应用很少。以下主要介绍钢管混凝土系杆拱和钢系杆拱。

（2）钢管混凝土系杆拱

钢管混凝土系杆拱以刚性系杆刚性拱为主（图 5-33c）。因为拱与系杆要固结在一起，大跨径时施工难度较大，同时拱的水平推力要由系杆承担，拱的经济性不能得到充分发挥，它的应用以中小跨径（50～150m）为主。

由于跨径不大，钢管混凝土拱肋以单圆管和哑铃形为主，只有跨径较大时才采用桁肋。由于系梁参与总体受力，拱肋截面尺寸可以较有推力拱略小。系梁以预应力混凝土为主，截面高度与跨径之比一般在 1/60～1/30 之间。也有个别采用钢箱梁，或钢箱加预应力束的系杆的组合系杆，如杭州钱江四桥中跨径 190m 的大拱。

钢管混凝土系杆拱的施工，可分为"先梁后拱""先拱后梁"和"整体"三种方法。"先梁后拱"是比较成熟的施工方法，这种方法需要较强的系梁，以便在此基础上分段架设拱肋，难度在于系杆的施工。"先梁后拱"常采用支架法，满堂架或少支架。在梁拱形成联合作用之前，结构不承受外力，施工过程安全可靠，但支架法场地条件高，施工费用也高。

图 5-35 郑州刘江黄河大桥照片

郑州刘江黄河大桥（黄河公路二桥）主桥施工采用了"先梁后拱"的方法。该桥主桥长 800m，为 8 跨 100m 的钢管混凝土系杆拱，上部结构上、下行分离，共计有 16 个钢管混凝土系杆拱结构。建成后大桥的照片如图 5-35 所示。

对于跨径较大、通行条件较高的桥梁，可采用"先拱后梁"的施工方法。先安装主拱肋，再利用主拱肋与吊杆分段安装系梁。要求拱肋本身具有一定的刚度及较强的稳定性，系梁的自重相对较小。在梁拱形成整体结构之前，荷载完全由主拱承担，需对施工过程拱肋进行验算和必要的加强。杭州钱江四桥等桥的施工采用了"先拱后梁"的施工方法。

当运输条件许可时，也可以钢管拱和系梁一起制作，整体运输至设计位置后，再进行管内混凝土浇筑等其他程序的施工，也即"整体"法施工。

（3）钢系杆拱

系杆拱在中小跨径钢拱桥中应用较多，在地质条件较差，而又希望采用造型效果较好的结构时，它尤其受建筑师和民众的喜欢。钢结构的轻质高强和良好的连接性能，使得它的建筑表现力强，在人行桥和景观桥中备受青睐。

柔性系杆刚性拱的拱肋，跨径小时可采用实肋，跨径大时可采用桁肋。早期的拱肋较多采用折线，折线的交点落在拱轴线上。这种折线从受力与构造上来说都优于曲线，尤其是采用刚性吊杆时，吊杆受有弯矩的作用，折线拱中吊杆受的弯矩会小于曲线拱。但折线拱的外观较差，特别是对于中小跨径的拱桥，现在已很少采用。

其系杆可以是钢棒、钢索或抗弯刚度很小的钢板梁，但没有钢桁梁。但因系杆可承受部分弯矩，拱肋的高度可比前述的有推力拱的拱肋适当降低。吊杆有柔性吊杆和刚性吊杆，其间距可根据结构的形式和受力情况作适当的选择。吊杆主要承受拉力，刚性吊杆一般采用工字形钢吊杆，柔性吊杆多采用高强钢丝或高强钢绞线。

朗格尔拱和洛泽拱在钢拱桥中均有较多的应用。拱肋都采用实肋，加劲梁有板梁或桁架两种。

系杆拱也有个别采用中承式的，一般为三跨结构，两边跨为悬臂半拱，所以这种结构又称为悬臂拱，如图 5-36 所示。

一般系杆拱的吊杆为竖直状，当采用斜吊杆时，整体结构的刚度有所提高，拱和梁中的弯矩下降，但构造复杂。这种拱称为尼尔森拱，如图 5-37 所示。当斜吊杆间的交叉点多于一个时，它又称为网拱，如图 5-38 所示。尼尔森拱和网拱多应用于钢拱桥中。

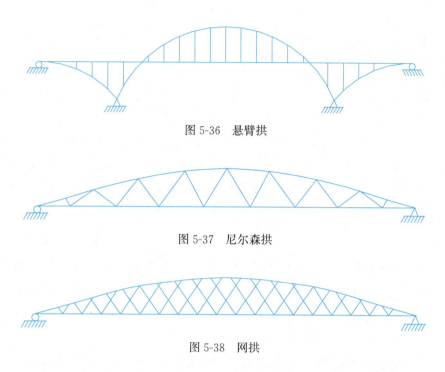

图 5-36 悬臂拱

图 5-37 尼尔森拱

图 5-38 网拱

3. 部分推力拱

(1) 基本类型

部分推力拱又称为刚架系杆拱。它是随着钢管混凝土拱桥在我国的应用发展而出现的新桥型。目前在钢拱桥中也有应用，如上海的卢浦大桥，主跨 550m，矢跨比 $f/l=1/5.5$，主拱采用钢箱截面，它也是世界上钢拱桥中跨径最大的一座，施工采用了斜拉悬臂施工法。

刚架系杆拱中，拱肋与桥墩固结，不设支座，形成刚架结构，且以高强钢索为系杆，故名刚架系杆拱。它的系杆也称为拉索，独立于桥面系之外，只受拉，不受弯。桥面系为局部受力构件，不参与总体受力。这种结构不属于拱梁组合结构（系杆拱），而应属于拱墩固结结构。它是外部超静定结构，主拱、系杆、桥墩及基础形成总体受力结构。

在刚架系杆拱中，拱的大部分水平推力（主要由恒载产生）由系杆的预张力平衡，与系杆拱中的被动平衡不同，它属于主动平衡。由于其系杆（拉索）的面积很小，所以抗拉刚度很小，活载作用下拱的水平推力增量，将主要由抗推刚度较大的桥墩承担。因此，它并非完全的无推力拱，而是部分推力拱。当然，除去系杆承受的水平推力后余下的拱的水平推力一般来说不大，还可以通过适当的超张拉给予最大限度的减小，因此其受力性能接近于无推力拱，也适合在地基条件较差的拱桥中应用。

刚架系杆拱又可分为下承式和中承式两种，如图 5-39 所示。这类桥梁中，吊索和桥面系结构的强健性设计要求与有推力中承式拱桥中的相同。除吊索外，部分推力拱中采用高强钢索的还有系杆（系索）。它也要在结构上进行强健性设计。

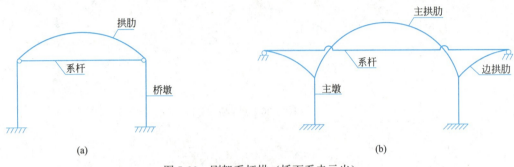

图 5-39 刚架系杆拱(桥面系未示出)
(a) 下承式刚架系杆拱；(b) 飞鸟式拱

(2) 下承式

下承式以单跨为主(图 5-39a)，也有采用多跨的。在多跨的刚架系杆拱中，系杆是分跨锚固的。由于它是一种自平衡的桥梁，其没有副跨。在仅需一主跨而无需副跨的时候，如跨越铁路、公路和运河时，与简支梁比，它的跨越能力强；与连续梁桥、连续刚构桥和斜拉桥比，它无需副跨。因此，它具有很强的竞争力。

下承式刚架系杆拱的拱墩固结点，构造复杂。拱肋、桥墩、帽梁汇聚在这里，为不规则的几何体。固结点的受力也较复杂，各方向的力也都集中于此点，且受系杆强大的集中力作用，容易在主拉应力方向发生开裂，因此应引起重视。

深圳市彩虹(北站)大桥为跨越深圳火车北站的城市跨线桥，要求跨径不小于 150m，而由于接线为弯道和街道，不适合采用副跨，故设计成主跨 150m 的下承式刚架系杆拱桥。主拱为四管桁肋，矢跨比 1/4.5，悬链拱轴线，拱轴系数 1.167。立面布置见图 5-40。

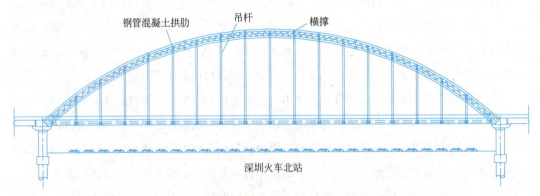

图 5-40 深圳市彩虹(北站)大桥立面布置

每片拱肋的水平系杆索为 16 根高强低松弛预应力钢绞线束，每根钢束由 12 根 7ϕ5 钢绞线组成，钢绞线标准强度 R_y^b=1860MPa。系杆钢束设置在拱肋下防撞护栏外侧，在拱脚处穿过拱肋，锚固于帽梁的外侧。系杆锚具采用 OVM15-12 型。系杆钢绞线束防护同吊杆钢丝束，采用高密度聚乙烯双护层。桥面系采用预应力钢箱-混凝土组合梁。

桥墩为双柱墩，每根柱为直径2.8m的钢管混凝土约束柱，基础为直径3.0m的钻孔灌注桩，桩顶设有横向系梁。拱肋吊装采用缆索吊装，斜拉悬臂法架设，共分7节进行吊装。

（3）中承式

中承式一般为三跨结构，中跨为中承式（图5-39b），两边跨为上承式半拱，系杆锚于两边跨的端部，根据其形状称之为飞鸟式拱或飞燕式拱，也有称为自锚式拱的。比较图5-36和图5-39（b），从桥墩与基础受力来说，悬臂拱与连续梁相似，均以受压为主；中承式刚架系杆拱则与连续刚构相似，除受压外，还受到较大的弯矩作用。

飞鸟式拱一般为三跨，也有四跨或五跨。其系杆是通长的，而不像下承式刚架系杆拱是分跨锚固的。它要通过作用在两边跨的系杆张力，传递给各拱的各个墩。多于三跨后，传力路径长，结构受力复杂，构造也不好处理。此外，施工时由于各跨之间恒载要基本保持平衡，因此工作面很多，施工组织也较困难。

飞鸟式拱为不等跨拱桥，为使边跨的自重能平衡主跨的恒载水平推力，一般中跨为自重较轻的钢管混凝土拱、边跨为自重较重的钢筋混凝土半拱；中跨的矢跨比较大，一般为1/6～1/4，边跨的矢跨比较小，一般为1/10～1/7。中、边跨的拱肋起拱线在一水平线上，以便于平衡水平推力。边跨的拱肋之间由强大的端横梁连成整体，并为系杆的锚固提供空间。

最早建成的飞鸟式拱是广东南海三山西大桥，主桥跨径组合为45m＋200m＋45m。2000年建成的广州丫髻沙大桥，跨径组合为76m＋360m＋76m，为当时世界范围同类桥梁跨径之最，见图5-41。目前这种桥型跨径最大的是湖南茅草街大桥，主跨为368m。

图5-41　广州丫髻沙大桥照片

5.3　设计计算要点

拱桥设计计算的作用及其组合按《公桥通规》和相应的规范计算。公路圬工拱桥、钢筋混凝土拱桥、钢管混凝土拱桥和钢拱桥，其他相应的规范有《圬工桥规》《混凝土桥规》《钢管混凝土拱桥技术规范》GB 50923—2013 或《公路钢管混凝土拱桥设计规范》JTG/T D65-06—2015 和《公路钢结构桥梁设计规范》JTG D64—2015。

拱桥是一个空间结构，过去采用手算法计算石板拱内力时，为简化计算，均将其视为平面结构，不考虑荷载的横向分布。对于实腹拱认为经过填料的分散，荷载作用到主拱时已相当均匀；对于空腹拱，因其多采用拱式腹拱，认为拱上建筑会参与主拱圈共同承受活载，这种"拱上建筑与主拱的联合作用"的有利影响大于活载横向不均匀分布的影响。

无铰拱是现代拱桥的主要结构形式，即使简化为平面结构后，由于它的超静定次数多，且结构为曲线状，尤其是常用的悬链线，数学表达式复杂，精确的手算还是难度较大，多采用简化算法。虽然现在的设计计算以计算机为主，但对手算算法的了解，有助于理解结构的受力特点，判断有限元计算结果的正确性，也有利于对结构设计的把握。

5.3.1 弹性中心

无铰拱为三次超静定结构，手算计算时常用力法求解。取悬臂曲梁为基本结构（图 5-42a），由对称性得柔度系数 $\delta_{13}=\delta_{31}=\delta_{23}=\delta_{32}=0$。因此，赘余力的力法方程为：

$$\left.\begin{array}{l}\delta_{11}X_1+\delta_{12}X_2=\Delta_{1\varphi}\\ \delta_{21}X_1+\delta_{22}X_2=\Delta_{2\varphi}\\ \delta_{33}X_3=\Delta_{3\varphi}\end{array}\right\} \quad (5\text{-}24)$$

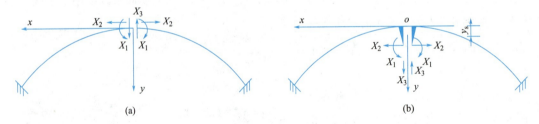

图 5-42 拱的内力计算的基本结构

在图 5-42（a）的基本结构中引入刚臂，将三个赘余力移至刚臂的端部（图 5-42b）。在 3 个赘余力中，只有 X_2 对结构的受力影响与刚臂长度有关。调整刚臂长度，使得 $\delta_{12}=\delta_{21}=0$，这样式（5-25）就成为 3 个独立变量的一元一次方程，可以直接解得三个赘余力 X_1、X_2、X_3。

$$\left.\begin{array}{l}\delta_{11}X_1=\Delta_{1p}\\ \delta_{22}X_2=\Delta_{2p}\\ \delta_{33}X_3=\Delta_{3p}\end{array}\right\} \quad (5\text{-}25)$$

使 $\delta_{12}=\delta_{21}=0$ 的刚臂端部几何位置称为弹性中心。当拱左右对称时，弹性中心位于其对称轴上，距拱顶的纵坐标推导如下。

由结构力学可知：

$$\delta_{12}=\int_s \frac{\overline{M}_1\overline{M}_2}{EI}\mathrm{d}s+\int_s \frac{K\overline{Q}_1\overline{Q}_2}{GA}\mathrm{d}s+\int_s \frac{\overline{N}_1\overline{N}_2}{EA}\mathrm{d}s$$

显然，对于 X_1，$\overline{M_1}=1$，$\overline{N_1}=0$，$\overline{Q_1}=0$；

对于 X_2，$\overline{M_2}=y_1-y_s$，$\overline{N_2}=-\cos\varphi$，$\overline{Q_2}=\sin\varphi$，

所以，

$$\delta_{12}=\int_s\frac{y_1-y_s}{EI}\mathrm{d}s=\int_s\frac{y_1}{EI}\mathrm{d}s-y_s\int_s\frac{1}{EI}\mathrm{d}s=0$$

即

$$y_s=\frac{\int_s\dfrac{y_1\mathrm{d}s}{EI}}{\int_s\dfrac{\mathrm{d}s}{EI}} \tag{5-26}$$

式中　y_1——以拱顶为坐标原点，拱轴上任意点的坐标。

5.3.2　弹性压缩

由 5.2 节可知，采用合理拱轴线的三铰拱中只有压力，没有弯矩。拱在轴向压力作用下，将发生弹性压缩变形（简称弹性压缩），拱轴要缩短。对于静定结构的三铰拱，在小变形的假定条件下，不产生附加内力。但对于超静定结构，弹性压缩将产生附加内力。

在图 5-43 中，设弹性压缩引起拱轴在水平方向的变位为 Δl，必然在弹性中心产生一对水平力 ΔH。它可由式（5-27）求得。

$$\Delta H=\frac{\Delta l}{\delta_{22}} \tag{5-27}$$

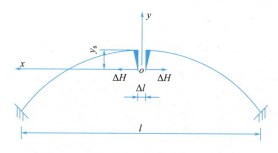

图 5-43　弹性压缩引起赘余力的计算图式

计算出多余力 ΔH 后，就可求由此引起的拱中任意截面的附加内力值（图 5-44）：

$$\begin{aligned}&\text{弯矩：}M=-\Delta H\cdot y=-\Delta H\cdot(y_s-y_1)\\&\text{轴向力：}N=\Delta H\cdot\cos\varphi\\&\text{剪力：}Q=\pm\Delta H\cdot\sin\varphi\end{aligned} \tag{5-28}$$

因此，合理拱轴线是针对三铰拱静定结构的，采用这样拱轴线的无铰拱在考虑了弹性压缩后，还是有弯矩的。

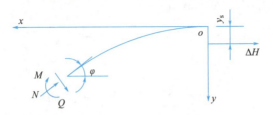

图 5-44 弹性压缩引起拱中的内力

在实际的拱桥设计中,对于无铰拱,当采用恒载压力线作为拱轴线时,即使二者完全重合,考虑了弹性压缩后,也是有弯矩的,更不用说一开始就不重合的情况。

采用手算时,为了方便,恒载与活载作用下的内力,先计算不考虑弹性压缩时的压力,再计算弹性压缩引起的内力,然后两者叠加起来。

虽然采用了上述的简化算法,手算过程仍然极为复杂,特别是悬链线拱,常需配合图表进行。具体计算方法,可见本书的前三版介绍,这些计算图表可在《拱桥设计手册》(上)(下) 中查到。

5.3.3 附加内力计算

与第4章的超静定梁一样,超静定拱在温度变化、混凝土收缩和拱脚变位等作用下,会产生附加内力。对于超静定混凝土拱,由于材料的抗拉强度低,温度下降、混凝土收缩、拱脚相对背离的水平位移引起的拉、弯附加内力,对拱的受力尤其不利。

1. 温度变化产生的附加内力计算

(1) 温度附加内力计算公式

在图 5-45 中,设温度变化引起拱轴在水平方向的变位为 Δl_t,与弹性压缩同样道理,必然在弹性中心产生一对水平力 H_t。由典型方程得:

$$H_t = \frac{\Delta l_t}{\delta_{22}} \tag{5-29a}$$

$$\Delta l_t = \alpha \cdot l \cdot \Delta t \tag{5-29b}$$

式中 Δt ——温度变化值,$\Delta t = t - t_0$,其中,t_0 为拱的合龙温度,t 为最高和最低有效温度;

α ——材料线膨胀系数。

由温度变化引起拱中任意截面的附加内力为 (图 5-46):

$$\left.\begin{array}{l} \text{弯矩}:M_t = -H_t y = -H_t(y_s - y_1) \\ \text{轴向力}:N_t = H_t \cos\varphi \\ \text{剪力}:Q_t = \pm H_t \sin\varphi \end{array}\right\} \tag{5-30}$$

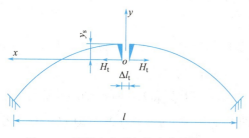
图 5-45 温度变化引起赘余力计算图式

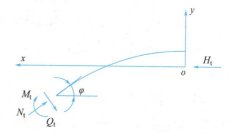
图 5-46 温度变化引起拱中的内力

(2) 温差和材料线膨胀系数取值

对于钢、混凝土、石拱桥，最高和最低有效温度 t 缺乏实际调查资料时，可按表 4-1 取用。温度上升时，Δt 和 H_t 均为正；温度下降时，Δt 及 H_t 均为负。材料的线膨胀系数，钢取 $\alpha=12\times10^{-6}$；混凝土取 $\alpha=1.0\times10^{-5}$；石块取 $\alpha=8\times10^{-6}$。

钢管混凝土拱肋在施工时，钢管先合龙，然后管内泵送混凝土，当管内混凝土达到强度时，形成钢管混凝土结构。由于钢管与管内混凝土受到约束的时间不同，截面刚度与强度是逐步形成的，因此不存在对应于施工某一时刻（如钢管拱肋合龙）的基准温度。当混凝土达到强度形成钢管混凝土结构时，受水泥水化热影响和环境温度的影响，已在钢管内和混凝土内累积了应力，拱肋也有了相应的温度变形。因此，钢管的合龙温度不能视为钢管混凝土拱的基准温度，计算均匀温差次内力时应采用计算合龙温度作为基准温度。

计算合龙温度是指管内混凝土形成强度（也即拱肋形成钢管混凝土组合截面）时截面的平均温度和此时对应的截面温度内力，反算截面内力为零时所得到的温度值。

《钢管混凝土拱桥技术规范》GB 50923—2013 规定，计算合龙温度 T，可按式（5-31）计算，最高与最低有效温度可取当地最高与最低气温。

$$T=T_{28}+\frac{D-0.85}{0.2}+T_0 \tag{5-31}$$

式中 T_{28}——钢管内混凝土浇筑后 28d 内的平均气温（℃）；

D——钢管外径（m）；

T_0——考虑管内混凝土水化热荷载的附加升温值，为 3.0~5.0℃，冬季取小值，夏季取大值；混凝土强度等级低于 C40 时，在此基础上减去 1.0℃。

钢管混凝土拱由钢管与混凝土组成，截面均匀温度变化引起的变形计算时，采用的组合线膨胀系数 α 按式（5-32）计算：

$$\alpha=\frac{\alpha_s A_s+\alpha_c A_c}{A_s+A_c} \tag{5-32}$$

式中 α_s——钢材线膨胀系数（1/℃），取 1.2×10^{-5}；

α_c——混凝土材料线膨胀系数（1/℃），取 1.0×10^{-5}。

(3) 圬工拱考虑徐变影响的温差作用效应计算

《圬工桥规》规定计算拱圈温度变化引起的附加内力时，作用效应可乘以 0.7 的折减系数。

在式（5-29）中，Δl_t 由截面线性温度变化引起，与徐变无关，而 δ_{22} 由 X_2 引起，考虑徐变影响后，它为 $(1+\varphi_\delta)\delta_{22}$，因此，求得的弹性中心处的水平力 X_2（即 H_t）比不考虑徐变影响时的小。《圬工桥规》规定中以乘以 0.7 的折减系数考虑此影响。

对于箱形拱，还应考虑箱室内外温差作用效应。当无可靠资料时，箱室内外温差可按不低于5℃计算。钢管混凝土拱的截面温度梯度计算，《公路钢管混凝土拱桥设计规范》JTG/T D65-06—2015 给出了相应的规定。

2. 混凝土收缩引起的附加内力

超静定混凝土拱、钢管混凝土拱应考虑混凝土收缩引起的内力。混凝土收缩在拱中产生内力的原理与温降相同，见图 5-45。收缩变形在弹性中心产生的多余水平力 H_s 与式（5-29a）相似，可由典型方程得：

$$H_s=\frac{\Delta l_s}{\delta_{22}} \tag{5-33}$$

式（5-33）中的收缩变形可由《混凝土桥规》附录 F 的方法计算出收缩应变后乘以拱的计算长度得到。计算出多余力 H_s 后，将 H_s 代替式（5-30）中的 H_t，就可求得混凝土收缩引起拱中任意截面的附加内力值（图 5-46）。

《圬工桥规》规定计算拱圈混凝土收缩引起的附加内力时，作用效应可乘以 0.45 的折减系数。折减的原因与前述的温度变化相同，不同的是系数。混凝土收缩是持续进行的，折减系数小；而温度变化则是年复一年反复变化的，且它的变形与持续时间没有关系，折减系数大。具体分析见《圬工桥规》条文说明。

3. 拱脚变位引起的附加内力

在软土地基上修建的拱桥以及桥墩较柔的多孔拱桥，拱脚变位是难以避免的。拱脚的变位包括拱脚的水平位移、垂直位移（沉降）和转动（角变），每一种变位都会在拱中产生内力。

(1) 拱脚相对水平位移

在图 5-47 中，两拱脚发生相对水平位移为：

$$\Delta_h=\Delta_{hB}-\Delta_{hA} \tag{5-34}$$

式中 Δ_{hA}、Δ_{hB}——左、右拱脚的水平位移，自原位置右移为正、左移为负。

由于两拱脚发生相对水平位移 Δ_h，在弹性中心产生的赘余力为：

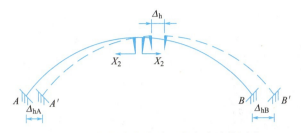

图 5-47　拱脚水平位移引起内力计算图式

$$X_2 = -\frac{\Delta_h}{\delta_{22}} = -\frac{\Delta_h}{\int_s \frac{y^2 \mathrm{d}s}{EI}} \tag{5-35}$$

如两拱脚相对靠拢（Δ_h 为负），X_2 为正，反之亦然。

(2) 拱脚相对垂直位移

在图 5-48 中，拱脚相对垂直位移为：

$$\Delta_v = \Delta_{vB} - \Delta_{vA}$$

式中　Δ_{vA}、Δ_{vB}——左、右拱脚的垂直位移，均以自原位置下移为正，上移为负。

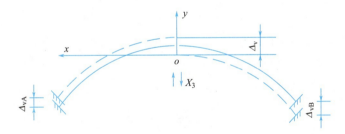

图 5-48　拱脚相对垂直位移引起的内力

由两拱脚相对垂直位移引起弹性中心的赘余力为：

$$X_3 = -\frac{\Delta_v}{\delta_{33}} = -\frac{\Delta_v}{\int_s \frac{x^2 \mathrm{d}s}{EI}} \tag{5-36}$$

等截面悬链线拱的 $\int_s \frac{x^2 \mathrm{d}s}{EI}$ 可由《公路桥涵设计手册　拱桥》附表Ⅲ查得。

(3) 拱脚相对角变

在图 5-49 (a) 中，拱脚 B 发生转角 θ_B（θ_B 顺时针为正）之后，在弹性中心除产生相同的转角 θ_B 之外，还引起相对水平位移 Δ_h 和垂直位移 Δ_v。因此，在弹性中心会产生三个赘余力 X_1、X_2、X_3。由力法方程可得：

$$\left.\begin{array}{r}\delta_{11}X_1 + \theta_B = 0 \\ \delta_{22}X_2 + \Delta_h = 0 \\ \delta_{33}X_3 - \Delta_v = 0\end{array}\right\} \tag{5-37}$$

上式中 θ_B 为已知，Δ_h、Δ_v 不难根据图 5-49（b）的几何关系求出。

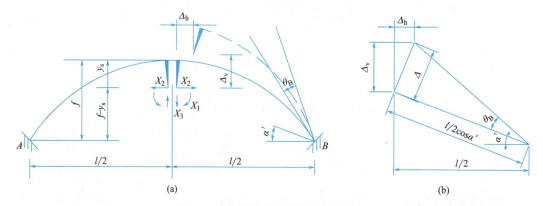

图 5-49 拱脚相对角变引起的赘余力

因为 $\Delta = \theta_B l / 2\cos\alpha'$

$$\tan\alpha' = \frac{(f - y_s)}{l/2}$$

所以 $\Delta_h = \Delta \cdot \sin\alpha' = \theta_B (f - y_s)$

$\Delta_v = \Delta \cdot \cos\alpha' = \theta_B \cdot l/2$

将 Δ_h 及 Δ_v 代入式（5-37）得：

$$\left. \begin{array}{l} X_1 = -\dfrac{\theta_B}{\delta_{11}} \\[2mm] X_2 = -\dfrac{\theta_B (f - y_s)}{\int_s \dfrac{y^2 ds}{EI}} \\[2mm] X_3 = \dfrac{\theta_B \cdot l}{2 \int_s \dfrac{x^2 ds}{EI}} \end{array} \right\} \quad (5-38)$$

式中，$\delta_{11} = \int_s \dfrac{\overline{M}_1^2 ds}{EI} = \int_s \dfrac{ds}{EI} = \dfrac{l}{EI}\int_0^1 \dfrac{d\xi}{\cos\varphi} = \dfrac{l}{EI} \times \dfrac{1}{\nu_1}$，$\dfrac{1}{\nu_1}$ 可自《公路桥涵设计手册 拱桥》附表Ⅲ查得。

拱脚相对角变引起各截面的内力（图 5-50）为：

$$\left. \begin{array}{l} M = X_1 - X_2 y \pm X_3 x \\ N = \mp X_3 \sin\varphi + X_2 \cos\varphi \\ Q = X_3 \cos\varphi \pm X_2 \sin\varphi \end{array} \right\} \quad (5-39)$$

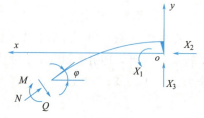

图 5-50 拱脚相对角变引起各截面的内力

以上公式是假设右半拱顺时针转动推导出来的，若反时针转动 θ_B，则式（5-38）中的 θ_B 均应以负值代入。如左拱脚顺时针转动 θ_A，则式（5-38）应改为：

$$\left.\begin{array}{l} X_1 = \dfrac{\theta_A}{\delta_{11}} \\[2ex] X_2 = \dfrac{\theta_A(f-y_s)}{\displaystyle\int_s \dfrac{y^2 \mathrm{d}s}{EI}} \\[3ex] X_3 = \dfrac{\theta_A \cdot l}{2\displaystyle\int_s \dfrac{x^2 \mathrm{d}s}{EI}} \end{array}\right\} \qquad (5\text{-}40)$$

《圬工桥规》规定计算超静定拱桥由相邻墩台引起的不均匀沉降或桥台水平位移引起的作用效应时,其计算作用效应可乘以 0.5 的折减系数。折减的原因也是考虑徐变的影响。

5.3.4 结构验算要点

1. 强度验算

一般无铰拱桥,拱脚和拱顶是截面强度验算的控制截面。跨径不大时,只需验算拱顶、拱脚截面的强度。跨径较大时,要加上拱跨 1/4 截面。跨径很大时,还需验算 1/8 和 3/8 截面。

公路圬工拱、钢筋混凝土拱、钢管混凝土拱和钢拱的强度验算分别按《圬工桥规》、《混凝土桥规》、《钢管混凝土拱桥技术规范》GB 50923—2013 或《公路钢管混凝土拱桥设计规范》JTG/T D65-06—2015、《公路钢结构桥梁设计规范》JTG D64—2015 的规定进行。

对于圬工拱,强度验算时一般不考虑材料的抗拉强度,拱圈开裂和裂缝宽度主要通过控制偏心距来间接地限制。《圬工桥规》规定,偏心距在基本组合时要小于 $0.6s$,偶然组合时要小于 $0.7s$,s 为截面或换算截面重心轴至偏心方向截面边缘的距离,否则应对截面的抗弯拉强度进行验算,详见《圬工桥规》或《结构设计原理》有关章节。

2. 稳定验算

从 5.1.3 节的介绍可知,拱要进行面内和面外的稳定计算。

(1) 面内稳定

对于面内稳定,将极值点失稳时的结构承载能力称为稳定极限承载力,与强度计算中的极限荷载所不同的是它考虑了 $P\text{-}\delta$ 效应。

我国《圬工桥规》《混凝土桥规》和《钢管混凝土拱桥技术规范》GB 50923—2013,均推荐采用等效梁柱法进行拱面内稳定极限承载力的简化计算。该方法将弯压拱比拟成弯压柱(梁柱),然后用柱极值点失稳的极限承载力计算方法,来计算拱的极限承载力。这种方法既考虑了弯矩与轴力的共同作用,也考虑了受压结构的 $P\text{-}\delta$ 效应。对于等效长度取值(图 5-11),无铰拱 $L_0 = 0.36S$,二铰拱 $L_0 = 0.54S$,三铰拱 $L_0 = 0.58S$(S 为拱的弧长)。

应该强调的是,拱的面内在承受较大弯矩时,由于无法考虑弯矩、材料非线性等影响,采用特征值法计算的弹性分支失稳临界荷载值将远大于按极值点失稳计算的稳定承载力。所以，拱桥设计中，不能以分支失稳的特征值计算代替拱的面内极限承载力计算。

实际工程应用中，对于极细长的拱，除稳定极限承载力外，还需进行弹性分支点失稳计算。对于一般的拱，面内稳定只进行稳定极限承载力的计算。

拱的面内极限承载力也可以采用有限元计算方法，计算时同时考虑 $P-\delta$ 效应和材料非线性以及二者之间的耦合作用，一般不考虑几何大变形的影响。考虑 $P-\delta$ 效应的几何非线性计算机算法比较成熟，较为复杂的是圬工、混凝土材料和组合材料的非线性本构关系。

(2) 面外稳定

拱以面内受力为主，面外的失稳以分支点失稳为主要特征。由于拱桥所受的横向力一般远小于竖向力，虽然采用特征值法计算的弹性分支失稳临界荷载值仍为上限解，但较靠近真实解，因此在工程中，常用其计算拱的面外稳定，但取较大的稳定系数，如《钢管混凝土拱桥技术规范》GB 50923—2013、《公路钢管混凝土拱桥设计规范》JTG/T D65-06—2015 中取为4。

对于整体性结构的板拱，影响其横向稳定的主要因素是宽跨比。宽跨比越大，横向稳定性越好。《圬工桥规》和《混凝土桥规》均规定，当板拱的宽度小于计算跨径的1/20，应验算拱的横向稳定性。换言之，宽跨比大于1/20时，可以不验算横向稳定。

组拼拱面外弹性分支点失稳，多采用近似分析方法。对于圆弧拱，将拱轴展直，近似地视其为格构柱，如图 5-51 所示。假定横撑足够密，仅考虑横撑和拱的弯曲变形，可推导出弹性分支失稳的临界荷载。

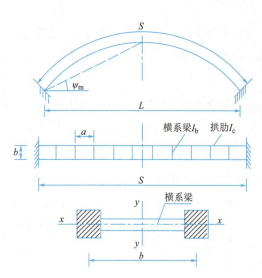

图 5-51 组拼拱横向稳定计算图式

《混凝土桥规》条文说明介绍的肋拱桥面外失稳临界力计算公式，见式 (5-41)。

$$N_{cr} = \alpha_0 \frac{\pi^2 EI}{(\alpha S)^2} \tag{5-41a}$$

$$\alpha_0 = \frac{1}{1 + \frac{\pi^2 EI}{(\alpha S)^2} \left[\frac{ab}{12EI_b} + \frac{na}{bA_b G} + \frac{a^2}{24EI_c} \times \frac{1}{1-\beta} \right]} \tag{5-41b}$$

$$\beta = \frac{N_{cr} a^2}{2\pi^2 EI_c} \tag{5-41c}$$

式中　α——拱肋的拱脚支承条件系数，双铰拱 $\alpha=1$；无铰拱 $\alpha=0.5$；

S——拱轴长度；

EI——拱肋抗压弹性模量 E 与惯性矩 I 的乘积，I 为两拱肋对桥纵轴线的横向惯性矩；

α_0——剪力影响系数；

a——横系梁间距（沿拱轴线量取）；

b——拱肋轴线间距；

I_b——一根横系梁横截面对自身竖轴的惯性矩；

I_c——一根拱肋横截面对自身竖轴的惯性矩；

A_b——横系梁截面面积；

n——与横系梁截面形式有关系数，矩形截面为 1.20，圆形截面为 1.11；

G——横系梁的剪变模量。

对于其他拱轴线，就是这样的近似解也难以给出，只能将其等效成圆弧拱。目前，采用有限元解特征值的方法来求解拱的空间分支点失稳临界荷载或特征值，已相当容易。因此，在计算机普及的今天，简化计算方法已较少采用，目前多以有限元解特征值的方法求解。

需要注意的是，在分支点失稳计算中，所得的 λ 值为弹性稳定特征值，可称为稳定系数，但它不是安全系数，它反映的是分支失稳临界荷载与当前荷载之间的倍值关系，而不反映其真实的极值点失稳荷载与当前荷载之间的关系。

应该指出的是，拱的面外极值点失稳，显然与横向风力等直接相关。然而，一些拱桥面外稳定特征值计算时，以横向风力为参数进行分析，得出风力大小对面外稳定没有影响的结论。这种结论是方法误用的结果。实际上，面外稳定特征值求解并无法考虑面外力的作用。若要考虑横向风力的影响，必须进行面外极值点失稳计算。

3. 使用极限状态验算

恒载作用下的变形，应通过设置预拱度来消除。

活载作用下的挠度验算，圬工拱桥和钢管混凝土拱桥按《公桥通规》规定的频遇组合，在一个桥跨范围内的正负挠度的绝对值之和的最大值不应大于计算跨径的 1/1000。钢筋混凝土拱桥在《混凝土桥规》中对挠度验算没有规定。

对于钢筋混凝土拱桥，应验算裂缝宽度。

对于钢管混凝土拱桥，《钢管混凝土拱桥技术规范》GB 50923—2013、《公路钢管混凝土拱桥设计规范》JTG/T D65-06—2015 均对钢管应力的验算进行了规定，规定钢管应力不应大于 $0.8f_y$，f_y 为钢管材料的设计强度。钢管应力除考虑恒载、活载作用效应外，还需要考虑施工引起的钢管初应力，以及温度、混凝土收缩和徐变等引起的自应力。

钢管初应力指施工时，合龙后的钢管拱先于管内混凝土承受的应力，它由钢管自重和管内混凝土自重引起。温度自应力见 4.6.2 节的分析。以下以管内混凝土收缩为例，解释混凝土收缩和徐变引起的自应力。

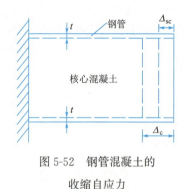

图 5-52 钢管混凝土的收缩自应力

如图 5-52 所示，假定管内混凝土产生自由收缩变形 Δ_c，由于管内混凝土与钢管为组合构件，二者变形通过界面的剪力保持协调，通过平截面假定可求得构件产生的变形 Δ_{sc}，除以杆长 l，得钢管的应变 ε_{sc} 和管内混凝土的应变 $(\varepsilon_c - \varepsilon_{sc})$，乘以各自的弹性模量，可求得它们相应的应力。因为这些应力不是因截面上的外力引起，其截面上的合力应为零，故称为自应力。受压荷载作用下的徐变在截面上产生的自应力的计算原理，与管内混凝土收缩相似。它与管内混凝土收缩一样，会使核心混凝土的压应力减小，钢管产生压应力或压应力增大。

4. 施工计算

拱的施工计算目的有两个：(1) 如同第 4 章所介绍的连续梁、连续刚构一样，无铰拱作为超静定结构，其恒载的计算通常要从施工阶段开始，因为它与施工方法与步骤有关；(2) 要保证拱在施工过程的安全和建成后的结构线形和受力满足设计要求，需要进行强度、变形和稳定性的验算。

验算时，构件自重效应分项系数取为 1.2，施工附加荷载效应分项系数取为 1.4。当按承载能力极限状态设计时，作用分项系数按《公桥通规》的规定取用。

对于采用悬链线为拱轴线的拱，尤其是混凝土拱，采用早脱架施工（拱圈合龙达到一定强度后就卸落拱架）及无支架施工时，需计算裸拱自重产生的内力，以便进行裸拱强度和稳定性的验算。裸拱的弹性分支点失稳稳定系数一般也取 4～6。

相比于成桥后的恒载，裸拱恒载比较均匀，当拱的矢跨比为 1/10～1/5 时，其压力线的拱轴系数 $m_0 = 1.079 \sim 1.305$，比设计所用的拱轴系数 m 值要小。这使得裸拱时，虽然恒载集度较小，裸拱的轴力较小，但弯矩和弯拉应力可能较大。计算表明，在裸拱的自重作用下，拱顶、拱脚一般都产生正弯矩。拱轴系数 m 与裸拱的 m_0 差得越多，拱顶、拱脚的正弯矩就越大。因而，在设计方面，采用无支架施工或早脱架施工的拱桥，宜适当降低拱轴系数。

5.4 施工方法

拱桥的施工方法很多，本节介绍常用的支架法、悬臂法、美兰法和转体法。

5.4.1 支架法

支架法在中、小跨径钢筋混凝土拱桥中有较多的应用，它更是砖石拱桥唯一的施工方法。拱架与梁桥支架的主要差异,在于支承主拱的拱盔部分。拱桥施工所用的支架,又称拱架。

拱架要支承全部或部分拱圈和拱上建筑的重量,并保证拱的形状符合设计要求。因此,它要有足够的强度、刚度和稳定性。同时,拱架作为施工临时结构,要求构造简单、制作容易、节省材料、装拆方便并能重复使用,以加快施工进度,减少施工费用。

早期的拱架以满布式竹、木拱架为主(俗称满堂架)。后来采用拱式木支架。近现代则多采用钢支架,但钢拱架材料与制作费用高,拱盔部分重复利用率低。

用支架法修建拱桥要考虑支架的拆除问题。常用的脱架方法是通过使主拱产生反向挠度,将拱与支架分离开,并可降低拆架过程中可能会产生的令拱难以承受的弯矩。

为保证拱架能按设计要求均匀下落,必须设置专门的卸架设备。卸架设备常用木楔、木凳(木马)、砂筒(砂箱)等几种形式(图 5-53)。通常,中、小跨径多用木楔或木凳,大跨径或拱式拱架多用砂筒或其他专用设备(如千斤顶等)。

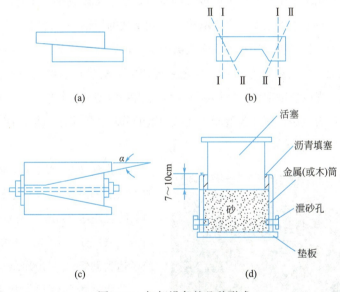

图 5-53　卸架设备的几种形式

为了保证拱甚至整个上部结构逐渐、均匀地降落,使拱架所支承的结构重量逐渐转移给拱自身承担,拱架不能突然卸除,而应该按照一定的卸架程序进行。

卸架的程序一般是:中、小跨径拱桥的满堂架,可从拱顶开始,逐次向拱脚对称卸落;对于大跨径的悬链线拱,为了避免拱圈发生"M"形的变形,也有从两边 1/4 处逐次对称地向拱脚和拱顶均衡地卸落。卸架的时间宜在白天气温较高时进行,这样能够便于卸落拱架。

多孔连续拱桥施工时,还应考虑相邻孔间的影响。若桥墩设计容许承受单孔施工荷载,可单孔卸架,否则应多孔同时卸架,以避免桥墩因单向推力而产生过大的位移,甚至倒塌。

5.4.2 美兰法

由于拱架的利用率低，19世纪末奥地利工程师 Joseph Melan（约瑟夫·美兰）提出采用钢拱架并将其埋置于混凝土拱中的发明专利。这种施工方法称为美兰法，埋置于混凝土拱中的支架称为埋置支架或埋置拱架，所修建的拱称为美兰拱。美兰法出现后，其成为世界钢筋混凝土拱桥重要的施工方法，在欧美建成了许多大跨径的美兰拱。由于埋置的型钢拱耗材多，成桥受力中所起作用小，导致这种施工方法造价高，第二次世界大战后应用极少。美兰法在20世纪下半叶在日本、中国得到应用，并在中国重获新生，延续至今日，方兴未艾。

美兰法的应用有三个关键：（1）埋置拱架用钢量不能太大；（2）现浇混凝土时，结构的受力与变形能够控制在设计许可范围内；（3）现浇混凝土的工序不能太复杂。对于大跨径美兰拱，这三个问题往往相互制约。

中国工程师在20世纪末，创造性地将钢管混凝土拱引入美兰法中，有效地解决了这三个问题。它充分利用了钢管空心截面刚度大的特点，易于架设成拱；此后，利用经济的混凝土填充管内，来获得较大的刚度，大大减少了埋置拱架的用钢量，使得这一施工方法的经济性得到显著的改善。将这种方法称为钢管混凝土美兰法。一般情况下，它所用的埋置拱架的钢材重量仅为混凝土主拱重量的1/15，较之传统的美兰法节省钢材约一半。钢管混凝土桁拱作为埋置拱架，强度、刚度大，能够满足施工受力和对变形控制的要求。近年来研究并应用的"强劲拱架"美兰法，使外包混凝土在截面上的分环数不多于3个，使大跨美兰拱的外包混凝土浇筑工序简化。

图 5-54　铁路北盘江大桥钢管拱架施工照片

截止到2021年5月，我国已建和在建的美兰拱桥不少于57座。1995年以来所修建的跨径超过250m的钢筋混凝土拱桥均采用美兰法施工。位于广西的天峨龙滩大桥跨径达到创纪录的600m。

美兰法中的钢拱架常用的架设方法有悬臂法、转体法、整段吊装法等。铁路北盘江大桥钢管拱架采用斜拉悬臂法施工，见图5-54。该桥的成桥照片见图1-3，立面布置见图5-30。

采用钢管混凝土拱架建成的美兰拱结构称为钢管增强混凝土结构，对箱形钢管增强混凝土构件的试验研究还较少。对于采用超高强混凝土而形成的钢管增强混凝土结构的受力性能，也有待今后的研究。此外，对美兰拱的耐久性问题，也要进行跟踪和研究。

5.4.3 悬臂法

悬臂法是现代大跨度桥梁施工最常用的方法，它可以应用于除悬索桥外的几乎所有桥型。它最早在美国的 Eads 钢拱桥中应用，然后推广到其他钢桥和大跨预应力梁桥中，见 4.3 节的介绍。

悬臂法是拱桥施工最主要的方法，它从拱脚向拱顶处悬臂施工两个半拱，最后在拱顶合龙成拱。根据施工中临时辅助设施与主拱组成的受力结构的不同，又可分为斜拉悬臂法、悬臂桁架法和其他悬臂法（如自由悬臂拼装法、部分悬臂法等）。

1. 斜拉悬臂法

斜拉悬臂法借助临时斜拉索，支承悬臂施工过程的主拱节段，是大跨径拱桥中应用最多的一种施工方法。斜拉索的索塔，可独立设置，也可由交界墩的立柱及其上的临时塔架构成，采用缆索吊机安装时，它也可与吊塔合用。与连续梁和连续刚构采用的对称悬臂法不同，拱桥较少能够采用对称施工的情况，常常需要有背索（亦称扣索）来平衡施工中悬臂斜拉的主拱。背索可锚固于专设的地锚，也可利用引梁的基础。福建宁德岭兜大桥，采用这个方法施工，如图 5-55 所示。该桥为跨径 160m 的上承式钢筋混凝土箱拱桥。

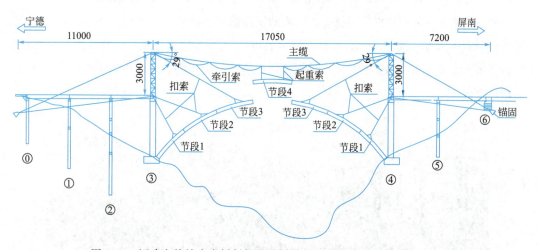

图 5-55 福建宁德岭兜大桥斜拉悬臂拼装施工立面布置图（单位：cm）

混凝土拱斜拉悬臂施工，有悬臂拼装和悬臂浇筑两种。对于箱拱，为减轻节段吊装重量或减少拼装节段数，可将主拱圈分为多个箱肋，甚至将每个箱进一步分为开口箱和盖板，先安装开口箱部分。全部拱箱安装合龙后，再安装盖板、现浇连接混凝土，形成箱形拱圈。

斜拉悬臂浇筑法与预应力混凝土梁的悬臂浇筑法相似，拱肋应用挂篮从拱脚向拱顶逐段现浇而成，不需要大吨位的吊装设备，拱肋的整体性较好，但施工周期较长，费用较高。图 5-56 给出了克罗地亚 Krka 桥斜拉悬臂浇筑施工照片。

斜拉悬臂法也是钢拱桥和钢管混凝土拱桥最常用的施工方法，其均为悬臂拼装，如上海卢浦大桥（钢拱桥）、重庆巫山长江大桥（钢管混凝土拱桥，施工照片见图5-57）。

图 5-56　克罗地亚 Krka 桥斜拉悬臂浇筑施工照片

图 5-57　巫山长江大桥塔架照片

2. 悬臂桁架法

悬臂桁架法将主拱、立柱与临时或永久的斜拉杆、上弦杆组成悬臂桁架，逐节向跨中增长，直至合龙。在施工中，桁架上弦杆在合龙前必须锚固在地基上，以承受悬臂结构负弯矩的拉力。上弦杆一般利用桥面板或设临时拉杆。对于混凝土拱，悬臂桁架同样可进一步分为现浇和拼装两种。采用悬臂桁架拼装法建成的钢筋混凝土拱桥，典型的是1980年建成的克罗地亚的 Krk-Ⅱ桥，见图5-58。该桥主跨达390m，为当时世界纪录。该桥仅用2台10t的缆索吊机，完成了所有的安装工作，堪称世界奇迹。但由于拼装块件小，接缝多，工期长，后期病害也较多。

图 5-58　克罗地亚 Krk-Ⅱ桥施工照片

悬臂桁架法在我国应用不多，仅见于20世纪末修建的预应力桁式组合拱中，与上述介绍的方法中斜拉索为临时构件不同，在这一桥型中，采用预应力杆件为斜拉构件，并作为结构的组成部分。之后，该方法极少得到应用。

3. 其他悬臂法

拱桥的悬臂施工，除上述介绍的斜拉悬臂与悬臂桁架外，还有自由悬臂法、部分悬臂法（或称组合悬臂法）等。

自由悬臂法是指在悬臂拼装过程中，依靠主拱自身承受结构自重的一种方法。它主要用于钢桁拱中，如南京大胜关大桥，见图 5-59。因为钢桁拱的截面抗弯惯性矩大、构件重量轻，悬臂半拱只需少量的辅助结构就能实现悬臂拼装，如拉索拉住上弦使拼装过程中半拱能以悬臂曲梁承受拱圈的自重，因此所使用的辅助构造（如拉索）与前面所说的斜拉悬臂法相比非常少。

图 5-59　南京大胜关大桥主拱自由悬臂法施工照片

部分悬臂法，又称组合悬臂法，是从两拱脚开始悬臂施工半拱的一部分，对于钢拱桥中间一段采用吊装合龙，对于钢筋混凝土拱桥中间一段采用埋置拱架合龙，然后再挂模板现浇这一段的拱圈（肋）混凝土。日本采用此法修建了较多的钢筋混凝土拱桥。在部分悬臂法中，部分悬臂拱肋的施工可采用斜拉悬臂法或悬臂桁架法。中间段的劲性骨架可以是悬拼，也可以是整段吊装。

5.4.4　转体法

从 4.5 节可知，转体法在斜拉桥与梁桥中均有应用，桥梁结构转动时是绕竖轴的平面转动，也称为平面转体法，简称平转法。拱桥的转体施工，除平转法外，还有竖向转体施工法，简称竖转法。两种方法还可结合起来应用。

1. 平转法

平转法在拱桥中的应用，仅见于我国。我国于 1975 年开始研究，1977 年首次在四川遂宁 70m 的钢筋混凝土箱肋拱中应用。此后，该法在我国推广应用，并发展出有平衡重和无平衡重平转法，极具中国特色。在我国，平转法在拱桥的应用多于竖转法。

平转法适用于深谷、河岸较陡峭、预制场地狭窄或无法采用现浇或吊装的桥梁。有平衡重平转法多用于中、小跨径钢筋混凝土拱桥中。一般都采用整体转动方法——将拱圈分为两半跨，同步转动合龙。即拱肋在平转中利用扣索，悬扣于桥台上，在桥台后（或拱体的另一端）要加平衡重，用以平衡拱肋的重量，以达到平稳转体。平衡重一般是通过计算利用桥台圬工。有时需在桥台配置一定重量（条块石或其他重物），这些配重待拱肋合龙、转动体系封固后再拆除。转体过程中主拱与桥台一起转动，如图 5-60 所示。

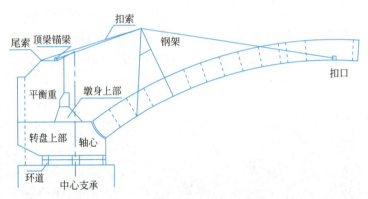

图 5-60 有平衡重平转法示意图

为解决大跨径拱桥转体重量大的问题，1979 年我国又开始了"拱桥双箱对称同步转体施工工艺"的研究，即无平衡重平转法，并于 1987 年成功应用于 122m 的四川巫山龙门桥中。这种方法取消了平衡重，采用锚碇体系来平衡悬臂半拱。锚碇体系通常由作为压杆的立柱、作为撑梁的引桥主梁以及后锚等部分组成，如图 5-61 所示。

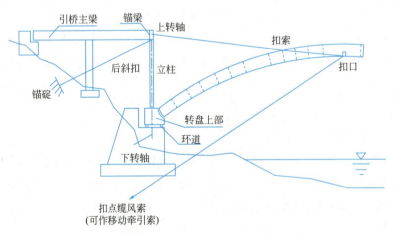

图 5-61 无平衡重平转法示意图

龙门桥是一座主跨为 122m 的混凝土箱拱。拱箱有三室，先采用无平衡重平面转体两箱形边室（图 5-62a），合龙后形成两根箱肋拱。之后封固转铰，形成无铰拱，再施工中室箱的顶、底板和横隔板，现浇接缝，形成三室箱形截面。图 5-62（b）中白色部分为中箱的底板。龙门桥后因三峡水库建设后会被淹没而拆除。

图 5-62 巫山龙门桥施工与成桥照片

(a) 平转施工；(b) 成桥照片

钢管混凝土拱桥出现后，平转法也被应用于其施工之中，如湖北的黄柏河大桥、下牢溪大桥和贵州水柏铁路北盘江大桥。由于钢管拱肋重量较轻，这一方法的适用跨径范围有了很大的提高。与此同时，平转法技术也相应取得新的进步。

2. 竖转法

竖转法很早就出现在木拱架的安装中，后来被应用于钢筋混凝土拱桥的施工。这种方法首先在拱脚处建造竖着的半拱，当半拱完成后，绕着拱的底端旋转到位，使之在拱顶处合龙。它有拱肋下放和上提两种。

国外多用下放式竖转法。转体时首先在拱脚外用水平杆给予初始推力，然后用悬索拉着将半拱从高位至低位下放，直到它们到达最终位置，并在拱顶处形成临时或永久的铰，图 5-63 所示的是奥地利 Wild 桥施工和成桥的照片。当跨径增大以后，半拱拱肋较长，下放式竖转所需的塔架较高，转动也不易控制，因此它一般只在中、小跨径中应用。

图 5-63 奥地利 Wild 桥

(a) 竖转施工；(b) 成桥照片

我国的竖转法一般在低位拼装后往高位提升，称之为上提式竖转法。它主要应用于钢管混凝土拱桥中，如浙江的新安江大桥、湖北三峡的莲沱大桥、广西梧州桂江三桥、连徐高速公路邳州京杭运河特大桥等。

图 5-64 所示的是邳州京杭运河特大桥主桥（57.5m＋235m＋57.5m 的钢管混凝土飞鸟拱）竖转施工的照片。竖转角度为连云港岸 19.9039°，徐州岸 25.5942°。

图 5-64　邳州京杭运河特大桥主桥竖转施工照片

3. 竖转与平转结合法

竖转与平转结合法，即先在岸边的低位上分别拼装两半拱钢管拱肋，竖转到设计高度后，再平转至设计平面轴线合龙。这一方法目前仅在钢管混凝土拱桥中应用。1995 年河南安阳文峰路 135m 的钢管混凝土拱桥首次采用这一方法转体成功；1999 年 10 月广州丫髻沙大桥也采用此法顺利建成（图 5-65）。

丫髻沙大桥主桥为钢管混凝土飞鸟拱。边跨的混凝土悬臂半拱，采用钢管混凝土作为劲性骨架，沿河岸搭支架，现浇部分混凝土；主跨的钢管混凝土桁式肋拱，在低支架上拼装，然后采用竖转法施工，提吊至设计标高，见图 5-65（a）。在平转施工中，将主跨半跨的钢管

(a)　　　　　　　　　　　　　　　　　(b)

图 5-65　广州丫髻沙大桥转体施工照片

(a) 竖转施工照片；(b) 平转施工照片

拱肋和一个边跨劲性骨架混凝土半拱作为一个转动单元，边跨作为平衡重，进行有平衡重转体，转动单元的质量达13685t，见图5-65（b）。

复习思考题与习题

5-1　何为拱的计算跨径与计算矢高、净跨径、净矢高、矢跨比？
5-2　与梁相比，拱有什么受力特点？
5-3　分别计算图5-66所示在集中力和均布荷载作用下，简支梁与三铰拱的反力与最大内力，并比较。

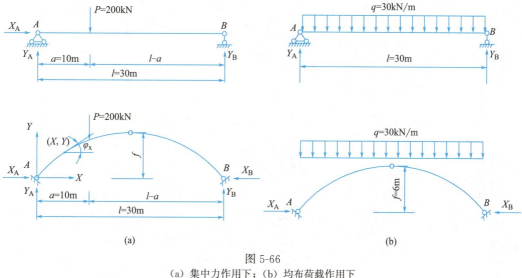

图 5-66
（a）集中力作用下；（b）均布荷载作用下

5-4　按静力图式分，常见的拱有哪些？各有什么特点？
5-5　合理拱轴线的定义是什么？选择拱轴线的原则又是什么？推导径向均布荷载作用下的合理拱轴线方程。
5-6　简述实际拱桥设计中，拱轴线选择的原则、常用的拱轴线线形及其适用情况。
5-7　悬链线拱轴系数 m 与拱轴线的形状的关系是什么？简述实腹式、空腹式悬链线拱的拱轴系数 m 确定方法。
5-8　简述拱按行车道位置、结构体系、截面形式等不同分类的各种结构形式和适用情况。
5-9　简述常见的钢筋混凝土拱桥、钢管混凝土拱桥和钢拱桥的主要类型、结构特点与适用情况。箱肋拱与箱拱有何异同？
5-10　简述钢管混凝土受压构件的基本受力原理与组合优势。
5-11　一无铰拱，跨径30m，矢高6m，拱轴线为二次抛物线，已知 EA、EI，计算其弹性中心。
5-12　计算题5-11无铰拱，在图5-66荷载作用下的拱脚反力与最大内力，并与图5-66三铰拱的受力进行比较。
5-13　为什么拱桥经常选择在凌晨合龙主拱圈？
5-14　推导拱脚竖向相对变位和转角引起的内力计算公式。
5-15　为什么采用无支架施工或早脱架施工的拱桥，要进行裸拱内力计算，并应适当降低拱轴系数？
5-16　拱的失稳类型按变形空间、平衡路径、线性与非线性等划分，主要有哪些？常用的设计计算方法有哪些？

5-17 何谓拱稳定计算的等效柱法和等效梁柱法？等效计算长度有何规定？
5-18 组拼拱横向稳定如何计算？结构设计应如何保证拱的横向稳定？
5-19 与梁桥相比，拱桥施工的主要困难是什么？拱桥主要的施工方法有哪些？
5-20 为什么钢管混凝土劲性骨架施工方法能成为大跨径钢筋混凝土拱桥施工的主要方法？

第6章

斜拉桥与悬索桥

斜拉桥与悬索桥是现代大跨桥梁的重要结构形式，也是桥梁结构中跨越能力最大的两种桥型。特别是在跨越峡谷、海湾、大江、大河等不易修筑桥墩的地方架设大跨径的特大桥梁时，往往都选择斜拉桥和悬索桥这两种桥型。本章主要介绍斜拉桥和悬索桥的结构构造、受力特点、计算要点与施工方法等。

6.1 斜拉桥

斜拉桥是由索、塔、梁组合而成的一种缆索支承的结构，是近现代发展很快的一种桥型。本节首先介绍斜拉桥的基本构成与受力特点，然后介绍斜拉桥结构与构造、设计计算要点，最后介绍它的施工方法。

6.1.1 概述

1. 基本构成与术语

斜拉桥结构由主梁（也称加劲梁）、索塔和斜拉索共同承载，如图 6-1 所示。

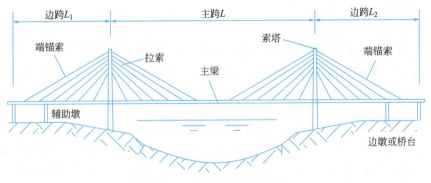

图 6-1 三跨斜拉桥示意图

斜拉索为受拉构件，以高强钢索为主。它一端锚固于索塔上，另一端锚固于主梁中，属自锚式结构。也有个别斜拉桥，采用地锚式，如图 6-2 所示。这样的斜拉桥称为地锚式斜拉桥。还有一种部分地锚式斜拉桥，斜拉索一部分为自锚式，一部分为地锚式。这两种桥型，比自锚式斜拉桥多了锚碇一项，结构受力（主要是主梁）也有所不同。同时，连接锚碇的拉索（也称为地锚索）仅起平衡桥跨斜拉索拉力的作用，没有发挥为主梁提供弹性支承的作用，影响了经济性。因此，地锚式和部分地锚式斜拉桥均较少采用。除非特别指明，一般所说的斜拉桥均指自锚式。本章的内容也以自锚式斜拉桥为主。

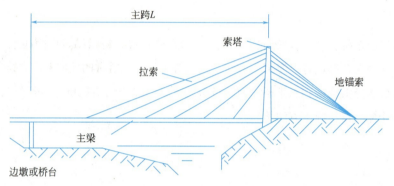

图 6-2　单跨地锚式斜拉桥受力示意图

在斜拉桥中，还经常用端锚索来约束索塔的变形，如图 6-1 所示。端锚索是最上端的背索，张力比其他拉索大，设计时一般采用截面较大的拉索。

斜拉桥的主梁为压弯构件，可采用混凝土、钢和钢-混凝土组合结构，相应的斜拉桥称为混凝土梁斜拉桥、钢梁斜拉桥和钢-混凝土组合梁斜拉桥。主梁还可以采用混合梁，即边跨的一部分或全部采用混凝土梁，主跨的大部分或全部采用钢梁或组合梁，这样的斜拉桥称为混合梁斜拉桥。

斜拉桥的索塔以受压为主，可采用混凝土、钢和钢-混凝土组合结构。

2. 受力特点

(1) 斜拉索的垂度效应

斜拉索与本章 6.2 节介绍的悬索，均属于索结构，为受拉构件。不同的是，除悬索的自重外，悬索中的拉力主要是加劲梁通过吊索传来的荷载产生的；而斜拉索的拉力主要由拉索两端直接的拉力引起的，同时也要承受拉索自重的横向分力。除主缆外，悬索桥还有吊索等垂直拉索。

斜拉索一般也不考虑其弯曲刚度和抗弯能力，在分布等荷载作用下，它产生下挠变形而呈曲线状（图 6-3a），其中跨中截面的挠度 f 称为垂度，垂度 f 与跨度 l 的比称为垂跨比。

根据如图 6-3 (b) 所示的拉索微元体平衡条件，可以得到如式 (6-1) 所示的微分方程。

$$H\frac{\mathrm{d}^2 y}{\mathrm{d}x^2} = -q \tag{6-1}$$

在自重作用下，由本章 6.2 节的推导，可知它是一条悬链线，见式 (6-23) 和式 (6-24)。

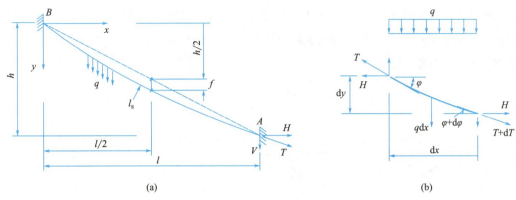

图 6-3 拉索的平衡形状及微元体平衡
(a) 拉索的平衡形状；(b) 微元体平衡

对于均布荷载 q，从上述微分方程不难得到拉索的平衡状态（曲线）为二次抛物线形，可写成如下的形式：

$$y = -\frac{4f}{l^2}x^2 + \frac{h+4f}{l}x \tag{6-2}$$

与式（6-20）相比，式（6-2）多了第二项中的 h。当 h 等于零时，它就退化成式（6-20）。将式（6-2）代入式（6-1），得到拉索张力 T 的水平分量 H 为：

$$H = \frac{ql^2}{8f} \tag{6-3}$$

由式（6-3）可知，在竖向荷载作用下，拉索张力的水平分量 H 与截面位置无关，是常数，拉索垂度 f 与张力的水平分量 H 呈反比，H 越大，拉索的垂度 f 越小，拉索的形状越接近于直线。显然它与悬索的水平支反力相同。

悬索桥的主缆以受横向的力为主，与之不同的是，斜拉桥拉索的受力主要是沿索的轴线方向，因此斜拉索的垂度较小，索的自重可以近似看作沿水平投影方向均布的荷载，其曲线接近抛物线。换言之，按抛物线计算的线形，可以满足精度的要求。

在大跨径斜拉桥结构中，拉索的力学特性对结构计算结果有很大的影响。拉索在自重作用下产生垂度是不可避免的，而垂度使得拉索单元的拉伸刚度下降，对结构在荷载作用下的变形和内力计算结果有一定的影响，计算时应予以考虑。

从式（6-3）可知，拉索的垂度大小与张拉力有关，张拉力越大，垂度就越小，拉伸刚度也就越大，因此索的刚度随着拉力改变，具有非线性的力学特性，严密计算需要通过迭代得到。但是，大跨径斜拉桥的恒载远大于活载，计算时常常忽略非线性的影响，根据成桥状态的张力得到的拉索拉伸刚度进行结构计算，但是，进行施工过程计算时，由于拉索张力变化幅度大，跨度稍大的斜拉桥应考虑几何非线性的影响。

斜拉索张拉时，索的伸长量包括弹性伸长以及克服垂度所带来的伸长。为方便计算，可以用等效弹性模量的方法，在弹性伸长公式中计入垂度的影响。如图 6-4 所示，q 为斜拉索竖向自重集度（$q=\gamma A$），f_1 为斜拉索跨中 $l/2$ 的径向挠度。因索不承担弯矩，根据跨中处索弯矩为零的条件，得到：

$$T \cdot f_1 = \frac{1}{8}q_1 l^2 = \frac{1}{8}ql^2 \cdot \cos\alpha$$

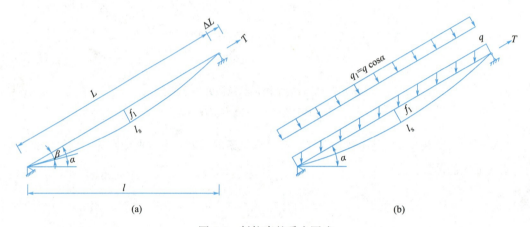

图 6-4　斜拉索的受力图式

$$f_1 = \frac{qL^2}{8T}\cos\alpha \tag{6-4}$$

索形应该是悬链线，但对于 f_1 很小的情形，可近似地按二次抛物线计算。由第 5 章可知，二次抛物线的曲线长度可按幂级数展开，近似取前二项，则有：

$$l_s = l\left[1 + \frac{8}{3}\left(\frac{f}{l}\right)^2 - \frac{32}{5}\left(\frac{f}{l}\right)^4 + \frac{257}{7}\left(\frac{f}{l}\right)^6 + \cdots\right] = \alpha l$$

$$l_s = L + \frac{8}{3} \cdot \frac{f_1^2}{L} \tag{6-5}$$

$$\Delta L = l_s - L = \frac{8}{3} \cdot \frac{f_1^2}{L} = \frac{q^2 L^3}{24 T^2}\cos^2\alpha \tag{6-6}$$

$$\frac{\mathrm{d}\Delta L}{\mathrm{d}T} = -\frac{q^2 L^3}{12 T^3}\cos^2\alpha \tag{6-7}$$

用弹性模量的概念表示上述垂度的影响，则有：

$$E_f = \frac{\mathrm{d}T}{\mathrm{d}\Delta L} \cdot \frac{L}{A} = \frac{12 L T^3}{A q^2 L^3 \cos^2\alpha} = \frac{12\sigma_0^3}{(\gamma l)^2} \tag{6-8}$$

式中　σ_0——斜拉索的初应力，$\sigma_0 = T/A$；

　　　γ——斜拉索的单位体积重量（包括拉索本身重量和防腐重量等）；

　　　l——斜拉索的水平投影长度，$l = L\cos\alpha$；

E_f——计算垂度效应的当量弹性模量。

在 T 的作用下,斜拉索的弹性应变为:

$$\varepsilon_0 = \frac{\sigma_0}{E_0} \tag{6-9}$$

式中,E_0 为拉索的材料弹性模量,即拉索不考虑垂度影响的弹性模量。

因此,换算弹性模量 E_e 为:

$$E_e = \frac{\sigma_0}{\varepsilon_0 + \varepsilon_f} = \frac{\sigma_0}{\dfrac{\sigma_0}{E_0} + \dfrac{\sigma_0}{E_f}} = \frac{E_0}{1 + \dfrac{E_0}{E_f}}$$

即,

$$E_e = \frac{E_0}{1 + \dfrac{(\gamma l)^2}{12\sigma_0^3}E_0} = \mu E_0 \quad (\mu < 1) \tag{6-10}$$

式中 μ——斜拉索换算弹性模量 E_e 与材料弹性模量之比。

这即为 Ernst 提出的考虑垂度对拉索刚度影响的换算弹性模量公式。

图 6-5 为 5 根不同跨度的钢索换算弹性模量与索力的关系曲线,从图示曲线可以看到,跨度越大,换算弹性模量越小,索力增大,换算弹性模量提高。标准强度 1670MPa 的钢索正常使用条件下的应力水平为 650MPa 左右,从图示曲线可以看到,对于跨度 200m 以下的斜拉索可以忽略弹性模量的折减,因此对于跨度 400m 以下的双塔斜拉桥,垂度引起的影响是非常小的。

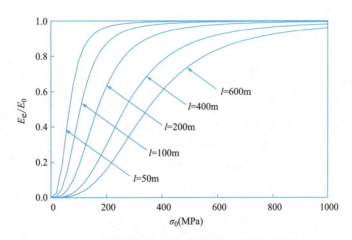

图 6-5 斜拉索换算弹性模量与索力的关系曲线

由于斜拉索要为加劲梁提供弹性支承(图 6-6),因此要求拉索具有较大的拉伸刚度,即单位拉力作用下的索的伸长量要小。由前面分析可知,斜拉索在自重作用下,不可避免地具有一定的垂度。如果拉索受到加劲梁传来的额外的力,这个力作用下的拉索,除了弹性变形伸长外，还会因垂度减小而伸长。自重垂度对斜拉索作用的影响，可用 μ 来反映，该值越大，表明拉索刚度受自重垂度的影响越小，对加劲梁的弹性支撑越有效，反之亦然。由式（6-10）可知，μ 与斜拉索的单位体积重量 γ 呈反比，γ 越大，垂度越大，μ 越小；μ 与斜拉索的初应力 σ_0 呈正比，σ_0 越大，垂度越小，μ 就越大。

（2）斜拉桥的结构受力特点

斜拉桥由一系列的索、塔、梁形成三角形受力体系组成，如图6-6所示。

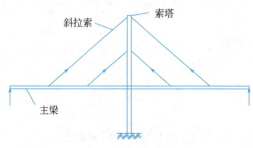

图6-6　斜拉桥受力示意图

斜拉索对加劲梁施加的斜拉力，竖直反力部分为加劲梁提供了弹性支撑，使得加劲梁的弯矩值大大地减小。图6-7给出了斜拉桥加劲梁所受的弯矩与同跨径连续梁的弯矩的比较。显然，在拉索拉伸刚度相同的情况下，拉索布置越密，主梁的弯矩也就越小。因此，现在的斜拉桥以密索体系为主，早期采用的稀索布置已很少应用了。斜拉桥更重要的特征是拉索的初始张力是可以按设计者的意图来进行调整，通过索力优化实现主梁弯矩分布较合理的目的。

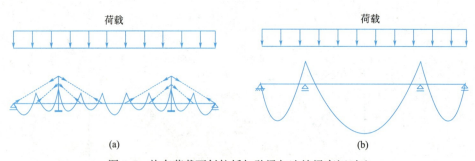

图6-7　均布荷载下斜拉桥加劲梁与连续梁弯矩对比
（a）斜拉桥加劲梁；（b）连续梁

斜拉索对加劲梁提供的斜拉力，其水平分力使加劲梁成为压弯结构，与主拱的受力相似，而与悬索桥的加劲梁以受弯为主不同。因此，加劲梁的稳定（包括整体稳定和局部稳定）是其设计中应特别注意的一个问题。这也是其跨越能力略逊于悬索桥的主要原因。

索塔受两边斜拉索的水平分力基本相同，因此是主要受竖向分力作用的受压结构。斜拉索另一端锚固于主梁内,形成了自锚体系,无需像悬索桥另设锚碇。因此,在跨越能力可及的范围内,斜拉桥一般来说较悬索桥经济,特别是基础条件差的桥位。

斜拉桥与悬索桥同属于索支承桥梁,也存在几何大变形、结构偏柔等问题,同样需要控制风振、车振,保证动力稳定性,满足行车与结构的安全。但相对来说,斜拉桥的刚度要大于悬索桥,这也是斜拉桥具有较大竞争力的一个方面。

斜拉桥是高次超静定结构,又需要考虑几何非线性问题、动力问题,手算极其复杂。对于密索体系,几无可能。斜拉桥能在比较短的时间内得到迅速发展,除了前述的高强度钢索的开发应用外,另一个主要原因在于结构计算方法的进步。

作为自锚式结构,斜拉桥在主塔达到一定的高度后就可以进行主梁的安装,不必等到全塔的完成,也没有锚碇需要施工,所以施工速度较之悬索桥快。同时,从第一对索开始,它的结构就是斜拉结构,不像拱那样要等到合龙后才成为拱,所以施工过程相对简单。当然,斜拉桥作为高效超静定结构,施工过程对主梁等结构的内力和位形的控制是非常重要的,现代桥梁的施工控制由斜拉桥发展出来。

6.1.2 斜拉桥结构与构造

1. 总体布置

(1) 跨径布置

最常见的斜拉桥是双塔三跨结构(图6-1),简称三跨斜拉桥或双塔斜拉桥。根据地形和使用要求,也可以设计成独塔、双跨结构,简称为双跨斜拉桥或独塔斜拉桥,如图 6-8 所示。也有的斜拉桥,采用多于两塔(多于三跨)的结构,称为多跨斜拉桥或多塔斜拉桥,在后面的"其他体系"中介绍。

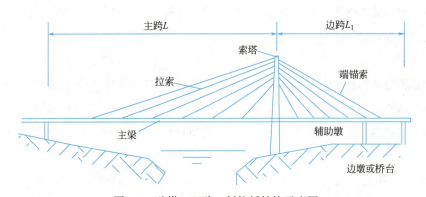

图 6-8 独塔(双跨)斜拉桥结构示意图

当桥梁跨越河流时,可采用双跨斜拉桥,跨径较大的主孔,一孔跨过,桥塔设在岸边,跨径较小的边跨主要处于岸上,如图 6-8 所示;也可以采用三跨斜拉桥,把两个桥塔设在河中靠近河岸水浅、地质较好的位置,用跨径大的主跨跨越水深的主河道或主航道,如图 6-1

所示。双跨斜拉桥以跨径大的一跨为主跨，三跨斜拉桥以中跨为主跨。

双跨斜拉桥，只有一个塔，塔和基础的工程量相对少些，与主跨相同的三跨斜拉桥相比，主梁的受力要大许多，主梁的工程量要大。以施工时悬臂最长的状态为例，双跨斜拉桥的悬臂长度几乎是三跨斜拉桥的两倍。因此，它的主孔跨越能力比双塔三跨式斜拉桥小，故较适用于跨越中小河流、谷地及交通道路的桥梁。

三跨斜拉桥虽然较之双跨，多了一个塔及其基础，但主梁的受力小，总体经济性较好。同时，其跨越能力大，适用于有较大跨越要求的桥梁。

斜拉桥跨度布置应考虑边跨和主跨的荷载平衡，一般考虑恒载的平衡。如边跨的跨度为 L_1、主跨跨度为 L_2，三跨式斜拉桥的 L_1/L_2 宜为 0.3~0.5，其中钢主梁宜为 0.3~0.4，组合梁宜为 0.4~0.5，混凝土梁宜为 0.3~0.45。在特殊的地形条件下，可采用更小的跨径比或采用地锚式斜拉桥。两跨式斜拉桥的 L_1/L_2 宜为 0.5~1.0。若可以通过特殊的处理，跨度比不一定要局限在上述范围内。以下举例说明一些常见的结构处理方式。

1) 当边跨跨度比较大时，可以通过在边跨设置辅助墩或者增大桥塔刚度的办法改善结构的受力条件。

2) 当边跨跨度比较小时，为了减小中跨和边跨主梁荷载不平衡对结构受力条件的影响，下端的拉索尽量对称布置在索塔两侧，将不能对称布置的边跨上端拉索集中布置在端部靠近桥墩的截面位置，采用梁端局部压重或者采用自重大的混凝土主梁结构以避免支座出现负反力。

（2）不同跨径的主梁选择

主跨在 400m 以下的双塔斜拉桥宜采用混凝土主梁；主跨在 600~800m 的斜拉桥宜采用钢主梁或混合梁；主跨在 400~600m 的双塔斜拉桥宜进行各种主梁综合比较后选择；主跨处于边界域时，应根据具体情况作综合比较。梁高应根据跨径、索面布置、截面形式、纵横向受力特点等综合确定。

（3）塔高

在斜拉桥总体布置中，索塔高度是涉及工程技术经济指标的一个重要参数。塔的有效高度一般从桥面算起。索塔越高，拉索的倾角越大，对主梁的支承效果也就越好，但是对应的索塔与拉索的材料用量也会随之增加。相反，索塔过低，拉索的竖向分力小，传力效果差，而水平分力大，主梁受的轴力可能会太大。因此，桥塔的高度宜通过经济比较决定。

《公路斜拉桥设计规范》JTG/T 3365-01—2020（简称《斜拉桥规范》）规定，双塔、多塔斜拉桥桥面以上索塔的高度与主跨跨径之比宜为 1/6~1/3。独塔斜拉桥桥面以上的塔高与跨度之比宜为 1/3~1/1.5，斜拉桥最外侧斜拉索的水平倾角不宜小于 22°。

（4）斜拉索的布置形式

斜拉索布置按间距可分为稀索和密索两种。密索布置，可以改善主梁的受力条件，索力较小，锚固方便，对跨度比较大的桥梁尤为合适。稀索布置，主梁索支承之间的跨度大、所受弯矩大、要求主梁截面大，自重也大；由于索少，索的拉力大，锚固困难，因此它主要在早期跨度不大的斜拉桥中应用，现已较少采用。一般不特别注明，现在的斜拉桥均采用密索布置。斜拉索在主梁上的标准间距对于钢主梁或组合梁宜为 8~16m；对于混凝土主梁宜为 6~12m。

1）横桥向布置

斜拉桥根据索面数量分，主要有单索面和双索面两种，双索面又可分为双平行索面和双斜索面，见图 6-9。此外，还有多于两个索面的多索面斜拉桥。

单索面斜拉桥（图 6-9a）的主梁在横桥方向由斜拉索提供的弹性支承只有单个支撑点，结构抗扭刚度低，不利于承受偏心活载，抗风性能以及施工稳定性差，依靠主梁自身的抗扭刚度承受扭矩，因此宜采用扭转刚度较大的主梁，一般为箱形截面。这种结构体系特别适合设有中央分隔带的桥梁，可以利用分隔带布置索面，桥面的有效宽度大，桥墩布置灵活，视觉效果好。按单索面设计时，为了避免拉索的索力过大，索间距不宜太大。为了减小拉索截面尺寸，一般采用并列布置的两根索来分担结构荷载。

双索面斜拉桥（图 6-9b 和图 6-9c）在横桥向布置两个索面，斜拉索为主梁在横桥向提供了两个支承点，其中双斜索面的拉索在横桥向还提供了相向对内的一对分力，可协助主梁抵抗扭矩作用，结构抗扭刚度大，抗风性能好，因此主梁的抗扭刚度可以设计得小一些，截面既可以采用闭口箱形截面，也可以是开口截面，但是，从结构抗风性要求以及悬臂施工过程中的安全性要求考虑，主梁截面的扭转刚度也不宜设计得过小。

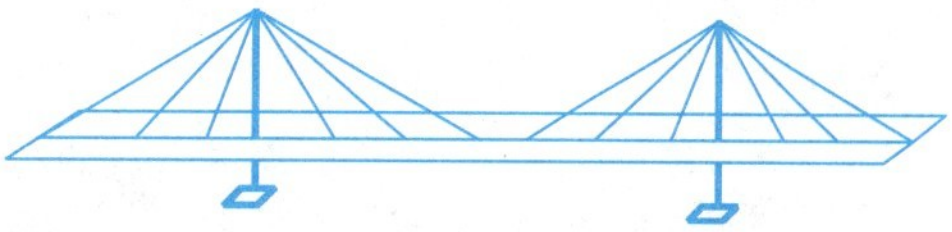

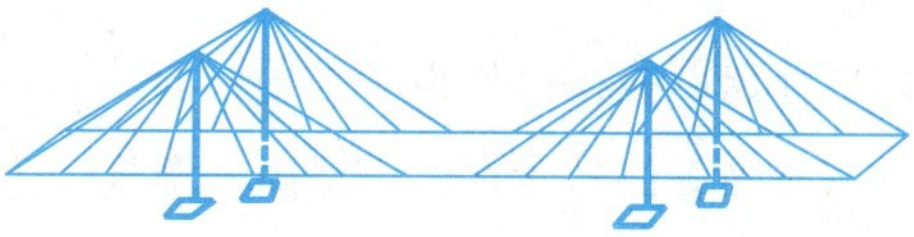

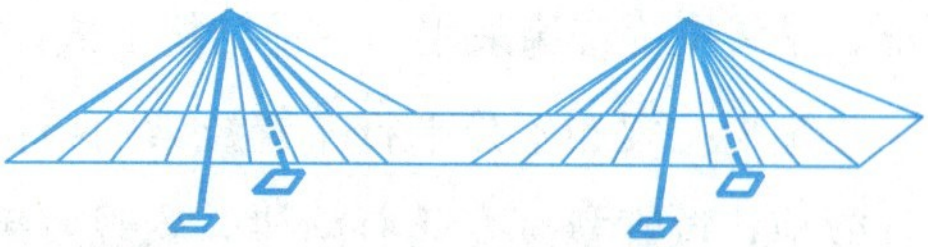

多索面斜拉桥只有当桥面非常宽时采用。因多索面斜拉桥存在传力复杂、施工控制难度大、景观效果差等问题，故按多索面设计的斜拉桥不多。

图 6-9 斜拉索（横桥向）索面布置
(a) 单索面；(b) 双平行索面；(c) 双斜索面

2）纵桥向布置

拉索在纵桥向布置有辐射形、扇形、竖琴形、星形以及星形与扇形组合等形式（图 6-10）。《斜拉桥规范》规定，斜拉索纵桥向布置宜采用扇形，也可采用竖琴形、辐射形、星形等。

辐射形布置时拉索的倾角大，传递竖向荷载的效率高，而且张力水平分力也比较小，可以减轻主梁的轴向压力。缺点是塔顶锚固过于集中，构造处理非常困难，因此，除拉索数量

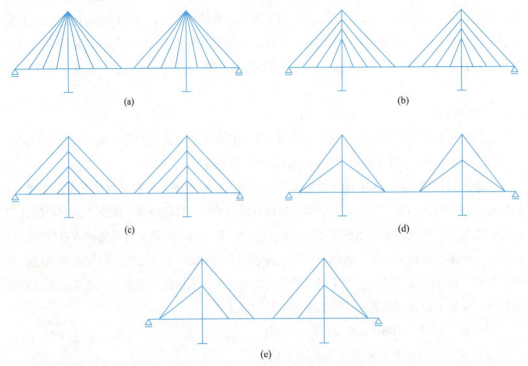

图 6-10 斜拉索纵桥向布置形式
(a) 辐射形；(b) 扇形；(c) 竖琴形；(d) 星形；(e) 星形与扇形组合

不多的小跨斜拉桥以外很少采用。

扇形布置的拉索在索塔锚固分散到一定的高度范围，其分布范围由锚固构造要求确定，一般两个锚固点的间距为 3~4m。这种布置方式索力传递接近于最合理，构造也能满足施工要求，是斜拉桥普遍采用的一种结构形式。

竖琴形拉索布置是平行布置拉索的结构体系，最大的特点是避免拉索之间相互交叉的视觉效应，拉索长度变化有韵律，景观效果较好，而且对主梁的轴向变形约束刚度大。缺点是竖向的传力效果比较差。当拉索布置对斜拉桥经济性影响不大时（中等跨度的钢桥）或者从景观需要考虑，设计可采用竖琴形的拉索布置形式。此外，竖琴形不适用于飘浮体系。

星形拉索结构受力不合理，索在主梁上的锚固点太集中，也不好布置，很少采用，偶尔为了景观而用于小跨径的斜拉桥中。

总之，斜拉桥拉索布置的自由度很大，既可以是竖索面，也可以是斜索面，甚至是空间曲索面，主要取决于索塔的形式和桥梁的平面形状，以及桥梁景观要求。H 形、独柱式索塔一般采用竖平面索面，当索塔在横向为 A 形、钻石形时，需要双斜索面与之配合，曲线斜拉桥、拱形索塔的索面为空间曲索面。拉索在桥面的锚固位置根据桥面布置、结构设计条件也可以是灵活多样的,既可以把索面布置在桥面宽度外侧,也可以布置在桥面宽度之内。

2. 结构体系

(1) 基本结构体系

斜拉桥的基本结构体系是指其主梁、索塔和桥塔之间的结合方式,它对斜拉桥的受力特性有重要的影响,主要有飘浮体系、半飘浮体系、塔梁固结体系和塔梁墩固结体系等(图 6-11)。

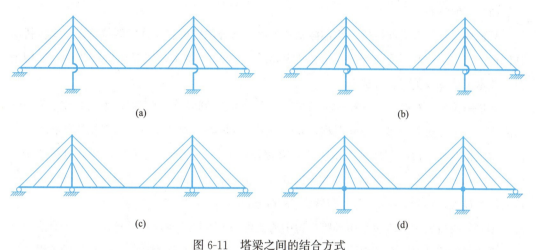

图 6-11　塔梁之间的结合方式
(a) 飘浮体系;(b) 半飘浮体系;(c) 塔梁固结体系;(d) 塔梁墩固结体系

飘浮体系是塔墩固结,主梁在索塔处不设支座,仅在桥台或过渡墩、辅助墩上设置纵向活动支座。主梁在纵桥向变形不受索塔约束,主梁水平荷载不直接传递到索塔。地震时全桥可作纵向摆动,振动周期长,可避免结构共振,达到减震消能的目的。主梁在索塔处负弯矩小,采用混凝土主梁时,混凝土徐变影响也小。不足之处是结构刚度小,纵桥向变形较大,施工期间稳定性差。悬臂施工时,要将塔梁临时固结,合龙后解除,进行体系转换。

半飘浮体系是塔墩固结,主梁在索塔处设有竖向支承;主梁支承在桥塔的横梁上,整体刚度比飘浮体系大。索塔对主梁的纵向水平约束刚度,根据结构受力要求通过试算确定。一般来说,约束刚度越小,结构受到的水平地震作用也就越小,但纵桥向的水平变形就越大。不足之处是主梁在刚度较大的支点处会出现比较大的负弯矩。适用于跨径不大的斜拉桥。

塔梁固结体系是塔梁之间固结,在桥墩上设置支座。优点是索塔根部弯矩小,温度附加内力小。缺点是支座反力大,需要采用大吨位的支座;梁负弯矩大,跨中挠度也大;结构刚度小,动力特性不理想,抗风抗震不利。在跨度比较大的斜拉桥中不宜采用。近年来除了主梁较刚的部分斜拉桥外,已较少采用。

塔梁墩固结体系是塔、梁、墩相互固结,在索塔处不需要设置支座。施工过程中结构稳定性好,也无需体系转换;由于不设支座,也有利于使用维护。这种结构体系,刚度大,结构变形小,特别适用于独塔斜拉桥。不足之处是支点处主梁弯矩大,索塔还需要承受很大的温度应力以及水平地震作用,故一般适用于结构温度应力不大的小跨径独塔斜拉桥。大跨径斜拉桥当主墩很高且较柔时,也可采用。早期也曾修建过带挂梁的刚架体系,但因行车不舒适且结构的强健性低,现在已经很少使用。

实际工程中,飘浮体系与半飘浮体系应用最多。飘浮式或者半飘浮式斜拉桥结构体系在横桥方向一般需要采用限位支座,防止主梁摆动和塔梁之间发生碰撞。

(2) 其他体系

其他体系是指多塔斜拉桥、地锚体系斜拉桥、部分斜拉桥、无背索斜拉桥以及斜拉桥与其他桥型结构协作共同受力所形成的协作体系。对于这些体系,应根据桥址条件、适用情况、技术条件以及美观要求选定。

多塔斜拉桥,桥跨多于三跨,桥塔多于两个。由于中间桥塔没有端锚索限制其变形,结构刚度小、施工过程中形状控制困难,较少采用。国内外所建的多塔多跨斜拉桥如我国的浙江嘉绍大桥、湖南岳阳洞庭湖大桥、湖北夷陵长江大桥、香港汀九桥、台湾光复桥,希腊Rion-Antirion(里约-安提利翁)桥和法国的Millau(米约)桥等,其中希腊的Rion-Antirion桥跨度为最大,达到560m,跨径布置为286m+3×560m+286m。

多塔斜拉桥的中间跨多采用等跨,边中跨比可参照双塔三跨斜拉桥选用。主梁宜采用飘浮体系或半飘浮体系。多塔斜拉桥的总体刚度较小,保证其整体刚度,是其设计的关键。以图 6-12 所示的三塔四跨斜拉桥为例,它有两个中跨,当其中某一中跨有活载作用而另一中跨为空载时,其结构变形如图 6-13(a)所示,两边塔有端锚索的作用,挠曲变形较小,而正中间的塔将产生较大的挠曲,受载跨产生较大的向下变形,空载跨产生较大的向上变形。因此,整体刚度变小。

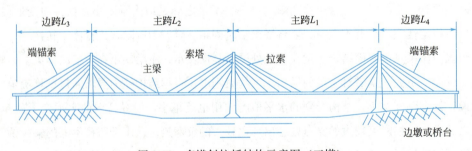

图 6-12 多塔斜拉桥结构示意图(三塔)

相比较而言,对于三跨斜拉桥中跨加载时,如图 6-13(b)所示,两塔向中跨的挠曲将受到端锚索的约束,使其挠曲降低,主梁下挠也相应减小,结构刚度增大。当端锚索布置较密或索面积较大时,可以产生较大的拉力来约束塔向中跨的变位,也使得其他边跨斜拉索索力变化不大,从而减小边跨的上挠和主跨的下挠,提高结构的整体刚度。三跨斜拉桥当边跨加载时，边跨下挠，主跨上挠，塔向边跨挠曲，边跨端锚索拉力减小，其他斜拉索拉力增大。

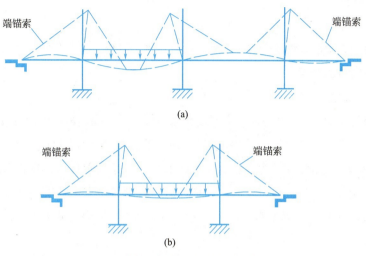

图 6-13 多塔斜拉桥与双塔斜拉桥受力比较图
(a) 三塔斜拉桥；(b) 双塔斜拉桥

为提高整体刚度，多塔斜拉桥在结构和构造上，可采取如下的措施：

1) 增大主梁，增大中间索塔的刚度。

2) 采用斜拉索对中间索塔顶加劲；可增设斜拉索一端锚于中间索塔塔顶，另一端锚于邻塔根部，另一端也可锚于邻塔的塔顶。

3) 在边孔设辅助墩，增大边孔斜拉索的面积，减小边孔索距。

当边主跨径比很小，边跨可设地锚，以维持体系平衡，即采用地锚式斜拉桥。地锚可采用重力式锚或抗拔桩锚。

三跨地锚式斜拉桥，拉索锚固在地锚上，主跨中部应设有允许梁体纵向移动的装置，以适应主梁温度变化引起的伸缩；只传递剪力不传递弯矩、轴力的铰，或同时能传递剪力和弯矩的变位装置。西班牙的鲁那桥（主跨 440m），跨中设剪力铰，但桥面不平顺，不利于行车；我国郧阳汉江大桥（主跨 414m），跨中设可传递弯矩的允许纵向移动的装置。

对于两跨或单跨地锚式斜拉桥，由于主梁可向主跨一侧伸缩，一般不必有为适应温度变化的特殊装置。

部分斜拉桥，塔较矮，梁较刚，索的贡献较小，受力接近于带有体外索的连续梁。在跨径 150～250m 范围内，是一种较经济的桥型，将在本章最后一节介绍。

斜拉桥与其他桥型体系还可以组合成协作体系。斜拉桥与梁桥的协作体系，如我国广东金马大桥，由 60m 的 T 构与 223m 斜拉桥组成 283m 独塔斜拉桥；斜拉桥与悬索桥的协作体系，如美国的 Brooklyn 桥（跨径 487m）和我国贵州乌江大桥（跨径 288m）；斜拉桥与反拱形上承式或索桥协作体系，如日本 Mio 博物馆桥（跨径 114m）；斜拉桥与拱桥的协作体系，如马来西亚 Pajaya 8 号桥（跨径 300m）和我国的湖南湘潭莲城大桥（跨径约 400m）。

3. 主要结构

（1）索塔

在斜拉桥中，索塔是将索力传至基础的关键构件，其内力主要是索力和自重作用下产生的轴向压力及对应的弯矩。

1）结构形式

索塔是斜拉桥的一个标志性构件，是桥梁景观设计的重要元素，设计时对索塔的造型应引起足够重视。索塔的基本形式可以按沿桥纵向和沿桥横向分别来讨论。

图 6-14 为常见的索塔纵向结构形式，大多数斜拉桥采用单柱式，只有当设计要求桥塔的纵向刚度很大（比如多塔斜拉桥的中间塔）时，或者需要有 4 根塔柱来分散塔架的内力时，索塔可做成倒 V 形与倒 Y 形。倒 V 形索塔也可增设一道中间横梁变为 A 形。

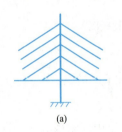
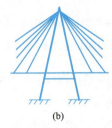
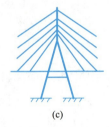

图 6-14　索塔纵向结构形式

(a) 单柱形；(b) A 形；(c) 倒 Y 形

索塔的横向结构形式很多。图 6-15 为几种常见的索塔横向结构形式，其中图 6-15（a）适用于单索面斜拉桥，而图 6-15（b）适用于双索面斜拉桥。同纵向布置一样，倒 V 形索塔有时设置横杆梁成 A 字形索塔。

斜拉桥索塔除了上述几种常见形式以外，还可以设计成其他形式，如弯塔、斜塔、拱形塔等。有些是出于工程实际需要，有些则纯粹从造型角度考虑。但应该指出的是，非常规的结构形式，并非就一定能取得美的效果。

2）材料

索塔可采用钢、混凝土、钢-混凝土组合结构。一般来说，混凝土梁斜拉桥的索塔也为混凝土结构。钢斜拉桥国外多采用钢结构，而我国仍以混凝土索塔为主。

混凝土索塔截面有实心和箱形两种形式，实心截面主要用在截面尺寸比较小的中小跨径桥梁。箱形截面有单室和双室两种形式，而三室以及三室以上的箱形截面比较少用。

《斜拉桥规范》规定，混凝土索塔所采用的混凝土强度等级不应低于 C40。混凝土索塔应根据施工需要在索塔内配置型钢作为劲性骨架，索塔内的竖向受力钢筋直径不宜小于

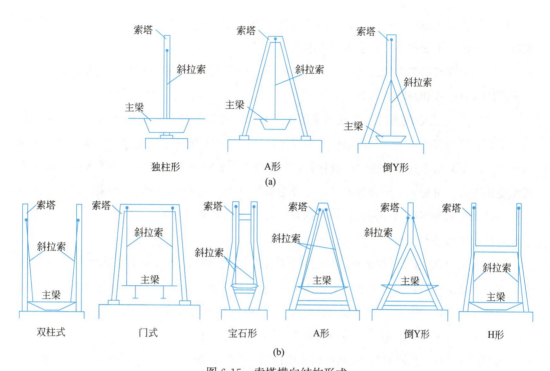

图 6-15 索塔横向结构形式
(a) 适用于单索面的索塔；(b) 适用于双索面的索塔

25mm；竖向受力钢筋的截面面积不应小于混凝土面积的 1‰；箍筋直径不应小于 16mm，间距不应大于竖向受力钢筋直径的 10 倍，且不大于 200mm；混凝土索塔的非预应力部位以及门洞部位宜设防裂钢筋网。处于海洋或其他腐蚀环境中的混凝土索塔、主梁，应考虑增大其保护层厚度或增加其他提高结构耐久性的措施。

钢索塔宜设计成矩形空心箱截面形式，根据工程实际也可将其设计成 T 形或准十字形空心箱形式。箱室四周各主壁板上应布置竖向加劲肋，箱室内应设置水平横隔板，其间距不宜大于 4.0m。

钢索塔自重轻，可减轻基础的负担，减小地震反应，同时工业化制作程度高，施工速度快。南京长江三桥是国内第一座采用钢索塔的大跨斜拉桥，高 215m，采用"人"字弧线形。此后，钢索塔在我国大跨径斜拉桥中的应用增多，如苏通长江大桥等。

索塔根据位置不同可以划分为三个区段，上段为拉索的锚固区，称为上塔柱，桥面以上、锚固区以下称为中塔柱，基础承台至桥面之间称为下塔柱。上塔柱设计必须考虑拉索锚固空间的需要，当拉索张拉在索塔内进行时，设计应考虑张拉空间，箱室内纵桥向净宽至少 4m。

3）斜拉索在索塔上的锚固

现代斜拉桥斜拉索与索塔的连接一般采用固结的方式。早期斜拉桥为稀索体系，也有采用类似悬索桥主缆通过塔顶的构造。索通过置于塔顶的鞍座，鞍座与索塔间设置滚动或摆动支座，以减轻不平衡水平力对索塔的影响。

混凝土索塔与斜拉索的锚固方式有交叉锚固、侧壁锚固、钢锚梁锚固、钢锚箱锚固和鞍座式锚固（骑跨式和回转式）等。

① 当塔柱为实心截面时，拉索可采用交叉锚固，即塔两侧拉索交叉通过主塔塔柱轴线后锚固在塔柱的实心段上，利用塔壁上的锯齿凹槽或锯齿凸槽形牛腿来锚固拉索，如图 6-16（a）所示。交叉锚固宜在塔柱中埋设钢管，并设置锚垫板。交叉拉索使得锚固区的混凝土主要承受压应力，可避免结构开裂而无需另外施加预应力。当两侧拉索发生冲突时，可采用拉索在一侧布置两列而在另一侧布置一列的对称布索方法解决，或者交叉布索。交叉锚固多用于早期的中小跨径斜拉桥，现已较少采用。

② 当塔柱为空心箱形截面时，拉索可采用侧壁锚固（施加环向预应力锚固），直接将拉索锚固在混凝土索塔内壁的齿板上，在锚固区施加环向预应力，以克服塔壁内产生的拉应力，如图 6-16（b）所示。索塔预应力钢筋的布置应避免出现预应力盲区，同时还必须考虑锚固区的施工难易程度，避免大量布置锚头，影响混凝土施工质量。

③ 当塔柱为箱形截面时，拉索可以采用钢锚箱锚固，如图 6-16（c）所示。钢锚箱锚固由锚垫板、承压板、锚腹板、套筒及若干加劲肋构成，是将斜拉索锚固在钢锚箱上，钢锚箱用剪力连接键使之与混凝土塔身连接。斜拉索在索塔上采用钢锚箱锚固是大跨径斜拉桥索塔锚固方式之一，将索直接锚固在钢锚箱上，可以很容易抵抗拉应力，这种锚固方式成本较高，但可减少索塔高空作业强度，加快施工进度，缩短桥梁的建设期，提前通车，是大跨径斜拉桥混凝土塔上斜拉索锚固方式的发展方向。根据钢锚箱与塔壁的相对位置不同，可以将其分为内置式钢锚箱（图 6-16c 上图）和外露式钢锚箱（图 6-16c 下图）两种。内置式钢锚箱索塔锚固区用于封闭的箱形结构塔柱，而外露式钢锚箱主要用于分离式主塔，其与内置式钢锚箱受力特性总体上相似，只是为了钢锚箱与混凝土塔壁间连接件的功能可靠，外露式钢锚箱需要用水平环向预应力筋将钢锚箱紧夹在混凝土塔柱的两个分肢之间。

④ 当塔柱为箱形截面时，可以采用钢锚梁锚固来平衡拉索的水平拉力，如图 6-16（d）所示。它将锚固钢横梁置于混凝土索塔内壁的牛腿上，斜拉索锚固在钢横梁两端的锚固梁上，两端的刚性支承可在顺桥向、横桥向做微小的移动和转动。这种锚固形式受力明确，能够减小塔壁承受的水平力，且温度引起的约束力较小，能有效减小水平裂缝，使索塔锚固安全可靠。

⑤ 鞍座式锚固主要应用于部分斜拉桥，在常规斜拉桥中的应用较少。按照锚固区斜拉索钢绞线布置形式的不同，鞍座式锚固分为骑跨式鞍座锚固和回转式鞍座锚固两种类型（图 6-16e）。骑跨式鞍座锚固，斜拉索穿过索塔顶部的鞍座后，在索塔两侧对称锚固于主梁上，多用于混凝土部分斜拉桥。回转式鞍座锚固，斜拉索穿过环绕在索塔顶部的鞍座后，在

索塔同侧对称锚固于主梁的左右两侧上。

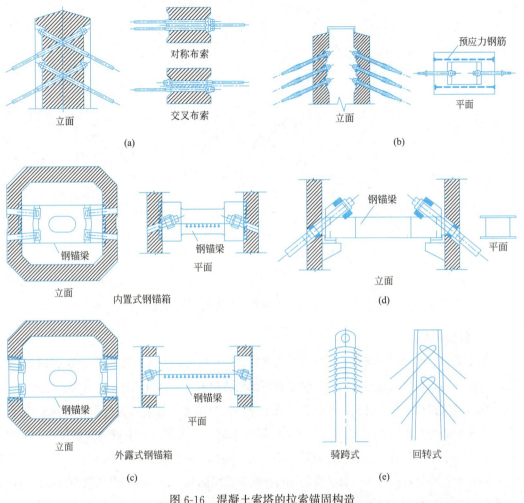

图 6-16 混凝土索塔的拉索锚固构造
(a) 交叉锚固（实心截面）；(b) 侧壁锚固（箱形截面）；
(c) 钢锚箱锚固；(d) 钢锚梁锚固；(e) 鞍座式锚固

(2) 斜拉索

斜拉索是斜拉桥中重要的构件，也是易损和可更换构件，《公桥通规》规定其设计使用年限不应低于 20 年。

1) 斜拉索组成

如图 6-17 所示，斜拉索主要由钢索、两端的锚具、减振装置和保护措施组成。一根拉索可划分为两端的锚固段、过渡段和中间段三个部分，其中锚固段用来将拉索分别固定在索塔和主梁上，分为固定端和张拉端；过渡段包括锚垫板、导索管和减振器、填充材料；中间段即为索体。

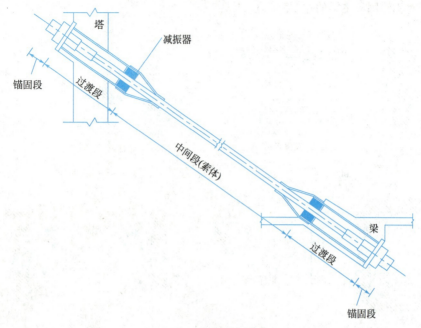

图 6-17 斜拉索的组成

2) 斜拉索类型

为了便于运输和施工架设，拉索通常为多根细钢丝按一定方式捆扎而成，使其具有柔软性。目前常用的斜拉索有平行钢丝斜拉索和钢绞线斜拉索。早期国外曾用过封闭式钢索。

平行钢丝斜拉索整体在工厂内制造，技术成熟，质量易保证，安全可靠，安装工效高，在斜拉桥中最为常用。它由 $\phi 5$ 或 $\phi 7$ 热镀锌钢丝组成，采用正六边形或八边形排列，强度一般为 1670MPa。为便于盘卷使索运输，要求有一定的扭转角度，扭转角度为 2°～4°。

对于特大跨径斜拉桥，又长又重的平行钢丝斜拉索运输、吊装和安装均较为困难，则可以采用分散安装的钢绞线斜拉索。它用 7 丝（或 19 丝，或 37 丝）钢丝在工厂扭结成钢绞线，由几根钢绞线组成斜拉索。钢绞线的标准强度一般不低于 1860MPa。

3) 斜拉索锚具形式

斜拉索的锚具形式与拉索类型有关。钢丝斜拉索锚具有热铸锚、镦头锚、冷铸镦头锚等多种形式。

热铸锚构造如图 6-18（a）所示，将一个内壁为锥形的钢质套筒（称为锚杯）套在钢索上，然后将钢索端部钢丝散开，并在锚杯中灌入熔融的低熔点合金（如锡、铅、锌合金），待合金凝固后将和散开的钢丝在锚杯内形成一个头大尾小的塞子，传递拉索的拉力。锚杯可以用螺纹、销接、垫块等方式固定在桥梁结构上。锚杯构造形式与固定方式有关，在拉索张拉端必须具备和张拉设备相连的内螺纹。这种锚固方式主要适用于单股钢索和封闭式钢索。由于热铸锚在合金浇铸时温度较高，对钢丝的力学性能会带来一些不利的影响，因此现在已很少使用。

镦头锚构造如图 6-18（b）所示，将钢丝穿过孔板后末端镦粗，固定在孔板的另一侧，将钢丝的拉力传递到孔板上。同热铸锚一样，锚杯构造与固定方式有关，张拉端必须具备和张拉设备相连的内螺纹。这种锚固方式主要适用于平行钢丝拉索，具有较好的耐疲劳性能。但是，随着后述的冷铸镦头锚出现，目前在斜拉桥已经很少采用镦头锚。

冷铸镦头锚，是一种在热铸镦头锚的锚杯锥形腔后部增设一块钢丝定位板的锚固方式，钢丝通过锚杯以后穿过定位板上对应的孔眼镦头定位。锚杯中空隙用特制的环氧树脂与钢珠混合物填料在常温下铸凝，钢珠在混合物中形成承受荷载的构架。冷铸镦头锚是为了避免钢丝在锚具端部发生疲劳破坏而研制出来的特殊锚固措施，目前在斜拉桥中广泛应用。图 6-18（c）为武汉长江公路桥使用的冷铸镦头锚。

《斜拉桥规范》规定，平行钢丝斜拉索宜配用冷铸镦头锚，锚具外表面应进行防护处理；钢绞线斜拉索可采用夹片群锚或其他成熟锚具。

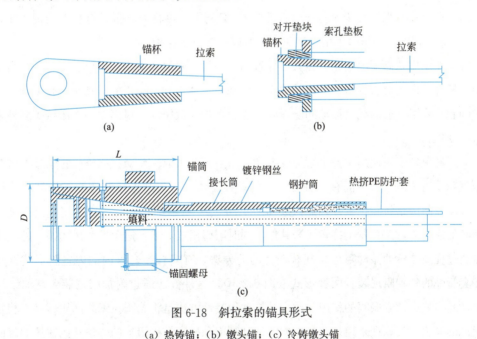

图 6-18 斜拉索的锚具形式
(a) 热铸锚；(b) 镦头锚；(c) 冷铸镦头锚

4) 斜拉索防护和减振措施

拉索耐久性是斜拉桥设计中重要的问题。由于暴露在大气中的拉索容易发生腐蚀，设计时除了考虑将来换索的可能性外，必须对拉索采取防腐措施，延长使用寿命。

钢丝索的防护分钢丝防护和拉索外层防护两级，钢丝防护一般采用表面镀锌的办法，要求锌层附着量大于 300g/m^2，避免钢丝在外层防护措施实施前发生锈蚀。外层防护有柔性索套、半刚性索套和刚性索套三种方法，其中柔性索套是一种比较常用的防护方法，容许拉索发生较大的横向变位。

斜拉索的防护体系在工厂制造时就已完成，一般先将钢丝镀锌，然后在钢丝的空隙中填充防锈化合物或将整捆的索用防腐卷带缠包，最后在外面挤压一个高密度聚乙烯（HDPE）套管（简称PE套管），如图6-19所示。

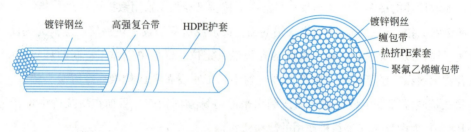

图6-19　PE套管防腐

钢绞线斜拉索的防护有两种。一种是将整束钢绞线穿入一根粗的PE套管，采用柔性防护。另一种是将每根钢绞线涂防锈油脂后挤裹PE套管，再将若干根带有护套的钢绞线，穿入大的PE套管中，并压注采用柔性防护，所以它有三重保护。

拉索在使用状态下由于张力很大，导致结构的振动阻尼非常小，在风、交通等动力荷载作用下极容易发生有害的振动，对结构安全性和耐久性不利。拉索的振动是比较复杂的结构动力问题，除了一般的线性振动问题以外，还会发生参数振动、风雨振、涡激振等多种复杂的振动现象。

为了避免拉索在使用中发生大振幅振动，一般需要采取一些减振措施。拉索减振措施根据原理和动力荷载类型不同有三种方法：气动控制法、阻尼减振法和改变结构动力特性方法。气动控制法是将斜拉索外表面做成如图6-20（a）所示的非光滑表面，使气流经过拉索表面时形成湍流，防止发生拉索涡激共振，同时阻碍雨线形成，避免发生风雨振。阻尼减振法是通过提高拉索的振动阻尼实现减振目的的方法，有安置在套管内的内置阻尼装置和安置在套管外的外置阻尼装置两种形式（图6-20b），这种方法通过附加阻尼装置增加结构的阻尼，起到减小拉索振幅的作用。改变结构动力特性方法是将若干拉索之间用辅助索相互联结起来的方法，其原理是通过改变拉索的振动频率和提高结构阻尼的方法达到减振的目的。

(3) 主梁（加劲梁）

主梁（加劲梁）是直接承受桥梁使用荷载的构件，也是斜拉桥整体受力的重要组成部分，在全长范围内宜布置成连续体系。常用的主梁有钢梁、混凝土梁、组合梁和混合梁四种形式。

1) 钢主梁

钢主梁是斜拉桥常用的结构形式，特别是早期斜拉桥以及大跨径斜拉桥。与混凝土主梁相比，它具有自重轻、施工方便的优点。不足之处是防腐要求高、结构刚度低、容易发生振

  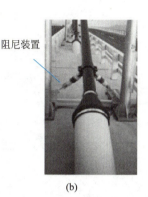

(a) (b)

图 6-20 拉索减振措施

(a) 表面非光滑处理方法；(b) 外置阻尼装置

动，疲劳问题也较为突出。另外，在中小跨度的桥梁中钢主梁的造价比混凝土主梁高。

钢主梁有钢桁梁和钢箱梁两种。钢桁梁的截面高、刚度大，特别适用于双层桥面的桥梁（如公铁两用），满足下层车道的空间要求。同时，它可散件运输，工地拼装，现场焊接工作量少，在我国山区斜拉桥的应用不断增加。

钢桁梁由主桁架、横向联结系、平联和桥面板组成，主桁和横梁又分别由上、下弦杆及腹杆等杆件组成，杆件之间采用高强螺栓连接或焊接。钢桁梁主梁可采用矩形、倒梯形等截面形式，主桁高度应根据受力需要、行车净空要求和节点构造细节确定。

钢箱梁用钢量相比于钢桁梁少。它可采用整体式，也可采用分体式箱形截面或边箱梁截面。图 6-21（a）为整体式的流线形扁平钢箱梁，两侧设风嘴，可以降低风压的作用，有利于结构的抗风性能提高，是目前大跨径斜拉桥比较常用的截面形式；图 6-21（b）为分体式边箱梁流线形截面，中间一部分底板取消，保持流线形的截面形状。一般而言，跨度越大，主梁的高跨比越小，《斜拉桥规范》建议钢主梁高跨比采用 1/330～1/180。苏通大桥梁高 4.0m，为跨度的 1/272；日本多多罗大桥梁高 2.7m，约为跨度的 1/330。

图 6-22 为浙江舟山金塘大桥的主梁截面，封闭式流线形扁平钢箱梁的全宽 30.1m（包括风嘴），宽跨比 1/20.60，中心线处梁高 3.0m，高跨比 1/206.67。箱梁顶板厚度 14mm（靠近斜拉索锚固区的 1550mm 范围内为 18mm）；下斜底板和底板在过渡墩、辅助墩、主塔附近厚 14mm，其他区域厚 12mm，钢箱梁标准段长度分为 14m 和 12m 两种，均设 4 道实体式横隔板，斜拉索处采用 16mm+12mm 不等厚对接，其余板厚 10mm，支座等处板厚为 20mm；纵隔板间距 12m，支座及临时墩处采用实腹式截面（支座与阻尼器设置处板厚 20mm，相邻区域为 14mm，其他为 14mm），其余为桁架式；顶板 U 形肋壁厚 8mm，底板 U 形肋壁厚 6mm。

钢梁斜拉桥的桥面系一般采用正交异性板，作为主梁一部分直接参与结构整体的受力。

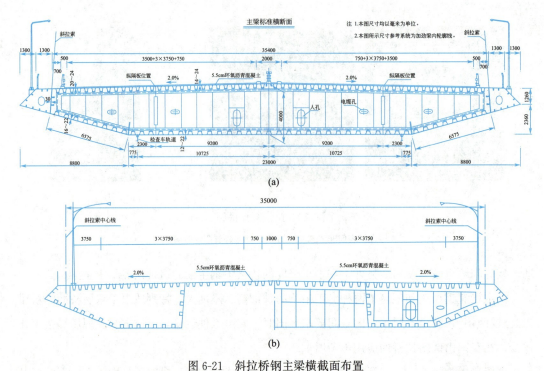

图 6-21 斜拉桥钢主梁横截面布置
(a) 整体钢箱梁（江苏苏通大桥主梁截面）（单位：mm）；(b) 内边箱梁截面
（荆岳长江公路大桥）（单位：mm）

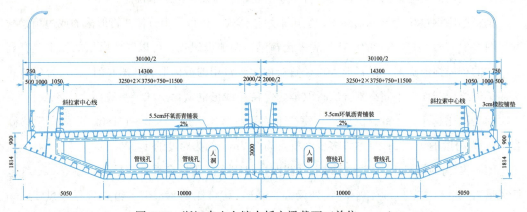

图 6-22 浙江舟山金塘大桥主梁截面（单位：mm）

正交异性板是指在钢桥面板（或钢箱梁上翼缘）下布设纵向及横向的、开口或闭口的加劲肋而形成的一种构造，其加劲肋在平面纵横两个方向上是正交，而桥面板在两个方向的抗弯惯性矩是不同的，见图 6-21 和图 6-22 的顶板。

钢箱梁的顶板由于直接承受车轮荷载，厚度一般不低于 14mm，而底板以及腹板厚度根据结构承载能力要求通过设计验算确定，并满足相应的最小钢板厚度构造要求。梁宽需根据桥面布置要求确定，梁高需要考虑结构的屈曲稳定性、抗风性等安全要求，设计时可参考过去同类结构设计通过多方案比较和优化确定。钢主梁由于结构刚度小，变形容易引起铺装的损坏，在设计时对桥面铺装结构应予以重视。第 7 章桥面系结构中对此有进一步的介绍。

2）混凝土主梁

对于中小跨径的斜拉桥，采用混凝土主梁，可发挥材料抗压强度的优势，自重又不会增加太多，具有比钢主梁更好的经济性。因而，在我国跨度小于 400m 的斜拉桥中得到广泛的应用。

双索面的混凝土主梁常用实心板截面（图 6-23a）、边箱梁截面（图 6-23b）、箱形截面（图 6-23c）、带斜撑箱形截面（图 6-23d）和肋板式截面（图 6-23e）。

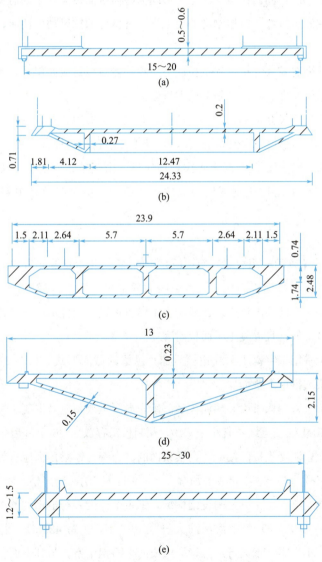

图 6-23 适用于双索面的混凝土主梁截面实例（单位：m）
(a) 实心板截面；(b) 边箱梁截面；(c) 箱形截面；(d) 带斜撑箱形截面；(e) 肋板式截面

实心板截面，构造简单，所受的风荷载较小，适用于跨径 200m 以下的混凝土斜拉桥。为了两侧拉索的锚固需要，板边缘的厚度一般需要适当加厚。在索距较密而桥跨度、宽度不大的情况下，能满足一定的抗扭能力要求时，可采用这种形式的主梁。

边箱梁截面由两侧边箱梁和横梁形成桥面结构系，在横梁之间铺设（或者浇筑）桥面板承受车辆荷载。这种结构形式的主梁，施工时首先浇筑两个边箱梁和横梁，然后浇筑桥面板，减轻施工时的悬臂荷载。

箱形截面是经过风洞试验得到的一种空气动力性能良好的截面形式，截面两侧为三角形封闭箱，端部加厚以锚固斜拉索。两三角形间为整体桥面板，除个别需要的梁段外，不设底板。此种截面在满足抗弯、抗扭刚度的要求下，有良好的抗风动力性能，特别适合索距较密的宽桥。

带斜撑箱形截面有较大的抗弯和抗扭能力，将外侧腹板做成倾斜式，既可改善空气动力性能，又可减小墩台宽度。其缺点是节段重量较大。

肋板式截面为边箱梁截面的一种改进形式。双主梁可靠边布置，视桥面宽度可设或不设（混凝土或钢）横梁。这种截面形式构造简单，施工方便，用料较省。

图 6-24 为适用于单索面的混凝土主梁截面实例。由于单索面的斜拉桥整体结构扭转刚度比较小，主梁需要采用抗扭刚度比较大的箱形截面，主要有单箱单室、单箱多室两种形式。

3）组合梁

钢-混凝土组合梁（简称组合梁）斜拉桥是 1980 年代开始发展起来的一种结构形式。其主梁由钢主梁和混凝土桥面板组成，二者之间的联结多采用栓钉或开孔钢板（PBL）联结键。它兼具钢和混凝土结构的优点，比混凝土主梁自重轻，构件工厂制造化程度较高，施工方便；比钢主梁造价低，且混凝土桥面板耐磨耗。

组合梁截面可采用工字钢主梁或边箱梁加小纵梁的截面形式，如图 6-25 所示。也可采用扁平流线形箱梁或钢桁梁截面。

组合梁斜拉桥宜采用双索面，飘浮体系。钢筋混凝土或预应力混凝土桥面板的厚度不宜小于 250mm，混凝土强度等级不宜小于 C40，预制板需存放 4~6 个月后才能使用，以减小混凝土收缩和徐变。混凝土板间接缝、钢梁顶面的剪力键与钢梁顶面应有效地结合成整体。

图 6-26（a）(c) 为 1986 年建成的加拿大 Annacis（安纳西斯）桥，跨度为 465m，斜拉索锚于左右两片钢主梁上。主梁之间设钢横梁，钢主梁外设人行道钢伸臂梁，梁顶面铺混凝土桥面板。图 6-26（b）(d) 为上海南浦大桥（1991 年，主跨 423m），主梁为由工字形钢梁、车行道横梁、小纵梁、钢人行道悬臂梁组成的平面钢梁格，与其上面叠合的混凝土桥面板构成。每个标准节段长 18m，由 2 根主梁、4 根车行道横梁、4 根小纵梁和 4 根人行道梁组成。各纵横梁的顶面焊有抗剪栓钉与混凝土桥面板连成整体。此后，杨浦大桥、徐浦大桥

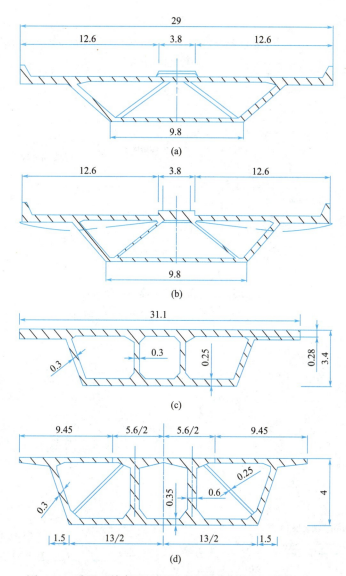

图 6-24 适用于单索面的混凝土主梁截面实例(单位:m)

(1996 年,主跨 590m)也采用了钢-混凝土组合梁结构。

4)混合梁

除了上述三种主梁结构形式以外,还有一种常见的主梁形式——混合梁。主要应用于主跨跨径与边跨跨径比值较大的情况,主跨采用钢主梁,边跨采用混凝土主梁,以平衡主跨的结构自重。德国 1972 年在建造 Mannheim(曼海姆)桥(跨度 280m+125.16m,独塔)时首次采用了混合梁斜拉桥,法国诺曼底斜拉桥和日本多多罗大桥也都为混合梁结构。

混合梁斜拉桥设计时,首先需要合理确定结合部位置。除了考虑结构整体的平衡性以

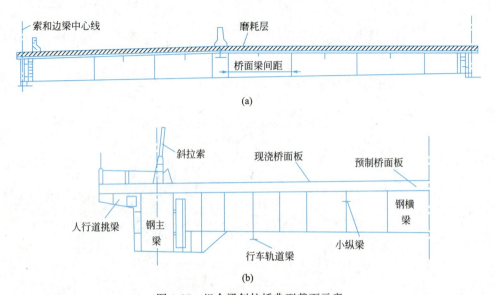

图 6-25 组合梁斜拉桥典型截面示意

(a) 工字钢主梁截面；(b) 边箱梁加小纵梁截面

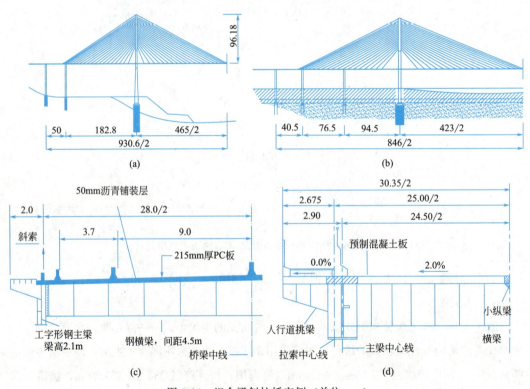

图 6-26 组合梁斜拉桥实例（单位：m）

(a) 安纳西斯桥立面图；(b) 南浦大桥主桥立面图；(c) 安纳西斯桥主梁截面；(d) 南浦大桥主梁截面

外，还应尽量选择截面内力比较小的部位，同时要考虑施工方便性。结合部一般设置在边跨、索塔边跨侧或索塔中跨侧弯矩较小处，也可设置在辅助墩顶或塔横梁处。

混合梁结合部的构造必须慎重处理，以免成为结构的薄弱部位。常见的连接形式有全截面连接完全承压式（图 6-27a）、全截面连接承压传剪式（图 6-27b）、部分截面连接完全承压式（图 6-27c）和部分截面连接承压传剪式（图 6-27d）。

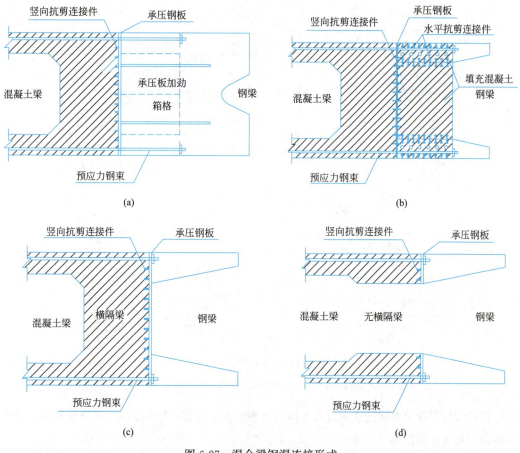

图 6-27 混合梁钢混连接形式
(a) 全截面连接完全承压式；(b) 全截面连接承压传剪式；(c) 部分截面连接完全承压式；(d) 部分截面连接承压传剪式

5) 斜拉索在加劲梁上的锚固构造

斜拉索在钢主梁和混凝土主梁上的锚固方式不尽相同。与钢主梁的锚固时，索力多通过锚固体系直接传到腹板。因为钢主梁顶板面外变形刚度比较小，在索力作用下容易发生比较大的变形，使锚固位置成为结构的薄弱部位，所以较少锚固在主梁顶面。采用的形式主要有：锚箱式、锚拉板式、耳板式。锚箱式锚固应设置锚固梁，斜拉索锚固在锚固梁上，锚固梁用焊接或高强螺栓方式与主梁连接（图6-28a）。锚拉板式锚固应在主梁顶板上或腹板上连接一块厚钢板作为锚拉板，在锚拉板上部开槽，槽口内侧焊接在锚筒外侧，斜拉索锚固于锚筒底部（图6-28b）。耳板式锚固应在主梁的腹板向上伸出一块耳板，斜拉索通过铰连接在耳板上（图6-28c）。

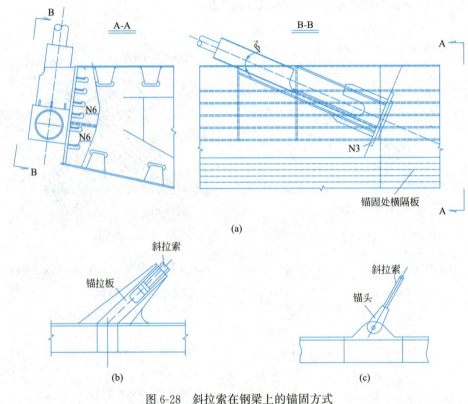

图6-28 斜拉索在钢梁上的锚固方式
(a) 锚箱式锚固；(b) 锚拉板式锚固；(c) 耳板式锚固

斜拉索与混凝土主梁的锚固形式大体有五种：顶板锚固、箱内锚固、斜隔板锚固、梁体两侧锚固和梁底锚固等（图6-29）。

顶板锚固（图6-29a）宜用于箱内采用加劲斜杆（或设横梁等加强构造）的单索面桥。箱内锚固（图6-29b）宜用于两个分离单箱的双索面桥。斜隔板锚固（图6-29c）应用范围与箱内锚固一致。梁体两侧锚固（图6-29d）宜用于双索面桥，梁底锚固（图6-29e）宜用于梁截面较小的双主梁或板式梁。

由于锚固区应力比较集中，结构容易发生开裂损伤、疲劳破坏，设计时需要慎重对待构造细节，必要时应通过试验或者有限元计算分析加以验证。另外，锚固区也是日常需要检查的部位，设计时应考虑日后检查、拉索更换所需要的空间。

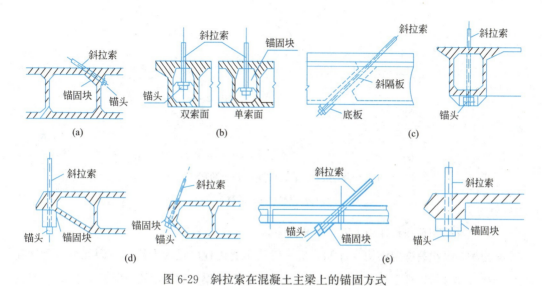

图 6-29 斜拉索在混凝土主梁上的锚固方式

(a) 顶板锚固；(b) 箱内锚固；(c) 斜隔板锚固；(d) 梁体两侧锚固；(e) 梁底锚固

6.1.3 斜拉桥计算理论简介

1. 概要

斜拉桥属于柔性结构体系，地震、风等动力荷载作用对结构安全性有很大影响，设计除了静力计算外，还需要考虑动力响应。本节仅简述斜拉桥结构设计的静力计算要点，结构验算的内容以及要求详见《斜拉桥规范》。

斜拉桥静力计算分整体和局部分析两个层次。整体分析以整座桥梁为对象，计算在施工和使用过程中的最大变形和最不利内力，为结构设计、安全验算提供依据。局部分析以结构的某一个部分（如拉索锚固区）为对象，应用相对比较精细的模型分析构件的局部应力分布，为优化细节构造设计、确保结构荷载传递能力提供依据。

斜拉桥的索力由两部分组成，如图 6-30 所示，第一部分索力是施工阶段通过千斤顶张拉产生的，称为初拉力，它与结构刚度无关，拉力大小由设计者根据设计、施工要求自由确定，以主动改变、调整主梁内力分布为目的。第二部分索力是拉索锚固后在新的荷载作用下结构变形产生的内力，大小根据结构力学原理计算得到，与作用荷载、结构刚度分布有关。

提高索塔和拉索的刚度可将更多的活载传递到索塔，主梁分担的活载比例就小。拉索的作用相当于为主梁提供了一个弹性支点，拉索的抗拉刚度大，主梁支点的刚度也大，拉索分担的活载就大，主梁分担的活载比例就小。反之，主梁分担的活载比例就大。

根据上述索力产生机理，斜拉桥结构整体计算大致包括三个步骤：

(1) 确定初拉力；

(2) 根据施工过程计算结构成桥状态的内力和变形；

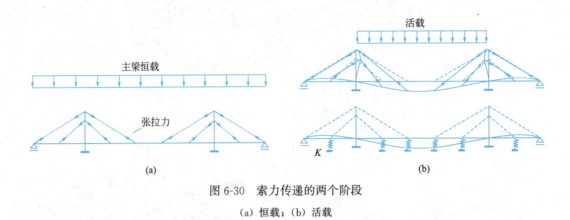

图 6-30 索力传递的两个阶段
(a) 恒载;(b) 活载

(3) 计算结构在各种作用下的变形和内力。

斜拉桥是高次超静定结构,计算分析一般利用通用程序或者专用的有限元分析程序完成。结构整体分析以杆系计算模型为主(图 6-31),即主梁、索塔用梁单元或格子梁来模拟,用刚臂连接梁的中心轴与拉索锚固位置。拉索一般用杆单元或者柔性索单元模拟。

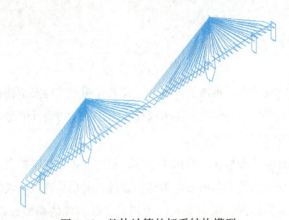

图 6-31 整体计算的杆系结构模型

2. 斜拉索初拉力

斜拉桥是高次内部超静定结构,斜拉索、主梁、索塔的受力状态互相影响,施工一般采用悬臂法,在结构形成过程中,结构内力与线形也在不断变化。因此,形状、尺寸、材料相同的斜拉桥,受初始拉力、施工方法的影响,成桥时结构的内力、斜拉索的索力、结构线形等不尽相同,其中与设计理想状态基本吻合的状态,称为合理成桥状态。

在合理成桥状态下,主梁和塔的线形要符合设计状态,各计算截面弯矩较小,斜拉索受力相对均匀,各斜拉索应力水平大致相同,且斜拉索规格品种数量少。其中,线形可通过设置预拱度来实现,因此在计算合理成桥状态时,结构的受力合理成为重点。

斜拉桥各构件的内力分配与刚度相关,主梁、索塔的刚度基本不变(对于混凝土结构需当徐变完成后),而斜拉索的刚度是变化的。由 6.1.1 节分析可知,斜拉索在自重作用下的垂度，减小了拉索的受拉刚度，考虑了垂度影响的斜拉索的模量可以用换算弹性模量来表示。由式（6-8）可知，它与索的拉力（索力）呈反比。因此，拉力不仅影响斜拉索自身的受力，也影响到斜拉桥整体结构的内力分配。换言之，在众多索力中，总存在一组合理的索力，使得斜拉桥的受力、线形与设计理想状态基本吻合，也即达到合理成桥状态。这样，求合理成桥状态问题就转化成求合理索力的问题。

由前述可知，斜拉索索力由初拉力和后期索力组成，其中初拉力可由设计者根据需要确定，所以，求合理索力的关键是确定初拉力。

由于斜拉桥在施工过程中结构体系不断变化，主梁和索塔内力分布合理且结构线形满足要求的初拉力的确定，与施工方法密切相关。反过来说，为达到合理成桥状态，需要按一定的施工流程和方法来控制结构应力、线形误差，使其符合相关要求。这样的施工状态，称为合理施工状态。对于大跨径斜拉桥来说，恒载对结构起主要控制作用，因此，确定初始索力往往以使恒载作用下结构的合理受力为目标。

确定合理成桥状态（或合理初拉力）的计算有很多方法，如刚性支点法、零位移法、无应力状态控制法、倒拆（模拟施工的逆过程）正装（模拟桥梁的施工过程）法等。下面以三跨双塔斜拉桥为例，介绍计算初拉力的刚性支点法。

刚性支点法是指成桥状态下斜拉桥的主梁弯矩与对应的刚性支点连续梁状态一致。在计算时，将拉索与梁体的锚固点处设为一般支撑边界条件，在恒载的作用下，求出支撑反力，并根据斜拉索与主梁的夹角，反算出拉索的目标索力。这种方法求得的初拉力，能使主梁的恒载内力值小且均匀，但不同索之间的索力变化较大，需要进行调整。第一次计算后，要根据实际情况进行调整。这种方法，可分以下几个步骤完成：

(1) 将拉索锚固点用竖向的刚性支点替换，按连续梁结构计算自重作用下的支点反力V_i，如图 6-32（a）所示；

(2) 中跨拉索的张力 T_j 根据下端竖向分力与支点反力 V_j 一致条件算出；

(3) 边跨拉索张力按索塔不产生弯矩条件算出，即索塔两侧的拉索张力水平分力应一致，即 $H'_j = H_j$，如图 6-32（b）所示；

(4) 对差异大的索力进行局部调整，以使张力分布均匀；

(5) 靠近桥梁端部拉索的竖向分力（V'_j）与连续梁反力（V'_j）相差比较大时，通过端部压重避免支座出现负反力，并使主梁弯矩比较小且分布均匀。

这种方法只考虑了梁的受力合理，而忽略了塔的受力大小。如果是不对称斜拉桥，拉索在索塔的水平分力有较大的不平衡，导致塔根部弯矩很大。对于预应力混凝土斜拉桥，受徐变的影响，塔根部弯矩可以得到部分消除。此外，刚性支点法没有考虑到施工过程对合理索力的影响。

斜拉桥的初拉力一般需要通过模拟施工过程的计算分析确定，如正装、倒拆计算。所谓

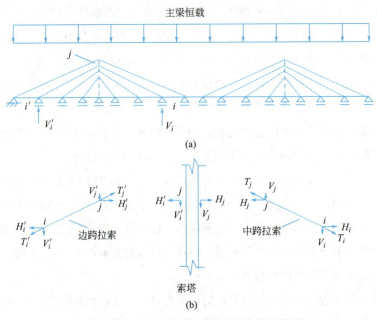

图 6-32 三跨斜拉桥成桥状态索力简易算法
(a) 计算拉索支点处的反力；(b) 计算中跨和边跨拉索的张力

正装计算是模拟施工过程的计算方法，根据施工确定的工艺、流程、所用的时间，计算每个阶段的变形和应力；而倒拆计算则是逆施工过程的计算方法，以成桥状态作为最终目标，推算各施工阶段的理想状态。

如果视合理成桥状态为一个目标函数，斜拉桥索力的确定就是根据指定结构状态，求索力的一个优化问题。然而，对于复杂的斜拉桥结构，理想的状态是什么，设计师需要提出明确的目标，才能建立起优化方程进而求得最优索力。由于斜拉索设置的主要目的在于使主梁的弯矩减小，因此，已有的指定结构状态，主要考虑了主梁的弯矩，索力的均匀性、索塔水平偏位、索塔内力等没有考虑在目标内，可能得出不合理的结果。因此，除了指定结构状态的优化方法外，索力优化又发展出弯曲能量（弯矩）最小法、数学优化方法、影响矩阵法、分步优化方法等。这些方法有的基于从力学概念上判别最优，有的则是通过数学上的优化理论获得最优状态。索力优化方法在现代大跨径斜拉桥设计中得到广泛的应用。

3. 成桥状态的恒载内力计算

斜拉索初拉力确定以后，索塔、主梁以及下部结构等内力可根据结构恒载和索力作用计算得到。这一阶段由于拉索的张力是由千斤顶提供的，索力作为荷载作用在索塔、主梁的拉索锚固位置处。图 6-33 为对应的计算简图。

由于计算模型中主梁和索塔没有赋予初始内力值，因内力与作用荷载的不平衡，会导致计算结果中有较大的位移。但是，这种位移不是结构的实际位移，因此只取用其中的内力计算结果。如果斜拉桥的拉索初拉力是根据指定结构状态求得，则主梁的恒载弯矩很小，计算

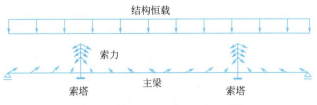

图 6-33 结构成桥状态的内力计算

得到的主梁内力以轴力为主。

上述计算过程并没有考虑施工过程，因此得到的结果是近似的成桥状态内力。由于混凝土的收缩和徐变与龄期有关，设计时应根据各施工步骤和相应的工期用正装计算，计算得到结构的成桥状态的内力。

4. 活载作用下的结构内力和变形

为了方便理解斜拉桥的受力原理，用力法来说明活载作用下的结构变形和内力计算。如图 6-34（a）所示，上端固定在索塔的拉索，当主梁发生变形时，结构从虚线位置变形到实线位置。设拉索在梁端的竖直位移为 δ_i，索长为 l_{si}，弹性模量为 E_c，截面面积为 A，索力为 T_i，则拉索的伸长量为 $T_i l_{si}/(E_c A)$。由于变形很小，设变形后拉索的倾斜角 α'_i 与变形前的倾斜角 α_i 近似相等，由几何关系可得：

$$\delta_i \sin\alpha_i = \frac{T_i}{E_c A} l_{si} \tag{6-11}$$

索力 T_i 的垂直分力 X_i 为 $T_i \sin\alpha_i$，因此，上式还可以表示成如下的形式：

$$\delta_i = \frac{X_i l_{si}}{E_c A \sin^2\alpha_i} \tag{6-12}$$

从式（6-12）不难得到主梁竖向变形的刚度系数 k_i 以及对应的柔度系数 δ_k^c 为：

$$k_i = \frac{E_c A}{l_{si}} \sin^2\alpha_i \tag{6-13}$$

$$\delta_k^c = \frac{1}{k_i} = \frac{l_{si}}{E_c A \sin^2\alpha_i} \tag{6-14}$$

因此，斜拉桥主梁在活载作用下的弯曲变形计算可以用刚度系数为 k_i 的弹性支承梁来近似，弹性支承的刚度与拉索的材料特性（E_c，A）、几何参数（l_s，α_i）有很大的关系。图 6-34（b）为单索的主梁弯曲变形计算模型，当 $k_1 = 0$ 时，它为一根简支梁，当 $k_1 = \infty$ 时，它为一根两跨连续梁。实际拉索对应的 k_i 介于 0 与 ∞ 之间，因此，其在均布荷载作用下的弯矩图如图 6-34（b）中的虚线所示，它明显低于简支梁。

下面以图 6-35（a）所示的斜拉桥为例，阐述单位移动荷载作用下主梁内力计算。假定塔的抗弯刚度和压缩刚度为无限大，即不考虑索塔的变形。计算可采用图 6-35（b）的简化图式，它可以看成由 1 个中间支座和 4 根索提供弹簧支承的连续梁，以这 5 个反力为多余

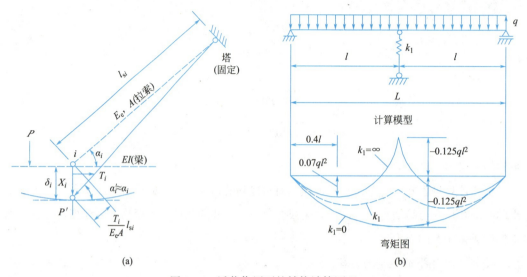

图 6-34 活载作用下的结构计算原理
(a) 拉索与主梁的变形；(b) 弹性支承连续梁弯矩

力,其力法方程为：

$$\left.\begin{array}{l}(\delta_{11}+\delta_1^c)X_1+\delta_{12}X_2+\delta_{13}X_3+\delta_{14}X_4+\delta_{15}X_5=\delta_{1p}\\ \delta_{21}X_1+(\delta_{22}+\delta_2^c)X_2+\delta_{23}X_3+\delta_{24}X_4+\delta_{25}X_5=\delta_{2p}\\ \delta_{31}X_1+\delta_{32}X_2+\delta_{33}X_3+\delta_{34}X_4+\delta_{35}X_5=\delta_{3p}\\ \delta_{41}X_1+\delta_{42}X_2+\delta_{43}X_3+(\delta_{44}+\delta_4^c)X_4+\delta_{45}X_5=\delta_{4p}\\ \delta_{51}X_1+\delta_{52}X_2+\delta_{53}X_3+\delta_{54}X_4+(\delta_{55}+\delta_5^c)X_5=\delta_{5p}\end{array}\right\} \quad (6\text{-}15)$$

解力法方程式（6-15）后可求得多余力，将多余力和荷载作用在基本结构上，可求得结构的内力和变形。

通过移动单位荷载，得到结构的内力影响线。图 6-35（c）给出了截面 A、B 的位移和内力影响线计算结果，其中考虑了三种不同的拉索刚度，可以看到，若提高拉索的刚度，可使主梁的挠度和弯矩减小。

上面给出的简单例子是非常近似的简化算法。从计算过程可以看到，斜拉桥作为高次超静定结构其计算量是非常大的，若再考虑桥塔变形的影响，计算过程更加复杂。早期斜拉桥采用稀索体系的一个重要原因就是为了避免高次超静定计算困难。计算机技术的进步促进了斜拉桥结构计算的发展，目前，无论是方案比较还是各阶段的设计，结构计算都采用有限元法程序进行，计算分析已经不再是设计中的一个难题。

5. 施工过程计算分析

斜拉桥一般采用悬臂法施工。结构、结构内力和线形随着施工进展不断改变。因此，为了获得成桥状态的结构内力、线形，需要通过施工过程各步骤的结构计算累积并考虑施工期

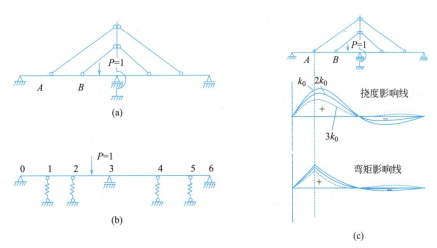

图 6-35 斜拉桥在单位移动荷载作用下的简化计算模型和影响线
(a) 斜拉桥；(b) 简化计算模型；(c) 主梁位移和内力影响线

间混凝土的收缩、徐变影响得到。

施工过程结构计算，也是施工过程监测监控的需要。斜拉桥是高次超静定结构，施工中要控制结构的受力与线形，需要通过计算机仿真模拟，分析、预测各个阶段的施工要求和形状变化，确定斜拉索施工张力和主梁的预拱度，指导施工工艺，使桥梁能够顺利合龙并达到设计要求的线形与内力。

施工过程结构计算，也是保证施工安全的一个重要内容。成桥状态结构的安全验算通过，并不能代替施工阶段结构安全的验算。悬臂法施工时，结构处于悬臂状态，体系的抵抗能力小，且混凝土材料也往往没有达到设计强度，存在着结构失稳等可能，设计时必须进行施工过程的结构安全验算。

如同斜拉桥的初拉力分析，施工过程的结构分析也可采用正装或倒拆计算。由于倒拆法不能模拟混凝土结构的收缩和徐变效应，因此斜拉桥预拱度需要正装和倒拆结合起来进行计算，根据正装计算得到混凝土收缩和徐变的影响，叠加到倒拆计算的结果中。一座斜拉桥的施工过程一般需要反复计算才能获得符合要求的计算结果。

斜拉桥施工过程必须进行监测与监控，以使施工形成的结构中索力、桥面标高等符合设计要求。

6. 斜拉桥结构验算

根据《斜拉桥规范》的规定，斜拉桥的静力稳定分析应包括整体稳定和局部稳定，稳定分析应涵盖主要体系转换过程，考虑主要作用组合。斜拉桥的整体稳定分析，应计入斜拉索垂度的影响。斜拉桥结构体系弹性分支点失稳的稳定系数应不小于 4；计入材料非线性影响的弹塑性稳定系数，钢主梁应大于 1.75，混凝土主梁大于 2.50。

混凝土索塔和混凝土主梁的结构计算，应符合现行《混凝土桥规》的规定。钢索塔、钢主梁和组合结构主梁的结构计算,应符合《公路钢结构桥梁设计规范》JTG D64—2015 的规定。组合、混合索塔、主梁的结构计算,应符合《公路钢混组合桥设计与施工规范》JTG/T D64-01—2015 或《钢-混凝土组合桥梁设计规范》GB 50917—2013 的规定。基础计算应符合现行《基础规范》的规定。重力式地锚计算应包括抗倾覆、抗滑移,其安全系数应不小于 2.0。

斜拉索应进行承载力计算。斜拉索的疲劳计算,应符合《公路钢结构桥梁设计规范》JTG D64—2015 的规定,其中部分斜拉桥斜拉索的疲劳应力幅应控制在 80MPa。

斜拉桥的容许变形,主梁在车道荷载(不计冲击力)作用下的最大竖向挠度,对于混凝土梁主跨,应不大于 $l/500$(l 为主跨跨径);对于钢梁、钢-混凝土组合梁和混合梁的主孔钢梁,应不大于 $l/400$。

6.1.4 斜拉桥施工方法简介

斜拉桥施工包括基础、墩台、索塔、挂索和架梁等几个方面的内容,下部结构和墩台的施工方法与其他桥型基本相同,而上部结构施工有其特殊性。本节对斜拉桥的上部结构施工方法作简要的介绍。

斜拉桥上部结构的施工方法很多,一般梁式桥梁的施工工艺都能适用于斜拉桥的施工,如支架上拼装或现浇,悬臂拼装或浇筑,顶推法和平转法等。可根据桥梁的构造特点、施工技术及设备、现场环境等施工条件,研究决定具体的施工方法。

在支架上施工主梁是最简单的施工方法,而且能够保证结构的设计线形。但这种方法只有当桥面不高、桥下允许搭设支架或支墩时才有可能实施,一般用于在河滩处的边跨、塔柱附近的 0 号和 1 号梁段施工,施工方法、工序与一般梁式桥相同。

顶推法施工可分为纵移和横移两种情况。纵移与连续梁所用顶推法大致相同。横移指在平行于桥轴线的桥位一侧修建上部结构,然后横向顶推到桥轴位置。顶推法施工需要在跨间设置若干临时支墩,在顶推过程中主梁要反复承受正负弯矩,因此,一般只适用于桥下净空小、修建临时支墩容易的钢主梁架设。2004 年建成的法国 Millau 桥,为 7 塔 8 跨单索面钢梁斜拉桥,两边跨的跨径为 204m,中间六主跨的跨径为 342m,最高桥墩达 245m,采用纵移顶推法施工。

平转法与拱桥中所采用的转体法相似,将上部结构分为两半,分别在沿两岸顺河流方向的矮支架上制作,然后以索塔为圆心旋转到桥位合龙。用此法修建的斜拉桥不多,桥梁的跨径也不大,如我国四川金川曾达桥(跨度 71m+40m,在岸边脚手架上采用预制与现浇并用的方法制造,然后直立,再平转就位,1980 年)、法国 Meylan 桥(23.35m+79.0m+23.35m 人行斜拉桥,平转施工,1982 年)。这种施工方法适用于桥址地形平坦、塔身较低和适合整体转动的中小跨径斜拉桥。

斜拉桥由于索塔和拉索为主梁悬臂施工提供了便利,因此悬臂法是最常用的施工方法。

钢梁斜拉桥和钢-混凝土组合梁斜拉桥,采用悬臂拼装的方法;对混凝土梁斜拉桥,有悬臂浇筑和悬臂拼装两种。它可以是在支架(或支墩)上建造边跨,然后中跨采用悬臂施工的单悬臂法,也可以是对称平衡施工的双悬臂法。

混凝土梁斜拉桥的悬臂施工法工序可以大致分为:修建索塔;吊装主梁节段(悬臂拼装法)或现浇混凝土主梁节段(悬臂浇筑法);安装并张拉斜拉索;两者交替进行直至合龙。图 6-36 为某混凝土梁斜拉桥悬臂施工方案的示意图,采用双悬臂法,先在边跨合龙,然后在中跨合龙,桥梁全部合龙以后再进行桥面系等的后续工序施工。具体步骤为:

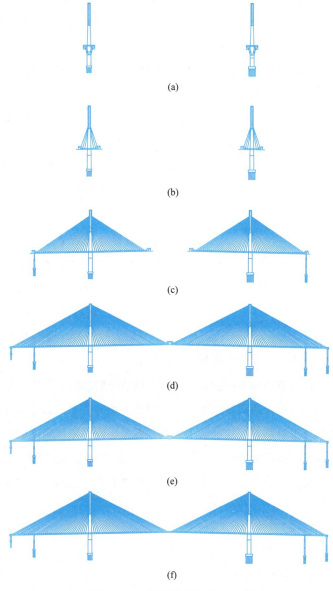

图 6-36　某斜拉桥悬臂施工实例

(1) 下部结构及桥塔、桥墩、桥台施工；支架上浇筑 0 号块主梁；塔临时固结；安装挂篮，见图 6-36（a）。

(2) 悬臂浇筑主梁，包括前移挂篮根据标高定位；浇筑混凝土，张拉预应力钢束；安装斜拉索；张拉并调整索力，见图 6-36（b）。

(3) 重复上述施工过程，悬臂浇筑主梁，在辅助墩位置与辅助墩连接，见图 6-36（c）。

(4) 边跨合龙，见图 6-36（d）。

(5) 主梁中跨合龙段施工，包括：按合龙段重量进行配重；合龙段劲性骨架安装，拆除临时固结；混凝土浇筑，逐渐拆除配重；预应力钢束张拉等，见图 6-36（e）。

(6) 后续施工，包括：成桥前的调索（如果需要）；斜拉桥的防腐和安装减振装置；安装主梁限位装置；桥面系施工等，见图 6-36（f）。

在斜拉桥施工中，拉索的架设和张拉是一个主要的工序。为了符合设计的应力和标高要求，拉索张力需要调整。当索力与标高有矛盾时，一般首先考虑标高要求，因为梁标高的变化会影响轴向偏心矩，使其在徐变作用下产生更大的变形，当拉索的初应力较低时可以容许有10%的变化，当初应力较高时宜控制在5%之内。

悬臂法施工过程中为了尽量减少各根索的索力调整次数，将各施工阶段所需要的拉力和梁的几何位置预先算出，即前面讲到的施工过程结构计算分析。在每个施工阶段，索力调整后的主梁位置要考虑后续施工中产生的结构变形，包括荷载效应以及收缩徐变变形，因此，必须设置反方向的变形（图6-37），即预拱。随着施工的推进，结构形状逐渐变化到设计线形。斜拉桥主梁承受较大的轴力，预拱大小要考虑轴向变形

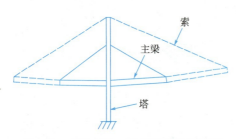

图 6-37 斜拉桥施工过程中线形示意图

的影响，跨度稍大的结构还需要考虑几何非线性的影响。

同一拉索中的不同钢束应同时张拉，当设备及构造受限制时也可以分组或单根张拉。分组张拉时应注意一组中各根束的张拉速度一致，使拉力均匀分布。另外，分组张拉要考虑后续组张拉引起的弹性变形对已张拉组的索力影响，即考虑索力张拉顺序的影响。

张拉的索力值由千斤顶读数来控制，对已经张拉好的拉索，索力测定一般根据索的振动频率推断。根据钢弦横向振动方程，可以导出自振频率和索力之间的函数关系为：

$$f = \frac{n_e}{2l_0}\sqrt{\frac{F}{m}} \tag{6-16}$$

式中 f——横向自振频率（Hz）；

n_e——拉索长度内的半波个数；

l_0——拉索的自由或挠曲长度；

F——拉索中的拉力，假定沿索均匀分布；

m——拉索单位长度的质量，$m=w/g$，w 为每延米长重量，g 为重力加速度。

拉索发生振动时，第一阶卓越频率对应的振型为索全长形成一个半波，即 $n_e=1$，因此根据实测到的第一个卓越频率 f_1 推断索力 F 为：

$$F = 4f_1^2 l_0^2 m \tag{6-17}$$

由于式（6-17）结果是根据弦振动理论得到的，忽略钢索弯曲刚度的影响，当拉索较短时，边界影响明显，这时应对索力测试结果予以修正。

在索塔施工方面，钢塔和混凝土塔的施工工艺有较大的差别。混凝土桥塔采用分节段施工，即在桥塔高度方向根据施工需要将桥塔分成数段逐段施工、安装，施工过程中模板的安装、架立钢筋以及混凝土浇筑是主要的工作量。模板有木模和钢模，除了一些特殊部位外木模已逐渐被钢模所替代。

钢模有大型钢模、爬模等。大型模板是由若干标准小钢模拼装而成，施工时用塔式起重机或吊机吊装就位，以减少高空模板拼装作业。为了确保模板能多次周转使用，混凝土强度达到拆模要求时，拆下并铲除其上面的水泥浆，必要时涂上脱模剂以备下个节段施工时使用。

当塔身有一定的高度且上下截面变化不大时，可采用爬升模板施工。爬升模板是按塔身截面轮廓制成的钢质模板节段（高约 1.2m），由顶架支承，顶架上安装千斤顶，通过千斤顶施力逐节提升整个模板装置。安设模板以后的施工基本工序是：（1）已浇筑墩身混凝土养护，达到要求的强度；（2）接长顶棒，提升顶架及模板；（3）浇筑新的一节墩身混凝土。以后交替进行，直到塔顶。由于斜拉桥的塔身形状一般较复杂，目前大量采用液压整体提升模板施工索塔。

斜拉桥在施工过程中，索力和主梁线形受环境与施工因素影响很大，需要根据设计要求和实际情况随时进行调整，且一般需在全桥合龙后进行最终调整。由于索力对结构体系的内力分布有很大影响，因此施工中应保证索力符合设计要求，这就要求对各施工阶段的安装或立模标高及索力进行实时监控，并适时调整。所以在我国现代大跨径斜拉桥施工中大都专门组织科研力量与施工单位配合，对施工全过程进行监测和分析。

6.1.5 斜拉桥桥例

6.1.5 斜拉桥桥例

6.1.6 部分斜拉桥

6.1.6 部分斜拉桥

6.2 悬索桥

索结构是三大桥梁基本结构体系之一,也是跨越能力最强的结构。本节在概述部分首先介绍索的基本构成与受力特点,然后简述悬索桥的结构与构造,接着是施工方法,最后简要介绍悬索桥的基本计算理论。

6.2.1 概述

1. 基本构成与术语

悬索桥是指主缆为桥跨上部结构主要承重构件的桥梁。现代悬索桥由主缆、索塔、锚碇和加劲梁构成,如图 6-42 所示。

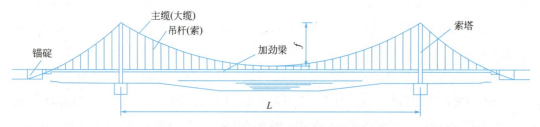

图 6-42 三跨(地锚式)悬索桥立面示意图

主缆也称为大缆,以受拉为主,采用抗拉能力强的材料。早期采用的主缆有藤索、竹索、铁索、眼杆链等。缆、索、链、绳都是柔性大的构件,其中独立的、直径较大的,称为缆。在 1820 年前后,法国工程师开启了钢丝制作悬索桥主缆的先河。现代大跨径悬索桥的主缆均采用高强冷拔镀锌钢丝。目前国内外都在研究主缆的新型材料,如碳纤维等,以促进悬索桥向更大的跨度发展,并提高主缆的寿命、减少养护费用。

在几何方面,索与拱一样都是曲线形结构。除了跨径外,垂跨比是悬索桥的一个重要设计参数,它指索的垂度与跨径的比值。垂跨比不仅影响索与锚碇的受力,也影响桥塔的高度。

主缆一般支承在索塔上。索塔,也称桥塔、主塔,是悬索桥抵抗竖向荷载的主要承重构件，在恒载作用下，以受压为主；在活载作用下，以受压弯为主，具有梁柱构件特性。主塔水平纵向抗推刚度相对较小，塔顶水平位移主要由中、边跨主缆水平分力的平衡条件决定。因而，塔内弯矩大小取决于塔的弯曲刚度。现代的悬索桥索塔主要采用钢、混凝土或钢-混凝土组合结构。索塔塔顶设有鞍形支座——索鞍，也称主索鞍。

主缆一般都锚固于锚碇上。锚碇承受主缆传来的拉力，将主缆中的拉力传递到地基中去。锚碇的类型，主要有重力式锚碇、隧道锚碇和岩锚。采用重力式锚碇居多，它用自重抵抗主缆的垂直分力，用锚底摩阻力或嵌固阻力来抵抗主缆水平分力。隧道锚和岩锚需要有合适的地形地质条件，它直接将主缆拉力传给周围基岩。在悬索桥结构分析中，常将主缆的锚固点作固定约束处理。

现代悬索桥设有加劲梁，其上设置桥面板为桥梁提供车辆通行的功能。加劲梁以钢结构为主，主要形式有钢桁梁和扁平钢箱梁。它对提高大跨悬索桥的刚度，控制车辆荷载、风荷载等作用下的变形与振动，发挥着极其重要的作用。加劲梁悬吊于主缆，以受弯为主。

加劲梁承受自重的内力与施工方法有关，详见后面的介绍。成桥后承受活载时，在局部受力上相当于弹性支承的连续梁（图6-43），弯矩主要受自身跨径（吊杆纵桥向间距）的影响，而与桥梁的总跨径关系较小，不像梁桥的主梁弯矩随着跨径的增大而迅速增大，这是悬索桥跨越能力比梁桥大的一个主要原因。在总体受力上，它与主缆之间遵循刚度分配法则进行力的分配。大跨径悬索桥加劲梁的挠度从属于主缆，其受力功能随悬索桥跨径的增大而逐步退化其传力作用，其抗弯刚度对桥梁总体刚度的影响也逐渐减小。

图6-43 悬索桥加劲梁受力计算简图

除上述四大构件外，悬索桥还用吊杆将加劲梁上的荷载传给主缆，承受轴向拉力。吊杆主要采用钢索，也称为吊索。

悬索桥的跨越能力在现有的所有桥型中最大。同其他桥式相比，跨度越大，它的优势越明显。

（1）在材料用量和截面设计方面，加劲梁和吊杆的截面面积并不需要随着桥梁跨径增大而增加。

（2）在构件设计方面，悬索桥的主缆、锚碇和桥塔这三项主要承重构件在扩充其截面面积或承载能力方面所遇到的困难则较小。

（3）作为主要承重构件的主缆具有非常合理的受力形式。

（4）在施工方面，风险较小。

以上介绍的悬索桥，主缆锚固在独立于加劲梁的锚碇，也称为地锚式悬索桥。与之相对应的是自锚式悬索桥,见图 6-44,其主缆直接锚固在加劲梁上,从而取消锚碇。自锚式悬索桥具有一定的结构造型,对地形和地质状况适应较强;但加劲梁因承担主缆传来的拉力而受压,需加大截面以满足稳定性要求;同时,它需先架设加劲梁,以供主缆锚固,施工难度大、费用高。因此,它与地锚式相比,跨径较小,应用不多。一般所说的悬索桥,不特别注明时均指地锚式悬索桥。本章主要介绍地锚式悬索桥。

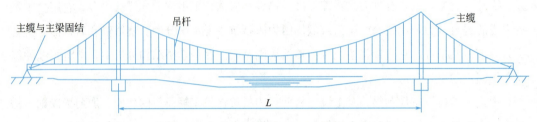

图 6-44 三跨自锚式悬索桥立面示意图

2. 索的受力特点

与第 5 章介绍拱的受力特点相似,也将索与同等跨径简支梁进行受力比较,见图 6-45 和图 6-46。一般假定索不承受弯矩、剪力和轴压力,只承受拉力。受拉的索,全截面均匀受力,较之梁以受弯为主、截面边缘应力不均匀,能更有效地发挥全截面材料的承载能力。

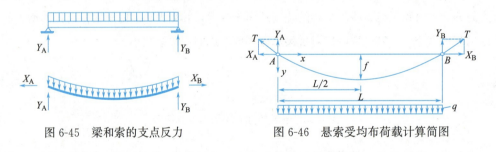

图 6-45 梁和索的支点反力 　　图 6-46 悬索受均布荷载计算简图

与梁相比,索的反力见式(6-18)。式中简支梁的内力和反力上标加"o",索的内力和反力不加"o"。

$$
\left.\begin{array}{l}
Y_A = Y_B = \dfrac{qL}{2} = Y_A^o = Y_B^o \\[2mm]
X_A = X_B = \dfrac{Y_A \cdot \dfrac{L}{2} - q \cdot \dfrac{L}{2} \cdot \dfrac{L}{4}}{f} = \dfrac{M_{L/2}^o}{f}
\end{array}\right\} \quad (6\text{-}18)
$$

从式(6-18)可知,索的竖向反力与简支梁相同。但在竖直荷载作用下,索会产生水平反力,而简支梁则没有。

对比式(5-2a)和式(6-18)可知,索与拱一样有水平反力,只不过索中的反力是拉力,而拱中则是压力。索的水平反力大小与垂高呈反比,拱的水平反力与矢高呈反比,只不过垂高是向下的，而矢高是向上的。理论上当垂高或矢高为零时，索或拱的水平反力将达到无穷大，因此它们都必须是曲线形结构。悬链桥主缆矢跨比的选择见后面介绍。

由材料力学可知，承受竖向分布荷载时，索的平衡方程可用式（6-19）表示：

$$H\frac{d^2 y}{dx^2} - q_y = 0 \tag{6-19}$$

式（6-19）与式（5-17）相似。

如果作用在索上的是均布荷载，如图 6-46 所示，则式（6-19）中的 q_y 为常数，很容易求得 y 为二次抛物线，可用式（6-20）表示：

$$y = -\frac{4f}{L^2}(x^2 - Lx) \tag{6-20}$$

它与受均布荷载作用时的三铰拱理想拱轴线相同，只是方向相反。

当索只承受其自重作用时，荷载集度沿索长（沿 s 而不是 x）为均匀分布，用式（6-21）表示：

$$q_y = q\frac{ds}{dx} = q\sqrt{1 + \left(\frac{dy}{dx}\right)^2} \tag{6-21}$$

将式（6-21）代入式（6-19），可得：

$$H\frac{d^2 y}{dx^2} - q\sqrt{1 + \left(\frac{dy}{dx}\right)^2} = 0 \tag{6-22}$$

对式（6-22）进行 x 的二次积分，并将几何边界条件代入，可得：

$$y = \frac{H}{q}\left[\cosh\gamma - \cosh\left(\frac{2\beta}{L}x - \gamma\right)\right] \tag{6-23}$$

式中：

$$\gamma = \sinh^{-1}\left[\frac{\beta\left(\frac{h}{L}\right)}{\sinh\beta}\right] + \beta, \quad \beta = \frac{qL}{2H} \tag{6-24}$$

式（6-23）是一条悬链线。从第 5 章我们知道，三铰拱在分布荷载具有随拱轴线变化的荷载集度作用下的合理拱轴线，也是一条悬链线。然而，它与这里的荷载集度不一样，所以同为悬链线，但并不完全相同。对三铰裸拱的合理拱轴线进行推导，可得与式（6-23）形式相同、符号相反的表达式。从这里我们可以更清楚地知道，为什么采用式（5-19）悬链线的无支架施工或早脱架施工的拱桥，要进行裸拱内力计算，并应适当降低拱轴系数。

悬索桥的主缆架设后，在自重作用下，其线形为悬链线。架设完成后，如果只考虑加劲梁的恒载（它比主缆自重大许多），因其基本上是均布荷载，主缆的线形为一抛物线。当然，成桥状态下，主缆承受的恒载，除了加劲梁重量和二期恒载等均布荷载外，还要承担沿索曲线均匀分布的主缆自重和吊索传来的包括吊索、索夹重量的集中力。将主缆以集中力作用点作为节点进行划分，容易求得主缆在各吊点之间为悬链线。

以上分析可以看出，索是一种具有明显的大位移特征的结构，在荷载作用下，索的形状将发生明显的变化，通过具体的分析可知，其变形值远大于其他结构。为进一步说明这个问题，取图 6-47 受一集中力作用的索来分析。显然，由于索的抗弯刚度可以假定为零，集中力作用下作用点处的索将产生很大的变形，索的形状也发生很大的改变。与我们之前所介绍的梁、柱、拱的结构或构件不同，索是几何可变体，只承受拉力，在荷载作用下，除了自身的弹性变形外，它还需要通过自身产生较大的变形来求得平衡，因此，索表现出大位移非线性的力学特征，这是它与其他桥梁结构不同的重要特征之一。

图 6-47　单个集中力作用下的悬索变形示意图

如果索只承受集中力而没有自重作用，则它的变形就成为折线，即图 6-45 中的线为直线。在多个集中力的作用下，它就变形成多段折线，如图 6-48 所示，它是索的拉力线，可用作图法求得。

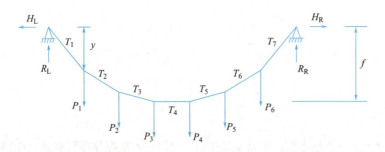

图 6-48　多个集中力作用下的悬索变形示意图

它倒过来就是拱的压力线，也可用作图法求得，见图 6-49。当拱轴线与压力线重合时，拱中的弯矩处处为零。然而，当拱轴线与压力线不重合时，由于拱并不像索一样是可变体系，拱中就产生了弯矩，偏离值越大，弯矩也越大。

从以上分析可以看出，索与拱的受力既有相似之处，也有不同之处。同时，索与拱都有几何非线性和刚度问题。索主要是几何大变形问题，悬索桥需要足够的刚度来限制变形，控制振动，保证动力稳定性。拱的几何非线性主要为大压力与小变形的耦合作用问题，拱桥需要足够的刚度来保证它的受压稳定性。

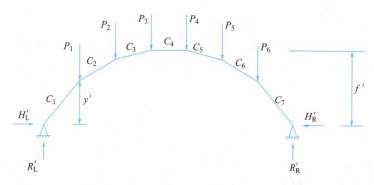

图 6-49 多个集中力作用下拱的压力线示意图

3. 悬索桥发展概况

索结构从古代发展到今天，大致经历了四代。早期、简陋的只供人、畜行走的悬索桥常把桥面直接铺在悬索上，有些甚至没有桥面。此为第一代。

近代火车、汽车的交通，桥面要保持一定的平直度。从 18 世纪美国格林斯堡桥开始，索与桥面系分开。悬索桥发展到了第二代。悬索桥的主缆用铁链，加劲梁以木桁架或开放式铁桁架为主，跨径不大。到 19 世纪中叶，一大批索桥的事故发生。

1883 年美国建成的布鲁克林桥（主跨 486m）是第三代悬索桥的标志性桥梁。它采用钢桁加劲梁，主缆采用高强钢丝索。之后，以美国为主，欧美等地相继建成一大批悬索桥，跨径也不断增大，如美国乔治华盛顿桥和旧金山金门大桥，跨径均超过千米，分别达 1067m 和 1280m。由于对风动稳定性问题认识不足，在加劲梁的刚度不断地被盲目减小的情况下，主跨 853m 的美国 Tacoma Narrows（塔克曼）大桥建成后仅四个月在 19m/s 的中等风速下突然倒塌。之后，对桥梁风致振动问题展开了大量的研究。

研究的结果对大跨径悬索桥加劲梁的设计产生了两种不同的设计理念。第一种继续采用钢桁加劲梁，但要求其具有足够的抗弯、抗扭刚度，钢桁梁高度明显增大，用钢量增多。第二种则采用闭口的、具有空气动力稳定性（流线形）的钢箱梁，通过减小风的作用来保证桥的稳定性。这种箱形加劲梁的几何尺寸和用钢量均较桁架梁小。以钢箱加劲梁为特征的悬索桥，称为第四代悬索桥。

以 1964 年建成的英国塞文桥（主跨 988m）开始，第四代悬索桥从英国发端，在欧洲的大跨径悬索桥中得到了大量的应用，如英国的 Humber 桥和丹麦 Great Belt 桥。第三代、第四代悬索桥有时也称为美式悬索桥和英（欧）式悬索桥。

日本的现代悬索桥基本沿用美式悬索桥，在主缆采用平行索股制作等方面取得了技术进步，修建了一批大跨悬索桥，其中明石海峡大桥至今保持着桥梁跨径的世界纪录。

我国现代悬索桥的建设起步较晚。由第 1 章可知，从 1995 年的汕头海湾大桥开始，经广东虎门大桥、湖北西陵长江大桥、江苏江阴长江大桥，跨径从近千米到超千米，直到主跨达1700m的湖北省杨泗港大桥，跨径不断增大，技术不断进步，呈快速发展趋势。除沿海大跨以采用钢箱加劲梁为主外，在内陆和山区中也有相当多的悬索桥采用钢桁加劲梁。此外，在大跨径多塔多跨悬索桥建设方面也取得了突破，如马鞍山长江大桥、泰州长江大桥等。

6.2.2 悬索桥结构与构造

1. 总体布置

（1）结构体系

悬索桥的结构体系主要有单跨和三跨两种。悬索桥跨越能力大，一般跨径不受通航、排洪要求控制。总体布置时主要根据地形、地质条件确定索塔、锚碇和桥台的位置。索塔一般有两个，通常将悬索桥划分为中跨和两个边跨，形成双塔三跨或双塔单跨两种，简称三跨悬索桥（图6-42）或单跨悬索桥（图6-50）。

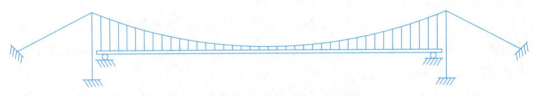

图6-50 单跨简支悬索桥示意图

《公路悬索桥设计规范》JTG/T D65-05—2015（简称《悬索桥规》）规定，悬索桥边中跨比宜为0.25~0.45。若锚碇布置受地形、地质条件等限制或有其他要求时，根据需要采取一定措施后可突破此范围。

当边中跨之比小于0.25而边跨跨径又较小时，边跨可以不设吊杆，边索变成普通的锚索，即单跨悬索桥（图6-50）。图1-5所示的湖南矮寨大桥为单跨悬索桥。

当边中跨之比大于0.25时，可采用三跨结构。在大跨径的悬索桥中，尽管边中跨之比小于0.25，然而边跨跨径还是很大，此时，边跨也可设吊杆，成三跨悬索桥，如图1-9所示的美国金门大桥。三跨悬索桥的边中跨比一般为1:3~1:2。根据加劲梁的静力形式，它可进一步分为三跨简支和三跨连续两种，如图6-51所示。公路桥梁多采用三跨简支式，而公铁两用桥则常用三跨连续式以便于火车平稳通过。

也有个别悬索桥根据实际地形地质条件采用两跨式的，如湖北省杨泗港大桥，主跨达1700m。

多塔多跨悬索桥的索塔多于两个，图6-52所示的是三塔四跨悬索桥。多跨悬索桥的中间索塔的塔顶在各跨荷载分布不均匀时，会产生较大的水平位移，需要采取一定的措施来限制。近年，我国修建了多座大跨径的多塔多跨悬索桥，如马鞍山长江大桥（左汊桥，三塔两跨，对称布置，主梁跨径为2×1080m，2013年建成）、泰州长江大桥（三塔双跨，对称布

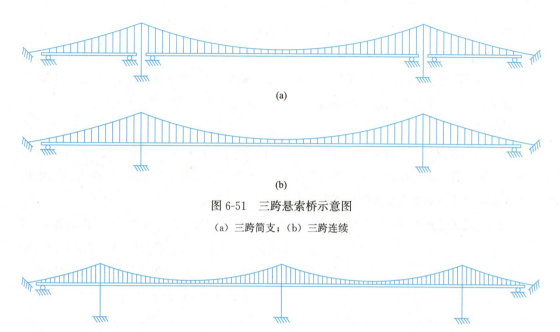

图 6-51 三跨悬索桥示意图

(a) 三跨简支；(b) 三跨连续

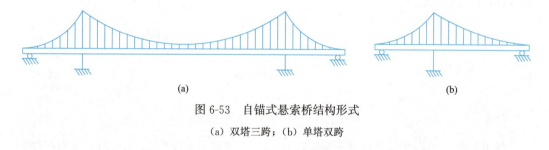

图 6-52 多塔多跨悬索桥示意图

置，主梁跨径为 $2\times1080\mathrm{m}$，2012 年建成）等。

对于自锚式悬索桥来说，由于加劲梁需要承担主缆产生的巨大水平力，因此加劲梁需采用连续结构，且边跨需要布置吊杆来支承加劲梁。常见的自锚式悬索桥的结构形式有双塔三跨连续和单塔两跨连续两种，如图 6-53 所示。

图 6-53 自锚式悬索桥结构形式

(a) 双塔三跨；(b) 单塔双跨

(2) 主缆垂度、垂跨比与塔高

悬索桥的受力性能与主缆的垂跨比有关。设中跨主缆垂度 f，则垂跨比为 f/L。从悬索桥受力来看，垂度 f 越大，主缆中的内力越小，可以节省钢材；但桥塔的高度和悬索的长度都要增加，材料也相应增加；同时，悬索加长会增加跨径四分点的挠度。理论分析认为最有利的垂跨比为 $1/7\sim1/6$。但在工程实践中，欧美为了降低桥塔高度，常用 $1/12\sim1/9$ 这种偏小的垂跨比。对于自锚式悬索桥，由于有主缆水平分力的作用，垂跨比不适合做得太小，常用 $1/8\sim1/5$ 左右。

《悬索桥规》规定，主缆垂跨比应考虑经济性和全桥结构刚度的需要，宜在 $1/11\sim1/9$ 的范围内确定。主缆垂跨比是总体设计中一项重要指标,减小垂跨比将增加全桥刚度、主缆拉力和锚碇规模,减小索塔高度和吊索长度。反之亦然。总体设计时应通过分析比较合理选定悬索桥主缆垂跨比。经统计,国内外30余座已建悬索桥,主缆垂跨比均在1/11～1/9之间。

悬索桥的桥塔高度是通过桥面标高、跨中吊杆最小高度和垂度计算得出。

(3) 吊索

吊索的布置以竖直平行为主;也有采用斜向布置的,如英国的Severn桥,以增加悬吊结构的阻尼。偶尔还增设斜拉索来提高刚度,如1883年建成的纽约Brooklyn桥。《悬索桥规》规定:吊索在纵桥向宜采用竖直布置方式。

吊索间距关系到加劲梁构造与材料用量,应进行经济比较。跨径在200m以内的悬索桥,吊索间距一般取5～8m。跨径增大,吊索间距也相应增大,有时吊索间距可达20m左右。如佛拉察奴海峡桥,吊索间距15.9m;葡萄牙的25 de Abril(4月25日)大桥,吊索间距达23.02m。

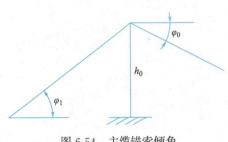

图6-54 主缆锚索倾角

(4) 锚索倾角

为了使主缆与锚索的拉力相等或接近,锚索的倾角φ_1和主缆在桥塔的水平倾角φ_0应相等或相近(图6-54)。

主缆在桥塔处的倾角φ_0,可由式(6-25)计算得出。以桥塔支承点为坐标原点的主缆曲线方程,可近似表示为:

$$y = \frac{4fx(L-x)}{L^2}$$

由

$$\left.\frac{dy}{dx}\right|_{x=0} = \tan\varphi_0 \tag{6-25}$$

$$\tan\varphi_0 = \frac{4f}{L}$$

我国常按$\varphi_1 = \varphi_0$的条件来确定锚索倾角φ_1。当考虑锚索倾角$\varphi_1 = \varphi_0$时,根据刚度和经济条件,锚索倾角常采用30°～40°。大跨径悬索桥往往在受地形限制时,按$\varphi_1 \neq \varphi_0$来处理,但为了减少主缆和边索中的内力差值,两角差值一般控制在10°以内。

(5) 加劲梁形式与高度

《悬索桥规》规定,加劲梁的宽度和高度应满足桥面使用功能、结构受力、刚度和抗风稳定性的要求。加劲梁外形应考虑抗风的要求。加劲梁由车道荷载频遇值引起的最大竖向挠度值不宜大于跨径的1/250,频遇系数取1。加劲梁在风荷载作用下,最大横向位移不宜大于跨径的1/150。

总体布置时加劲梁的设计,首先要选择结构形式,桁梁还是箱梁。桁梁的桁高比箱梁的梁高要大好几倍，它对布置双层桥面的适应性较强。箱形加劲梁材料省、自重轻，越来越多被大跨径悬索桥采用。

悬索桥的加劲梁梁高 h，主要根据刚度条件和材料用量最少来确定。桁梁的梁高一般为 $8\sim14m$，在 $L/180\sim L/70$ 之间（L 为跨径）；箱梁的梁高一般为 $2.5\sim4.5m$，在 $L/400\sim L/300$ 之间。

（6）桥面横截面布置

悬索桥在横截面内通常布置两根主缆，吊索与主缆在同一竖直面内。主缆的横向间距或加劲梁的横向间距，主要由横向刚度和稳定条件决定，同时考虑施工机具（加劲梁吊装吊具以及主缆缠丝机）对主缆与加劲梁之间的空间要求。根据刚度条件要求，中小跨径悬索桥的主缆间距不应小于 $L/30$。在大跨径的悬索桥中，由于主缆截面较大，主缆刚度对全桥横向刚度的影响较大，反而对主缆的横向间距的要求降低。另一方面，满足交通功能要求的梁宽不一定超过 $L/30$。所以大跨径的悬索桥，经过试验，主缆间距可小于 $L/35$。这时可以与车道宽度和人行道布置综合考虑，并经过风洞试验确保悬索桥的安全。经统计，国内外 30 余座已建悬索桥的主缆间距，除英国亨伯尔桥为 $L/64$ 外，其他均大于 $L/60$；其中最大的几座在 $L/60\sim L/40$ 之间。《悬索桥规》规定，主缆中心距与主跨跨径比值宜大于 $L/60$。

行车道和人行道的横向布置，与加劲梁构造密切相关。当加劲梁为钢箱梁时，可以把行车道布置在上、下层，人行道能布置在加劲梁范围内时，一般不采用外悬臂人行道（图 6-55a）；如果梁高较小，车道只能单层布置在箱上时，为了减少箱宽一般将人行道布置在悬索外侧的悬臂上。

当加劲梁为桁梁时，满足横向刚度要求的加劲梁宽度大于桥面交通宽度要求时，可将人行道布置在加劲梁范围内（图 6-55b）；否则，可将人行道悬挑（图 6-55c）。

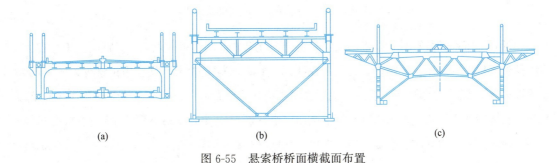

图 6-55　悬索桥桥面横截面布置

2. 主要结构

（1）索塔

桥塔按结构受力可分为刚性塔、柔性塔和摆柱式塔三种，见图 6-56。现代大跨径悬索桥常用柔性塔；刚性塔主要用在多塔悬索桥中，特别是中塔，以增强全桥的刚度；摆柱式塔只在早期偶尔用于小跨径的悬索桥。刚性塔为了提高刚度，还可以在纵桥向做成人字形。

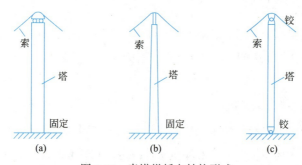

图 6-56　索塔纵桥向结构形式
(a) 刚性塔；(b) 柔性塔；(c) 摆柱式塔

索塔材料早期有采用圬工的。20世纪欧、美、日修建的悬索桥多采用钢塔，主要有桁架式和组合式。它的主要优点是施工速度快、质量容易保证、抗震性能好。在我国，钢、钢筋混凝土或钢-混凝土组合索塔都有采用。

现代悬索桥的钢索塔，多为混合结构，下半部分为混凝土，上半部分为钢塔。《悬索桥规》规定，钢索塔的塔柱钢混结合区宜选择在承台或下横梁位置处；钢塔柱宜选择带有切角的箱形截面。图 6-57 分别为泰州长江大桥、南京第三长江公路大桥和港珠澳跨海大桥钢索塔断面形式。

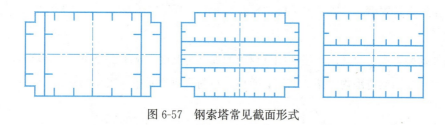

图 6-57　钢索塔常见截面形式

近几十年来随着混凝土技术的发展，特别是爬升式活动模板问世以来，混凝土索塔在大跨径悬索桥中的应用越来越多，尤其是在我国。它以刚构式为主，具有用钢量少、成本低、易维护等优点。《悬索桥规》规定，混凝土索塔塔柱及横梁应考虑受力、施工和景观等要求，确定合适的截面形式，宜采用空心箱形截面。塔柱断面设计应满足下列要求：1) 根据索塔顺、横桥向的受力要求选择合适的断面尺寸和壁厚；2) 考虑塔顶主鞍座的大小；3) 考虑塔内电梯的尺寸要求。

此外，还有一种钢-混组合式索塔，它的柱子为混凝土结构、横向联系为钢结构（钢横撑）。对于这种索塔，《悬索桥规》规定，混凝土塔柱宜采用空心箱形截面形式，钢横撑宜采用箱形结构或桁架式结构。另外，也有个别的索塔采用钢管混凝土等组合结构作为塔柱的柱子。

索塔横桥向结构形式可为刚构式（门式刚架）、桁架式或组合式（图 6-58）。刚构式可用于混凝土索塔和钢索塔；桁架式可用于钢索塔；组合式可用于钢索塔和钢-混组合式索塔。

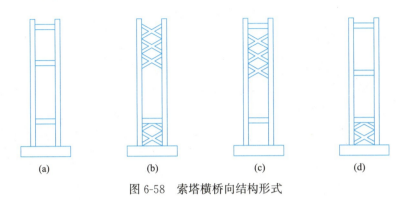

图 6-58 索塔横桥向结构形式
(a) 刚构式；(b) 桁架式；(c) 组合式 1；(d) 组合式 2

索塔基础可根据不同的建设条件选用桩基础、沉井基础或扩大基础等。基岩埋深较浅、地形地质条件良好的陆地或浅水区可选用扩大基础；覆盖层较厚且具备桩基施工条件的区域可选用桩基础；表层地基土承载力不足但在一定深度下有较好的持力层或平坦的基岩，且不便桩基础施工或上部荷载较大或船舶撞击力较大时，可选用沉井基础。

位于通航水域的索塔，应满足抗、防船撞等的要求。索塔设计应满足防雷、航空警示等要求。

(2) 锚碇

悬索桥主缆两端有地锚与自锚两种锚固方式。自锚应用较少，并且只限于中小跨度，其主缆锚固在主梁上，因此锚固构造也可认为是庞大的端横梁。绝大部分悬索桥采用地锚式，本书不特别指明时，均指地锚式锚碇。

锚碇是将巨大的主缆拉力传递给地基的悬索桥关键构件，采用何种结构形式，与地形、地质、水文及主缆力等建设条件密切相关。因此，应根据地形、地质、水文、主缆力、施工条件、经济性等选择锚体及基础形式。锚碇可分为重力式锚碇、隧道式锚碇和岩锚锚碇，其中重力式锚碇又可分为完全重力式锚碇和重力式嵌岩锚，见图 6-59。

重力式锚碇适应性较强，主要通过锚碇自身重力和地基摩擦力承担主缆缆力，传力机理简单。由于锚碇承受的竖向（向上）分力和水平分力很大，所需要的重力式锚块尺寸也很大。例如，明石海峡大桥采用外直径 85m、厚 2.2m、高 75.5m 的地下连续墙作锚碇基础，墙内填碾压混凝土 260000m^3；再在基础上修建锚碇身部，混凝土用量为 230000m^3。重力式锚碇的锚块、基础底板、顶板等结构的大体积混凝土，施工应进行温度控制，以保证施工期间混凝土不开裂或将裂缝控制在容许范围内。对埋置于地下或处于水包围环境的前、后锚室的各表面，以及外露于地面的前锚室表面，应进行防水设计。

重力式锚碇基础可分为扩大基础、沉井基础、地下连续墙基础及复合基础。基岩埋深较

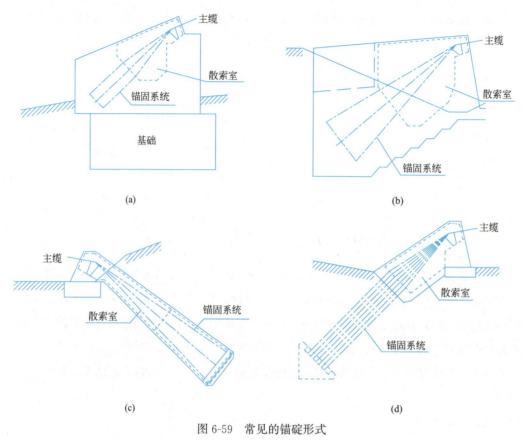

图 6-59 常见的锚碇形式
(a) 完全重力式锚碇；(b) 重力式嵌岩锚；(c) 隧道式锚碇；(d) 岩锚锚碇

浅、地形地质条件良好的陆地或浅水区宜采用扩大基础；表层地基土承载力不足但在一定深度下有较好的持力层或平坦的基岩，可采用沉井基础；在陆地或浅水区、基岩埋置较深的锚址区，对地面变形有严格要求或防洪要求高时，可采用地下连续墙基础；当地质条件复杂，采用单一基础形式不能满足要求时，可采用复合基础。

当地形地质条件较好且适宜成洞时，可采用隧道式锚碇。它可充分发挥围岩的承载能力，并通过锚塞体自重和围岩共同承担主缆拉力，它节约材料、经济性好，对地形地貌和周围环境破坏小，但前提则是在锚碇处有坚实山体岩层可加以利用。在锚碇范围内，主缆的丝股从缠紧状态变为散开，其拉力通过锚碇的锚固传力系统分散到锚块内。我国采用隧道式锚碇的悬索桥主要在西南山区。

当岩体完整、强度高时，可采用岩锚或带有预应力岩锚＋锚塞体的组合式隧道式锚碇。它利用高质量的岩体，将主缆拉力分散在单个岩孔中锚固，取消或减少锚塞体混凝土用量，可进一步节约工程材料。但岩锚围岩受力范围小、应力集中现象突出，对围岩强度要求更高。当采用隧道锚、岩锚等在建设条件和综合经济性方面不占优势的情况下，宜选择重力式锚碇方案。

(3) 主缆

悬索桥的主缆形式一般是全桥设有两根，平行布置。迄今为止，只有极少数悬索桥（如美国的维拉扎诺桥和乔治华盛顿桥）在全桥设有 4 根平行的主缆。另外，日本的北港桥（主跨 300m 的自锚式悬索桥）只设了单根主缆。

悬索桥的主缆可采用钢丝绳和平行钢丝束两种形式，前者一般用于中小跨度（跨度 500m 以下）的悬索桥，后者则适用于各种跨度的悬索桥。

悬索桥的主缆一般有以下基本要求：1）单位有效截面面积的拉力强度大；2）截面密度大；3）结构延伸率小；4）弹性模量大；5）抗疲劳强度大，徐变小；6）易于运输、架设与锚固；7）防腐处理容易；8）价格便宜。

大跨径悬索桥主缆的索力大，所要求的钢丝数目多，为了减小主缆直径和提高弹性模量，基本上采用平行钢丝组成丝股，再由若干丝股组成密实的主缆。主缆用镀锌高强度钢丝直径 d_w 宜在 4.5～5.5mm 内。直径 5mm 左右的钢丝生产工艺成熟、设备已配套定型，可降低生产成本。

主缆施工方法可选择预制平行索股法（简称 PPWS 法）或空中纺线法（简称 AS 法）。预制平行索股的技术指标应符合现行国家标准《悬索桥用主缆平行钢丝索股》GB/T 36483。

采用空中纺线法（AS 法）架设主缆时，可采用如图 6-60 所示的平顶正六边形、尖顶正六边形或切角四边形的排列形式，以便于丝股保持稳定和相对密实。

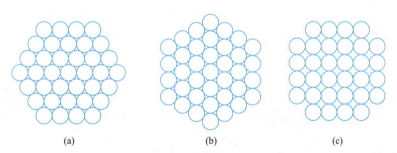

图 6-60 采用 AS 法时主缆索股排列形式
(a) 平顶正六边形；(b) 尖顶正六边形；(c) 切角四边形

采用预制平行索股法（PPWS 法）架设主缆时，索股中的钢丝数量采用 91 丝、127 丝等。主缆索股宜排列成正六边形，如图 6-61 所示。

平行钢丝主缆的丝股按设计排列架设完成后，将外层丝股的定型带去掉，将丝股打散，然后进行初整形；在初整形后，通过紧缆工序确保主缆设计空隙率，紧缆后每隔 1m 左右设置镀锌扁钢带临时捆扎主缆，使其保持要求的形状和尺寸。

在永久作用、汽车荷载、人群荷载、温度作用效应组合下，主缆钢丝的应力设计值应符合式（6-26）的要求：

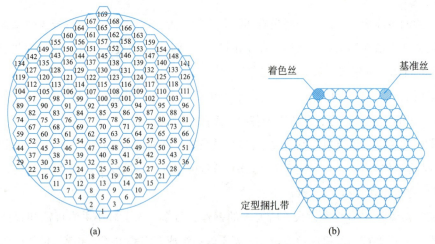

图 6-61 采用 PPWS 法时主缆索股排列形式及索股断面
(a) 主缆断面；(b) 索股断面

$$\gamma_0 \sigma_d \leqslant f_d \tag{6-26}$$

式中 σ_d——主缆钢丝应力设计值（MPa）；

f_d——主缆钢丝的抗拉强度设计值（MPa），$f_d = f_k/\gamma_R$，f_k 为主缆钢丝的抗拉强度标准值（MPa），按有关规定取值，γ_R 为材料强度分项系数，按有关规定取值。

根据《悬索桥规》，钢丝抗拉强度分项系数 γ_R 应按表 6-1 的规定采用。

钢丝抗拉强度分项系数 γ_R 表 6-1

抗拉强度标准值 f_k(MPa)	构件种类		
	主缆	销接式吊索	骑跨式吊索
1670	1.85	2.20	2.95
1770			

注：表列钢丝抗拉强度标准值系为 II 级松弛钢丝的数值，当采用 I 级松弛钢丝时，乘以折减系数 0.9。

(4) 吊索与索夹

作用于悬索桥加劲梁上的恒载与活载通过吊索传给主缆。有的悬索桥（如丹麦大贝尔特桥、我国的润扬长江大桥）为减小竖向变位和增大抗扭刚度，在跨中用中央扣将主缆与加劲梁直接连在一起，形成缆结，使主缆对跨中一点相当于斜拉索作用。桥位地震烈度较高时，可采用柔性中央扣。中央扣可提高悬索桥结构的抗风稳定性、减小吊索弯折疲劳及梁端位移。

在总体布置时介绍过，吊索可以是竖直的，也可以是斜向布置，但以竖直为主。吊索可采用镀锌钢丝绳和镀锌高强度钢丝。短吊索长度的确定应考虑由于主缆与加劲梁之间的相对位移所产生的附加应力的影响。在吊索下料制造前，应根据实际空缆线形、加劲梁实际重量及吊索实测弹性模量，对吊索的无应力长度进行修正。

吊索长度超过 20m 时，同一索夹的吊索之间宜设置减振夹。高强度钢丝吊索的 PE 防护层表面宜设置螺旋线或凹坑等，以抑制长吊索的风致振动。吊索的设计，应考虑换索的需要。

为保证吊索传力途径的安全可靠，需在主缆上安装索夹，在边跨无吊索段应设置紧固索夹，每隔 10~20m 设置一个。靠近索鞍段应设置锥形封闭索夹。

索夹由铸钢制作，由两半组成，安装之后，用高强螺杆将两半拉紧，使索夹内壁对主缆产生压力，防止索夹沿主缆向低处滑动。索夹及其与吊索的连接有如下两种方式。全桥宜采用相同类型的索夹。

一种是骑跨式。它让吊索绕过索夹，骑跨其上。这种索夹由左、右两半组成，如图 6-62 所示（韦拉扎诺桥）。这类吊索常用镀锌钢丝绳制作，为避免过大直径钢丝绳绕过索夹时钢丝绳破断力降低太多，在每一索夹处常用两对直径较小的吊索。索夹和加劲梁之间的纵、横向位移较大时，宜采用骑跨式。

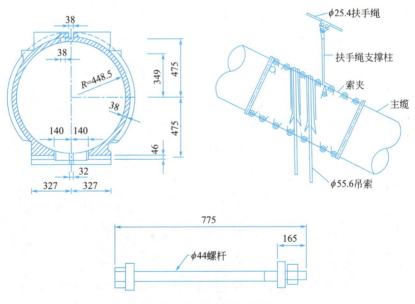

图 6-62 骑跨式连接示例（单位：mm）

另一种是销接式。它采用销钉连接，索夹分成左、右两半，索夹下半部分的下垂板（又称吊耳）上设置钉孔眼，吊索上端设开口套筒，两者通过销钉相连，见图 6-63（博斯普鲁斯一桥）；这类吊索可采用钢丝绳或平行钢丝束。当索夹外径（半径）小于 7.5 倍吊索直径时宜选用销接式索夹，以避免采用骑跨式使吊索产生过大的弯折应力。销接式吊索宜设置长度调节构造。

吊索与加劲梁的连接可采用锚头承压式（图 6-64a）或销接式（图 6-64b）。

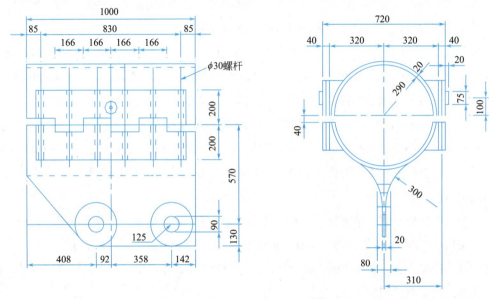

图 6-63 销接式连接示例（单位：mm）

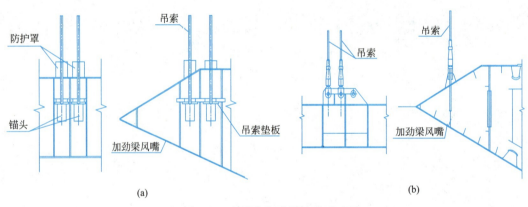

图 6-64 吊索与加劲梁连接形式
(a) 锚头承压式；(b) 销接式

吊索的材料强度分项系数，要比主缆大得多，这主要考虑到吊索的疲劳（风与车辆引起的振动）、设计制作及安装误差等的影响。《悬索桥规》规定，骑跨式吊索取 2.95，销接式吊索取 2.2。

(5) 索鞍

索鞍是支承主缆并使主缆平顺地改变方向的构件。它可分为主索鞍、散索鞍、散索套及转索鞍。

安装在索塔顶部的称为主索鞍，作为主缆跨过塔顶的支承，承受主缆产生的巨大压力并传递给桥塔。当主缆主跨和边跨的索股数量不等时，需设置锚梁，将不等量索股锚固于主索鞍上。图 6-65 是一座悬索桥鞍座的侧面构造图。

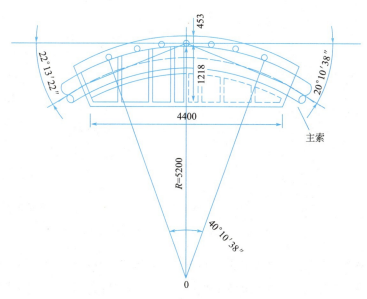

图 6-65 塔顶鞍座示例（侧面图）（单位：mm）

主索鞍一般由铸钢件构成。随着焊接技术的发展，目前的鞍座大多采用铸焊结合。鞍槽采用铸钢件，鞍槽下的支撑结构采用厚钢板的焊接结构，鞍槽与支撑结构之间也用焊接。为方便吊装，往往将主鞍座在纵向分为两段或三段，吊装到塔顶后用高强度螺栓连接成一体。

鞍座的弯曲半径关系到主缆的弯曲应力和主缆与鞍座的接触压力。主缆的弯曲应力与弯曲半径呈反比，削弱主缆拉力强度的接触压力也同样地与弯曲半径呈反比，因此确定鞍座的半径时必须对这些方面加以充分考虑。一般悬索桥的主鞍半径是主缆直径的 8～12 倍。

就大跨径悬索桥来讲，在成桥之后，主鞍应固结在塔顶，且主鞍与主缆之间不能有相对移动。过去一些大跨悬索桥在主鞍之下设置辊轴，是因为在悬索桥架梁过程中，随着缆力增加，主缆要带着主鞍向河心方向移动，为使位于主鞍两边的主缆水平分力接近相等，就需要利用辊轴（及相应的水平千斤顶）来控制主鞍的纵向移动。在成桥之后，辊轴不起作用。若采用柔性桥塔，可以在施工中通过拉动塔身来达到同样的目的。

散索鞍设于边跨与锚跨之间的散索鞍墩上，如图 6-66 所示。通常散索鞍墩是锚体的一部分。散索鞍的功能一是改变缆索的方向，二是把主缆的丝股在水平和竖直方向分散开，然后将丝股引入各自的锚固位置。

散索鞍形状较复杂：在主缆进口端应有圆槽，以便与主缆圆截面相适应；在丝股出口处，应让外层各丝股的上端交汇于一点，下端指向锚块混凝土前锚面的指定丝股位置。

如果主缆在展索时不改变其总方向，则无需设置展索鞍而采用散索套。散索套在实桥采用较少，它呈漏斗状，主缆从其小口进入，在大口处散开。为便于安装，散索套做成两个半

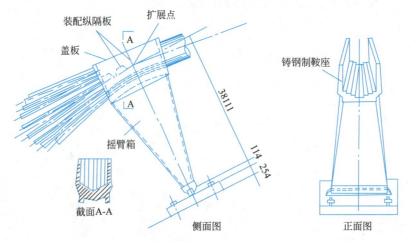

图 6-66 散索鞍构造示意（单位：mm）

圆形铸件，然后用螺栓连接。为防止散索套沿主缆尚未散开的方向滑移，需要在散索套小口之外设置"挡圈"。挡圈的构造与索夹相似，分为两半，套住主缆后，用高强度螺杆拧紧，由此产生摩擦力，凭摩擦力阻挡散索套的向上移动。

从散索鞍到锚块混凝土前锚面，主缆还有相当长度。随着缆力的增加，副鞍将发生向河的纵移，为此，需把散索鞍设置在摇轴、摆柱或辊轴上，如图 6-67 所示，以适应成桥后散索鞍的（因活载产生的）纵移需要。而在施工过程中，则需要让副鞍预先有一靠岸的纵移量，以使它在成桥时能进入设计位置。

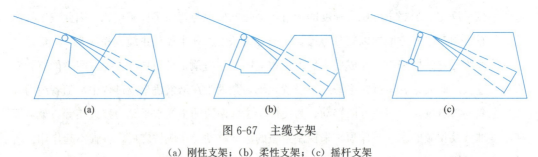

图 6-67 主缆支架
(a) 刚性支架；(b) 柔性支架；(c) 摇杆支架

转索鞍只有在边跨主缆需要转折时才设置，其构造及设计与散索鞍基本相同，不同的是主缆通过转索鞍后并不散开，结构比散索鞍要简单。

(6) 加劲梁

加劲梁的形式、高度与横截面的布置，在总体布置中已有介绍。这里进一步介绍其构造。加劲梁可采用钢箱梁、钢桁梁、钢板梁、钢-混凝土组合梁、预应力混凝土梁等，加劲梁形式的选择应考虑结构强度、刚度、疲劳、抗风稳定性、施工架设等因素。现代大跨径悬索桥的加劲梁基本上采用钢结构，沿桥纵向等高度，一般采用桁架梁或扁平钢箱梁。

钢桁梁具有较高的截面抗扭刚度和透空的迎风截面，因而提供了良好的抗风稳定性，并可充分地利用截面空间提供双层桥面以实现公铁两用或多车道布置。另外，钢桁梁可根据不同的地形、地貌条件灵活选择多种安装架设方法。

桁架节间长度影响行车道纵梁的跨径。节间过大必然对行车道和主桁架的用钢量有很大的影响。单从桁架方面来分析，节间大小取决于桁高和斜杆与弦杆的夹角，夹角大小又直接影响斜杆内力，从而影响了桁架的用钢量。

钢桁梁的主桁架高度应根据受力要求确定，并应满足空气动力稳定性要求，腹杆与弦杆的夹角 θ（图 6-68）宜为 $39°\sim 51°$。主桁架的节间长度应根据吊索间距确定，并应满足杆件压屈稳定要求。钢桁梁的杆件宜采用 H 形或箱形断面。钢桁梁节点宜采用整体节点板的形式。

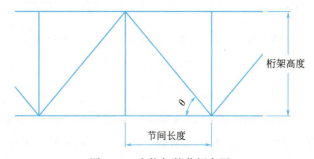

图 6-68 主桁架的节间布置

钢桁梁可由主桁架、横向桁架、上下平联和桥面板组成。主桁架宜采用华伦式结构，带吊索的横向桁架可采用单层桁架或双层桁架结构形式，如图 6-69 所示。

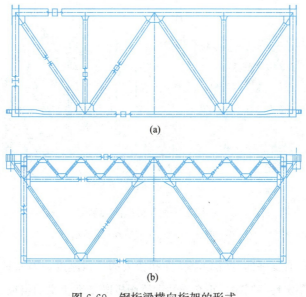

图 6-69 钢桁梁横向桁架的形式
(a) 单层桁架；(b) 双层桁架

钢桁梁桥面结构可采用正交异性钢桥面板或混凝土桥面板。正交异性钢桥面板与钢桁架的结合形式,可采用分离式和整体式(图6-70)。混凝土桥面板与钢桁架的结合形式宜采用分离式。

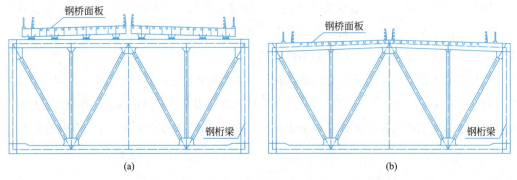

图6-70 正交异性钢桥面板与钢桁架的结合形式
(a) 分离式;(b) 整体式

钢桁架式加劲梁在双层桥面的适应性方面远远较钢箱梁优越,因此适用于交通量较大或公铁两用的悬索桥。桁架加劲梁的立面布置多采用有竖杆的简单三角形形式,其横向布置应根据是否设双层桥面而定,桥面常采用钢筋混凝土板或正交异性钢桥面板。图6-71(a)为明石海峡大桥加劲梁横截面(双层桥面,公路钢桥面板),图6-71(b)为美国纽波特大桥加劲梁横截面(单层桥面,混凝土桥面板)。

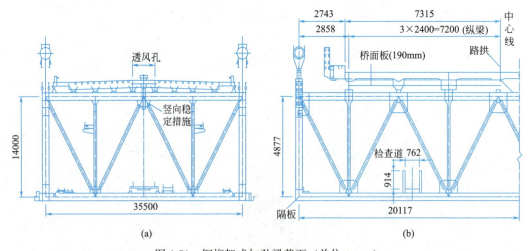

图6-71 钢桁架式加劲梁截面(单位:mm)
(a) 明石海峡大桥;(b) 纽波特大桥

流线形钢箱梁具有良好的空气导流特性和较大的抗扭刚度,因而具有较小的空气阻力系数和良好的抗风稳定性。同时,正交异性钢桥面板既是钢箱梁的组成部分又是行车道板,有效地节省了用钢量,与钢桁架加劲梁相比可降低用钢量达20%左右。

桁式加劲梁的梁体是透空的，抗风稳定性很好，同时有较大的抗扭刚度，不容易产生颤振、抖振和涡激共振。箱形加劲梁的抗风稳定性是需要认真研究的问题。在桥面宽度确定之后，梁高小，断面的流线形好，有利于风动稳定；但高度和抗扭刚度也较小，容易导致涡振和抖振的发生，产生结构疲劳、人感不适及行车安全问题。为此还要控制高宽比，一般控制在 1/11～1/7。对于大跨径悬索桥，通常在加劲梁断面初选之后，进行节段模型的风洞试验。根据试验分析结果，进行必要的断面参数修改，确保抗风稳定性。

钢箱梁可采用整体式钢箱梁或分体式钢箱梁，如图 6-72 所示。分体式钢箱梁的箱梁之间应设置横向连接梁，横向连接梁可采用箱梁、工字梁等形式。钢箱梁桥面板宜采用正交异性钢桥面板结构形式，纵向加劲肋宜采用 U 形闭口加劲肋。钢箱梁应设置横隔板，横隔板可采用板式或桁架式。吊点及支座处应采用板式横隔板。

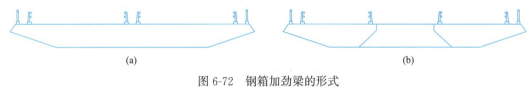

图 6-72　钢箱加劲梁的形式
(a) 整体式钢箱梁；(b) 分体式双箱钢箱梁

钢箱加劲梁外形呈梭状扁平型，其优点是建筑高度小、自重较桁架梁轻、用钢量省，风阻力系数较小（仅为桁架梁的 1/4～1/2）。典型的梭状扁平钢箱梁的截面如图 6-73 所示。

还有一种加劲梁将钢桁梁与钢箱梁结合起来。香港的青马大桥采用桁架形式，但通过外层钢板使整个截面变成流线形箱梁，上层为汽车通道，桁架下层为轻轨车道以及在桥面风速超限而上层封闭交通时通行的汽车通道。韩国的 Yong-Jong（永宗）大桥，采用上层由桥面、横向联结系组成的箱梁及下层为桁架的组合形式，箱梁作为公路交通的桥面板，桁架则为轻轨提供支承。

钢板梁为开口截面，截面抗扭刚度小、空气阻力系数大，可用于中、小跨径悬索桥。鉴于 Tacoma 大桥风致灾害的先例，因此需要科学谨慎、综合考虑多方面因素来选择钢板梁。钢板梁可采用纵横梁的结构形式，当纵横向跨度较大时可加设次横梁和（或）次纵梁。钢板梁的桥面板可采用正交异性钢桥面板结构形式，也可采用混凝土桥面板结构形式。钢板梁的高度应根据受力要求确定，尽量减小风荷载，且应满足抗风稳定性要求。

悬索桥为柔性结构，在活载、温度、大风等作用下结构变形大。钢-混凝土组合梁、预应力混凝土梁容易开裂，一般仅用于中、小跨径悬索桥。

加劲梁不同支承体系见图 6-50 和图 6-51。对加劲梁下的支座，一是要求其能将加劲梁支点反力传到塔或下部结构，二是要求其能满足结构变形。在立面上，加劲梁两端常用吊索或摆柱作其支承。

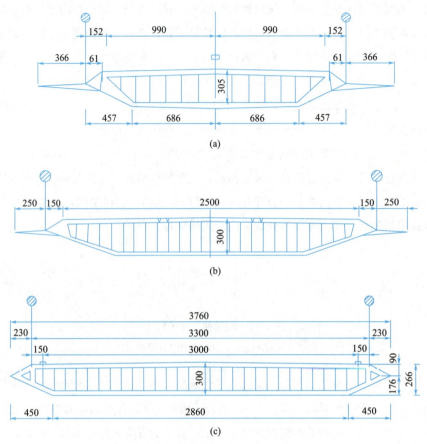

图 6-73 钢箱加劲梁截面（单位：cm）
(a) 赛文桥；(b) 博斯普鲁斯 1 桥；(c) 虎门大桥

在单跨悬索桥中，由竖向及横向荷载产生的加劲梁端部的位移较大，因此支座必须能满足加劲梁在其端部能绕竖直轴自由转动的要求。一般梁桥中，横桥向位移不大可不加约束。然而，对于悬索桥来说，加劲梁的横向位移很大，应设置横向支座加以约束。

自锚式悬索桥加劲梁可采用钢梁、混凝土梁、钢-混凝土组合梁和钢-混凝土混合梁。由于要承受主缆传过来的巨大轴向力，相对于同跨径的地锚式悬索桥，其结构刚度和自重大许多。图 6-74 给出广东佛山平胜大桥主跨钢箱加劲梁、边跨混凝土加劲梁的断面布置。

加劲梁节段的划分应考虑便于制造、运输和架设。加劲梁设计应设置便捷的检修通道、检修门等设施以保证检修和维护工作实施。

6.2.3 悬索桥计算理论简介

竖向荷载作用下主缆和加劲梁的受力是悬索桥设计计算的理论基础与主要内容。19 世纪末至 20 世纪初，从无加劲梁到有加劲梁的悬索桥的受力计算使弹性理论得到了发展。弹

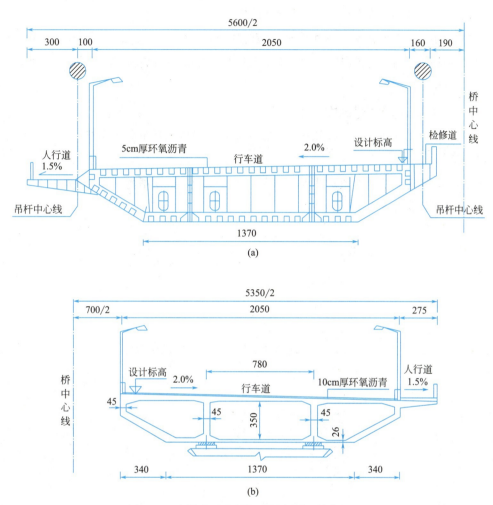

图 6-74 自锚式悬索桥加劲梁实例（单位：cm）

(a) 主跨钢箱梁；(b) 边跨混凝土箱梁

性理论忽略活载对结构变形的影响，假定主缆几何形状由满跨均布恒载决定（由第 5.2 节可知其线形为二次抛物线），且这一线形不因活载作用而发生改变。

20 世纪初到 20 世纪 80 年代前后，建立了考虑索的几何大变形的挠度理论。最早采用这个理论进行设计的是 1909 年建成的美国纽约跨越东河的 Manhattan（曼哈顿）桥。之后，挠度理论一直被应用于大跨径悬索桥的设计计算，包括跨度超过 1000m 曾打破世界跨度纪录的金门大桥等桥梁。

从 20 世纪 80 年代前后开始，由于电子计算机高速的发展和广泛的应用，采用数值分析方法的有限位移理论应运而生，成为现在悬索桥计算的理论基础。

1. 弹性理论

用弹性理论对悬索桥进行结构计算分析时，采用如下基本假定：

(1) 假定主缆为完全柔性，不考虑弯曲刚度，只受拉力作用；

(2) 全桥的所有恒载均由主缆承受。恒载沿全跨均匀分布，主缆的线形为二次抛物线；

(3) 吊杆为竖直，且沿桥跨密布，不考虑其在活载作用下的拉伸和倾斜，当作仅在竖向有抗力的薄膜；

(4) 加劲梁弯曲刚度沿全桥不变；

(5) 在活载的作用下，主缆和吊索长度不变，主缆的曲线形状和纵坐标在加载后保持不变。

设有一单跨悬索桥，如图 6-75（a）所示。它是一次超静定结构，取主缆跨中索力 H 为赘余力，基本结构如图 6-75（b）所示。

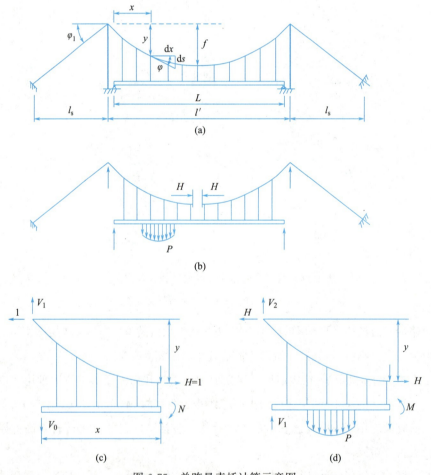

图 6-75 单跨悬索桥计算示意图

(a) 单跨悬索桥结构示意图；(b) 基本结构；(c) δ_{HH} 计算简图；(d) δ_{HP} 计算简图

根据力法，列其基本方程，见式（6-27）。

$$H = -\frac{\delta_{HP}}{\delta_{HH}} \tag{6-27}$$

式中 δ_{HH}——一对 $H=1$ 作用在主缆切口两面的相对位移；

δ_{HP}——当活荷载 P 作用在加劲梁时，主缆切口两面的相对位移。

根据结构力学，由图 6-75（c）可知，δ_{HH} 按以下计算：

$$\delta_{HH} = \int_{L_B} M_H^2 \frac{\mathrm{d}x}{EI} + \sum \int T_H^2 \frac{\mathrm{d}s}{EA} \tag{6-28}$$

式中 M_H——简支的加劲梁因为在主缆上述切口处两面有一对 $H=1$ 作用而在其各点所产生的弯矩；

$\mathrm{d}x$——梁的单元段；

EI——梁的材料弹性模量同其截面抗弯惯性矩的乘积；

T_H——作用于主缆切口处的一对 $H=1$ 使沿主缆各点所产生的缆力；

$\mathrm{d}s$——主缆的单元段；

EA——主缆的材料弹性模量和它的截面面积的乘积；

$\sum\int$——将主缆的全长按其线形分为几段，就每段进行积分，再求所有这些积分的总和。

δ_{HP} 由式（6-29）计算得到，计算简图见图 6-75（d）。

$$\delta_{HP} = \int_{L_B} M_H M_P \frac{\mathrm{d}x}{EI} \tag{6-29}$$

式中 M_P——简支的加劲梁在活荷载 P 作用下，发生于上述 M_H 各所在点的弯矩。

由图 6-75（d）可知：

$$M_{H_1} = y \tag{6-30a}$$

$$T = H/\cos\varphi \tag{6-30b}$$

$$T_H = \sec\varphi = [1+(y')^2]^{\frac{1}{2}} \tag{6-30c}$$

代入式（6-28）和式（6-29），可得：

$$\delta_{HH} = \int_0^L \frac{y^2}{EI}\mathrm{d}x + \int_0^{l'} \frac{\sec^2\varphi}{E_c A_c}\mathrm{d}s \tag{6-31}$$

$$\delta_{HP} = \int_0^L \frac{M_0}{EI} y \mathrm{d}x \tag{6-32}$$

因此，可得赘余力 H：

$$H = \frac{\int_0^L \frac{M_0}{EI} y \mathrm{d}x}{\int_0^L \frac{y^2}{EI}\mathrm{d}x + \int_0^{l'} \frac{\sec^2\phi}{E_c A_c}\mathrm{d}s} \tag{6-33}$$

吊索传给加劲梁向上的均布荷载为：

$$q = \frac{8f}{L^2} H \tag{6-34}$$

式中 L——加劲梁的跨径。

此均布荷载在加劲梁内产生的弯矩为：

$$M_x = -\frac{8f}{L^2} H \frac{x}{2}(L-x) = -Hy \tag{6-35}$$

主缆任意截面的索力为：

$$T = H/\cos\varphi \tag{6-36}$$

设同等跨径简支梁在荷载作用下的弯矩为 M_0，则有：

$$M_x = M_0 - Hy \tag{6-37}$$

式（6-37）中的赘余力 H，在不考虑塔的压缩与索的拉伸变形时，由力法可以求得：

$$H = \frac{\int_0^L \frac{M_0}{EI} y \, \mathrm{d}x}{\int_0^L \frac{y^2}{EI} \mathrm{d}x + \int_0^{l'} \frac{\sec^2\varphi}{E_c A_c} \mathrm{d}s} \tag{6-38}$$

式中 l'——主缆的水平长度（图 6-76）。

对于二次抛物线的主缆，上式分母第一项、第二项的积分为：

$$\left.\begin{aligned}
\int_0^L \frac{y^2}{EI} \mathrm{d}x &= \frac{8f^2 L}{15EI} \\
\int_0^{l'} \frac{\sec^2\varphi}{E_c A_c} \mathrm{d}s &= \frac{1}{E_c A_c} \int_0^{l'} \frac{1}{\cos\varphi^2} \cdot \frac{\mathrm{d}x}{\cos\varphi} \\
&= \frac{1}{E_c A_c} \int_0^{l'} \left(\frac{1}{\sqrt{1+\tan^2\varphi}}\right)^3 \mathrm{d}x = \frac{1}{E_c A_c} \int_0^{l'} \left\{1+\left(\frac{\mathrm{d}y}{\mathrm{d}x}\right)^2\right\}^{3/2} \mathrm{d}x = \frac{L_E}{E_c A_c}
\end{aligned}\right\} \tag{6-39}$$

其中：

$$L_E = \int_0^{l'} \left\{1+\left(\frac{\mathrm{d}y}{\mathrm{d}x}\right)^2\right\}^{3/2} \mathrm{d}x$$

经积分求得 H 的影响线值为：

$$\left.\begin{aligned}
H &= \frac{3}{f^2 L} \frac{1}{N} \int_0^L M_0 y \, \mathrm{d}x = \frac{1}{nN}(k - 2k^3 + k^4) \\
\text{其中：} \\
N &= \frac{8}{5} + \frac{3I}{A_c f^2} \frac{E}{E_c} \frac{l'}{L}(1+8n^2) + \frac{6I}{A_c f^2} \frac{E}{E_c} \frac{l_s}{L} \sec^3\alpha
\end{aligned}\right\} \tag{6-40}$$

式中 n——$n = f/L$（矢跨比）；

k——$k = a/L$；

A_c、E_c——主缆的截面面积和弹性模量；

I——加劲梁的惯性矩。

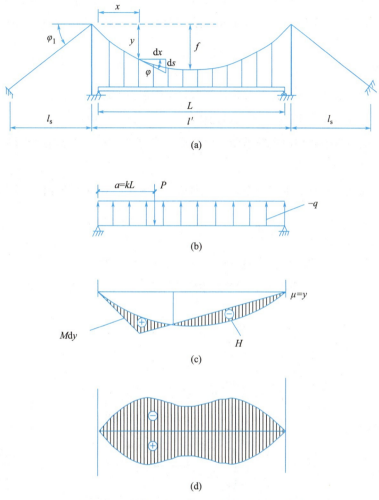

图 6-76 加劲梁弯矩影响线图和弯矩包络图
(a) 基本构造；(b) 荷载；(c) M 影响线；(d) 弯矩包络图

a、L、l'、l_s 的符号意义见图 6-76。

悬索桥中单跨加劲梁的弯矩影响线见图 6-76（c），其值都是等效简支梁的弯矩 M_0 减去水平力产生的弯矩 Hy。从图 6-76（d）给出的最大弯矩包络图可以看出，悬索桥加劲梁中最大弯矩出现在 $L/4$ 附近。

弹性理论是在不考虑结构体系变形对内力影响的前提下推导出的计算方程，而实际上悬索桥结构的变形对内力有较大的影响，体系的挠曲变形将减少加劲梁的弯矩和悬索水平拉力。跨径越大，减小值也越大。在跨度小于 200m 的悬索桥设计中，当加劲梁高度取为跨径的 1/40 左右时，采用弹性理论方法计算是合适的。而对于大跨径悬索桥设计计算时，弹性理论则有两个非常明显的缺点：①未考虑恒载对悬索桥刚度的有益影响；②未考虑悬索结构非线性大位移影响,计算结果加劲梁受力偏大,材料用量多,不经济。因此,当设计200m以上大跨径悬索桥时,应采用计入体系变形对内力影响的挠度理论或有限位移理论计算。

2. 挠度理论

用挠度理论对悬索桥结构进行分析计算时,基于以下的假定:

(1) 假定主缆为完全柔性,不考虑弯曲刚度,只受拉力作用;

(2) 全桥的所有恒载均由主缆承受。恒载沿全跨均匀分布,在无活载状态下,主缆索为抛物线形,加劲梁内无应力;

(3) 吊杆为竖直,且沿桥跨密布,不考虑其在活载作用下的拉伸和倾斜,当作仅在竖向有抗力的薄膜;

(4) 加劲梁弯曲刚度沿全桥不变;

(5) 主缆索及加劲梁都只有竖向位移,不考虑其在纵向的位移。

如图 6-77 所示,在活载作用下,考虑主缆产生的变形,忽略吊索的变形,加劲梁的弯矩为:

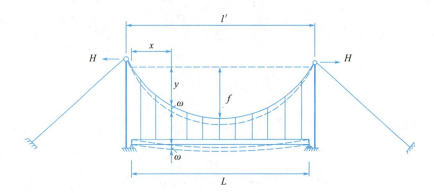

图 6-77 单跨悬索桥挠度理论计算示意图

$$M_x = M_0 - H \cdot (y + \omega) = M_{0g} + M_{0p} - (H_g + H_p) \cdot (y + \omega) \tag{6-41}$$

式中 M_{0g}——简支主梁在恒载作用下产生的弯矩;

M_{0p}——简支主梁在活载作用下产生的弯矩;

H_g——简支主梁在恒载作用下产生的水平推力;

H_p——简支主梁在活载作用下产生的水平推力;

ω——主缆变形。

由于施工中主梁一般在悬吊架设完毕后进行连接,因此恒载作用时加劲梁的弯矩为零:

$$M_g = M_{0g} - H_g y = 0 \tag{6-42}$$

代入式 (6-41),则活载作用下的弯矩为:

$$M_x = M_{0p} - H_p y - (H_g + H_p) \cdot \omega \tag{6-43}$$

与弹性理论的式（6-37）相比，采用挠度理论计算活载作用下加劲梁中的弯矩时，式（6-43）多出右边第三项。它表明，主缆恒载要参与抵抗活载变形，活载引起的主缆张力对抵抗变形也有贡献。同时，这一项为负值，表明用挠度理论计算的加劲梁的弯矩值要小于弹性理论的计算值。因此，大跨径悬索桥采用挠度理论具有明显的经济效益。

悬索桥加劲梁的变形方程为：

$$EI \frac{d^2\omega}{dx^2} = -M_x \tag{6-44}$$

将式（6-44）代入式（6-43），得：

$$-EI \frac{d^2\omega}{dx^2} = M_{0p} - H_p y - (H_g + H_p) \cdot \omega$$

考虑到 $d^2 M_{0p}/dx^2 = -p$（等于分布活载强度），因此有：

$$-EI \frac{d^4\omega}{dx^4} = -p - H_p \frac{d^2 y}{dx^2} - (H_g + H_p) \cdot \frac{d^2\omega}{dx^2}$$

整理得基本微分方程：

$$EI \frac{d^4\omega}{dx^4} - (H_g + H_p) \cdot \frac{d^2\omega}{dx^2} = p + H_p \frac{d^2 y}{dx^2} \tag{6-45}$$

式（6-45）左边的第二项，考虑了几何非线性的影响。

考虑变形影响后索的拉力为：

$$H_p = -\frac{E_c A_c}{L_E} \left(\frac{d^2 y}{dx^2} \int_0^{l'} \omega dx + \alpha t L_T \right) \tag{6-46}$$

式中 L——加劲梁的跨径；

$\alpha t L_T$——索的温度变化伸长量。

$$L_E = \int_0^{l'} \frac{ds}{\cos^2\varphi} = \int_0^{l'} \left\{ 1 + \left(\frac{dy}{dx}\right)^2 \right\}^{3/2} dx$$

$$L_T = \int_0^{l'} \frac{ds}{\cos\varphi} = \int_0^{l'} \frac{dx}{\cos^2\varphi} = \int_0^{l'} (1+\tan^2\varphi) dx = \int_0^{l'} \left[1 + \left(\frac{dy}{dx}\right)^2 \right] dx$$

式（6-45）和式（6-46）是悬索桥挠度理论的基本方程。可以看出，应用上述两式计算是困难的，因为 ω 是由 H_p 引起的变形，而 H_p 又是由于考虑了索的变形后悬索的实际水平拉力。变形 ω 与索力 H_p 相互影响，是非线性关系。解析解是困难的，往往要进一步的简化。

一种做法是，考虑到悬索桥活载与恒载比值较小的特点，在式（6-45）中略去活载引起的抗力部分 $H_p \frac{d^2 y}{dx^2}$ 及微分方程中的 $H_p \frac{d^2\omega}{dx^2}$，采用易于求解的线性挠度理论。这样可以在指定的荷载位置情况下，有限度地使用影响线方法进行计算。这种简化算法，称为线性挠度理论。

对加劲梁较柔的悬索桥，考虑几何非线性的影响的另一种简化算法是重力刚度法。它略去式（6-45）中第一项的影响。在具体计算时，采用反复迭代的方法进行。

先假定加劲梁的抗弯刚度是零，只考虑主缆，让主缆用改变其几何线形的方式来承担活载。在缆的线形改变量求得后，可以就每一吊索上端的位置推算位于吊索下端的梁的挠度，再凭梁的挠度的各阶导数推算梁的弯矩及其所分担的活载集度。从给定的活载集度中将所分担的集度扣除，余下者就是经由吊索传给主缆，让主缆分担的活载集度。按吊索传来的活载重新计算主缆挠度，将上述计算反复迭代，就能取得使人满意的结果。这种分析方法就叫做重力刚度法。

对于大跨径悬索桥，恒载占总荷载的比例相当大，主缆在恒载（重力）作用下具有很大的初始张拉力，使主缆能维持一定的几何形状，不会因相对较小的活载作用而产生很大的改变。这样，柔性的主缆因承受重力而产生的抵抗活载变形的刚度，就叫做"重力刚度"。重力刚度法抓住了大跨悬索桥的两大特点：一是较大恒载使缆的线形稳定（即其挠度不因活载而发生大的变形）；二是柔性很大的加劲梁所能分担的活载份额必然很小。这样，所需的最终结果也就与该法在迭代开始时所假定的情况很相近了。将重力刚度概念及其在内力计算中的应用较为明确地提出，这是美国华盛顿桥设计者的贡献。今天重力刚度法还常被用于悬索桥初步设计阶段的计算。

3. 有限位移理论

比较弹性理论与挠度理论的基本假定，我们可以发现，二者主要的区别在于是否考虑主缆的变形。为了计算方便，二者都作了一些假定，如索是完全柔性的，加劲梁平直、等刚度，加劲梁的自重均布且由索承担，索是抛物线、吊索垂直、均匀密布、无变形等。这些假定与实际存在偏差，使计算结果与实际情况存在误差。随着电子计算机技术和数值计算方法的应用与发展，结构几何非线性问题可以得到精确的数值解。悬索桥的总体计算一般采用空间杆系有限元法进行，几何非线性问题采用有限位移理论求解。

有限元法放弃将悬索桥看作为由承受轴向拉力的主缆与承受竖向弯矩的加劲梁所组合的结构体系，而是将悬索桥看作为由多根直线杆件所组成的空间框架结构体系（主缆为多根杆组成的折线形），通过杆件交叉点（节点）处的变形协调使结构保持整体。变形协调建立在结构变形后的位置上，因此，各种几何非线性问题均被考虑在其中了。

采用数值法进行计算时，对组成悬索桥的各个构件的位置与组合形状完全没有限制，而是可以任意布置，对主缆与吊索在计算上也不需加以区别。弹性理论、挠度理论一般只适用于进行结构面内计算，而数值法可应用于结构的三维立体计算，这就能解决纵桥向设斜吊索、横桥向吊索面倾斜等方案的计算。因此，非线性有限元的应用使悬索桥的设计突破了计算手段的限制，为悬索桥设计的多样性创造了条件。

6.2.4 悬索桥施工方法简介

1. 主要施工步骤

图 6-78 给出了悬索桥常见的施工步骤。它可归为以下 4 个主要步骤：

（1）修建基础、锚碇、桥塔，安装索鞍，架设猫道，安装索鞍（包括主索鞍、散索鞍等）；

（2）架设主缆，调索、安装索夹、吊索、缠丝。架设主缆时要进行调索；

（3）架设加劲梁；

（4）施工桥面系、防护栏等，施加二期恒载，拆除猫道等临时设施，将索鞍固定于设计位置。

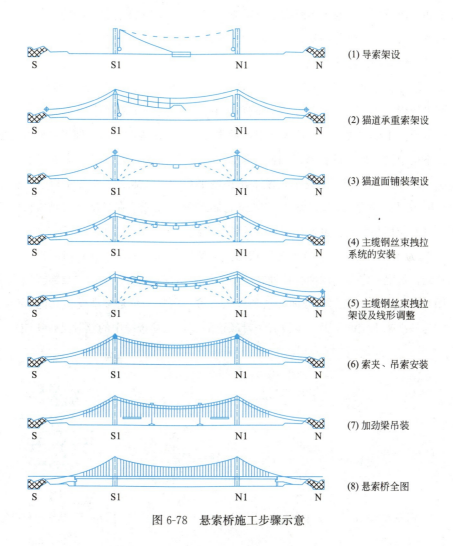

图 6-78　悬索桥施工步骤示意

悬索桥施工的重点是主缆和加劲梁的架设,其成桥状态与施工过程有着密切的联系。以下重点介绍这两部分的施工。

相对地锚式悬索桥来说,自锚式悬索桥由于主梁受到主缆传递过来的巨大的水平轴向力作用,施工顺序为"先梁后缆",而不是上面所说的"先缆后梁"的顺序。它的施工难度在于加劲梁的架设,目前国内外通常使用满堂支架、临时支撑、滑动模架等方法。加劲梁架设好后,主缆可通过吊机吊装到塔顶,两端及时地锚固在锚梁上。然后进行安装索夹、挂吊索、张拉吊索、桥面系等施工。

2. 主缆制作与架设

主缆架设分为空中纺丝法架缆和预制平行索股法架缆。

空中纺丝法(AS法)是美国人J. A. 罗伯林在1844年提出的。为实现空中送丝,必须设置猫道和送丝设备。在空中将所有钢丝组成主缆后,为使主缆各钢丝受力均匀,必须对钢丝长度和丝股长度分别进行调整,这就叫调丝和调股。然后,为使主缆有妥善的防护,应及时进行紧缆、缠缆和油漆防护。

空中纺丝法工序多、施工速度慢,在当代已基本上没有采用,取而代之的是采用工厂制作的预制平行索股法(PPWS法)。在这种方法中,主缆由若干两端带锚头的丝股组成,每丝股含丝若干。主缆的含股数由计算确定,每股含丝数最多为127丝。施工时架设丝股形成主缆,而不是架设一根根的钢丝,因此,架设主缆的工作量大大减小、施工速度也得到提高。美国New Port(新港)桥是第一座采用预制平行索股法施工主缆的悬索桥,在跨度范围内,每缆76股,每股61丝,丝径5.16mm。预制平行索股法在日本现代悬索桥的修建中得到了大量的应用与发展,也是我国目前悬索桥主缆的主要施工方法。

图6-79为预制平行索股制造工艺示意图。钢丝从丝盘放出,通过导向网格,在成型辊上向右移动,每隔一定距离用捆扎机捆扎一道,然后卷在卷筒上。同时,要给丝股两端装上锚头。图6-80表示一丝股的横截面。它是正六边形。在其一角是基准丝,其他各丝的长度都是以它为基准来确定的。另一角设有一带颜色的丝,以检查缆中的丝股是否扭曲。

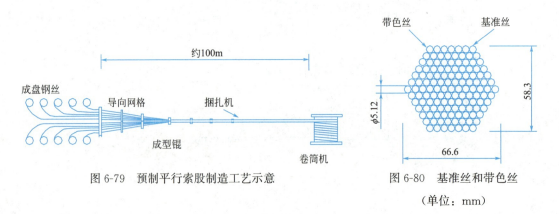

图6-79 预制平行索股制造工艺示意   图6-80 基准丝和带色丝

(单位:mm)

无论是空中纺丝法还是预制平行索股法，均必须设置猫道。所谓猫道，就是指位于主缆之下（大约是 1m 多），沿着主缆设置，让进行主缆作业的工人有立足之处的脚手架。猫道一般设两条，宽度 3m 左右，用悬吊在塔和塔、塔和锚碇之间的几根平行承重绳加上铺面层组成。面层曾用木梁、木板，现大都改用镀锌钢丝网（但横梁及栏柱时常还用有防火涂料的木材），其自重较轻，所受到的风的静压较小，且对防火也更有利。采用预制平行索股法架设主缆时，要先架设导索和猫道，设无端索引绳（或叫拽拉索）及丝股输放机。在猫道之上，要设置若干导向滚轮，以支承丝股。这套拽拉系统把各丝股拽拉到位，丝股两端分别连接于锚杆。

由于猫道宽度不大，为防止被风吹翻，同时也是为左右两猫道能相互交通，一般要在两猫道之间设"横道"，在主跨范围内，横道可设 3 或 5 道；在边跨范围内，可设 1 或 2 道。由于猫道自重小，一般还应在其下方设抗风索，在立面上，抗风索可呈向上凸出的抛物线形。抗风索两端扣在塔和锚碇的下方。在猫道承重绳和抗风索之间，设若干根竖向（或布置成 V 形的）细绳。用拉力将上述绳索绷紧，这就能形成一抗风体系，帮助猫道抗风。这样设置的抗风索势必侵入航运净空，故其设置必须得到航运部门同意。

为使主缆各钢丝受力均匀，必须对钢丝长度和丝股长度分别进行调整，这就叫调丝和调股。调丝的目的是使同一丝股内的各丝长度相等，而调股是为了使每根丝股的计算长度符合设计要求。

为使主缆有妥善的防护，还应及时进行紧缆和缠缆等工序。紧缆指在主缆各丝股全部落位之后，立即用紧缆机沿主缆移动。为避免丝股松散，要立即用钢丝或扁钢每隔 $0.7\sim0.9\text{m}$ 捆扎一道。随后便可以安装索夹和吊索。

主缆会因其拉应力的增加而使横截面收缩，为了将主缆缠紧，应在恒载的大部分已作用于主缆之后，再进行缠缆。缠缆就是指用缠丝机将软钢丝紧紧缠在主缆之外。缠丝之前，应清洗主缆表面，并涂防锈材料（过去用铅丹膏，现常用锌粉膏等）。缠丝过程中，应随时清除被挤出的膏。最后在缠丝之外涂刷油漆。

3. 加劲梁架设

悬索桥钢加劲梁在工厂制作后，应在架设前进行预拼装，预拼时的节段不应少于 3 段，以确保吊装时梁段间距和工地连接顺利，成桥后加劲梁线形符合设计要求。

加劲梁架设方法按吊装方法分，主要有跨缆吊机、桥面吊机、缆索吊机架设法等；根据施工顺序可分为从跨中向两桥塔和从桥塔向跨中两种；按照加劲梁节段之间的连接方法可分为铰接法、逐段刚接法和分段刚接法。

跨缆吊机是大跨径悬索桥加劲梁架设常用的吊装设备，加劲梁的架设方向一般为从跨中向两侧索塔对称进行。跨缆吊机的起吊能力大，可进行加劲梁的整体节段吊装，施工速度快。但是，跨缆吊机难以负重行走，加劲梁节段通常采用垂直吊装，因此要求桥位具备一定的水上运输条件，如跨越大江、大河或海峡等。

桥面吊机是大跨径钢桁加劲梁悬索桥常用的施工方法，加劲梁的架设方向从两侧索塔向跨中对称进行，利用已架设的桥面进行构件的水平运输，对桥位地形环境的适应性强，而且施工设备较少，施工场地紧凑，工作效率较高，但这种架设方法对机械化程度要求较高。

缆索吊机是我国山区常用的桥梁吊装设备，由第4章可知它在拱桥施工中得到广泛的应用。近年来，我国修建的几座钢桁加劲梁悬索桥的加劲梁也采用了缆索吊机架设，加劲梁的架设方向一般为从跨中向两侧索塔对称进行。缆索吊机可负重行走，对环境的适用性较强，起吊能力较大，可进行加劲梁梁段的整体吊装，施工速度快。但是，随着桥梁跨径的增大，缆索吊机的起吊重量将会受到一定的限制，施工安全风险增大，经济性降低。

此外，加劲梁也可以用顶推法架设，但对于大跨径悬索桥，实际工程应用较少。还有湖南矮寨大桥钢桁梁架设采用的是轨索运梁法。

在梁段架设中，主缆被用作一悬吊脚手架，但是，该脚手架是柔性的，它的几何形状会随着梁段的逐渐增加而不断改变。这一情况对加劲梁架设的影响是：当只有少数梁段架设到位时，这些梁段在上弦（或上翼缘板）处会互相挤压，而在下弦（或下翼缘板）处会互相分离。若强制下弦（或下翼缘板）过早地闭合，结构或连接有可能因强度不足而破坏。

传统的做法是：从架梁开始到大部分梁段到位，只是让各梁段的上弦（或上翼缘板）形成"铰"状的临时连接，对于下弦（或下翼缘板）则让其张开。等到绝大部分梁段到位，梁段之间下面的张口就会趋向闭合，这时，才开始梁段之间的永久性连接。这种方法称为铰接法。这种方法安装方便，分析简单，前面介绍的弹性理论、挠度理论均以这种施工方法为依据，假定加劲梁的恒载全部由主缆承担。但这种方法施工时，在加劲梁未全部固结前，结构的刚度较低，动力性能较差，不利于抵抗施工期间的风荷载。

与铰接法相对应的是逐段刚接法。采用这种方法施工，每吊装一节段加劲梁，就立即同已就位的节段刚接，吊装完毕则加劲梁也完全刚接了，随后作桥面铺装。这种方法多采用桥面吊机进行吊装，从索塔向跨中对称进行，类似于桁架梁桥的悬臂安装法，也称为桥面吊机悬臂拼装法。由于架设好的梁段立即与对应的吊索相连，把梁段自重传给主缆，因此，先架设的梁段并不承受后架设梁段的自重。这种方法，已架设的梁段刚度大，连接平顺，抗风性能好。但它需要临时设施或措施来协助或缓解吊索和加劲梁的受力，避免出现可能超出设计的应力，一种方法就是采用分段刚接法。

分段刚接法是由传统铰接法和现代的刚接法混合而成的。这种方法将加劲梁分为多个大段，在段与段间采用铰接，每一个大段之间的小节段间采用刚接。这样，既增大了已架设梁的刚度，又可通过大段之间的铰消除一部分施工内力。待吊装完毕后，再将大段之间的临时铰作刚接处理，形成完整的加劲梁，然后进行桥面铺装。

6.2.5 悬索桥桥例

6.2.5 悬索桥桥例

复习思考题与习题

6-1 简述斜拉桥的主要组成和各部分的主要受力特点。
6-2 结合第 1 章 1.2 节的介绍，简述斜拉桥的发展历史。
6-3 简要描述几座国内外著名的斜拉桥。介绍你见过的斜拉桥的类型、主要组成与构造。
6-4 斜拉桥与连续梁桥、悬索桥等桥型相比具有哪些优、缺点？
6-5 斜拉桥的跨径布置中主要的设计参数有哪些？参数取用时的注意要点有哪些？
6-6 斜拉桥按照塔梁之间结合方式的不同分为哪些结构体系？各种结构体系有何优、缺点？
6-7 斜拉桥按拉索的锚固方式分为哪些类型？各种类型的锚固方式有何优、缺点？
6-8 斜拉桥按斜拉索组成的平面数量分为哪些种类？按平面内的布置形式又分为哪些种类？各种索的平面布置形式有何优、缺点？
6-9 斜拉桥索塔按纵向及横向结构形式各划分为哪些类型？索塔按照其截面形式又分为哪些类型？
6-10 简述斜拉桥拉索与索塔的几种连接形式，以及索塔的拉索的几种锚固形式。
6-11 简述斜拉桥拉索的主要组成及其作用。
6-12 斜拉桥的拉索类型有哪些？其锚具形式又有哪些？
6-13 斜拉桥的拉索设计中为什么要对拉索采取防护及减振措施？
6-14 斜拉桥的拉索设计中，进行安全验算时其安全系数取值为多少？
6-15 简述斜拉桥按照几种制作材料的主梁形式及其主要设计要点，并各举一实桥说明其采用情况。
6-16 斜拉桥拉索在主梁上的锚固形式有哪些？
6-17 简述斜拉桥的结构设计计算中的要点及拉索初始索力调整的刚性支点法的主要计算过程。
6-18 简述斜拉桥上部结构施工的几种施工方法及主要的施工过程。
6-19 简述悬索桥的主要组成。简述我国悬索桥的发展历史。
6-20 与梁相比，悬索的受力特点是什么？
6-21 简述索与拱受力的相似之处和不同之处。
6-22 分别推导均布荷载和主缆自重作用下，索的线形，并与相应的合理拱轴线比较。
6-23 悬索桥为什么具有很强的跨越能力？
6-24 现代悬索桥中常用的加劲梁有哪些结构形式？简述你见过的悬索桥的加劲梁结构形式。
6-25 根据加劲梁结构体系的不同，介绍一般悬索桥的类型。
6-26 什么是为自锚式悬索桥？其与地锚式悬索桥的组成与受力上有什么异同点？为什么自锚式悬索桥没有单跨式、三跨简支式？
6-27 简述悬索桥总体设计中主要的设计参数，设计中取用这些参数时应注意的要点。
6-28 悬索桥主缆主要分为哪些类型？各种类型的主缆适用情况如何？
6-29 悬索桥的桥塔按结构的受力分为哪些类型？各种类型的桥塔形式有何优、缺点？
6-30 什么叫悬索桥的主鞍？其作用如何？实际工程中大跨径悬索桥成桥后的主鞍与塔顶固结，但为什么在主鞍下设置辊轴？

6-31 什么叫悬索桥的散索鞍？实际悬索桥设计中是否一定要设置该构造？为什么？
6-32 什么叫悬索桥的锚碇？其作用如何？实际工程中悬索桥的锚碇分为哪些类型？
6-33 悬索桥的吊索的作用是什么？按照所用材料不同吊索分为哪些类型？其与主缆的连接方式有哪两种？
6-34 简述悬索桥的各种设计计算理论。
6-35 什么叫悬索桥设计中的"重力刚度法"？
6-36 简述悬索桥的主要施工过程。比较悬索桥和拱桥的施工特点。

第 7 章

桥墩与桥台

由第 1 章可知,桥梁结构一般由上部结构、下部结构、支座和附属构造等组成。第 3~6 章分别介绍了梁桥、拱桥、斜拉桥和悬索桥几种桥型,主要介绍的是上部结构。第 2 章介绍了桥面系、支座与附属设施。下部结构包括桥墩、桥台及其基础,其中墩、台的基础在"基础工程"课程中介绍。本章介绍桥墩与桥台的构造和设计计算要点。

7.1 概述

桥梁是一个整体,上、下部结构共同工作、互相影响,要重视下部结构与上部结构的合理组成。有些桥梁的上、下部结构中有支座隔开,如简支梁桥;另一些桥梁的上、下部结构之间并没有支座,而是固结在一起,如连续刚构桥;有时,下部结构很难与上部结构截然分开,如整体式桥台。

1. 结构选型

桥梁下部结构的设计过程,首先应选定墩台形式、拟定各部分尺寸。桥梁下部结构应与上部结构相协调,主桥与引桥的下部结构之间也要协调,整体考虑结构的造型与美学。对于城市桥梁、立交桥和高架桥来说,桥墩选型与体量对人们的日常生活、交通与感受影响很大,选型与设计应做到稳定安全、轻巧美观、通视性好。随着城市桥梁的发展,出现了许多造型新颖、轻巧美观的桥墩结构形式,如柱式墩、Y 形墩、刚架墩和无盖梁的梯形墩等,见图 7-1。

城市桥梁的桥台应尽量减小桥台的体积,削弱桥台的存在感,如采用无台前溜坡的 U 形台、组合式桥台、墙式台等。如有引道时,桥台应与引道的直立式挡墙相匹配。

2. 设计计算

与上部结构相同,桥梁下部结构要计算各作用(荷载)值并进行最不利作用(荷载)组合,对钢筋混凝土结构进行配筋,选取验算截面和验算内容,计算各截面的内力,对结构按极限状态进行强度、刚度、稳定性等验算。

如图 7-2 所示,除承受上部结构传来的作用力外,桥墩还受到风力、流水压力及可能发生的冰压力、船只和漂流物的撞击力;桥台还受台背填土的土压力以及填土上车辆荷载产生

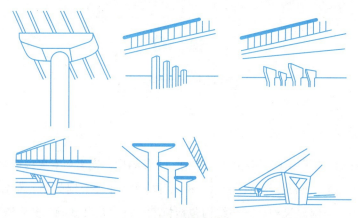

图 7-1　各种轻型桥墩形式

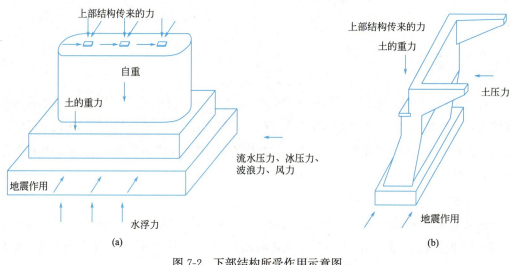

图 7-2　下部结构所受作用示意图
(a) 桥墩；(b) 桥台

的附加土压力。所以，桥梁墩台设计中，除考虑上部结构的影响外，还要考虑土质构造和地质条件，水文、流速及河床性质等的影响。

由于上部结构所受的作用最终均通过桥台与桥墩传到基础和地基中去，所以上部结构所受的作用，下部结构均要考虑，而有些下部结构要考虑的作用，上部结构中却没有考虑到，如表 1-3 中汽车引起的土侧压力、流水压力、冰压力、波浪力、船舶的撞击作用等。

桥梁墩台要置于稳定可靠的地基上，并通过设计和计算确定基础形式和埋置深度。桥梁下部结构经受洪水、地震、桥梁活载等的动力作用，要确保安全、耐久，就必须充分考虑上述各种因素的组合。桥梁墩台设计计算中，不仅要保证其自身具有足够的强度、刚度和稳定性，而且要保证地基的承载能力、沉降量、地基与基础之间的摩阻力等都能满足规范的要求。

桥台要做好排水防水，尤其是高桥台，以避免台后土中产生较大的水压力、冻胀力和地基土的承载力下降。台后填土最好用砂性土，特别是靠台背处，避免水在台后的淤积，然后用暗管或盲沟将水从台前或台侧排出。

为防止接线道路与桥台之间不均匀沉降引起的台后跳车，台后一般设置有桥头搭板，搭板长度不宜小于5m；桥台高度大于5m时，搭板长度不宜小于8m。搭板宽度宜与桥台侧墙内缘相齐，并用柔性材料隔离，最小宽度不应小于行车道宽度。搭板厚度一般不宜小于0.25m，当搭板长度大于6m时，其厚度不宜小于0.30m。

3. 施工方法

桥梁墩台的施工，我国以就地施工为主。钢筋混凝土桥墩较多采用爬升模板连续浇筑施工，尤其是高桥墩、薄壁直墩和无横隔板的空心墩。近年来，我国正在推广应用预制装配法施工钢筋混凝土桥墩。

对于大型桥梁的承台，混凝土体积较大，混凝土硬化过程水化热所引起的温度升值与环境温度的差值较大，所产生的温差应力若大于混凝土的抗拉强度，就可能产生温度裂缝。为防止出现温度裂缝，常用的措施有：分层浇筑以减小混凝土方量、采用低水化热的配合比（减少胶凝材料用量）、控制入模温度（如晚上施工）、降低材料温度（碎石冷却、用冰代替水）、埋设冷却管、提高混凝土抗拉强度等。应该指出的是，单纯通过提高混凝土的强度等级，并不是解决温差开裂的有效办法。有时为了提高混凝土强度，采用了较高的胶凝材料用量，水化热所产生的温度也提高了，反而适得其反。

7.2 桥墩类型与构造

7.2.1 桥墩分类

桥墩的类型根据其使用材料可分为圬工桥墩、钢筋混凝土桥墩或预应力混凝土桥墩、钢-混凝土组合桥墩、钢桥墩等。桥墩是以受压为主的压弯结构，以钢筋混凝土桥墩为主，极少采用钢结构，个别特殊情况采用预应力结构，主要出现在预制装配桥墩中，以预应力为拼装手段。过去曾大量采用圬工结构，现在已较少采用。

桥墩根据墩身截面长宽比例关系，可分为柱式墩和墙式墩；根据截面是否空心，可分为实体墩和空心墩（常为箱形墩）；根据截面形状，又可分为圆形墩、矩形墩、八角形墩、六角形墩或圆端形墩。当桥墩较高时，可称其为高桥墩，简称高墩，它多采用空心墩。

根据与上部结构的连接情况，桥墩可分为整体式和悬臂式。整体式桥墩与上部结构连成整体，不设支座与伸缩缝，如连续刚构桥中的桥墩，第4章已有介绍，本章将进一步介绍。

悬臂式桥墩指设有支座的桥墩，它可以看成固定于地基中的竖向悬臂结构，因此也称为支座型桥墩，不特别注明时所说的桥墩均指此类桥墩。

桥墩根据其受力原理可分为重力式墩和轻型墩。重力式墩采用实心墙式结构，以圬工材料为主，靠自身的重量来保证桥墩的刚度与稳定性。轻型桥墩包括空心式墩、柔性墩、桩（柱）式墩等多种形式，以钢筋混凝土结构为主。我国过去曾以重力式墩为主，所以桥墩的分类主要按此分为重力式墩和轻型墩，当时的教材也以重力式墩为主。改革开放以来，重力式墩的应用日渐减少，再按此分类已不合适。

不同上部结构对其下部结构的受力与构造要求不尽相同。本节首先以梁桥的桥墩为主，根据我国目前梁桥常见桥墩的类型，按柱式墩、墙式墩（含重力式）、空心墩和其他桥墩来介绍其结构与受力特点以及主要应用范围。然后，再叙述拱桥的桥墩结构特点。对于悬索桥和斜拉桥，其桥墩与桥塔常连在一起，设计中以考虑桥塔的受力为主，有时还将桥面下的部分称为下塔，归到桥塔中，已在第6章中有基本的介绍，这里就不再赘述。

7.2.2 柱式墩

柱式墩以钢筋混凝土结构为主，具有自重轻、材料用量省、施工方便、轻巧美观等特点。它是目前公路与城市桥梁中应用最广泛的一种桥墩，特别是在桥宽较大、对桥下空间和行车通视性要求高的城市桥、立交桥和大桥的引桥中。

1. 柱子（墩身）

柱式墩的墩身是柱子，沿横桥向常由1~4根立柱组成。双车道桥常用的形式有单柱式、双柱式、哑铃式和混合双柱式四种。

单柱式墩也称为独柱墩。当墩顶设有墩帽时，它在国内称为T形墩，国外则多称其为锤形墩。独柱墩适用于斜交角大于15°的桥梁，常在流向不固定的桥梁、匝道桥或立交桥上使用。它的截面形状丰富多样，常见的有圆形、矩形、八角形、六角形等。

独柱墩应用于连续箱梁匝道桥时，典型构造如图2-58所示。对于设置单支座的独柱墩（图2-58a），通常柱身截面具有足够的空间来布置支座，可以不设墩帽。双支座式独柱墩，如图2-58（b）所示，为布置双支座，柱身上会有一个墩帽。采用墩梁固结时，如图2-58（c）所示，由于柱子与梁直接固结，也就无需墩帽了。

双柱式墩在公路上用得较多，它的组成构件有两根柱子和柱子之上的盖梁。如果下部为桩基础，还有承台或系梁。当桥墩高度大于6~7m时，可设横系梁加强柱身横向联系。横系梁多为矩形，高度和宽度可分别取0.8~1.0倍和0.6~0.8倍的柱子直径或长边边长。横系梁四角应设置直径不小于16mm的纵向钢筋，并设直径不小于8mm的箍筋，箍筋间距不应大于横梁的短边边长或400mm。

图7-3所示的是上部为30m预应力混凝土T形简支梁（五梁式）、基础为双排钻孔灌注

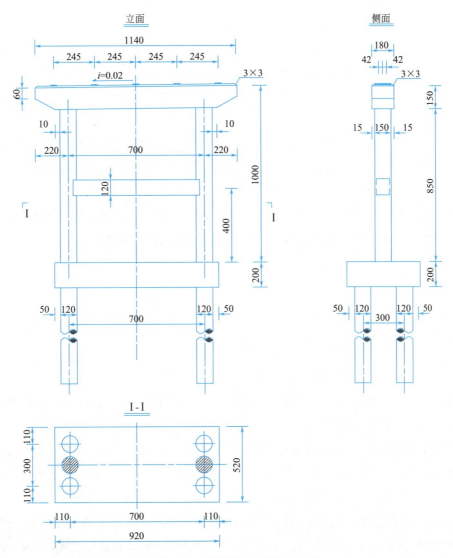

图 7-3 双柱式墩（双排桩）构造图（单位：cm）

桩的双柱式桥墩构造图。它的设计荷载为公路-Ⅰ级，桥面净宽为 2×净—11.25 或 2×净—10.75，钻孔桩直径为 120cm，墩高为 10m。

当桥墩位于有较多漂流物和流冰的河道中时，为避免漂流物塞在两柱之间，并提高桥墩的抗冲击能力，可在两柱之间设置薄墙，形成哑铃式桥墩（图 7-4），或者在下半段高度内采用实体的混合双柱式桥墩（图 7-5）。

当桥梁较宽时，为减小盖梁的受力，可采用多于两根的柱子，它与双柱墩一起可以称为排架墩。

在实际应用中，采用独柱墩的桥梁曾经发生上部结构倾覆的事故。《混凝土桥规》中规定应进行主梁的抗倾覆计算：在持久状况下，梁桥不应发生结构体系改变；在作用基本组合

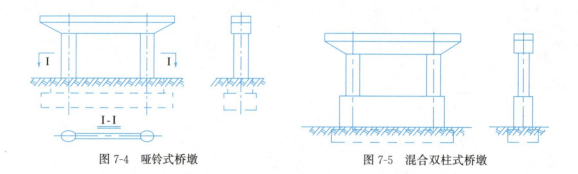

图 7-4 哑铃式桥墩　　　　　图 7-5 混合双柱式桥墩

下,单向受压支座应始终保持受压状态,以防止出现支座脱空的现象;按作用标准值进行组合时,整体式截面简支梁和连续梁的作用效应应符合式(7-1)的要求。

$$\frac{\sum S_{bk,i}}{\sum S_{sk,i}} \geqslant k_{qf} \quad (7-1)$$

式中　k_{qf}——横向抗倾覆稳定性系数,取 $k_{qf}=2.5$;

$\sum S_{bk,i}$——使上部结构稳定的效应设计值;

$\sum S_{sk,i}$——使上部结构失稳的效应设计值。

柱身采用圆形截面最多,方形次之,也有采用六角形等其他形状的。常见的圆形柱直径为 0.8~2.0m,使墩身具有较大的强度和刚度。

柱身以受压为主,为轴压或偏压结构,应满足《混凝土桥规》中的配筋要求。纵向受力钢筋的直径不宜小于12mm,净距不应小于50mm且不宜大于300mm,截面面积不小于箍筋圈内混凝土面积的0.5%(当混凝土强度等级为C50及以上时,不应小于0.6%)但也不宜超过5%。箍筋应做成闭合式,其直径不应小于纵筋直径的1/4,且不应小于6mm。

柱身的纵向钢筋应伸至盖梁顶,自盖梁底算起的锚固长度应满足《混凝土桥规》的相关要求。当盖梁的尺寸不足时,柱的纵向钢筋也可采用90°弯折锚固的方式。

2. 盖梁

对于简支梁,盖梁纵桥向的宽度 b(图7-6)可根据上部构造形式、支座间距与尺寸,加上支座边缘至盖梁边缘的最小距离拟定,见式(7-2)。盖梁的宽度按式(7-2)中取两式计算出来的大值,有关符号意义见图7-6。

$$\begin{aligned} b &\geqslant c+a+a' \\ \text{或} \ b &\geqslant c+(d+d_1+d_2)+(d'+d_1'+d_2') \end{aligned} \quad (7-2)$$

式中　c——伸缩缝宽度,见2.3节介绍,可按式(2-34)~式(2-36)计算,相邻跨跨径不同时取各跨所需宽度的一半 c_1、c_2 相加;对于中小桥,一般取 4~8cm;

a、a'——根据《桥梁抗震规范》规定,简支梁桥和连续梁桥上部结构梁端至盖梁边缘的最小距离应满足式（7-3）的要求，且不应小于 60cm。

$$a \geqslant 50 + 0.1L + 0.8H + 0.5L_k \tag{7-3}$$

式中　　L——一联上部结构总长度（m）；

　　　　H——支承一联上部结构桥墩的平均高度（m），桥台的高度取值为 0；

　　　　L_k——一联上部结构的最大单孔跨径（m）；

d、d_1、d_2 和 d'、d_1'、d_2'——分别为两侧支座（指支座的顶底板）宽度、距梁端边缘最小距离和距盖梁边缘的最小距离（图 7-6）。

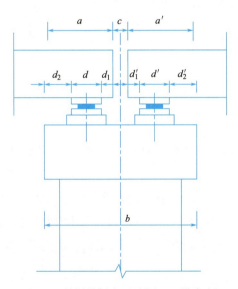

图 7-6　盖梁纵桥向尺寸图（双排支座）

斜桥与曲线梁桥的梁端比正桥更易发生落梁，更要注意留有足够的梁端边缘距离，其最小值的规定详见《桥梁抗震规范》。

当墩上仅有一排支座时（如连续梁桥，见图 7-7），则 b 可由式（7-4）计算。

$$b \geqslant a + 2d \tag{7-4}$$

当式（7-4）计算出的最小宽度较小时，盖梁的纵桥向宽度一般由盖梁的受力和墩身的尺寸确定。当采用先简支后连续方法施工时，它还应满足施工中两简支梁的临时支座布置的要求。

柱式墩盖梁的横桥向盖梁最小宽度 B 应满足式（7-5）的

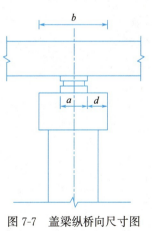

图 7-7　盖梁纵桥向尺寸图（单排支座）

要求，见图 7-8。

$$B \geqslant B_1 + 2d_3 \tag{7-5}$$

式中　B_1——桥跨结构横桥向两边主梁支座外侧之间的距离；

　　　d_3——支座垫板距盖梁外边缘最小距离。

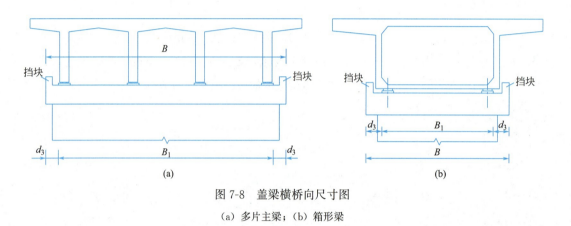

图 7-8　盖梁横桥向尺寸图
(a) 多片主梁；(b) 箱形梁

对于简支梁，盖梁横桥向可能还设有防落梁的挡块，如图 7-8 所示，其宽度设计还应考虑这一构造要求。

柱顶设置盖梁时，根据式 (7-2) 确定的盖梁纵桥向宽度 b 和横桥向宽度 B，要大于柱子（墩身）的纵桥向和横桥向尺寸。当柱身的截面尺寸均大于盖梁沿纵桥向和横桥向的宽度时，可以不设盖梁，而将支座直接置于柱顶上，此时柱的混凝土强度等级不能太低，支座下要配置钢筋网进行局部加强。

盖梁顶面在横桥向一般设置成与桥面横坡相同的坡度，这样铺装层在横桥向可以做成等厚。当桥宽较小时，盖梁顶也可以设成平坡，由桥面铺装下的混凝土三角垫层来实现桥面横坡。

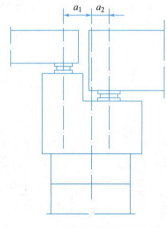

图 7-9　两端梁高不同的盖梁

对于在使用寿命期中需要更换支座的盖梁，其顶面标高不仅要考虑支座下垫石的高度，还应考虑更换支座时安装千斤顶的空间要求。

对于相邻两跨为不等高度梁的桥墩，盖梁的底面仍为一平面，顶面做成台阶段来适应，如图 7-9 所示。当然，两支座中心线距桥墩（柱子）中心线的距离也不相同，而是根据桥墩与基础纵桥向受的弯矩尽可能小的原则来设置。梁的高度不等意味着相邻两跨的跨径不同，支座传来的力也不同。梁较高的一侧，跨径较大，支座传来的力也较大，支座中心线离桥墩中心线的距离 a_2 要小于另一侧的 a_1。

盖梁多为现浇钢筋混凝土结构，一般做成伸臂式，以减小其中间的跨径 L，如图 7-10 所示。对于跨高比不大于 5 的盖梁，宜采用强度等级较高的混凝土，且不应低于 C25。盖梁各截面尺寸与配筋需要通过计算来确定。盖梁截面内应设置箍筋，其直径不应小于 8mm，间距不宜大于 200mm。盖梁内两侧应设置纵向水平钢筋，其直径不应小于 12mm，间距不宜大于 200mm。盖梁的支座下应设置钢筋网以分布应力。盖梁的截面以矩形为主，也有个别采用 T 形截面的。

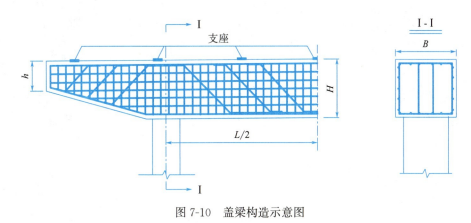

图 7-10　盖梁构造示意图

3. 承台或系梁

柱式墩的基础多为刚性扩大基础和桩基础。对于前者，柱子直接与基础相接。柱子下端的纵筋应按照构造要求伸入基础中。

对于桩基础，当桩数与柱数相同时，一般柱与桩的几何中心相一致。对于采用空心板的小跨径梁桥，柱与桩可直接相接，柱径一般略小于桩径，以适应桩基的施工误差。当桥墩高度较低时，只在柱顶设置盖梁。当柱的高度大于 1.5 倍桩的间距时，在桩顶处应设置横系梁，以加强其刚度，这种墩也称为桩柱式（桥）墩。

图 7-11 所示的是某三桩柱式桥墩构造图，设计荷载为公路-Ⅰ级，桥面净宽为 2×净-14.75，上部结构为跨径 13m 的装配式预应力混凝土板，下部为直径 120cm 的钻孔灌注桩。

当桩数与柱数不同时，无论上部结构的跨径大小，均需要在桩顶设置承台，柱身立于承台之上。承台的厚度不宜小于桩径的 1.5 倍，且不小于 1.5m。当一根柱下面对应两根桩时，这两根桩一般沿纵桥向对称布置，柱与桩在横桥向的中心线一致，如图 7-3 所示。当一根柱下面对应的桩数多于两根时，原则上，柱子的中心也宜布置在这几根桩的中心处。

桩基承台根据桩柱布置形式可采用钢筋混凝土梁或拉压杆模型进行配筋计算。在构造方面，当桩中距不大于 3 倍桩直径时，承台受力钢筋应均匀布置于全宽度内；当桩中距大于 3 倍桩直径时，受力钢筋应均匀布置于距桩中心 1.5 倍桩直径范围内，在此范围以外应布置配筋率不小于 0.1% 的构造钢筋。如承台仅有一个方向的受力钢筋时，在垂直于受力钢筋方

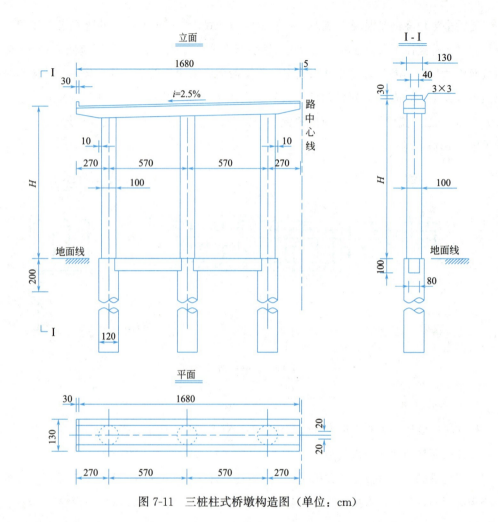

图 7-11 三桩柱式桥墩构造图（单位：cm）

向，应设置直径不小于 12mm，间距不大于 250mm 的构造钢筋。

承台底面内宜设一层钢筋网，底面内每一方向的钢筋用量宜为 1200~1500mm²/m，钢筋直径采用 12~16mm。承台竖向联系钢筋，其直径不应小于 16mm。

承台的桩中距等于或大于桩直径的三倍时，宜在两桩之间，距桩中心各一倍桩直径的中间区段内设置吊筋（图 7-12），其直径不应小于 12mm，间距不应大于 200mm。

7.2.3 墙式墩

墙式墩横桥向的宽度明显大于纵桥向的厚度，且高度不高，如图 7-13 所示。它一般由墩帽、墩身和基础组成，当基础为桩基础时，墩身下方与承台相接。墙式墩以钢筋混凝土结构为主。

1. 一般构造

墩帽的平面尺寸要求与前述柱式墩盖梁的相同。墩身可以是等截面，如图 7-13（a）所

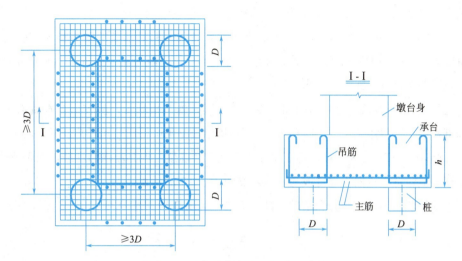

图 7-12 承台吊筋布置（D 为桩直径）

示，上设一平面尺寸略大于墩身的帽梁，帽梁的平面尺寸要求与柱式墩的盖梁相同。

墩身截面也可以采用比桥宽小较多的等截面或上小下大的变截面（图 7-13b），上端通过悬臂盖梁来满足主梁的支承空间要求。

变截面也可以是上大下小（图 7-13c）的花瓶式，当墩顶截面尺寸满足支承与防落梁的要求时，可不另设墩帽，直接将支座安排在墩身的顶面上，这种结构在城市高架桥、立交桥中常见，可节约地面空间、开阔视线。

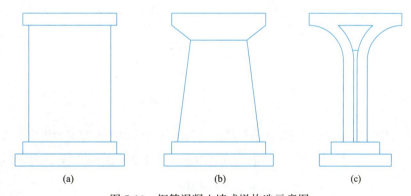

图 7-13 钢筋混凝土墙式墩构造示意图
(a) 等截面；(b) 变截面+悬臂梁墩帽；(c) 变截面（花瓶式）

2. 重力墩

墙式墩采用圬工结构时，主要靠自身的重量来平衡外力而保持其稳定，也称为重力式桥墩或重力墩。墩身比较厚，采用天然石材或片石混凝土砌筑。重力式桥墩对抵抗外界不利因素（如撞击、侵蚀）的能力较强，过去是中、小跨桥梁常用的桥墩形式，尤其是跨河桥。由于材料用量大、施工费用高且对地基承载力的要求也高，现在已较少采用。

按墩身横截面形式，重力式桥墩可分为矩形墩、圆端形墩、圆形墩等。

1) 矩形墩。其外形简单、施工方便、圬工数量较省。但对水流的阻力很大，引起局部冲刷也较大。一般用于无水或静水处。在水流影响小或不通航河流上的桥墩，或靠近河岸的桥墩，也可采用这种形式。

2) 圆端形墩。其截面是矩形两端各接一个半圆，施工稍麻烦，但较适合水流通过，可减少局部冲刷。一般用于水流斜交角小于15°的桥梁，是水中桥墩使用最广泛的一种形式。

3) 圆形墩。其截面为圆形，圬工量较大，施工较麻烦，但其流水特性较前两种形式好。一般用于河流急弯、流向不固定或与水流斜交角大于15°的桥梁。

重力式桥墩由墩帽、墩身和基础三部分组成，见图7-14。

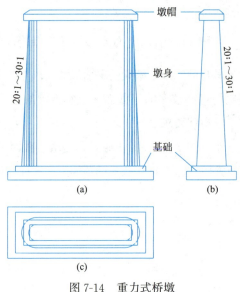

图7-14 重力式桥墩
(a) 立面；(b) 侧面；(c) 平面

墩帽位于桥墩顶部，它的主要作用是把桥梁支座传来的相当大的较为集中的力，分散均匀地传给墩身。《圬工桥规》规定的纵桥向支座边缘至墩身边缘最小距离，见表7-1与图7-15。

支座边缘至墩、台身边缘的最小距离 (m)　　　　　表7-1

跨径 l(m)	纵桥向	横桥向	
		圆弧形端头（自支座边角量起）	矩形端头
$l \geqslant 150$	0.30	0.30	0.50
$50 \leqslant l < 150$	0.25	0.25	0.40
$20 \leqslant l < 50$	0.20	0.20	0.30
$5 \leqslant l < 20$	0.15	0.15	0.20

注：当采用钢筋混凝土或预应力混凝土悬臂墩帽时，可不受本表限制，应便于施工、养护和更换支座而定。

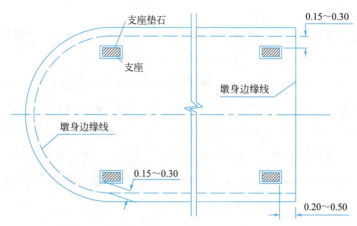

图 7-15　支座边缘至墩帽边缘最小距离示意图（单位：m）

墩帽要求具有一定的厚度和较高的强度，且要满足桥梁支座布置的需要。墩帽与支座直接接触的部分称为支承垫石，其承受的应力更集中，需具有更高的强度。此外，墩帽要为施工架梁、移梁、顶梁提供必要的工作面，其平面尺寸一般要大于墩身尺寸，墩帽顶面与梁底之间应预留更换支座时的空间。当墩帽与墩身尺寸相近时，可仅在墩帽下设置 5~10cm 的檐口。但当两者尺寸相差较大时，则需在墩帽下设置托盘过渡，称为托盘式墩帽（图 7-16）；或者让墩帽挑出墩身一定长度，称为挑臂式墩帽，见图 7-17。

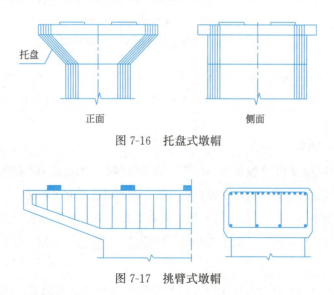

图 7-16　托盘式墩帽

图 7-17　挑臂式墩帽

中、小跨径桥梁，墩帽的厚度一般不小于 0.4m，特大、大跨径桥梁中不应小于 0.5m。墩帽一般采用 C25 以上的混凝土，加配构造钢筋。挑臂式墩帽的受力钢筋需经计算确定。设置支座的墩帽应设置支座垫石，在其内应设置一层或多层水平钢筋网，以便较好地分布支座压力。支座垫石尺寸一般较支座底板边缘每边大 0.10~0.20m。支座垫石顶面应高出墩帽顶面排水坡的上棱。

墩身的主要尺寸包括墩高、墩顶面、底面的平面尺寸及墩身侧坡。墩身的侧坡一般采用20：1～30：1。当桥梁跨度较小且墩高不大时，桥墩可做成直坡。高度很大的桥墩也可分节段做成阶梯状。墩身是桥墩的主体，小跨径桥梁的墩身顶宽不宜小于80cm；中跨径的不宜小于100cm；大跨径的则应视上部构造类型而定。为了便于水流和漂浮物通过，墩身平面形状可以做成圆端形（图7-18a）或尖端形（图7-18b）。在有强烈流水或大量漂浮物的河道（冰厚大于0.5m，流冰速度大于1m/s）上，桥墩的迎水端应做成破冰棱体（图7-18c），破冰棱体可由强度较高的石料砌成，也可以用高强度等级的混凝土辅之以钢筋加固。

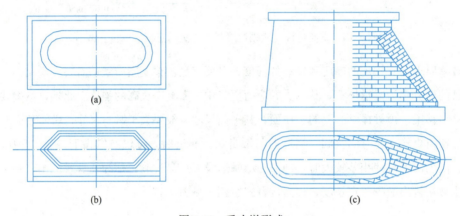

图 7-18 重力墩形式
(a) 圆端形桥墩；(b) 尖端形桥墩；(c) 破冰棱体

中、小型桥梁的重力墩基础一般采用不小于MU30～MU40的石材或C20混凝土（现浇）、C25（预制）混凝土和M5～M7.5砂浆的砌体建造，也可以用混凝土预制块砌筑。

7.2.4 空心墩

空心墩是实体墩向轻型化发展的一种较好的结构形式，尤其适用于高桥墩。空心墩可以充分利用材料的强度，节省材料，减轻桥墩自重，进而减少基础工程量。一般高度的空心墩比实体墩可节省20%～30%左右的圬工量，钢筋混凝土空心墩可节省50%左右的圬工量。空心墩可以采用爬升模板施工，施工速度快，质量好，节省模板支架，特别对于高墩，更显出优越性。

空心墩按建筑材料可分为混凝土空心墩和钢筋混凝土空心墩两类。混凝土空心墩可在高度小于50m的桥墩中使用，而高桥墩一般采用钢筋混凝土空心墩。

空心墩的壁厚应根据设计和施工的要求来选定，目前采用的最小壁厚为30cm，最大壁厚达160cm。考虑到温度应力等的影响，墩身一般均应加设护面钢筋。此外，为减少墩内外温差，在离地面一定高度处的墩身周围，应设置直径20cm左右的通风孔。桥墩的截面形式有长方形、圆形和圆端形等数种,见图 7-19。其中圆形及圆端形的截面形式便于施工。桥墩的立面布置可采用直坡式、侧坡式和阶梯式等。

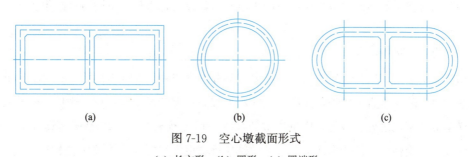

图 7-19 空心墩截面形式

(a) 长方形;(b) 圆形;(c) 圆端形

早期空心墩仿照竹节构造,每隔一定高度设置一道横隔板,见图 7-20(a)。横隔板对空心结构的抗扭有明显作用,对薄壁的稳定也有帮助。但内力分析和模型试验结果表明,一般空心墩所受扭矩很小,薄壁的局部稳定一般不控制设计。因此,现在的趋势是不设或少设横隔板,从而有利于施工,见图 7-20(b)。

空心墩的顶部可设置实体段,以便布置支座,均匀传力并减少对空心墩壁的冲击,如图 7-20(c)所示。实体段的高度取 1~2m。为改善应力集中,在墩身与底部或顶面交界处,应采用墩壁局部加厚或设置实体段的措施。实体段以下应设置带门的进入洞或相应的检查设备。

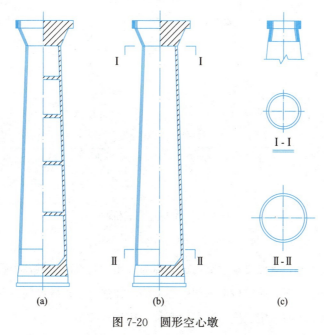

图 7-20 圆形空心墩

(a) 有横隔板立面;(b) 无横隔板立面;(c) 截面

墩身周围应设置适当的通风孔或泄水孔，孔的直径不小于 20cm，用以调节壁内外温差和平衡水压力。在流速大并夹有大量泥砂石的河流，以及在可能有船只、冰和漂流物冲击的河流中采用薄壁空心墩时，应采取有效防护措施（如在设计水位以下的墩身改用实体段）。

7.2.5 拱桥桥墩

由第 4 章知道，拱分为有推力、无推力和部分推力三种。有推力拱桥中的拱肋或拱圈传给桥墩的力，除了垂直力以外，还有较大的水平推力，无铰拱还有弯矩，这是拱桥桥墩与梁桥桥墩的最大不同之处。因此，拱桥桥墩的尺寸一般比梁桥的大，以保证其具有足够的强度、刚度和稳定性。在结构形式上，有推力拱桥桥墩更常用的是墙式墩（重力墩）、空心墩，其次才是柱式和其他形式。

系杆拱桥属于无推力结构，其桥墩的受力与梁桥相同，结构也基本相同，这里不再介绍。部分推力拱的桥墩所承受的水平推力介于有推力拱和梁桥之间，但更靠近后者，且桥墩与上部结构均为固结，所以其桥墩的结构与连续刚构桥的桥墩相近，它在 4.2 节已有介绍。本小节主要介绍有推力拱。

1. 重力墩

最常用的拱桥桥墩是重力墩，它主要靠自身的重量来平衡外力而保持其稳定，由墩帽、墩身和基础三部分组成，见图 7-21。

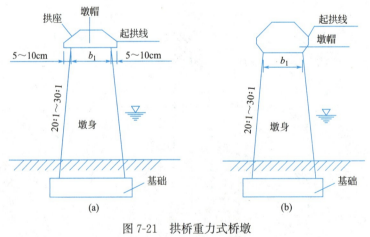

图 7-21 拱桥重力式桥墩
(a) 一般式；(b) 墩顶悬臂式

墩帽位于桥墩顶部，直接支承拱脚的部分称为拱座，其斜面与拱轴线垂直，应具有一定的厚度和较高的强度，对于肋拱桥应采用数层钢筋网加强，以扩散局部应力。为减小墩身体积，可以将墩帽挑出墩身一定长度，这种墩帽称为挑臂式墩帽。

重力墩墩身材料可用不小于 C20（小桥）、C25（大中桥）的片石混凝土或 M5（小桥）、

M7.5（大中桥）的水泥砂浆砌片石或块石，也可以用混凝土预制块砌筑。过去以石砌为主，现在多用混凝土或钢筋混凝土建造。

墩身的主要尺寸包括墩高、墩顶面、底面的平面尺寸及墩身侧坡。墩身的侧坡一般为 20∶1～30∶1。对于等跨双向墩的顶宽 b_1，当采用石砌时，可按拱跨的 1/20～1/10 估算，随着跨径的增大采用较小的比值，并不宜小于 800mm；混凝土桥墩可按拱跨的 1/25～1/15 估算。

墩身的平面形状一般在其两端做成圆端形或尖端形，在无水的岸墩也可以做成矩形，以便施工。重力墩的基础以扩大基础和沉井为主，也有采用桩基或管柱等。

对于等跨拱桥，桥墩不承担恒载产生的水平推力，因为它们互相抵消，主要承担活载引起的水平推力。当相邻孔跨径不同时，除活载水平推力外，桥墩要承担恒载引起的不平衡水平推力。为减小墩身和基础的弯矩，可将小孔的起拱线设在高于大孔的起拱线处，使其对墩身与基础的力臂增大。同时，将墩身做成不对称的形式，增大其下部及基础的面积，如图 7-22 所示。

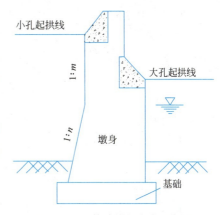

图 7-22　不等跨拱桥变截面桥墩

上述的处理方式要注意大小拱拱脚之间桥墩承受的水平剪力较大，要进行抗剪验算。同时，这种结构选型较不美观。如果将起拱线设在同一标高，则可通过上部结构的处理，以减小不平衡水平推力，如小孔采用较小的矢跨比（采用上承式）、较重的结构（如钢筋混凝土拱），大孔采用较大的矢跨比（采用中承式）、较轻的结构（如钢管混凝土拱桥），如图 7-23 所示。

图 7-23　某不等跨拱桥照片

2. 空心墩

空心墩在梁桥中主要用于高墩，但拱桥极少有高墩，其在拱桥中主要用于桥墩体量较大的时候。

图 7-24 是四川合川嘉陵江大桥主桥采用的空心钢筋混凝土桥墩构造图。该桥为中间三孔不等跨中承式钢管混凝土拱桥，两边拱为 58m 上承式钢筋混凝土拱。墩内空心部分采用挖基的砂岩片石填筑，并采用 M2.5 水泥砂浆灌满。为了美观，相邻拱的拱背在墩顶同一高程，但桥墩的断面采用不对称布置，大跨径一侧直立，小跨径一侧为 5∶1 的缓坡，这样可增大桥墩抵抗大跨径方向传来不平衡水平推力产生的倾覆力矩。桥墩基础置于新鲜的砂岩上。

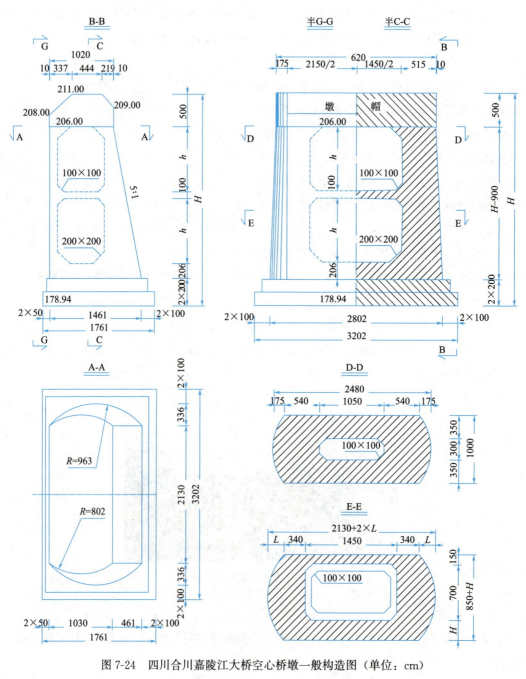

图 7-24　四川合川嘉陵江大桥空心桥墩一般构造图（单位：cm）

3. 柱式墩

与重力墩相对应的是柱式墩（图 7-25）。它常用于采用桩基础、跨径不大的等跨有推力拱或刚架系杆拱。

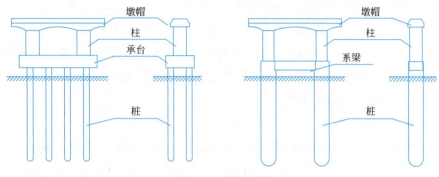

图 7-25　柱式桥墩

与重力墩一样，柱式墩墩顶部设置拱座。墩身一般为钢筋混凝土立柱，有时也采用钢管混凝土立柱，下端支于桩或承台上。当柱较高时，柱的中部应设置横系梁以增强桩柱刚性。桩柱式桥墩一般采用单排桩，跨径在 40~50m 以上的高墩，可采用双排桩。在桩、墩帽及横系梁中应根据计算要求配置构造钢筋或受力钢筋，桩和承台的配筋应符合基础设计要求。

当桥墩采用桩基高桩承台时，若起拱线较低，则桥墩可能没有墩身，直接将拱座支承于承台之上，类似于梁桥中的桩柱式桥墩。如图 7-26 所示的广州丫髻沙大桥，该桥主桥为 76m+360m+76m 三跨钢管混凝土飞鸟式拱桥，其建成照片见图 5-41。

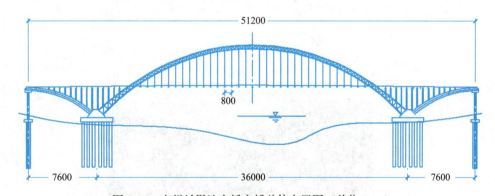

图 7-26　广州丫髻沙大桥主桥总体布置图（单位：cm）

4. 单向推力墩

单向推力墩又称制动墩，它的主要作用是在它的一侧的桥孔因某种原因遭到毁坏时，能承受住单向的恒载水平推力，以保证另一侧的拱不坍塌。《混凝土桥规》规定"多孔拱桥应根据使用要求设置单向推力墩或采用其他抗单向推力措施。单向推力墩宜每隔 3~5 孔设置一个"。单向推力墩在结构强健性中起拉链剂的作用，以防止一孔破坏引起的解扣式（连孔）

倒塌。拱桥采用支架施工时为了拱架的多次周转，或多孔拱桥分几个施工段施工，也要在相应位置设置单向推力墩。与其相对应的桥墩可称为普通墩，一般的桥墩不特别指明时均指普通墩。

在多孔拱桥中，尤其是采用柱式桥墩的多孔拱桥中，为了防止一孔破坏危及全桥，或采用无支架或早脱架施工时，可能出现的裸拱或全桥的单向恒载推力对桥墩的作用，必须每3～5孔设置一个单向推力墩，或者采用其他能够抵抗单向推力的措施。当桥墩较矮或单向推力不大时，可以考虑采取一些轻型的单向推力墩，其优点是阻水面积小，并可节约圬工体积。单向推力墩的形式有以下几种。

(1) 悬臂墩 (图7-27a)

在桩柱式墩上加一对悬臂，拱脚支承在悬臂端。当一孔坍塌时，邻孔恒载单向推力对桩柱身产生的弯矩，被恒载竖直反力产生的反向弯矩抵消一部分，从而减小桩柱身的弯矩，而能够承受拱的单向恒载推力。

(2) 斜撑墩 (图7-27b)

在柱式墩的每根立柱两侧增设一对钢筋混凝土斜撑（构造处理上只能承受压力，不能承受拉力）以提高抵抗恒载单向推力的能力，从而保证一孔被破坏而不影响邻孔。

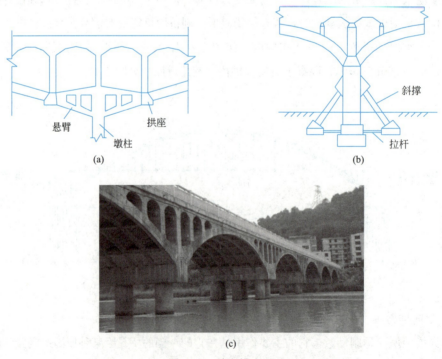

图7-27 单向推力墩
(a) 悬臂墩；(b) 斜撑墩；(c) 双排柱式墩

（3）双向推力拱加强型

将双向的重力式桥墩或其他桥墩，通过加大结构尺寸等加强措施，以承受单向恒载推力。

如果原来的双向推力墩为重力式墩，墩顶宽的尺寸应通过计算确定。此种形式的单向推力墩圬工体积大、用料多，且增加了阻水面积，立面美观也较差。

如果原来的双向推力墩为桩柱式墩，则可将单排柱加强成双排，桩基础数量也相应地增加（图7-27c）。

7.2.6 其他类型桥墩

1. 框架墩

框架墩的墩身为平面框架，以钢筋混凝土和预应力混凝土结构为主。框架可以是纵桥向的，也可以是横桥向的，主要形式有V形、Y形、X形、倒梯形等，其中较多采用V形墩（简称V墩）。

如图7-28（a）所示的连续梁桥，V墩的采用缩短了梁的跨径，减小了正、负弯矩的绝对值，可降低梁高，使结构轻巧美观。图7-28（b）为一高架桥横断面，横桥向V墩的采用，减小了地面桥墩的宽度，具有较好的造型效果。但这两种墩的墩身均受到较大的弯矩，结构构造与施工均较复杂。

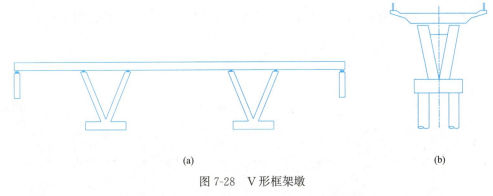

图 7-28　V形框架墩
(a) 连续梁桥采用V形框架墩；(b) V形框架墩横断面

在连续刚构桥中，墩身与主梁固结，V墩所受的弯矩比连续梁桥中的V墩小许多。因此，（纵桥向）V墩在连续刚构桥中的应用，多于连续梁桥中的应用。但V墩的采用，加大了桥梁的超静定次数，强化了桥墩的刚度，温度变化等在结构中产生的次内力可能更大，所以设计时要认真对待。

V墩除在梁桥中应用外，在拱桥中也有一些应用。图7-29所示的广州新光大桥就是一个实例。该桥跨越珠江，主桥为177m+428m+177m的三跨V墩钢桁肋系杆拱桥，大桥的两个主墩为V墩，它与桥面系梁形成三角刚架，主拱与其固结，形成整体结构。如果将V墩的斜向构件看成主拱肋的桥下部分，则它可视为中承式；如果将V墩看成下部结构，则该桥可以认为是下承式。

图7-29　广州新光大桥照片

2. 柔性墩与高墩

桥墩根据刚度又可分为刚性墩、柔性墩。简支梁、连续梁（有支座）多采用刚性墩（如重力式墩），连续刚构桥多采用柔性墩，如高墩和刚度比较小的柱式墩和薄壁墩。

在连续刚构桥发展起来之前，柔性墩专门指用于多跨简支梁中墩身尺寸很小的桥墩，常由单排或双排的钢筋混凝土桩与盖梁连接而成，也称为柔性排架桩墩（图7-30）。其主要特点是通过一些构造措施，将上部结构传来的水平力（制动力、温度影响力等）传递到全桥的各个柔性桥墩，或相邻的刚性墩台上，以减少单个柔性墩所受到的水平力，从而达到减小桩墩截面的目的。随着连续梁和连续刚构桥的发展，多跨简支梁桥已较少采用柔性墩。

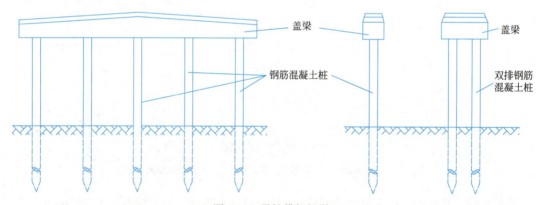

图7-30　柔性排架桩墩

目前的柔性墩主要出现在山区的连续刚构桥高墩中，它的柔性主要是由于桥墩较高而引起的。连续刚构桥采用高墩，一方面因墩的水平抗推刚度较小，使温度等作用不会在上下部结构中产生太大的弯矩；另一方面因墩梁固结，有利于高墩的稳定和减小墩顶的变形。在受力方面，墩很高时要特别注意控制稳定，墩不高时要注意减小温度、徐变产生的次内力，比如采用双薄壁墩，见 4.3 节介绍（图 4-22）。

高墩并没有具体的定义，泛指墩高相对一般桥墩较高的桥墩，其相对的高度随着时代的发展而不断提高，早期认为 20～30m 以上的墩为高墩，现在从结构角度考虑则多将 50～60m 以上的墩称为高墩，《施工规范》从施工角度将高度大于或等于 40m 的桥墩定义为高墩。当墩高不是特别高时，可采用实体墩；当墩高较高时，为节约材料，常采用空心墩、格构墩等。

3. 钢管混凝土桥墩

钢管混凝土受压时，钢管与混凝土两种组成材料可以优势互补、相互提高，具有良好的组合效应。钢管混凝土由于加载方式的不同，又可分为（普通型）钢管混凝土（图 7-31a）和约束型钢管混凝土（图 7-31b）。前者在钢管混凝土拱肋和小直径的钢管混凝土柱中得到广泛的应用，后者则主要用于直径较大的钢管混凝土桥墩中。约束型钢管混凝土结构中，荷载仅施加于核心混凝土之上，钢管不参与轴向受力，仅对混凝土起约束作用，这样当直径较大时，就不必担心钢管受压的局部屈曲问题，钢管的径厚比可以用得较大。

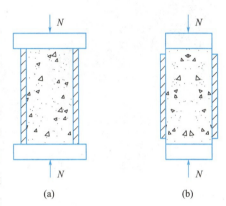

图 7-31 钢管混凝土柱的两种加载形式
(a) 普通型钢管混凝土；(b) 约束型钢管混凝土

深圳彩虹（北站）大桥（图 7-32a）和兰州雁盐黄河大桥（图 7-32b）是应用约束型钢管混凝土桥墩的两个实例。钢管内的混凝土配有钢筋，结构的受力以钢筋混凝土为主，钢管主要起约束混凝土的作用，施工时还可以作为浇筑混凝土的模板，不仅提高了桥墩的承载力，也提高了延性和抗震性能。

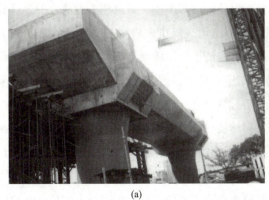 

图 7-32 约束型钢管混凝土桥墩
(a) 深圳彩虹（北站）大桥；(b) 兰州雁盐黄河大桥

近年来，钢管混凝土桥墩在山区桥梁中得到应用，如 2012 年建成通车的四川干海子大桥，高度在 24～60m 之间的桥墩采用了钢管混凝土格构柱，如图 7-33（a）所示。高度大于 60m 的桥墩（最高 107m），其下部采用的是钢管混凝土复合柱，即为以钢管混凝土为柱肢、主受力方向（面内）以钢筋混凝土板为连接板（缀板）的复合柱，与上部的钢管混凝土格构柱共同组成混合柱，如图 7-33（b）所示。

(a) (b)

图 7-33　四川干海子大桥钢管混凝土桥墩

(a) 钢管混凝土格构柱；(b) 钢管混凝土复合柱和混合柱

7.3　桥台类型与构造

7.3.1　桥台分类

与桥墩一样，根据不同的划分方法，桥台可以分成许多类型。根据施工方法，桥台可分为现场施工桥台和预制装配式桥台，后者在我国的应用还极少。根据与上部结构之间的关系，桥台可分为整体式和支座式桥台。整体式桥台取消了伸缩缝和支座，属于无伸缩缝桥梁的一种；而一般的有支座和伸缩缝的桥梁属于支座式桥台。若仅从桥台是否设有伸缩缝来分，可分为有缝桥台和无缝桥台。本节主要介绍有缝桥台。

根据主要建造材料，它可分为圬工桥台（砌体桥台、片石混凝土桥台）、钢筋混凝土桥台、加筋土桥台等。根据受力原理，它可分为重力式和各种各样轻型桥台。过去我国的桥台以现场施工的圬工重力式（有缝）桥台为主，它也成为专著和教材介绍的重点，大多以重力式和轻型两大类为主线。随着社会经济的发展和生产力水平的提高，圬工重力式桥台在我国的应用越来越少，目前已无新的应用，取而代之的是以片石混凝土的 U 形桥台和各种钢筋混凝土桥台（尤其是埋置式桥台），如果还按原有的分类方法，则轻型桥台中的种类太多；

同时，对圬工重力式桥台的介绍内容偏多。

桥台一端支承桥跨结构，而另一端与路基相接。与桥墩相比，除一样要承受上部结构传来的荷载外，桥台还要承受台后土压力。为此，本书提出采用全挡土桥台和埋置式桥台的分类，既突出桥台与路堤之间的关系，也明晰桥台是否起正前方的挡土作用。

全挡土桥台，如图 7-34 所示，无台前溜坡，台身（主要指前墙）从引道的路堤地面开始直达上部结构全部外露，所以也称为全高桥台，它对台后的填土起挡土墙的作用，台后的填土被封闭在桥台中，因此有时也称它为闭端桥台。

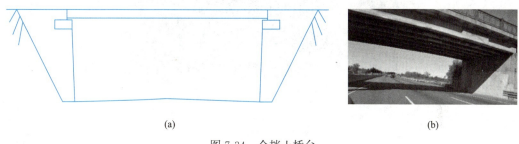

图 7-34　全挡土桥台

(a) 结构示意图；(b) 实例照片

全挡土桥台的台身较高，工程量较大。对于跨线桥，将来它所下穿的道路较难拓宽，且对桥下的交通视线有较大的阻挡。但采用这种桥台的桥梁，桥长较短。同时，因无台前溜坡，体量显得较小，结构边界清晰、干净，常在城市高架桥、立交桥中应用。当所接的引道有边坡时，桥台的两侧有锥坡与路堤相接。

根据受力原理，全挡土桥台又可分为重力式桥台和轻型桥台。

重力式桥台主要靠自重来平衡台后的土压力，台身多用片石混凝土（过去则多采用石砌圬工）等圬工材料建造，并采用就地建造的施工方法。它以 U 形桥台为主，还有一字式、八字式等。

轻型桥台多为钢筋混凝土结构，有薄壁轻型（悬臂式、扶臂式、箱式）桥台、支撑型桥台等，此外加筋土桥台也属于轻型桥台。

埋置式桥台，如图 7-35 所示，在台前有溜坡，桥台及其基础埋置于路堤中，只露出台帽在外以安置支座与上部构造，没有与桥轴线垂直的挡土的前墙，有时也称为骨架桥台或开端桥台。

台前溜坡对于台后路堤填土起到平衡作用，使桥台结构受到的土压力很小。因此埋置式桥台台身较矮，工程量较小，在跨线桥梁中应用时，对桥下交通的视线阻挡较小，且为今后拓宽留下了空间（可通过修改溜坡的坡度）。但采用埋置式桥台后，桥长可能增长。如图 7-34（b）所示的跨线桥，采用全挡土桥台只需一跨；而图 7-35（b）所示的跨线桥，采用埋置式桥台，就需要三跨。同时，溜坡的土工量也略大于锥坡，其防护要求也略高于锥坡。

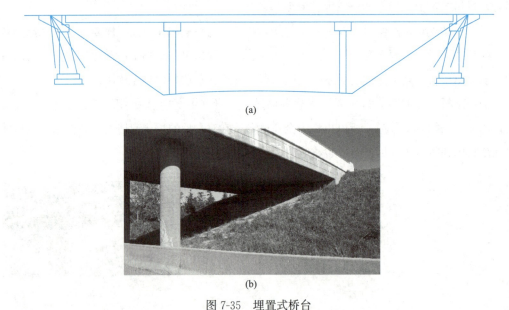

图 7-35 埋置式桥台
(a) 结构示意图；(b) 实例照片

尤其是跨越河流的桥梁，台前溜坡要采取足够的措施，避免流水冲刷破坏。

埋置式桥台根据台身结构，主要有肋板式（或称墙式）、桩柱式（或称柱式）、框架式等。

在全挡土桥台和埋置式桥台这两大类之间，还有一种半挡土桥台，它们与全挡土桥台相似，有前墙起挡土作用；可又像埋置式桥台一样，将桥台埋置于路堤中，台前有溜坡，但溜坡的土体与台后的土体没有相通。它有时也叫半高桥台。

衡重式桥台和后倾式桥台属于半挡土桥台。衡重式桥台可应用于台高较大的桥台，它将前墙做成变截面形状，利用衡重台及其上的填土重力平衡部分土压力，以节省工程量。图 7-36 所示为某一实际的衡重式桥台。后倾式桥台只有前墙没有侧墙，靠自重平衡台后土压力，前墙（台身）后倾，使重心落在基底截面的形心之后，以平衡台后填土的倾覆力矩，见图 7-37。衡重式桥台和后倾式桥台主要出现在砌体结构中，为减小圬工量而采用，目前在我国已少有应用，所以本书没有将其另列为一类。

按这种分类，重力式桥台除了前述的全挡土桥台中的 U 形、一字形、八字形外，还包括半高式桥台（衡重式桥台和后倾式桥台）；轻型桥台除了全挡土桥台中的薄壁轻型桥台、支撑型桥台、加筋土桥台外，所有的埋置式桥台也归入其中。图 7-38 给出了桥台按全挡土桥台和埋置式桥台两大类的分类。

不同上部结构对其桥台的受力与构造要求不尽相同。本节以梁桥的桥台为主，对我国目前最常用的全挡土桥台中的 U 形桥台、肋板式埋置式桥台进行重点介绍，对其他的桥台进

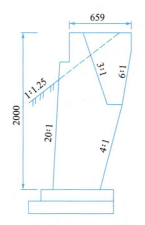 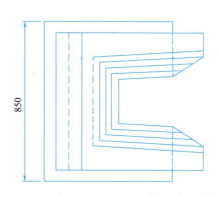

图 7-36 衡重式桥台（单位：cm）

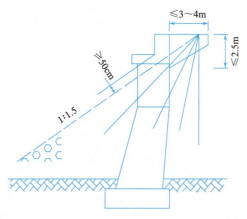 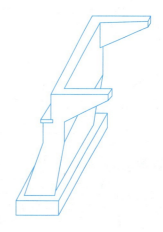

图 7-37 后倾式桥台

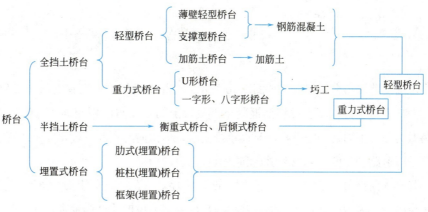

图 7-38 桥台分类图

行一般性的介绍。之后,分析拱桥的桥台特点。对于悬索桥和斜拉桥,其桥墩与桥塔常连在一起,其桥台多为引桥的梁式桥台,无特殊之处,不再介绍。

除上述这些桥台外,还有一些因结构需要、特殊的地质条件等设计的桥台,如将桥台与挡土墙用梁结合在一起的过梁式的组合桥台,由支承上部结构竖向力的轻型台身和抵抗台后土压力的挡土墙组合而成的桥台,根据受力需要具有承拉功能的承拉桥台等,这里也不介绍,详见相关文献。

7.3.2 全挡土桥台

1. U形重力式桥台

U形重力式桥台是常见的一种桥台,由台帽、台身(前墙、胸墙和后墙)及基础组成,台身由前墙和两侧墙组成U字形,简称U形桥台。其一般构造见图7-39。实际上只要平面上组成U字形的桥台均可称为U形桥台,但一般情况下不特别指明时,它指U形重力式桥台。

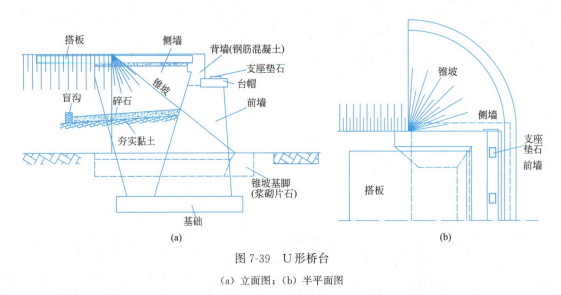

图7-39 U形桥台
(a) 立面图;(b) 半平面图

桥台上部由背墙与台帽组成,如图7-40所示。台帽支承桥跨,设有支承垫石和排水坡,它一般用C25及以上的混凝土或钢筋混凝土做成,配筋要求与墩帽相同。台帽的主要尺寸要求与桥墩类似,不同之处是纵桥向只设单排支座,横桥向的宽度一般要大于或等于桥面宽度,或等于引道路基宽度,以便于引道和桥上行车道的衔接。

背墙指台身前墙向上延伸、高于台帽、抵挡路堤填土的部分,其顶宽不宜小于50cm。它在靠桥跨结构一侧做成垂直,后侧可采用与前墙相同的坡度或做成垂直,它与两侧的侧墙连成一体。若台后设有搭板,则还应有供搭板支承的构造。

桥台的主要尺寸有桥台全长、填土高度、埋置深度、台身平面尺寸等。

台身（含前墙、侧墙）承托着台帽，并支挡路堤填土，一般用片石混凝土做成。由于路堤土的压力随着深度的增大而增大，台身的截面尺寸也应随着深度的增大而增大。

前墙和侧墙顶面宽度均不宜小于 50cm。前墙任一水平截面的厚度，不宜小于该截面至墙顶高度的 0.4 倍。侧墙的任一水平截面的宽度，对于石砌体不宜小于该截面至墙顶高度的 0.4 倍；对于块石、粗料石砌体或混凝土不宜小于 0.35 倍（如桥台内填料为中、粗砂或砂砾时，则上述两项可分别相应减为 0.35 倍和 0.30 倍），见图 7-41。

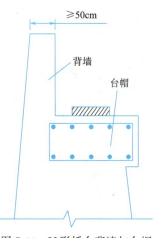

图 7-40　U 形桥台背墙与台帽结构示意图

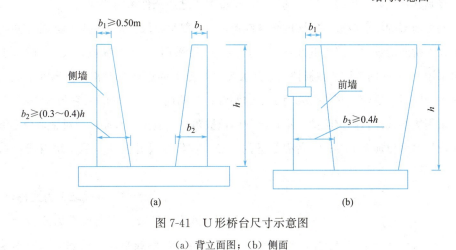

图 7-41　U 形桥台尺寸示意图
(a) 背立面图；(b) 侧面

桥台上部应伸入路堤一定深度，以保证桥台和路堤的可靠连接。路基填土与 U 形桥台侧墙的搭接长度不宜小于 75cm。

侧墙除采用图 7-41 的倒梯形下缩式外，还可以采用小悬臂式（图 7-42a）和大悬臂式（图 7-42b）。对于大悬臂式，需要采用钢筋混凝土结构，根据受力需要进行配筋。如果侧向边坡稳定、地质条件好，侧墙还可用台阶式，以适应地形，节约工程量，如图 7-42（c）所示。

侧墙间的填土容易积水，结冰后冻胀，使得侧墙开裂。所以宜采用渗水性良好的土壤（如砂质土和砂砾等）填夯，并做好台后排水措施。在台帽或背墙底面应设砂砾滤水层及胶泥隔水层，在隔水层上设置一向台后纵坡为 2% 的碎石层（盲沟）延伸至台后，在碎石层的末端设置横向盲沟，将台内的渗水排至路基的两侧边沟中。

U 形桥台适用于填土高度在 8～10m 以下、跨度稍大的桥梁。由于桥台体积与自重较

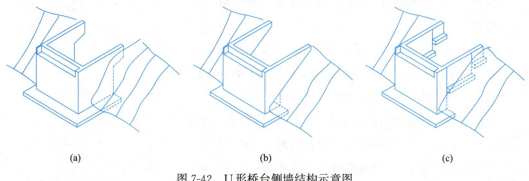

图 7-42　U 形桥台侧墙结构示意图
(a) 小悬臂式；(b) 大悬臂式；(c) 台阶式

大，故在桥台高度较高时要求地基土有较好的承载能力。U 形桥台主要应用在浅基础，不均匀沉降是其最主要的病害，要特别注意基础应置于地质条件相同的地基中。

在路堤前端的填土应按一定坡度做成锥形护坡，简称锥坡。锥坡的坡脚不能超过桥台前缘。它在纵桥向的纵坡，路堤下方 0～6m 高度内，可采用 1∶1 的纵坡，大于 6m 以上的部分，可采用 1∶1.5 的纵坡；在横桥向，其坡度可与路堤的边坡坡度相同。当纵桥向与横桥向的坡度相同时，桥台一侧的锥坡为 1/4 的圆锥；当两向坡度不同时，它为 1/4 的椭圆锥。锥坡可采用块石或片石砌筑防护，不砌部分用植被防护，避免雨水冲刷。对于采用土坡的锥坡，在设计洪水位加上 0.5m 的高程之下的护坡，应根据设计流速，采用块石或片石砌筑防护。

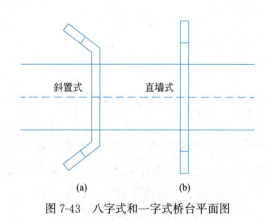

图 7-43　八字式和一字式桥台平面图
(a) 八字式；(b) 一字式

2. 八字翼墙或一字翼墙重力式桥台

八字翼墙或一字翼墙重力式桥台，也属于全挡土桥台或封端式桥台。它有前墙，但与 U 形桥台不同之处在于前墙两侧没有与之垂直且为整体的侧墙，代之以独立的翼墙，翼墙与前墙之间用变形缝隔开。如图 7-43 所示，与前墙呈一定角度相交的翼墙，称为斜置式或八字式翼墙，与前墙处于同一水平线的，称为一字式翼墙，相应的桥台简称为八字式或一字式桥台。同 U 形桥台一样，其他桥台也有采用这两种翼墙的，但一般不以翼墙的形状命名。不特别指明时，它们均指重力式桥台。

这种桥台适用于河岸稳定、桥台不高、河床压缩小的中小跨径桥梁。在跨越人工河道的中小桥和立交桥中也可采用。

翼墙的构造与地形、填土高度和接线有关。一般情况下，顶宽可取 40cm，外侧用 10：1 斜坡，内侧可用 8：1～10：1 的斜坡，长度可根据实际地形确定。图 7-44（a）为八字式，翼墙高度从前墙处向两侧减小，坡度由翼墙平面夹角和路堤边坡相交而定，尾端应保持一个相当的高度。翼墙有独立的基础。

图 7-44（b）和图 7-44（c）均为一字式，前者与前墙相接处采用全高，高度的变化与路堤边坡相适应；后者则与前墙相接处采用半高，因此边坡要提前用锥坡收坡，而图 7-44（a）和图 7-44（b）的桥台则都没有锥坡。不过由于有翼墙，图 7-44（c）的锥坡体积要比一般的 U 形桥台小。

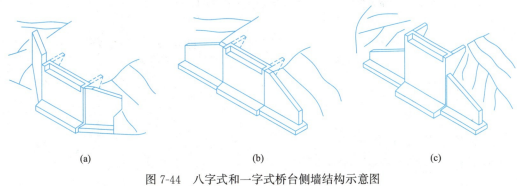

图 7-44　八字式和一字式桥台侧墙结构示意图
(a) 八字式；(b) 一字式（全高）；(c) 一字式（半高）

3. 薄壁和支撑梁轻型桥台

薄壁和支撑梁轻型桥台的斜交角（台身与桥纵轴线的垂直线的交角）不应大于 15°，两侧可采用八字式和一字式翼墙挡土，如地形许可，可做成耳墙，形成埋置式轻型桥台并设置溜坡。

薄壁轻型桥台常用的形式有悬臂式桥台、扶壁式桥台、撑墙式及箱式桥台等，如图 7-45 所示。在一般情况下，悬臂轻型桥台的优点与薄壁墩类同，可依据桥台高度，地基强度和土质等因素选定。台身一般采用钢筋混凝土结构，适用于跨径不大、地基软弱的桥梁，其构造和施工比较复杂，钢筋用量也较多。

跨径不大于 13m，桥长不大于 20m 的梁（板）式上部结构，在条件许可的情况下，可在轻型桥台之间或台与墩间，设置 3～5 根支撑梁构成支撑梁轻型桥台，见图 7-46。它适合跨径不大、流速不大和台身不高的桥梁。

支撑梁设在冲刷线或河床铺砌线以下，中距宜为 2～3m，采用钢筋混凝土构件，其截面尺寸不宜小于 20cm（横）×30cm（竖），四角应设置直径不小于 12mm 的钢筋；如采用混凝土或块石砌筑，其截面尺寸不宜小于 40cm×40cm。梁与桥台设置直径不小于 20mm 的锚固栓钉，使上部结构与支撑梁共同支撑两端的桥台承受台后土压力。此时桥台与支撑梁及上

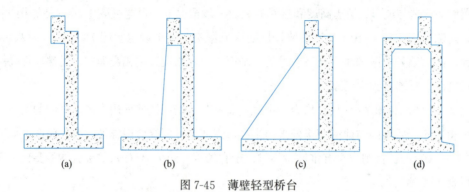

图 7-45 薄壁轻型桥台

(a) 悬臂式桥台；(b) 扶壁式桥台；(c) 撑墙式桥台；(d) 箱式桥台

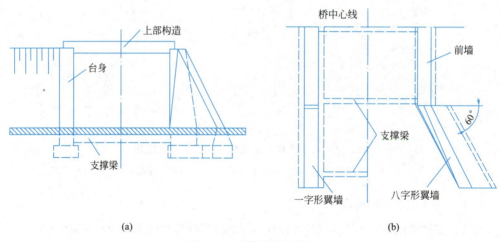

图 7-46 支撑梁轻型桥台

(a) 立面；(b) 平面

部结构形成四铰受力框架。

4. 加筋土桥台

对台后路基填土不被冲刷的中、小跨径桥梁，当台高为 3~5m 时，可采用加筋土桥台，见图 7-47 (a)。这类桥台一般由台帽和竖向面板、拉杆、锚碇板及其间填料共同组成的台身组成。拉杆两端分别与竖向面板和锚碇板连接，组成为加筋土的挡土结构。它的工作原理是，竖向面板后填料的主动土压力作用到面板上，再通过拉杆将该力传递给锚碇板，而锚碇板则依靠位于板前且具有一定抗剪能力的土体所产生的抗拔力来平衡拉杆拉力，使整个结构处于稳定状态。两侧也多用八字式或一字式翼墙挡土。

如果上部结构的垂直反力直接由单独的桩柱承受的话，则加筋土墙体与桩柱便构成加筋土组合桥台，它又可分为分离式和结合式两种形式。

分离式是台身与锚碇结构分开，台身主要承受上部结构传来的竖向力和水平力，锚碇结构承受上部土压力。锚碇结构由锚碇板、立柱、拉杆和挡土板组成，见图 7-47（b）。桥台与锚碇结构间留空隙，上端做伸缩缝，桥台与锚碇结构的基础分离，互不影响，受力明确，但结构复杂，施工不方便。

结合式的构造见图 7-47（c），它的锚碇结构与台身结合在一起，台身兼作立柱或挡土板。作用在台身的所有水平力假定均由锚碇板的抗拔力来平衡，台身仅承受竖向荷载。结合式结构简单，施工方便，工程量较省，但受力不明确。

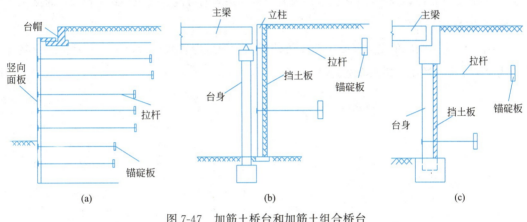

图 7-47 加筋土桥台和加筋土组合桥台
(a) 加筋土桥台；(b) 分离式；(c) 结合式

7.3.3 埋置式桥台

1. 肋形（埋置式）桥台

肋形（埋置式）桥台的台身由两块肋板（或称墙板）和顶面帽梁组成，适用于填土高度大于 5m 的桥台。肋形（埋置式）桥台设置有耳墙，埋入路堤中，并起挡土作用，耳墙伸入路堤至少 75cm。

耳墙承受土压力的计算图式为悬臂板，如需支承人行道上的荷载，则要受到两个方向的弯矩和剪力，需要配置受力钢筋，且其主筋应伸入台帽或背墙锚固，见图 7-48。耳墙长度不宜太长，一般不超过 3~4m，厚度为 15~30cm，高度为 50~250cm。肋板厚为 40~80cm，设少量钢筋。

台帽在横桥向可做成悬臂式或简支式，需要配置受力钢筋。台身在 10m 及 10m 以上者，肋板之间需设系梁。帽梁、系梁和耳墙均需配置钢筋，并采用 C30

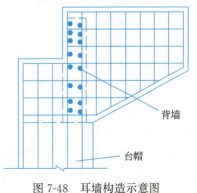

图 7-48 耳墙构造示意图

混凝土。台身与帽梁、台身与基础之间只需布置少量接头钢筋，台身及基础可用C25混凝土。采用浅基础时，台身钢筋应锚固于基础内。采用桩基础时，一般设有承台，将台身钢筋锚固于承台中。

埋置式桥台的溜坡坡度一般为1:1.5，坡面用砌石保护，并根据河岸冲刷深度确定护坡基础的埋置深度。溜坡面距台帽后缘应不小于30cm，溜坡坡面和台身前沿相交处应比设计洪水位高出25cm，以免雨水渗入溜坡（也即桥台）内。由于台前护坡是用片石作表面防护的一种永久性设施，存在着被洪水冲毁而使台身裸露的可能，故埋置式桥台设计时必须进行强度和稳定的验算。

图7-49为后张法预应力混凝土简支梁使用的肋形（埋置式）桥台标准图示例。荷载等级为公路-I级，适用于桥面净宽为净−7m+2×0.75m。

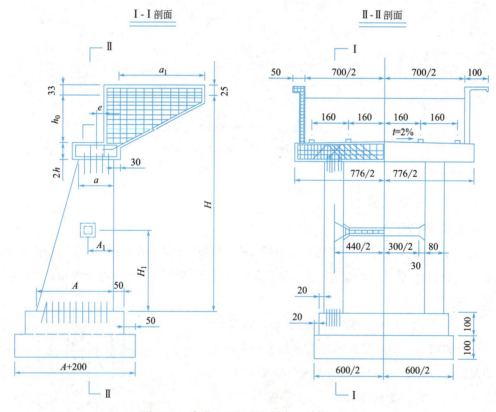

图7-49 肋形（埋置式）桥台（单位：cm）

2. 柱式（埋置式）桥台

柱式（埋置式）桥台常采用双柱，又称为双柱式桥台，见图7-50。它一般用于填土高度小于5m的情况。当桥较宽时，可采用多柱式。为了减少填土施工使桥台产生较大的水平位移，可先填土后钻孔。柱式（埋置式）桥台适于各种地基条件。采用浅基础时，柱子需嵌固

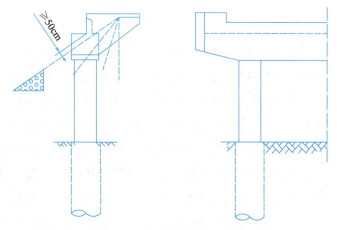

图 7-50 柱式（埋置式）桥台

在基础之中。采用桩基础时，可设置承台，将柱子嵌固于承台中。当柱式桥台采用钻孔桩基础并延伸作台身时，可不设承台，只设系梁，成为桩柱式（埋置式）桥台。

3. 框架式（埋置式）桥台

框架式（埋置式）桥台的台身构造在纵桥向呈框架结构，适用于地基承载力较低、台身较高、跨径较大的梁桥。它比肋形（埋置式）桥台挖空率更高，更节省材料；比桩柱式桥台有更好的刚度。

框架式（埋置式）桥台（图 7-51）结构本身存在着斜杆，能够产生水平分力以平衡土压力，加之基底较宽，又通过系梁连成一个框架体，所以稳定性较好，可用于填土高度在 5m 以上的桥台，可与跨径为 16m 和 20m 的梁式上部结构配合应用，其不足之处是必须用双排桩基，台身材料用量较桩柱式的多。

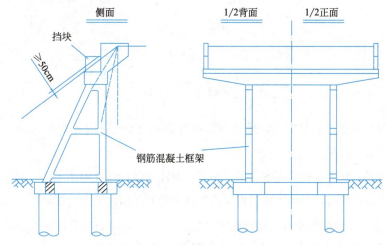

图 7-51 框架式（埋置式）桥台

7.3.4 拱桥桥台

与桥墩相似，有推力拱桥的桥台较之梁桥桥台，主要的区别在于要考虑水平推力的影响。由前述可知，等跨拱桥相邻跨恒载水平推力互相抵消，桥墩无需承担，而桥台只有一边有拱跨，要承担拱的恒载水平推力。所以，拱桥桥台承担水平推力的问题比桥墩更突出，在结构上以全挡土式桥台为主，以借助台后填土抵抗拱的水平推力，最常用的是重力式U形桥台。当地质条件较差时，为减小地基应力和节省工程量，也采用一些非重力式桥台，如组合桥台、齿槛式桥台、空腹式（L）桥台等。桥台的选型与构造，除要考虑桥位处的地质、水文、跨径、荷载等级及施工方法等因素外，还要考虑拱的矢跨比等因素。

与桥墩一样，系杆拱桥的桥台与梁桥相似，而刚架系杆拱一般还有引桥，采用梁桥桥台，自身不直接与桥台相接。所以，本小节仅介绍有推力拱桥的桥台。

1. 重力式U形桥台

重力式U形桥台，简称U形桥台，与梁式桥的一样，由台帽、背墙、前墙和侧墙组成。常采用锥形护坡与路堤连接，锥坡的坡度根据加固形式、坡高、地形等确定，一般为1∶1.5～1∶1。与梁式桥台不同的是台帽具有与拱轴线垂直的斜面，位于标高较低的起拱线处，背墙较高，台身的厚度较大，以适应拱的推力产生的剪力，如图7-52所示。

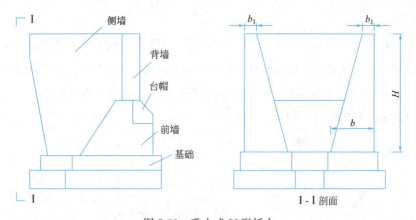

图7-52 重力式U形桥台

U形桥台多采用片石混凝土，过去则常用石砌体。基础以刚性扩大基础为主，基岩埋置较深时，可采用沉井。

桥台前墙任一水平截面的宽度，不宜小于该截面至墙顶高度的0.4倍。侧墙的水平截面宽度，采用片石砌体时，不小于该截面至墙顶高度的0.4倍；采用块石料石及混凝土时不小于0.35倍。前墙、侧墙的顶宽，片石砌体不宜小于50cm，块石料石砌体及混凝土不宜小于40cm。这样设置的桥台可按U形整体截面验算截面强度。侧墙的后端应伸入锥坡顶点内 75cm。

2. 组合式桥台

当地质条件较差、需要采用桩基础时，组合式桥台是一种较好的解决方案。这种桥台由台身和后座两部分组成，见图 7-53。拱的垂直力主要由台身桩基础来承受。由后座的自重摩阻力及台后的土侧压力来平衡拱的水平推力。因此，后座基底标高应低于起拱线的标高。台身与后座间应密切贴合并设沉降缝，以适应两者的不均匀沉降。在地基土质较差时，后座地基也应适当处理，以免后座的倾斜，导致台身和拱圈变形。此外，若后座需要较长的长度，则宜进行分段，各段之间设置变形缝，以适应可能的不均匀沉降。当台后地面具有较大斜坡时，后座还可以设计成梯形，以适应地形变化并节约工程量。

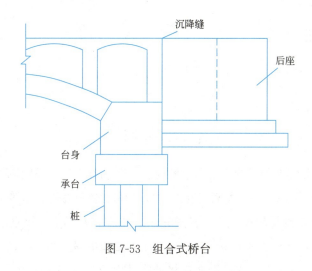

图 7-53 组合式桥台

在 20 世纪中叶，我国在地质条件较差桥位处修建轻型拱桥时，提出并采用了较多的轻型桥台，如齿槛式桥台、空腹式（L）桥台、一字台、H 形台、E 字台、U 形台、倾一字台等，现在已较少采用。

3. 拱座

在山区跨越河谷的上承式拱桥，往往采用一大跨跨越，与道路相接的桥台为引桥中的梁式桥的桥台，主拱本身并没有桥台结构，代之以拱座与基础。当地质条件较好时，拱的反力（包括水平推力、竖向反力和弯矩）直接由拱座传给基础。图 7-54 所示的是日本富士川桥总体布置图。该桥位于东京以西约 150km 处，桥宽 18.5m，跨径 265m，是日本跨径最大的钢筋混凝土拱桥，拱座直接坐落于岩石上，为增强地基承载力，并减少开挖量，采用了阶梯状的拱座基础。

如果在浅层没有合适的岩层时，为抵抗拱的巨大水平推力，拱座基础可以由两部分组成，一部分以承受竖直力为主，一部分以承受水平力为主，即组合拱座基础，它的设计思想与前面的组合式桥台相同。

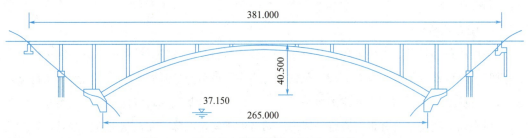

图 7-54 日本富士川桥总体布置图（单位：m）

克罗地亚的 Krka 一号桥，主跨达 390m，于 1979 年建成，是当时世界上跨径最大的混凝土拱桥，总体布置见图 7-55。

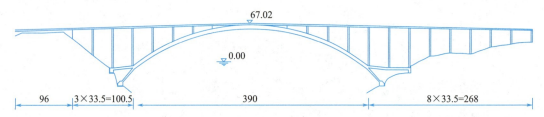

图 7-55 Krka 一号桥总体布置（单位：m）

该桥的主拱由平撑与斜撑构成的三角形构造支撑（图 7-56）。斜撑基本在水面下，与水平方向呈 50°倾斜，约 21m 长，截面高度为 2.2m，宽度从顶处的 13m 变化到基础处的 17m。斜撑的钢筋混凝土基础平均尺寸 6.0m×20.0m。平撑在水面上，接近水平，长为 33.5m，为箱形截面，与拱连接处为 4.82m×13.0m，在梁的铰接端为 3.0m×20.0m。主拱和斜撑杆用混凝土 Freysinnet 型铰连接，即在连接处将其面积减少到 1/3 的撑杆面积，并与平撑固结。

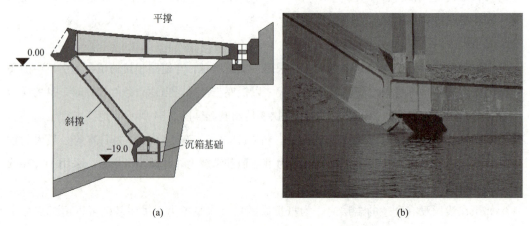

(a) (b)

图 7-56 Krka 一号桥圣马克岛侧的拱座与基础构造

(a) 一般构造图；(b) 照片

主跨 420m 的万州长江大桥，桥型布置见图 7-57。该桥位处两岸岩体卸荷裂隙发育，基岩下卧有软质页岩层，主拱拱座同样采用组合式结构，由拱座、水平撑和人工挖孔桩三部分组成。拱座坐落在巨厚砂岩层内，以一对 5m×5m（半圆洞顶）的钢筋混凝土水平撑穿过卸荷裂隙发育区，南岸长 32m，北岸长 45m，支撑在裂隙已微细的砂岩层内。另以一对 5m×5m、深 21m 的人工挖孔方桩（立柱）竖向穿透软弱的页岩夹层，支承在厚层砂岩内。主拱座为大体积混凝土，为消除水化热，避免混凝土开裂，将其设计成肋板式填心结构。

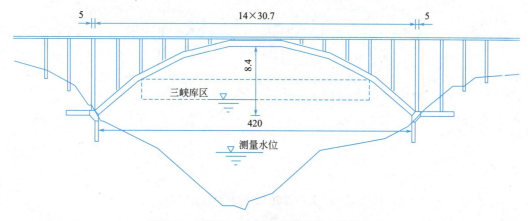

图 7-57　万州长江大桥桥型布置图（单位：m）

7.4　墩台计算要点

在进行墩台计算时，首先应确定作用在墩台上的作用。各作用计算值，应采用墩台在各种可能的最不利作用效应组合下结构有可能出现的作用最大值。墩台所受的各种作用，除恒载外，其他作用的数值是变化的，且不一定同时发生，详见表 1-10。

由前面介绍可知，墩台的类型较多，但计算内容相差不大，这里仅对梁式桥中最常见的柱式墩和重力式桥台的计算进行介绍。

7.4.1　柱式墩计算要点

1. 桥墩的作用与作用组合

在纵桥向主要有两种可能的作用组合：

（1）在桥墩各截面上可能产生的最大竖向力的情况进行组合。它用来验算墩身强度和基底最大应力。因此，应在相邻两跨满布活载的一种或几种，必要时还可布置附加荷载（如制动力等）以产生墩身或基底最大压应力。活载布置见图 7-58（a）。

(2) 按桥墩在纵桥向各截面上可能产生的最大偏心和最大弯矩的情况进行组合。它是用来验算墩身强度、基底应力、偏心及桥墩的稳定性。因此，应在跨径较大的一孔上布置活载的一种或者几种，以及可能产生的附加荷载如制动力、纵向风力、支座摩阻力等。活载布置见图 7-58（b）。

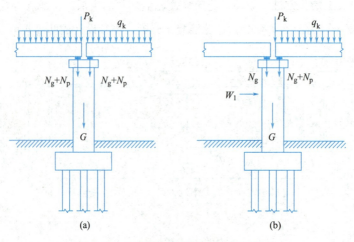

图 7-58　公路桥墩活载纵桥向布置图式

在横桥向有三种可能的组合：

(1) 按盖梁最大弯矩的组合，对于 T 形墩主要是盖梁的负弯矩，对于其他柱式墩，要考虑盖梁的正、负弯矩，如图 7-59（a）所示。

(2) 按墩身在横桥向可能产生的最大偏心和最大弯矩的情况进行组合。它是用来验算横桥向的墩身强度、基底应力、偏心及桥墩的稳定性。将活载偏于桥面的一侧布置，此外还应考虑其他可变荷载如横向风力、流水压力等，如图 7-59（b）所示。

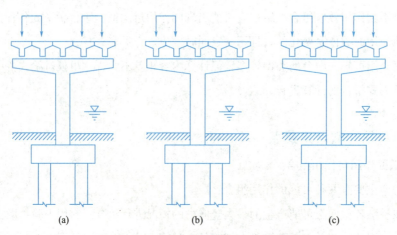

图 7-59　公路桥墩活载横桥向布置图式

(3) 按墩身轴力最大进行组合，如图 7-59（c）所示。

柱式墩的计算，包括盖梁和柱身两部分，桥墩基础计算属于"基础工程"的内容。

2. 盖梁计算

(1) 计算图式与承载力验算

柱墩中柱子的钢筋伸入到盖梁内，与盖梁的钢筋绑扎成整体，因此二者的连接可视为固结。

《混凝土桥规》统一规定墩台盖梁宜按刚架计算。为便于计算，可将每根基桩模拟为图 7-60 中固结于底部的等效基础，固结点深度一般取 $1.8/\alpha$，α 为桩的变形系数，按式（7-6）计算。

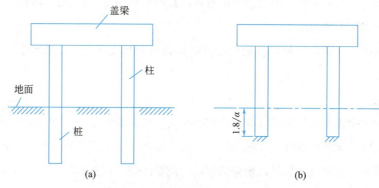

图 7-60　排架墩桩基结构计算简图

(a) 实际结构；(b) 等效结构

$$\alpha = \sqrt[5]{\frac{mb_1}{0.8EI}} \tag{7-6}$$

式中　EI——桩的抗弯刚度；

　　　m——非岩石地基土水平向抗力系数的比例系数，可由《基础规范》中查表得到；

　　　b_1——桩的计算宽度，可按式（7-7）和式（7-8）计算。

$$当 D \geqslant 1.0 \text{m 时} \quad b_1 = k_f(D+1) \tag{7-7}$$

$$当 D < 1.0 \text{m 时} \quad b_1 = k_f(1.5D+0.5) \tag{7-8}$$

式中　D——桩径或受力方向桩宽；

　　　k_f——桩形状系数，圆形为 0.9，矩形为 1.0。

当盖梁跨中部分的跨高比 $l/h > 5.0$ 时（l 为盖梁的计算跨径，h 为盖梁的高度），按钢筋混凝土一般构件计算。公路桥梁的墩台盖梁，其跨高比 l/h 绝大多数在 3～5 之间，属于深受弯构件的短梁，但未进入深梁范围，所以其计算方法应按深受弯构件计算，而其构造则不必按深梁的特殊要求。《混凝土桥规》规定，当盖梁跨中部分的跨高比为 $2.5 < l/h \leqslant 5.0$ 时，按第 8.4.3 条～第 8.4.5 条规定进行深受弯构件承载力验算。

(2) 作用计算

作用包括上部结构永久作用引起的支点反力、盖梁自重、活载和桥墩沿纵向的水平力。施工计算时，还应考虑施工吊装荷载。

应当注意的是，汽车荷载的轮重不是直接作用在盖梁上，而是通过设在盖梁上一定间距的支座来传递的。

对于汽车荷载，首先应根据规定的车道荷载，按其在盖梁上可能产生的最不利情况，求出支点最大反力作为盖梁的活载。其次，根据盖梁内力影响线决定活载最不利横向布置。

(3) 内力计算

公路梁桥桩柱式墩台的帽梁通常采用双悬臂式，计算时的控制截面应选取支点和跨中截面。在计算支点负弯矩时，采用非对称布置活载与恒载的反力；在计算跨中正弯矩时，采用对称布置活载与恒载的反力。

桥墩沿纵向的水平力以及当盖梁在沿桥纵向设置两排支座时，上部结构活载偏心力将对盖梁产生扭矩，应予以计入。

(4) 配筋验算

盖梁的配筋验算方法与钢筋混凝土梁配筋类同，根据弯矩包络图配置受弯钢筋，根据剪力包络图配置弯起钢筋和箍筋。在配筋时，还应计算各控制截面扭矩所需要的箍筋及纵向钢筋。当采用预应力混凝土盖梁时，预应力钢筋的配置及普通钢筋的配置同预应力混凝土梁。

3. 柱身计算要点

(1) 作用计算

作用在墩柱上的垂直力有上部结构、盖梁的永久作用力和柱身自重；活载按设计荷载进行最不利布置，经组合求得最不利的作用效应组合。其中，汽车荷载的布置及其横向分布计算的方法与盖梁内力计算类似。

桥墩上纵桥向的水平力有汽车制动力和固定支座的摩阻力。目前我国的公路桥梁的柱式桥墩中，比较多地采用较大摩阻力的板式橡胶支座，要考虑温度变化、混凝土收缩、徐变产生的纵桥向水平力。对于多跨桥，这些力在各桥墩之间的分配计算较为复杂，在"(3) 柱身纵桥向水平力计算"中介绍。桥墩还要按规定计算横桥向的水平力。

(2) 内力计算与验算

根据作用和作用组合，计算出墩身的相应截面的内力。对于采用桩基础的柱墩，计算出在各种最不利组合内力作用下桩柱的内力和桩的入土深度，按刚架算出柱子的内力，按《混凝土桥规》规定，进行墩柱截面配筋、强度、刚度、稳定性等承载能力验算和使用极限状态的最大裂缝宽度等验算。对于较高的桥墩，须验算墩顶弹性水平位移。相邻墩台间均匀沉降差（不包括施工中的沉降）不应使桥面形成大于 0.2% 的纵坡；对超静定结构桥梁，墩台间的均匀沉降差还应满足结构的受力要求，设计计算应计入由其产生的次内力。

对于双柱或多柱墩，一般纵桥向和横桥向分别进行验算。对于独柱墩，计算弯矩和稳定性验算应考虑两个方向弯矩的合力。

(3) 柱身纵桥向水平力计算

板式橡胶支座在水平力的作用下，将发生较小的水平向剪切变形，当桥跨结构采用连续的构造时，可按在节点处设置水平弹簧支承的框架图式计算，如图 7-61 所示，下面将着重对它的计算特点进行简要介绍。

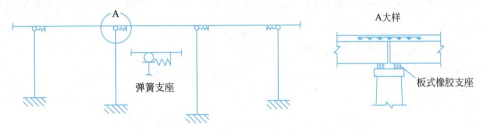

图 7-61　柔性桩柱式桥墩计算图式

1) 基本假定

① 外荷载除汽车荷载外，还要计入汽车制动力、温度影响力，梁身混凝土的收缩、徐变，必要时还包括墩身受到的风力等。

② 计算制动力时，各墩台受力按墩顶抗推刚度分配。在计算土压力时，由岸墩承受土压力，并假定此时各个墩顶与上部构造之间不发生相对位移。

③ 计算温度变形时，墩对梁产生的竖向弹性拉伸或压缩影响忽略不计，而只计桩墩顶部水平力对桩墩所引起的弯矩的影响。

④ 在计算桥墩之间橡胶支座的水平力剪切变形时，忽略因梁体的偏转角 θ 对它的影响。

2) 计算步骤

① 桥墩抗推刚度 $\overline{K}_i$ 的计算

抗推刚度 $\overline{K}_i$ 是指使墩顶产生单位水平位移所需施加的水平反力。

$$\overline{K}_i = \frac{1}{\delta_i} \quad (7\text{-}9)$$

当墩柱下端固定在基础或承台顶面时：

$$\delta_i = \frac{h_{1i}^3}{3 \times 0.8 E_{h1i} I_{h1i}} + \frac{h_{2i}^3 - h_{1i}^3}{3 \times 0.8 E_{h2i} I_{h2i}} \quad (7\text{-}10)$$

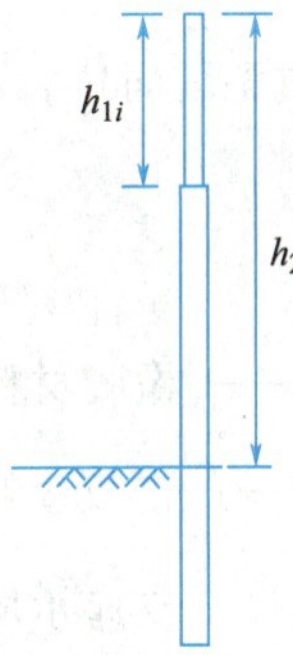

图 7-62　桩柱式桥墩抗推刚度计算示意图

当考虑桩侧土的弹性抗力时（图 7-62）：

$$\delta_i = \frac{h_{1i}^3}{3 \times 0.8 E_{h1i} I_{h1i}} + \frac{h_{2i}^3 - h_{1i}^3}{3 \times 0.8 E_{h2i} I_{h2i}} + \delta_{HH}^{(0)} + \delta_{HM}^{(0)} \cdot h_{2i} + \delta_{MH}^{(0)} \cdot h_{2i} + \delta_{MM}^{(0)} \cdot h_{2i}^2 \quad (7\text{-}11)$$

式中 　　　　　δ_i——单位水平力作用在第 i 个柔性墩顶产生的水平位移（m/kN）；

　　　　h_{1i}、h_{2i}——第 i 墩柱高、第 i 墩柱顶至最大冲刷线（或下端固结处）的高度（m）；

　　　　E_{h1i}、E_{h2i}——墩柱（桩基）混凝土抗压弹性模量；

　　　　I_{h1i}、I_{h2i}——墩身（桩基）横截面对形心轴的惯性矩（m⁴）；

$\delta_{HH}^{(0)}$、$\delta_{HM}^{(0)}$、$\delta_{MH}^{(0)}$、$\delta_{MM}^{(0)}$——用"m"法计算桩基的有关系数，详见《基础规范》附录 P。

式（7-10）、式（7-11）中，$E_{h1i} I_{h1i}$、$E_{h2i} I_{h2i}$ 前的 0.8 的折减系数，源自《基础规范》的规定。

② 橡胶支座抗推刚度 K_b 的计算

由材料力学知，剪应力 τ 与剪切角 γ 具有如下的关系，如图 7-63 所示。

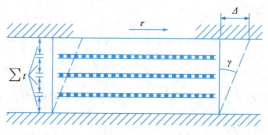

图 7-63　板式橡胶支座的剪切变形示意图

$$\tau = G\gamma \tag{7-12}$$

将式（7-12）两边各乘以 $\sum t \cdot \sum A_b$，并注意到：

$$\sum A_b \cdot \tau = H \tag{7-13}$$

$$\sum t \cdot \gamma = \sum t \cdot \tan\gamma = \Delta \tag{7-14}$$

经过整理简化后，得支座的抗推刚度 K_b 为：

$$K_b = \frac{H}{\Delta} = \frac{G \sum A_b}{\sum t} \tag{7-15}$$

式中　G——橡胶材料的剪切模量；

　　$\sum t$——橡胶片的总厚度；

　　$\sum A_b$——支座承压面积的总和；

　　H、Δ——分别为水平力和相应剪切位移。

③ 墩与支座的组合抗推刚度 K_i

$$K_i = \frac{1}{\delta_i} = \frac{1}{\delta_i + \delta_{bi}} = \frac{1}{\frac{1}{K_i} + \frac{1}{K_{bi}}} \tag{7-16}$$

④ 墩顶制动力的计算

$$H_{iT} = \frac{K_i}{\sum K_i} T \qquad (7\text{-}17)$$

式中　H_{iT}——作用在第 i 墩台的制动力（kN）；

　　　T——全桥（或一联）承受的作用在第 i 墩的制动力（kN）。

因此，墩顶水平位移 Δ_{iT} 为：

$$\Delta_{iT} = \frac{H_{iT}}{k_{iT}} \qquad (7\text{-}18)$$

⑤ 主梁混凝土收缩、徐变和温度变形引起的水平力

大气温度的变化会引起梁体的轴向变形，带动墩柱顶产生相应的位移，从而使得墩柱顶产生附加内力。梁体混凝土的收缩、徐变影响也会使得梁体产生收缩变形，从而产生与温度影响力类似的墩柱顶附加内力，一般将其与温度影响力一并考虑计算。下面仅介绍温度变化影响力的计算，梁体混凝土的收缩、徐变影响力可以按照温度下降时的影响力计算。

当温度下降时桥梁上部结构将缩短，两岸边桥墩向河心偏移。当温度上升时，桥梁上部结构将伸长，两岸边桥墩向路堤偏移。因此，无论温度升高或降低，必然存在一个温度变化时偏移值等于零的位置 x_0（称为温度中心）。在求墩柱顶的偏移值时，需先求出这个位置。如图 7-64 所示。

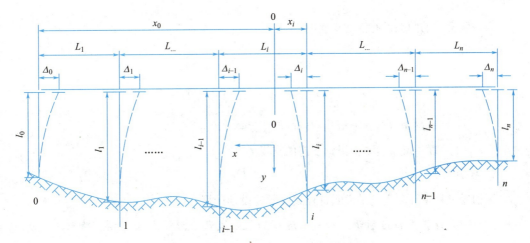

图 7-64　温度变化时柔性桩柱墩的偏移图式

注：x_0 为温度中心 0-0 线至 0 号墩（台）的距离；i 为桩的序号，$i = 0, 1, 2, \cdots, n$，n 为总排架数减 1；L_i 为第 i 跨的跨径。

如果用 $x_1, x_2, \cdots, x_i$ 表示自 0-0 线至 1, 2, $\cdots$, i 号桥墩的距离，则得各墩顶部由温度变化引起的水平位移为：

$$\Delta_i = \alpha \Delta t x_i \qquad (7\text{-}19)$$

式中 α——上部结构的线膨胀系数；

Δt——温度升降的度数。

Δt、x_i 均带有正负号，以自 0-0 线指向 x 轴正轴为正。

$$x_i = x_0 - (L_1 + L_2 + \cdots + L_i) = x_0 - \sum_{j=1}^{i} L_j \tag{7-20}$$

各排架桩顶所受的温度力为：

$$H_{it} = K_i \Delta_i \tag{7-21}$$

在温度作用下，各墩顶水平力之和为零，即：

$$\sum_{i=0}^{n} H_{it} = 0 \tag{7-22}$$

联立解式（7-19）～式（7-22）便得到：

$$x_0 = \frac{\alpha \Delta t \cdot \sum_{i=1}^{n} K_i (\sum_{j=1}^{i} L_j)}{\alpha \Delta t \cdot \sum_{i=1}^{n} K_i} \tag{7-23}$$

当各跨径相同，都为 L 时：

$$x_0 = \frac{\alpha \Delta t \cdot \sum_{i=1}^{n} K_i (iL)}{\alpha \Delta t \cdot \sum_{i=0}^{n} K_i} \tag{7-24}$$

当一联桥跨的两端设有滑动支座时：

$$x_0 = \frac{\alpha \Delta t \cdot \sum_{i=1}^{n} K_i (iL) \mp \sum \mu R}{\alpha \Delta t \cdot \sum_{i=0}^{n} K_i} \tag{7-25}$$

式中 μ——一联端墩（台）上滑动支座的摩阻系数；

R——一联端墩（台）上滑动支座的支反力。

4. 算例

下面通过一个计算实例来说明桩柱式桥墩的设计计算。

【例 7-1】 计算图 7-65 所示三跨桥面连续的装配式预应力简支 T 梁桥，跨长 $L = 30\text{m}$，车道净宽 12m，桥梁总宽 15m，钢筋混凝土三柱式墩（$d = 1.5\text{m}$），钻孔灌注桩基础（$D = 1.6\text{m}$）（图 7-66），桩柱混凝土强度等级均为 C30。在墩顶设置两排共 14 个 300mm×350mm×57mm 板式橡胶支座，在两桥台台帽上各设 7 个 300mm×350mm×59mm 四氟板式橡胶滑动支座，墩台支座的橡胶层厚均为 42mm，$G = 1.0\text{MPa}$。单跨上部结构重量 6066.51kN。试计算由于温降、混凝土梁体收缩、徐变及车辆制动力引起的 1 号桥墩所受水平力。

（1）汽车荷载：公路-Ⅱ级，人群荷载：3.3kN/m^2。

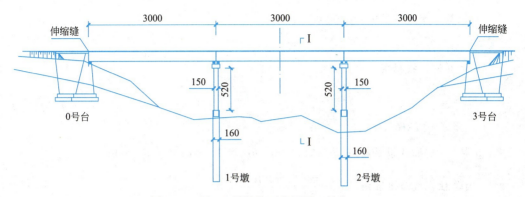

图 7-65 例 7-1 桥梁立面布置图（单位：cm）

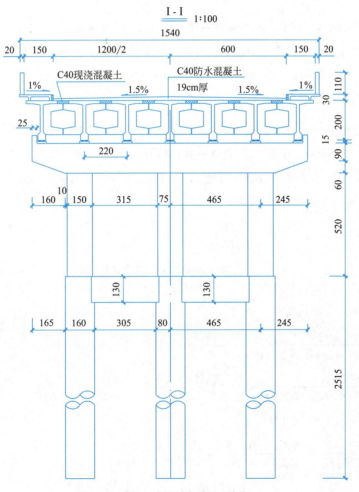

图 7-66 例 7-1 桥梁剖面图（单位：cm）

（2）降温 29℃；预应力混凝土 T 梁收缩、徐变的变形，依据已往的设计经验，假定与降温 10℃、20℃ 等效。

(3) 地基土变形系数 $m=40000\text{kN/m}^4$。

【解】

(1) 计算桥墩抗推刚度 $\overline{K}_i$

$$\overline{K}_i=\frac{n}{\dfrac{h_1^3}{3\times 0.8E_{h1}I_{h1}}+\dfrac{h_2^3-h_1^3}{3\times 0.8E_{h2}I_{h2}}+\delta_{HH}^{(0)}+\delta_{HM}^{(0)}\cdot h_{2i}+\delta_{MH}^{(0)}\cdot h_{2i}+\delta_{MM}^{(0)}\cdot h_{2i}^2} \quad (a)$$

式中，n 取 3（桥墩的墩柱数）；h_1 取 5.20m；h_{21} 取 11.2m；h_{22} 取 14.6m。

I_{h1} 为单柱毛截面惯性矩，$I_{h1}=\dfrac{\pi d^4}{64}=\dfrac{\pi\times 1.5^4}{64}=0.2485\text{m}^4$；

I_{h2} 为单桩毛截面惯性矩，$I_{h2}=\dfrac{\pi d^4}{64}=\dfrac{\pi\times 1.6^4}{64}=0.3217\text{m}^4$；

E_{h1}、E_{h2} 为墩柱（桩基）抗压弹性模量，取 $3.0\times 10^7\text{kN/m}^2$。

1号墩、2号墩桩基长均为 10.0m，则根据《基础规范》，桩基计算宽度 b_1 为：

$$b_1=k\times k_f(d+1)=1.0\times 0.9\times(1.6+1)=2.34\text{m}$$

桩基变形系数为：

$$\overline{\alpha}=\sqrt[5]{mb_1/0.8E_{h2}I_{h2}}=\sqrt[5]{40000\times 2.34/(7720.80\times 10^3)}=0.4137$$

由于对于1号墩和2号墩，$\overline{\alpha}h$ 数值一样，均为 $0.4137\times 10=4.137>3.5$，所以利用规范公式时取 $k_h=0$；且由于两墩的 $\overline{\alpha}h>4.0$，取 4.0，因而两墩的 $\delta_{HH}^{(0)}$、$\delta_{HM}^{(0)}$、$\delta_{MH}^{(0)}$、$\delta_{MM}^{(0)}$ 计算值是一样，根据《基础规范》：

$$\delta_{HH}^{(0)}=\frac{1}{\alpha^3\times 0.8E_{h2}I_{h2}}\times\frac{B_3D_4-B_4D_3}{A_3B_4-A_4B_3}$$

$$=\frac{1}{0.4137^3\times 7720.80\times 10^3}\times\frac{-11.73066\times(-23.14040)-(-0.35762)\times(-15.07550)}{-1.61428\times(-0.35762)-9.24368\times(-11.73066)}$$

$$=44652.8\times 10^{-10}\text{m/kN}$$

$$\delta_{MH}^{(0)}=\delta_{HM}^{(0)}=\frac{1}{\alpha^2\times 0.8E_{h2}I_{h2}}\times\frac{A_3D_4-A_4D_3}{A_3B_4-A_4B_3}$$

$$=\frac{1}{0.4137^2\times 7720.80\times 10^3}\times\frac{-1.61428\times(-23.14040)-9.24368\times(-15.07550)}{-1.61428\times(-0.35762)-9.24368\times(-11.73066)}$$

$$=12297.6\times 10^{-10}\text{rad/kN}$$

$$\delta_{MM}^{(0)}=\frac{1}{\alpha\times 0.8E_{h2}I_{h2}}\times\frac{A_3C_4-A_4C_3}{A_3B_4-A_4B_3}$$

$$=\frac{1}{0.4137\times 7720.80\times 10^3}\times\frac{-1.61428\times(-15.61050)-9.24368\times(-17.91860)}{-1.61428\times(-0.35762)-9.24368\times(-11.73066)}$$

$$=5482.0\times 10^{-10}\text{rad/kN}$$

将上述各值代入式 (a)，计算后得：

$$\overline{K_1} = \cfrac{3}{\cfrac{5.20^3}{3\times 5964.12^3} + \cfrac{11.2^3-5.20^3}{3\times 7720.80\times 10^3} + 44652.8\times 10^{-10} + 2\times 12297.6\times 10^{-10}\times 11.2 + 5482.0\times 10^{-10}\times 11.2^2}$$

$$= 18380.1 \text{kN/m}$$

$$\overline{K_2} = \cfrac{3}{\cfrac{5.20^3}{3\times 5964.12\times 10^3} + \cfrac{14.6^3-5.20^3}{3\times 7720.8\times 10^3} + 44652.8\times 10^{-10} + 2\times 12297.6\times 10^{-10}\times 14.6 + 5482.0\times 10^{-10}\times 14.6^2}$$

$$= 10225.71 \text{kN/m}$$

(2) 支座抗推刚度 K_b

墩上支座刚度：

$$K_b = \frac{G\sum A_b}{\sum t} = \frac{1.0\times 14\times 300\times 350}{42} = 35000\text{N/mm} = 35000\text{kN/m}$$

台上支座刚度：

$$K_b = \frac{G\sum A_b}{\sum t} = \frac{1.0\times 7\times 300\times 350}{42} = 17500\text{N/mm} = 17500\text{kN/m}$$

(3) 墩与支座的组合抗推刚度 K_i

$$K_1 = \overline{K_1}\cdot K_b/(\overline{K_1}+K_b) = \frac{18380.1\times 35000}{18380.1+35000} = 12051.37\text{kN/m}$$

$$K_2 = \overline{K_2}\cdot K_b/(\overline{K_2}+K_b) = \frac{10225.71\times 35000}{10225.71+35000} = 7913.64\text{kN/m}$$

由于两侧重力式 U 形桥台刚度很大，则其组合刚度等于支座刚度，为 17500kN/m。

(4) 温降及混凝土收缩、徐变影响计算

① 确定偏位移为零的位置

以偏位移为零的位置为原点，令其与 0 号桥台支座中心的距离为 x_0，混凝土线膨胀系数为 $\alpha = 1\times 10^{-5}$，温降及混凝土收缩、徐变合计相当于温降 59℃，则先假定两桥台所受的力小于支座摩阻力，可由式（7-25）得 x_0：

$$x_0 = \frac{\alpha\Delta t\cdot \sum_{i=1}^{n} K_i(iL)}{\alpha\Delta t\cdot \sum_{i=0}^{n} K_i}$$

$$= \frac{0.00059\times (17500\times 0 + 12051.37\times 30 + 7913.64\times 60 + 17500\times 90)}{0.00059\times (17500 + 12051.37 + 7913.64 + 17500)}$$

$$= 43.87\text{m}$$

则根据 0 号桥台距离温度中心点的距离和桥台的集成刚度 $K_0 = 17500$kN/m，得其所受水平力为 $H_0 = 0.00059\times 17500\times 43.87 = 452.96$kN，大于桥台摩阻力（6066.51/2×0.06 =

182.00kN），则假定不成立。

所以桥台所受到的力为支座摩阻力，且正负对消，故：

$$x_0 = \frac{\alpha \Delta t \cdot \sum_{i=1}^{n} K_i(iL)}{\alpha \Delta t \cdot \sum_{i=0}^{n} K_i}$$

$$= \frac{0.00059 \times (0 \times 0 + 12051.37 \times 30 + 7913.64 \times 60 + 0 \times 90)}{0.00059 \times (0 + 12051.37 + 7913.64 + 0)}$$

$$= 41.89 \text{m}$$

② 求1号墩墩顶的位移量 Δ_1

1号墩至温度偏移零点的距离：

$$x_1 = 41.89 - 1 \times 30 = 11.89 \text{m}$$

则1号墩墩顶位移值为：

$$\Delta_1 = \alpha \Delta t x_1 = 1 \times 10^{-5} \times (-59) \times 11.89 = -7.02 \times 10^{-3} \text{m}（指向右岸）$$

③ 3号墩承受的温度影响力

$$H_{1t} = K_1 \cdot \Delta_1 = 12051.37 \times (-7.02 \times 10^{-3}) = -84.60 \text{kN}（指向右岸）$$

（5）汽车制动力

按《公桥通规》，公路-Ⅱ级车道荷载的均布荷载：

$$q_k = 0.75 \times 10.5 = 7.875 \text{kN/m}$$

集中荷载：

$$p_k = 0.75 \times [180 + 25/45 \times (360 - 180)] = 210 \text{kN}$$

制动力依据《公桥通规》为加载长度上总重力的10%，将车道荷载满布于桥跨方向，公路车道荷载在该段的布置如图7-67所示。本桥最多可布置成三车道，但同向行驶最多以两车道计算其汽车制动力，即为 $0.1 \times (210 + 7.875 \times 90) \times 2$（车道）$= 91.875 \times 2$（车道）$= 183.75 \text{kN}$。桥台上由于设活动支座，在前面温降影响力计算中已知其所受力已经达到最大摩阻力，故不考虑其参与分配制动力。

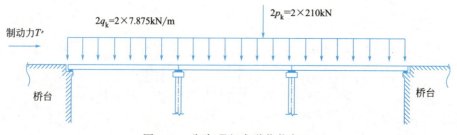

图7-67 公路-Ⅱ级车道荷载布置

由于温降产生的墩顶水平力指向右岸,因此这里仅需计算汽车向右岸行驶时的制动力分配,按式(7-17)计算:

$$H_{iT} = \frac{K_i}{\sum K_i}T = \frac{12051.37 \times 183.75}{12051.37 + 7913.64} = 110.92 \text{kN}(指向右岸)$$

以上计算了由于温降、混凝土梁体收缩、徐变及车辆制动力引起的1号墩柱顶所受到的水平力,其他的计算流程简述如下:

① 三墩柱反力横向分配系数计算中盖梁按连续梁计算,经计算比对在考虑车道折减后,以三车道对称布置不利,得到中柱的横向影响系数为 $\eta_2 = 1.851$;

② 活载按设计荷载布置车列,将全桥满跨布载并将集中力作用于1号墩顶位置(控制桩长的桩顶最大竖向力),计算得到墩顶轴力1035.25kN、弯矩107.60kN·m,将1号孔单跨布载并将集中力作用于1号墩顶的1号孔侧位置(控制桩内力的桩顶最大弯矩),得到墩顶轴力762.25kN、弯矩167.69kN·m;

③ 将墩顶所受水平力、恒载引起的墩柱轴力、汽车荷载产生的墩顶内力以及人群效应共同参与组合,得到桩基顶部所受弯矩最大时(控制桩基配筋)的内力组合为:轴力3620.58kN、剪力61.20kN、弯矩1278.55kN·m(按照《基础规范》第1.0.5条采用承载能力极限状态的基本组合);桩基顶部所受轴力最大值(控制桩基入土深度)为:3632.82kN(按照《基础规范》第1.0.8条采用短期效应,其组合系数均为1.0);

④ 按照《基础规范》计算出桩基最小入土深度;

⑤ 根据《基础规范》附录P计算出桩基的最大弯矩时的内力组合,并按照《混凝土桥规》对所拟定的桩基及墩柱,采用偏心距增大系数与构件计算长度相结合的 η-l_0 近似计算方法进行配筋设计。

7.4.2 重力式桥台计算要点

1. 桥台的作用与作用组合

与桥墩一样,在进行桥台设计时,首先应确定荷载(作用)及其组合。与桥墩最大的不同是桥台受土压力作用,包括台后土在自重作用下的土压力和活载作用下的土侧压力。在计算抗倾覆和抗滑动稳定性时,桥墩、桥台、挡土墙前侧地面以下不受冲刷部分土侧压力可按静土压力计算。

静土压力的标准值可按式(7-26)~式(7-28)计算。

$$e_j = \xi \gamma h \tag{7-26}$$

$$\xi = 1 - \sin\varphi \tag{7-27}$$

$$E_j = \frac{1}{2}\xi\gamma H^2 \tag{7-28}$$

式中　e_j——任一高度 h 处的静土压力（kPa）；

　　　ξ——压实土的静土压力系数；

　　　γ——土的重度（kN/m³）；

　　　φ——土的内摩擦角（°）；

　　　h——填土顶面至任一点的高度（m）；

　　　H——填土高度（m）；

　　　E_j——高度 H 范围内单位宽度的静土压力标准值（kN/m）。

台后土压力一般采用库仑主动土压力公式，按横桥向全宽均匀分布处理。

1) 当土层特性无变化且无汽车荷载时，作用在桥台、挡土墙前后的主动土压力标准值可按式（7-29）和式（7-30）计算。

$$E = \frac{1}{2} B \mu \gamma H^2 \tag{7-29}$$

$$\mu = \frac{\cos^2(\varphi - \alpha)}{\cos^2\alpha \cdot \cos(\alpha + \delta) \left[1 + \sqrt{\frac{\sin(\varphi + \delta)\sin(\varphi - \beta)}{\cos(\alpha + \delta)\cos(\alpha - \beta)}}\right]^2} \tag{7-30}$$

式中　E——主动土压力标准值（kN）；

　　　γ——土的重度（kN/m³）；

　　　B——桥台的计算宽度或挡土墙的计算长度（m）；

　　　H——计算土层高度（m）；

　　　β——填土表面与水平面的夹角，当计算台后或墙后的主动土压力时，β 按图 7-68（a）取正值；当计算台前或墙前的主动土压力时，β 按图 7-68（b）取负值；

　　　α——桥台或挡土墙背与竖直面的夹角，俯墙背（图 7-68）时为正值，反之为负值；

　　　δ——台背或墙背与填土间的摩擦角，可取 $\delta = \varphi/2$。

主动土压力的着力点自计算土层底面算起，$C = H/3$。

2) 当土层特性无变化但有汽车荷载作用时，作用在桥台、挡土墙后的主动土压力标准值在 $\beta = 0°$ 时可按式（7-31）计算：

$$E = \frac{1}{2} B \mu \gamma H (H + 2h) \tag{7-31}$$

式中　h——汽车荷载的等代均布土层厚度（m）。

主动土压力的着力点自计算土层底面算起，$C = \frac{H}{3} \times \frac{H + 3h}{H + 2h}$。

3) 当 $\beta = 0°$ 时，破坏棱体破裂面与竖直线间夹角 θ 的正切值可按式（7-32）计算：

$$\tan\theta = -\tan\omega + \sqrt{(\cot\varphi + \tan\omega)(\tan\omega - \tan\alpha)}$$

$$\omega = \alpha + \delta + \varphi \tag{7-32}$$

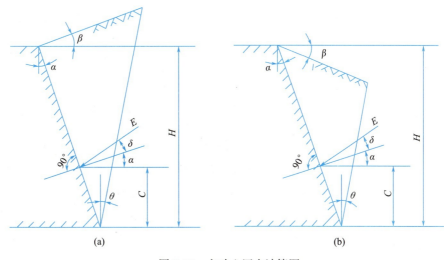

图 7-68 主动土压力计算图

拱桥的桥台受到台后方向作用的水平推力,当棱体形成滑动面时,台后土对桥台的作用力是被动土压力。但《圬工桥规》规定拱桥台后土压力仍宜按主动土压力计算,因为被动土压力较主动土压力要大许多,当内摩擦角为 30°时,被动土压力约为主动土压力的 9 倍,而实际的桥梁中,因土体向台后产生很大的水平位移从而使台后土的棱体出现滑动面达到被动土压力计算值的情况很少。

桥台的荷载组合也和桥墩一样,依据不同的验算项目进行各种可能的荷载组合。桥台只需进行顺桥向的验算,桥墩中考虑的横向荷载如风力、流水压力、船撞力等可不考虑。由于活载既可布置在桥跨结构上,也可布置在台后,因此,有 3 种荷载布置形式(图 7-69):①最大水平力和最大后端弯矩组合工况,台后布置活载而桥上无活载,即只在台后填土的破坏棱体上布置车辆荷载;②最大前端弯矩工况,桥上满布活载而台后无活载,即只在桥上布置车道荷载;③最大竖向力组合工况,桥上、台后同时布置活载,即车道荷载同时布置在桥跨结构和桥台及破坏棱体上。

2. 重力式桥台的计算内容

桥台设计计算,目的在于确定经济合理的尺寸,并保证其在施工和使用阶段的安全。就重力式桥台来说,应满足两方面的要求:

一是桥台本身有足够的强度和稳定性,并且不出现过大的开裂和变形,为此,应进行强度验算、弹性体稳定性验算及偏心验算。

二是桥台作为一个整体,不能发生不容许的变位。为此,就扩大基础而言,应进行基底应力验算、整体性(刚体)验算(包括倾覆稳定性和滑动稳定性)。

具体来说,重力式桥台的验算包括下列内容(凡验算式中的荷载值均指最不利荷载组

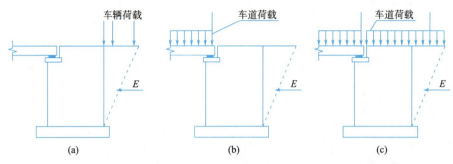

图 7-69 桥台活载布置图式
(a) 台后活载；(b) 桥上活载；(c) 台后、桥上均有活载

合值）：

（1）强度验算

验算截面通常选在台身的底面与截面突变处。重力式桥台为圬工结构，公路桥梁采用的极限状态设计方法，按式（7-33）验算墩身控制截面的极限承载力。

$$\gamma_0 S \leqslant R(f_d, a_d) \tag{7-33}$$

式中 γ_0——结构重要性系数，对应于《公桥通规》规定的一级、二级、三级设计安全等级分别取用 1.1、1.0、0.9；

S——作用效应组合设计值，按《公桥通规》的规定计算；

$R(\cdot)$——构件承载力设计值函数；

f_d——材料强度设计值；

a_d——几何参数设计值。

当 U 形桥台两侧墙宽度之和不小于同一水平截面前墙全长的 0.4 倍时，可按 U 形整体截面验算截面强度。

受压偏心距小于《圬工桥规》规定的极限值（见下一个验算内容）的砌体或混凝土构件，其承载能力按下式计算：

$$\gamma_0 N_d \leqslant \varphi A f_{cd} \tag{7-34}$$

式中 N_d——轴向力设计值；

A——对于砌体取其构件截面面积，对于组合截面按强度比换算；对于混凝土构件，取其受压区面积 A_c，计算参见《圬工桥规》；

f_{cd}——砌体或混凝土轴心抗压强度设计值，按《圬工桥规》相应规定取值；

φ——砌体偏心受压构件承载力影响系数或混凝土轴心受压构件弯曲系数，按《圬工桥规》相应规定取值。

（2）截面合力偏心距验算

为防止圬工结构裂缝开展过大而影响耐久性，并保证结构有足够的稳定性，应进行本项验算。若偏心距 e 超过《圬工桥规》给出的容许值，则需用式（7-35）验算（仅以单向偏心为例）：

$$\gamma_0 N_d \leqslant \varphi \frac{A f_{tmd}}{\dfrac{Ae}{W}-1} \tag{7-35}$$

式中 A——构件截面面积，对于组合截面应按弹性模量比换算为换算截面面积；

　　　W——单向偏心时，构件受拉边缘的弹性抵抗矩，对于组合截面应按弹性模量比换算为换算截面弹性抵抗矩；

　　　f_{tmd}——构件受拉边层的弯曲抗拉强度设计值，按《圬工桥规》相应规定取值。

（3）抗倾覆稳定性验算

重力式桥台的抗倾覆稳定性验算，可按式（7-36）计算。

$$K_0 = \frac{M_稳}{M_倾} = \frac{s\sum P_i}{\sum(P_i e_i)+\sum(H_i h_i)} = \frac{s}{e_0} \tag{7-36}$$

式中 $M_稳$——稳定力矩；

　　　$M_倾$——倾覆力矩；

　　　P_i——不考虑其分项系数和组合系数的作用标准值组合或偶然作用（地震除外）标准值组合引起的竖向力（kN）；

　　　e_i——竖向力 P_i 对验算截面重心的力臂（m）；

　　　H_i——不考虑其分项系数和组合系数的作用标准值组合或偶然作用（地震除外）标准值组合引起的水平力（kN）；

　　　s——在截面重心与合力作用点的连接线上，自截面重心至验算倾覆轴的距离（m），如图 7-70 所示；

　　　e_0——所有外力的合力 R 在验算截面的作用点对基底重心的偏心距。

（4）抗滑稳定性验算

重力式桥台的抗滑稳定性验算，可按式（7-37）计算：

$$K_c = \frac{\mu \sum P_i + \sum H_{ip}}{\sum H_{ia}} \tag{7-37}$$

式中 $\sum P_i$——各竖向力的总和（包括水的浮力）；

　　　$\sum H_{ip}$——抗滑稳定水平力总和；

　　　$\sum H_{ia}$——滑动水平力总和，如图 7-71 所示；

　　　μ——基础底面（圬工）与地基土之间的摩擦系数。

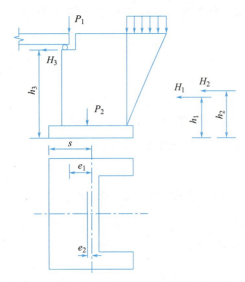
图 7-70 重力式桥台的抗倾覆稳定性验算

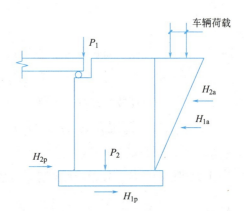
图 7-71 重力式桥台的抗滑稳定性验算

桥台整体抗倾覆、抗滑动稳定性计算中的允许稳定系数及基底与地基土间摩擦系数的数值可查《基础规范》。

(5) 其他

重力式桥台的台帽一般可不进行验算，按构造要求配筋。桥台的沉降与前面桥墩的要求一样，即相邻墩台间均匀沉降差，不应使桥面形成大于 2‰ 的纵坡；对超静定结构，还应满足结构的受力要求。重力式桥台一般采用刚性扩大基础，基底土的承载力及偏心距验算详见"基础工程"课程、《基础规范》和其他相关文献。

重力式桥墩的计算原理与重力式桥台相同，不同之处在于不要考虑台后土压力，但跨河桥梁要考虑流水压力等，同时要考虑墩顶水平位移等。

复习思考题与习题

7-1 梁桥的桥墩、桥台类型有哪些？各种类型的适用情况如何？桥墩与桥台的主要共同点和不同点是什么？结合你所见到的桥梁工程，谈谈这些桥梁的墩台都分别属于哪些类型？

7-2 桥墩设计计算时，主要考虑哪些工况？桥墩活载计算中，什么时候用车道荷载，什么时候用车辆荷载？

7-3 墩台验算的主要内容有哪些？简述柱式桥墩和柱式埋置式桥台的盖梁计算模型。

7-4 图 7-72 所示为四跨桥面连续的预应力混凝土简支空心板桥，跨长 $L=20m$，车道净宽 7m，桥梁总宽 9m，按双向双车道设计，钢筋混凝土双圆柱式墩（$D=1.3m$），墩柱混凝土强度等级为 C30，墩台的扩大基础均坐落于基岩上。每墩顶设置两排共 24 个直径 $d=20cm$ 的圆形板式橡胶支座，在两桥台的梁端下各设 12 个直径 $d=20cm$ 的四氟板式橡胶滑动支座，墩台支座的橡胶层厚均为

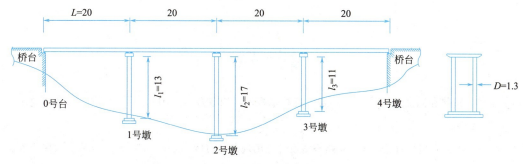

图 7-72 题 7-4 图（单位：m）

40mm，$G=1.0$MPa。单跨上部结构重量 2100kN。试计算由于温降、混凝土梁体收缩、徐变及车辆制动力引起的 3 号桥墩所受水平力。
(1) 汽车荷载：公路-Ⅱ级，人群荷载：3.3kN/m²；
(2) 降温 25℃；钢筋混凝土收缩影响力及混凝土徐变影响力，依据以往的设计经验，假定分别按相当于降温 10℃ 和降温 20℃ 的影响力计。

7-5 《公桥通规》中的汽车荷载由车道荷载和车辆荷载组成，并规定：桥梁结构的整体计算采用车道荷载；桥梁结构的局部加载、涵洞、桥台和挡土墙土压力等的计算采用车辆荷载；车道荷载与车辆荷载的作用不得叠加。请你根据这些规定，谈谈你对图 7-69 桥台验算的 3 种荷载布置形式的理解。

7-6 简述拱桥桥墩与桥台的主要类型、构造特点以及与梁桥的不同之处。拱桥下部墩台结构设计中，应求出拱脚内力值，此时应如何在拱中布置荷载？

7-7 多跨上承式拱桥中宜设置单向推力墩，为什么？如何设置？

7-8 比较单跨整体桥与采用桩柱式桥台的有缝桥的受力。

参考文献

[1] 中华人民共和国交通运输部. 公路工程技术标准：JTG B01—2014 [S]. 北京：人民交通出版社，2014.

[2] 中华人民共和国交通运输部. 公路桥涵设计通用规范：JTG D60—2015 [S]. 北京：人民交通出版社，2015.

[3] 中华人民共和国交通运输部. 公路钢筋混凝土及预应力混凝土桥涵设计规范：JTG 3362—2018 [S]. 北京：人民交通出版社，2018.

[4] 中华人民共和国交通运输部. 公路桥涵地基与基础设计规范：JTG 3363—2019 [S]. 北京：人民交通出版社，2019.

[5] 中华人民共和国交通部. 公路圬工桥涵设计规范：JTG D61—2005 [S]. 北京：人民交通出版社，2005.

[6] 中华人民共和国住房和城乡建设部. 城市桥梁设计规范：CJJ 11—2011（2019 年版）[S]. 北京：中国建筑工业出版社，2019.

[7] 中华人民共和国住房和城乡建设部. 城市轨道交通桥梁设计规范：GB/T 51234—2017 [S]. 北京：中国建筑工业出版社，2017.

[8] 中华人民共和国住房和城乡建设部. 钢-混凝土组合桥梁设计规范：GB 50917—2013 [S]. 北京：中国建筑工业出版社，2013.

[9] 国家铁路局. 铁路桥涵设计基本规范：TB 10002—2017 [S]. 北京：中国铁道出版社有限公司，2017.

[10] 中华人民共和国交通运输部. 公路斜拉桥设计规范：JTG/T 3365-01—2020 [S]. 北京：人民交通出版社，2020.

[11] 中华人民共和国交通运输部. 公路桥梁抗震设计规范：JTG/T 2231-01—2020 [S]. 北京：人民交通出版社，2020.

[12] 陈宝春，苏家战，赵秋. 桥梁工程 [M]. 4版. 北京：人民交通出版社股份有限公司，2023.

[13] 范立础. 桥梁工程（上册）[M]. 3版. 北京：人民交通出版社股份有限公司，2017.

[14] 顾安邦，向中富. 桥梁工程（下册）[M]. 北京：人民交通出版社，2011.

[15] 李国豪. 中国桥梁 [M]. 上海：同济大学出版社，香港：建筑与城市出版社，1993.

[16] 项海帆. 中国大桥 [M]. 北京：人民交通出版社，2003.

[17] 李亚东. 桥梁工程概论 [M]. 成都：西南交通大学出版社，2001.

[18] 中国铁路桥梁史编委会. 中国铁路桥梁史 [M]. 北京：中国铁道出版社，1987.

[19] 罗娜. 桥梁工程概论 [M]. 北京：人民交通出版社，1998.

[20] 万明坤，项海帆，秦顺全，等. 桥梁漫笔 [M]. 北京：中国铁道出版社，2015.

[21] 姚林森. 桥梁工程 [M]. 北京：人民交通出版社，1985.

[22] 房贞政. 预应力结构理论与应用 [M]. 2版. 北京：中国建筑工业出版社，2014.

[23] 陈宝春. 钢管混凝土拱桥设计与施工 [M]. 北京：人民交通出版社，1999.

[24] 陈宝春. 钢管混凝土拱桥实例集（一）[M]. 北京：人民交通出版社，2002.

[25] 赵秋. 钢桥 [M]. 北京：人民交通出版社股份有限公司，2017.

[26] 魏进，王晓谋. 基础工程 [M]. 5版. 北京：人民交通出版社股份有限公司，2021.

[27] 橘善雄，中井博. 桥梁工学（日）[M]. 东京：共立出版株式会社，1996.

[28] 范立础. 预应力混凝土连续梁桥 [M]. 北京：人民交通出版社，1988.

[29] 林元培. 斜拉桥 [M]. 北京：人民交通出版社，2004.

[30] 刘健新，胡兆同. 大跨度吊桥 [M]. 北京：人民交通出版社，1995.

[31] 雷俊卿，郑明珠，徐恭义. 悬索桥设计 [M]. 北京：人民交通出版社，2002.

[32] 重庆交通学院. 桥梁工程（中册）[M]. 北京：人民交通出版社，1980.

[33] 叶见曙. 结构设计原理 [M]. 5版. 北京：人民交通出版社股份有限公司，2021.

[34] 高冬光，王亚玲. 桥涵水文 [M]. 4版. 北京：人民交通出版社，2008.

[35] 韩伯林. 世界桥梁发展史 [M]. 上海：知识出版社，1987.

[36] 茅以升. 中国古桥技术史 [M]. 北京：北京出版社，1980.

[37] 徐岳，邹存俊，张丽芳，等. 连续梁桥 [M]. 北京：人民交通出版社，2012.

[38] 郭金琼，房贞政，郑振. 箱形梁设计理论 [M]. 2版. 北京：人民交通出版社，2008.

[39] 陈宝春. 钢管混凝土拱桥 [M]. 3版. 北京：人民交通出版社，2016.

[40] 钱冬生，陈仁福. 大跨悬索桥的设计与施工 [M]. 成都：西南交通大学出版社，2015.

[41] 严国敏. 现代悬索桥 [M]. 北京：人民交通出版社，2002.

[42] 葛耀君. 大跨度悬索桥抗风 [M]. 北京：人民交通出版社，2011.

[43] 张哲. 混凝土自锚式悬索桥 [M]. 北京：人民交通出版社，2005.

[44] 李传习. 现代悬索桥静力非线性理论与实践 [M]. 北京：人民交通出版社股份有限公司，2014.

[45] 中交第二公路工程局有限公司. 公路桥梁施工系列手册：悬索桥 [M]. 北京：人民交通出版社，2014.

[46] 徐国平，张喜刚，刘玉擎，等. 混合梁斜拉桥 [M]. 北京：人民交通出版社，2013.

[47] 项海帆. 高等桥梁结构理论 [M]. 2版. 北京：人民交通出版社股份有限公司，2013.

[48] 同济大学，浙江大学，兰州交通大学，等. 高等桥梁结构动力学 [M]. 北京：人民交通出版社股份有限公司，2020.

[49] 葛耀君. 大跨度斜拉桥抗风 [M]. 北京：人民交通出版社股份有限公司，2019.

[50] 顾安邦，张永水. 桥梁施工监测与控制 [M]. 北京：机械工业出版社，2005.

[51] 中交第二航务工程局有限公司. 公路桥梁施工系列手册：斜拉桥 [M]. 北京：人民交通出版社，2014.

[52] 詹建辉,张铭. 预应力混凝土部分斜拉桥[M]. 北京：人民交通出版社股份有限公司,2016.

[53] 邵旭东,胡建华. 钢-超高性能混凝土轻型组合桥梁结构[M]. 北京：人民交通出版社股份有限公司,2015.

[54] 陈宝春,庄一舟,黄福云,等. 无伸缩缝桥梁[M]. 2版. 北京：人民交通出版社股份有限公司,2019.

[55] 范立础,卓卫东. 桥梁延性抗震设计[M]. 北京：人民交通出版社,2001.

[56] 范立础. 桥梁抗震[M]. 上海：同济大学出版社,1997.

[57] 廖朝华,刘红明,胡志坚,等. 公路桥涵设计手册——墩台与基础[M]. 2版. 北京：人民交通出版社,2013.

[58] 杨昀,周列茅,周勇军. 弯桥与高墩[M]. 北京：人民交通出版社,2011.

[59] 盛洪飞,马俊,孙航,等. 桥梁墩台与基础工程[M]. 2版. 北京：人民交通出版社,2014.

[60] 陈艾荣,等. 公路桥梁混凝土结构耐久性设计指南[M]. 北京：人民交通出版社,2012.

[61] 中交公路规划设计院有限公司. 《公路钢筋混凝土及预应力混凝土桥涵设计规范》应用指南[M]. 北京：人民交通出版社股份有限公司,2018.

[62] 魏红一,王志强. 桥梁施工及组织管理（上册）[M]. 3版. 北京：人民交通出版社股份有限公司,2016.

[63] 鲍卫刚,周泳涛,等. 预应力混凝土梁式桥梁设计施工技术指南[M]. 北京：人民交通出版社,2009.

[64] 刘山洪. 简明预应力混凝土桥梁施工手册[M]. 北京：人民交通出版社,2006.

[65] 中交第二公路工程局有限公司. 公路桥梁施工系列手册：梁桥[M]. 北京：人民交通出版社股份有限公司,2020.

[66] 李国豪,石洞. 公路桥梁荷载横向分布计算[M]. 北京：人民交通出版社,1987.

[67] 彭元诚,潘海,冯鹏程,等. 混凝土连续刚构桥建设技术与发展[M]. 北京：人民交通出版社股份有限公司,2021.

[68] 唐建华,向中富,冯强,等. 特大跨连续刚构桥研究与实践：重庆长江大桥复线桥[M]. 北京：人民交通出版社,2008.

[69] 黄国兴,惠荣炎,王秀军. 混凝土徐变与收缩[M]. 北京：中国电力出版社,2012.

[70] 李国豪. 桥梁结构稳定与振动[M]. 北京：中国铁道出版社,1996.

[71] 项海帆,刘光栋. 拱结构稳定与振动[M]. 北京：人民交通出版社,1990.

[72] 郑皆连. 500米级钢管混凝土拱桥创新技术[M]. 上海：上海科学技术出版社,2020.

[73] 日本土木学会. 日本コニケリート長大アーチ橋–支間600mクラヌーの設計施工[M]. 東京：日本土木学会,2003.

[74] 肖恩源. 悬索桥百年实践与探索[M]. 北京：人民交通出版社股份有限公司,2016.

[75] 张劲泉,冯兆祥,杨昀. 多塔连跨悬索桥技术研究[M]. 北京：人民交通出版社,2013.

[76] 张喜刚,王仁贵,杨文孝,等. 多塔斜拉桥关键技术研究与实践[M]. 北京：人民交通出版社

股份有限公司，2021.

[77] 张鸿. 千米级斜拉桥施工关键技术研究与实践［M］. 北京：人民交通出版社股份有限公司，2015.

[78] 李扬海，程潮洋，鲍卫刚，等. 公路桥梁伸缩装置［M］. 北京：人民交通出版社，2007.

[79] 陈艾荣. 基于给定结构寿命的桥梁设计过程［M］. 北京：人民交通出版社，2009.

[80] 王黎园，陈誉，等. 桥梁工程建筑信息模型（BIM）技术及其应用［M］. 北京：人民交通出版社股份有限公司，2022.

[81] 刘文锋，廖维张，胡昌斌. 智能建造概论［M］. 北京：北京大学出版社，2021.

高等学校土木工程专业指导委员会规划推荐教材（经典精品系列教材）

征订号	书名	定价	作者	备注
V40063	土木工程施工（第四版）（赠送课件）	98.00	重庆大学　同济大学　哈尔滨工业大学	教育部普通高等教育精品教材
V36140	岩土工程测试与监测技术（第二版）	48.00	宰金珉　王旭东　徐洪钟	
V40077	建筑结构抗震设计（第五版）（赠送课件）	58.00	李国强　李杰　陈素文　等	
V38988	土木工程制图（第六版）（赠送课件）	68.00	卢传贤	
V38989	土木工程制图习题集（第六版）	28.00	卢传贤	
V41283	岩石力学（第五版）（赠送课件）	48.00	许明	
V32626	钢结构基本原理（第三版）（赠送课件）	49.00	沈祖炎　陈以一　陈扬骥　等	国家教材奖一等奖
V35922	房屋钢结构设计（第二版）（赠送课件）	98.00	沈祖炎　陈以一　童乐为　等	教育部普通高等教育精品教材
V42889	路基工程（第三版）（赠送课件）	66.00	刘建坤　曾巧玲　杨军	
V36809	建筑工程事故分析与处理（第四版）（赠送课件）	75.00	王元清　江见鲸　龚晓南　等	教育部普通高等教育精品教材
V35377	特种基础工程（第二版）（赠送课件）	38.00	谢新宇　俞建霖	
V37947	工程结构荷载与可靠度设计原理（第五版）（赠送课件）	48.00	李国强　黄宏伟　吴迅　等	
V37408	地下建筑结构（第三版）（赠送课件）	68.00	朱合华	教育部普通高等教育精品教材
V43565	房屋建筑学（第六版）（赠送课件）	62.00	同济大学　西安建筑科技大学　东南大学　等	教育部普通高等教育精品教材
V40020	流体力学（第四版）（赠送课件）	59.00	刘京　刘鹤年　陈文礼　等	
V30846	桥梁施工（第二版）（赠送课件）	37.00	卢文良　季文玉　许克宾	
V40955	工程结构抗震设计（第四版）（赠送课件）	48.00	李爱群　丁幼亮　高振世	
V35925	建筑结构试验（第五版）（赠送课件）	49.00	易伟建　张望喜	
V43634	地基处理（第三版）（赠送课件）	48.00	龚晓南　陶燕丽	国家教材二等奖
V29713	轨道工程（第二版）（赠送课件）	53.00	陈秀方　娄平	

续表

征订号	书名	定价	作者	备注
V36796	爆破工程(第二版)(赠送课件)	48.00	东兆星	
V36913	岩土工程勘察(第二版)	54.00	王奎华	
V20764	钢-混凝土组合结构	33.00	聂建国　刘明　叶列平	
V36410	土力学(第五版)(赠送课件)	58.00	东南大学　浙江大学　湖南大学　等	
V33980	基础工程(第四版)(赠送课件)	58.00	华南理工大学　等	
V34853	混凝土结构(上册)——混凝土结构设计原理(第七版)(赠送课件)	58.00	东南大学　天津大学　同济大学	教育部普通高等教育精品教材
V34854	混凝土结构(中册)——混凝土结构与砌体结构设计(第七版)(赠送课件)	68.00	东南大学　同济大学　天津大学	教育部普通高等教育精品教材
V34855	混凝土结构(下册)——混凝土公路桥设计(第七版)(赠送课件)	68.00	东南大学　同济大学　天津大学	教育部普通高等教育精品教材
V25453	混凝土结构(上册)(第二版)(含光盘)	58.00	叶列平	
V23080	混凝土结构(下册)	48.00	叶列平	
V11404	混凝土结构及砌体结构(上)	42.00	滕智明　朱金铨	
V11439	混凝土结构及砌体结构(下)	39.00	罗福午　方鄂华　叶知满	
V41162	钢结构(上册)——钢结构基础(第五版)(赠送课件)	68.00	陈绍蕃　郝际平　顾强	
V32847	钢结构(下册)——房屋建筑钢结构设计(第五版)(赠送课件)	52.00	陈绍蕃　郝际平	
V22020	混凝土结构基本原理(第二版)	48.00	张誉	
V25093	混凝土及砌体结构(上册)(第二版)	45.00	哈尔滨工业大学　大连理工大学　北京建筑大学　等	
V26027	混凝土及砌体结构(下册)(第二版)	29.00	哈尔滨工业大学　大连理工大学　北京建筑大学　等	
V43770	土木工程材料(第三版)(赠送课件)	60.00	湖南大学　天津大学　同济大学　等	
V36126	土木工程概论(第二版)	36.00	沈祖炎	
V19590	土木工程概论(第二版)(赠送课件)	42.00	丁大钧　蒋永生	教育部普通高等教育精品教材

续表

征订号	书名	定价	作者	备注
V30759	工程地质学(第三版)(赠送课件)	45.00	石振明 黄雨	
V20916	水文学	25.00	雒文生	
V36806	高层建筑结构设计(第三版)(赠送课件)	68.00	钱稼茹 赵作周 纪晓东 等	
V42251	桥梁工程(第四版)(赠送课件)	88.00	房贞政 陈宝春 上官萍 等	
V40268	砌体结构(第五版)(赠送课件)	48.00	东南大学 同济大学 郑州大学	教育部普通高等教育精品教材
V34812	土木工程信息化(赠送课件)	48.00	李晓军	

注：本套教材均被评为《"十二五"普通高等教育本科国家级规划教材》和《住房和城乡建设部"十四五"规划教材》。